Le livre Adobe® photoshop® CS3

pour les photographes numériques

Scott Kelby

Publié par CampusPress
47 bis, rue des Vinaigriers
75010 PARIS
Tél. : 01 72 74 90 00

Réalisation p.a.o. : Léa B.

ISBN : 978-2-7440-2175-6

Titre original : *The Adobe® Photoshop® CS3 book for digital photographers*

Traduction : Philip Escartin

ISBN original -13 : 978-0-321-50191-2
-10 : 0-321-50191-8

Aux trois personnes
que j'aime le plus au monde :
Kalebra, Jordan et Kira.
Vous êtes ma joie de vivre.

REMERCIEMENTS

Je tiens tout d'abord à remercier ma formidable épouse Kalebra. Nous sommes mariés depuis près de 18 ans. Il me suffit de poser un regard sur elle pour faire battre mon cœur d'un amour éternel et reconnaissant. Elle est le genre de femmes pour lesquelles on écrit des chansons d'amour, et il ne fait aucun doute que je suis l'homme le plus chanceux du monde de l'avoir épousée.

Je veux remercier ensuite mon fils de 10 ans, Jordan, qui m'a distrait de la rédaction de ce livre pour m'adonner aux joies ludiques de la paternité. Chaque jour mes yeux s'enrichissent d'un plaisir sans cesse renouvelé de voir grandir ma famille aimante et aimée. Je suis si fier d'être le papa de Jordan, que j'adore voir s'ouvrir à la vie avec autant de tendresse et d'amour dans le cœur.

Je remercie Kira Nicole Kelby d'être une aussi adorable petite fille. Ma femme et moi savions qu'une petite fille allait nous rejoindre, mais ignorions qu'il s'agirait de la plus merveilleuse enfant du monde.

Il me faut dire un grand merci à mon frère aîné Jeffrey pour son influence positive sur ma vie. Il m'a toujours montré le bon chemin, et m'a toujours dit les choses justes au bon moment. Il a su garder en lui les qualités de notre père. Je suis honoré de t'avoir comme frère et comme ami.

Mes chaleureux remerciements vont à toute l'équipe de KW Media Group, qui a quotidiennement redéfini la notion de collaboration. Ce sont des individualités uniques qui, une fois rassemblées, font un travail formidable, sans jamais considérer qu'une tâche est impossible à réaliser. Je suis très fier d'avoir travaillé avec vous tous.

Merci à mon équipe de mise en page, et plus particulièrement à mon ami et directeur artistique, Felix Nelson, pour son talent infini, sa créativité et ses idées géniales inépuisables.

Merci à mon éditeur technique, Kim Doty, qui a accompli un travail remarquable dans le suivi et l'organisation de ce projet.

Je tiens à remercier Cindy Snyder pour la rigueur ses essais techniques. Elle a su déceler de petites choses que beaucoup d'autres personnes n'auraient pas remarquées.

Un grand merci également à Dave Damstra dont l'incroyable équipe a su procurer à ce livre une mise en page aussi claire que soignée, intégrant sans sourciller des éléments de dernière minute. Nous avons vraiment beaucoup de chance de te rencontrer !

Merci à Dave Moser dont l'abnégation pour créer un produit de qualité fait que chaque nouveau projet est toujours meilleur que le précédent. Ma pensée va également à Jean A. Kendra pour son soutien, et à mon assistante exécutive Kathy Siler pour tout le dur travail qu'elle a su abattre en toute modestie.

Merci à mon éditrice Nancy Ruenzel, et à son incroyable équipe qui sévit dans les murs de Peachpit/New Riders. Vous êtes des personnes très spéciales accomplissant des prouesses tout aussi spéciales. C'est un honneur de travailler avec vous qui souhaitiez réellement publier d'excellents ouvrages. Mille remerciements à Ted Waiit, Glenn Bisignani et au rebelle Scott Cowlin.

Je remercie Kevin Connor et Jack Nack de chez Adobe pour leur aide et pour avoir su entendre mes supplications, et les formidables Deb Whitman, Mala Sharma et John Loiacono pour leur soutien permanent et leurs idées géniales.

Mes remerciements vont aussi à mes amis de Adobe Systems, c'est-à-dire Terry White, Addy Roff, Cari Gushiken, Russel Brady, Julieanne Kost, Tom Hogarty, Jennifer Stern, George Jardine, Dave Story et Russell Preston Brown. Merci également à John Loiacono qui m'a permis de faire cette introduction. Je pense également à ceux qui sont partis mais qui restent inoubliables : Barbara Rice, Rye Livingston, Bryan Lamkin et Karen Gauthier.

Je remercie mes « potes de Photoshop », Dave Cross et Matt Kloskowski, qui ont été des oreilles attentives tout au long du développement de ce livre et qui ont passé au peigne fin ses premières épreuves. Ces gars-là sont des cadors ! Merci également à Corey Barker (le sage de Photoshop) et à RC (*el bandito* de Photoshop) pour avoir pris le train en marche, et ainsi rendu mon existence plus facile et plus jouissive.

Je remercie tous les photographes talentueux qui m'ont tant apporté au fil des ans : Bill Fortney, Moose Peterson, Joe McNally, Anne Cahill, Vincent Versace, David Ziser, Jim Divitale et Helene Glassman.

Merci à Matt Kloskowski, Ashley Gellar, Susan Hill, Kleber Stephenson, Rod Harlan, Scott Cowlin, Sarah Crist, Susan Thelwell, Miguel Cairo, Jenna et Debbie Stephenson, Kalebra Kelby, Jordan Kelby, Lani Anderson, Tony Llanes, « Fiddles » et Frank pour m'avoir permis d'utiliser leurs visages dans ce livre.

Je tiens à dédier le chapitre « Comment montrer vos œuvres » au légendaire photographe de portraits et de mariages qu'est Monte Zucker. Il est décédé au début de l'année après avoir tenté de combattre courageusement un cancer du pancréas. C'était un personnage remarquable, passionné par le partage de ses connaissances, un être qui portait un amour authentique à son prochain, amour qui transparaissait dans ses yeux, son sourire chaleureux et la magie de ses images. Nous avons perdu à la fois un ami et une icône. Tu nous manques Monte ! Merci à mes mentors dont la sagesse m'a été d'une aide incommensurable : John Graden, Jack Lee, Dave Gales, Judy Farmer et Douglas Poole.

Enfin, je remercie la femme de mes rêves pour m'avoir donné deux enfants fantastiques, pour m'avoir insufflé la force de bâtir une existence pleine d'amour et pour avoir toujours été présente lorsque j'avais besoin d'elle. Merci d'avoir préservé notre famille en la baignant de magnificence, de joies et de bonheurs, dans la chaleur d'un amour familial partagé.

LES AUTRES LIVRES DE SCOTT KELBY

Le Livre Adobe Photoshop Lightroom pour les photographes numériques

Le Secret des masques et des couches dans Photoshop

Le Livre Photoshop CS2 des photographes numériques

Zoom sur la photographie numérique

Photoshop Elements 4 pour les photographes

Photoshop CS et Illustrator CS Killer Tips

InDesign CS Killer Tips

À PROPOS DE L'AUTEUR

Scott Kelby

Scott est éditeur, rédacteur en chef et cofondateur du magazine américain Photoshop User, et rédacteur en chef du magazine Layers (un périodique consacré à l'utilisation des produits Adobe). Il est également l'invité permanent du podcast vidéo hebdomadaire largement plébiscité, NAPP TV.

Scott est le président et le cofondateur de la National Association of Photoshop Professionals (NAPP), ainsi que la société KW Media Group spécialisée dans des logiciels de formation et d'édition.

Scott est photographe, designer, et un auteur reconnu et récompensé ; il a à son actif plus de 40 livres dont Le Livre Adobe Photoshop Lightroom pour les photographes numériques, Le Secret des masques et des couches dans Photoshop, Le Livre Photoshop CS2 des photographes numériques et Zoom sur la photographie numérique.

Depuis 2004, Scott est l'auteur le plus vendu toutes catégories techniques et informatiques confondues. Ses ouvrages ont été traduits dans une dizaine de langues, dont le chinois, le russe, l'espagnol, le coréen, le taïwanais, le français, l'allemand, l'italien, le japonais, le néerlandais, le suédois, le turc et le portugais. Scott a reçu le prestigieux Benjamin Franklin Award.

Scott est directeur de formation dans les séminaires Photoshop itinérants organisés par Adobe, et conférencier à Photoshop World & Expo. Il apparaît également dans une série de DVD de formation consacrés à Photoshop et il enseigne l'utilisation de ce logiciel depuis 1993.

Pour une information complémentaire à propos de Scott Kelby, visitez son site en anglais : www.scottkelby.com.

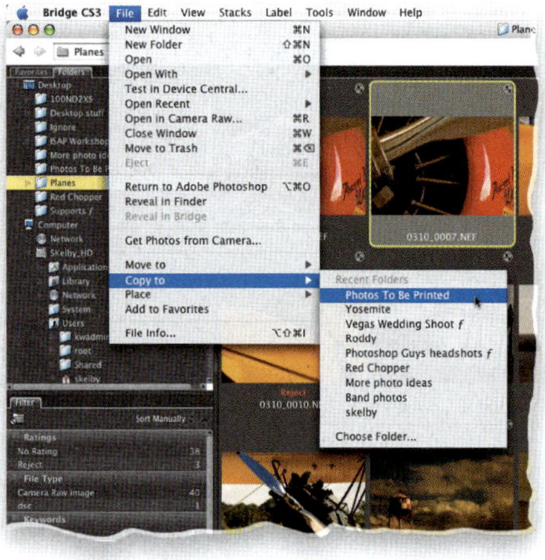
Bridge CS3
File
Edit
View
Stacks
Label
Tools
Window
Help
New Window
New Folder
Open
Open With
Test in Device Central...
Open Recent
Open in Camera Raw...
Close Window
Move to Trash
Eject
Return to Adobe Photoshop
Reveal in Finder
Reveal in Bridge
Get Photos from Camera...
Move to
Copy to
Place
Add to Favorites
File Info...
Recent Folders
Photos To Be Printed
Yosemite
Vegas Wedding Shoot
Roddy
Photoshop Guys headshots
Red Chopper
More photo ideas
Band photos
skelby
Choose Folder...
0310_0007.NEF
0310_0010.N
Sort Manually
Ratings
No Rating
Reject
File Type
Camera Raw image
Keywords

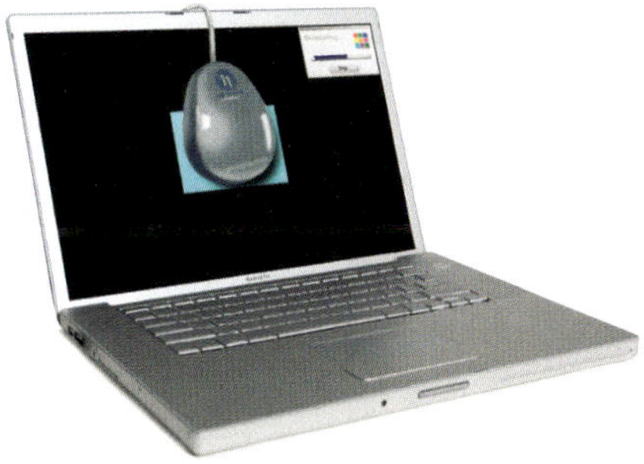

Teinte/Saturation
OK
Annuler
Charger...
Enregistrer...
Redéfinir
Aperçu

Love songs from the Heart

Three Step Finish.jpg @ 100% (Layer 1, RGB/8)
100%
Doc: 823.9K/2.15M

Untitled-1 @ 100% (Something Borrowed..., RGB/8)
Something Borrowed...

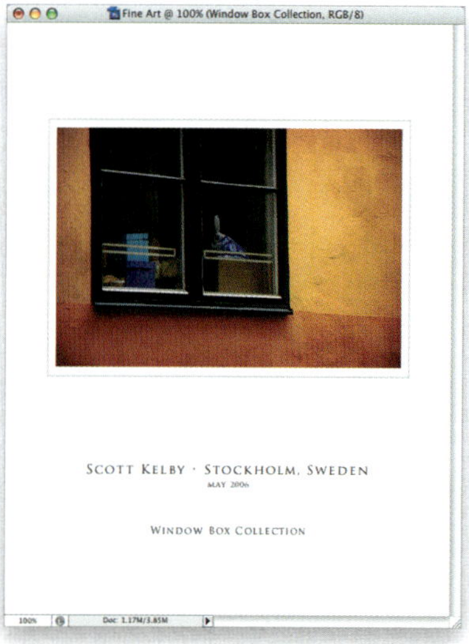
Fine Art @ 100% (Window Box Collection, RGB/8)
Scott Kelby · Stockholm, Sweden
May 2006
Window Box Collection

UNE SECTION INATTENDUE DE QUESTIONS ET DE RÉPONSES

Q. Je ne m'attendais pas à voir ce livre commencer par une telle section. Les Q & R ne sont-elles pas normalement insérées en fin de chapitre ?

R. Bien sûr ! C'est pour cette raison que la présente section est inattendue. En fait, j'ai préféré cette section à mon auto-interview de la précédente édition de ce livre. En réalité, je me posais des questions dont je connaissais heureusement les réponses.

Q. Eh bien, justement, comment se déroule une auto-interview ?

R. Je dois vous dire que je me trouve tellement fascinant qu'il n'est pas très difficile pour moi de me consacrer un entretien. Mais pour ce livre, je me suis dit qu'il fallait que je travaille dans l'esprit de l'ouvrage Adobe Photoshop Lightroom pour les photographes numériques. Je m'en suis donc remis aux courriels envoyés par des lecteurs fanatiques qui ont adoré cette section pour les raisons suivantes : (a) elle est inattendue, (b) il ne s'agit pas d'une auto-interview, (c) ils sont tellement heureux de lire autre chose qu'une introduction.

Q. Ah bon ! Les lecteurs n'apprécient pas l'introduction des livres ?

R. Vous voulez rire ? Les lecteurs les détestent. Ils préfèrent encore subir une intervention chirurgicale que de passer quelques minutes à prendre connaissance de l'introduction d'un livre.

Q. Comment le savez-vous ?

R. Parce qu'un grand nombre de personnes planifient une intervention chirurgicale alors qu'elles sont en parfaite santé. Vous comprenez la logique de ma déduction. En réalité, d'après les statistiques, seulement 14 personnes ont effectivement lu l'introduction d'un livre entre 2005 et 2007.

Q. Vous êtes sérieux ?

R. Non, je plaisante. En fait il y a eu 16 personnes.

Q. Pourquoi personne ne lit les introductions ?

R. Cela vient du fait que la plupart des introductions ne font que convaincre le lecteur d'avoir acheté le bon livre. Comme la personne sait normalement ce qu'elle fait, elle se dit qu'elle n'apprendra rien de plus sur elle-même en lisant l'introduction. Sachez que mes introductions n'échappent pas à cette règle.

Q. Pourquoi ?

R. Eh bien, parce que si vous lisez une introduction c'est que vous avez acheté le livre. Savez-vous que les gens achètent des ouvrages pour autre chose que leur introduction ?

UNE SECTION INATTENDUE DE QUESTIONS ET DE RÉPONSES

Q. Êtes-vous en train de me dire ce que je pense que vous me dites ?

R. Écoutez, je ne vais pas vous mentir. Cette section inattendue de questions et de réponses est l'introduction de mon livre. Mais son originalité est telle que vous la lisez sans vous rendre compte de ce que vous lisez ! La plupart des gens seraient passés au premier chapitre dès qu'ils auraient compris de quoi il retournait. Mais vous n'êtes pas comme eux ! J'aime les gens comme vous. (Achetez ce livre.) Les personnes étranges sont très attirantes. (Achetez ce livre.) Vous êtes des gens fascinants. (Achetez ce livre.) Vous attirez la réussite et faites preuve d'une grande énergie. (Achetez ce livre.) Au fait, achetez ce livre !

Q. Ah ah ! Vous essayez de me vendre votre livre !

R. Mais non ! Comme je vous l'ai expliqué, puisque vous lisez cette introduction c'est que vous avez déjà acheté mon livre.

Q. Le reste du livre est-il comme cette introduction ?

R. Non, fort heureusement. Tout le reste de l'ouvrage explique des procédures détaillées étape par étape. Comme dans ce genre de livre il est difficile pour un auteur de faire état de son style, il cherche à le faire d'une manière ou d'une autre dans ce genre d'introduction qui n'en est pas vraiment une. Il le fait aussi dans la petite page d'introduction de chaque chapitre, question de vous faire souffrir encore un peu plus avec son humour dévastateur.

Q. Donc, si j'ai bien compris, les traits de caractère de cette introduction se limitent vraiment à cette introduction ?

R. Exact ! Cela fait des années que j'essaie des trucs et des machins pour convaincre le lecteur de lire les introductions. Je considère qu'elles contiennent une valeur ajoutée incontestable. (Achetez mon livre.) C'est l'endroit unique où je peux indiquer l'adresse du site Web où vous pouvez télécharger les photos utilisées dans mes procédures. Pour retenir cette attention du lecteur, il m'est arrivé de bâtir une introduction sous forme d'une sorte de chapitre 0 avec de fausses procédures et de fausses illustrations. Et ça a marché !

Q. C'est la quatrième édition de ce livre. Quelles en sont les nouveautés ?

R. Je suis étonné par la quantité du nouveau contenu. Il y a cinq évolutions majeures, et je dis « évolution » pour ne pas dire « révolution » : (1) le nouveau Bridge CS3 qui est tellement nouveau qu'il m'a fallu réécrire intégralement ses chapitres ; (2) l'incroyable nouveau Camera Raw qui m'a imposé là aussi une réécriture complète, et vous comprendrez très vite pourquoi ; (3) la refonte du module de création des photos panoramiques (Photomerge) qui est tellement facile à utiliser que j'ai dû en simplifier l'étude ; (4) la nouvelle fonction de conversion Noir et blanc ; et (5) les nouvelles fonctionnalités d'impression qui m'ont poussé à revoir ma copie.

Q. Avez-vous ajouté de nouvelles techniques pour les photographes en plus des nouveautés de CS3 ?

R. Oui, des quantités, et surtout des méthodes qui permettent d'accomplir des tâches plus rapidement et plus facilement. J'ai ajouté des techniques que j'ai acquises ces deux dernières années. Mais, sachez aussi que j'ai ajouté des choses totalement différentes de celles présentées dans les précédentes éditions. Par exemple, à la fin de ce livre, j'ai ajouté un chapitre qui expose le déroulement de mon travail dans Photoshop CS3. En fait, ce chapitre montre comment mettre à profit, grâce à une certaine logique de travail, l'ensemble des techniques étudiées dans ce livre sous forme de procédures. Bien entendu, comme ses prédécesseurs, ce livre regorge d'astuces, de trucs, de conseils, de raccourcis, de tours de passe-passe, que j'ai appris depuis la dernière édition de l'ouvrage.

Q. À vous entendre, ce livre devrait comprendre au moins 900 pages ?

R. Oui, il devrait, mais je ne le considère pas comme un annuaire. Pourtant, il est un peu plus long que je ne le souhaitais. Voici le vrai problème : j'en suis déjà à la quatrième édition ! Or chaque fois que Adobe sort une nouvelle version de Photoshop, je suis contraint d'ajouter les nouveautés. Alors, si j'entrais vraiment dans le détail, sûr que le livre comprendrait plus de 900 pages, et coûterait dans les 80 euros. Qui dépenserait 80 euros dans un livre de 900 pages ?! Mais, comme je suis intelligeant, modeste et prévenant, je parviens toujours à maintenir un très haut niveau de technicité dans mes livres sans qu'il en coûte 80 euros et 900 pages au lecteur.

Q. Qu'en est-il de ce que vous avez retiré ?

R. J'ai laissé mon hamster en faire des millions de petits morceaux. Ce fut l'un des plus beaux jours de ma vie. En réalité, j'ai publié ces éléments au format PDF et en anglais, bien entendu, sur mon site Web à l'adresse www.scottkelby.com/cs3book. Vous y trouverez des chapitres entiers tout droit sortis de l'ancienne édition de ce livre, mais actualisés pour une utilisation avec CS3. Ce qui est génial est que vous pouvez les télécharger sans surcoût ! Libre à vous de me récompenser en m'envoyant un chèque ou un mandat. Voyez l'importance de cette introduction un peu particulière ! Tous ceux qui ne la liront pas passeront à côté du supplément gratuit que je viens de promettre.

Q. Dois-je en conclure qu'il me faut lire ce livre chronologiquement sans sauter le moindre chapitre ?

R. J'ai conçu ce livre pour que tout le monde consulte le chapitre qui l'intéresse. Bien que la structure de ce livre corresponde au flux de travail logique d'un photographe, rien ne vous empêche de consulter tel ou tel chapitre pour apprendre les techniques dont vous avez besoin au moment où vous en avez besoin.

Q. Comment avez-vous développé le contenu original de ce livre ?

R. Chaque année, j'ai la chance de former des milliers de photographes. Et à chaque session de formation j'apprends de nouvelles choses. Les photographes adorent partager leurs connaissances. Ainsi, pendant une pause ou à l'heure du déjeuner, il y a toujours des photographes qui m'expliquent comment ils ont obtenu tel ou tel résultat. C'est une manière incroyable et agréable d'apprendre. Mais, le plus important est d'entendre de leur propre bouche les problèmes et les défis auxquels ils font face avec Photoshop. Ainsi, je sais exactement ce que les photographes ont besoin d'apprendre à leur tour. Mais moi aussi je suis confronté à des difficultés. En cherchant et en trouvant des solutions, je parviens sans cesse à améliorer mon flux de travail et, surtout, à augmenter mon plaisir dans le travail. Pour cette raison, je passe de moins en moins de temps derrière mon ordinateur pour faire ce que j'aime le plus, c'est-à-dire photographier. Dès que j'apprends une nouvelle astuce, une nouvelle technique, je peux la partager avec les autres photographes.

Q. Que ne contient pas ce livre ?

R. J'ai évité d'y mettre des choses que l'on trouve systématiquement dans les autres ouvrages consacrés à Photoshop. Par exemple, aucun chapitre ne traite de la palette Calques, des outils de peinture ou du fonctionnement des 110 filtres. Je focalise mon propos sur ce qui peut servir aux photographes numériques.

Q. Ce livre est-il destiné aux utilisateurs Windows, Mac, ou aux deux ?

R. Comme Photoshop est identique sur Mac et PC, le livre est valable pour les deux plateformes. Les différences se situent au niveau des raccourcis clavier. Pour cette raison, je les indique systématiquement pour les deux systèmes d'exploitation.

Q. Que pouvez-vous dire à tous ceux dont la technicité dans Photoshop est déjà d'un haut niveau ?

R. Que ce livre n'est destiné à aucune catégorie particulière d'utilisateurs. La seule chose est que si vous utilisez Photoshop depuis 10 ans, vous en connaissez toute l'architecture. Il serait plus rapide, dans un atelier, de dire par exemple : « Ouvrez la boîte de dialogue Courbes. » Cependant, je pense à ceux dont l'expérience est moins grande, voire débutante. Dans ce cas, je préfère indiquer ceci : « Cliquez sur Image > Réglages > Courbes. » Le néophyte suivra précisément ces instructions, tandis que l'utilisateur avancé en aura déjà anticipé l'exécution. De plus, j'ai constaté que de nombreux photographes numériques sont talentueux, mais un peu perdus quand il s'agit de solliciter telle ou telle commande de Photoshop. Par conséquent, je considère que cette méthode aide tout le monde et ne pénalise pas les grands connaisseurs du programme.

Q. Tout le monde est impatient maintenant. Où peut-on télécharger les images ?

R. Vous les trouverez à l'adresse suivante : http://www.scottkelbybooks.com/cs3book. Bien sûr, l'idée est d'appliquer les techniques sur vos propres clichés. Toutefois, pour mener à bien l'ensemble des procédures décrites, et en apprécier le résultat, utilisez les photos mises en téléchargement sur ce site. Je suis l'auteur de la majorité des photos utilisées ici. Toutefois, j'ai demandé à mes amis de iStockphoto.com la permission d'utiliser certains de leurs travaux, notamment pour le chapitre consacré à la retouche des portraits. Je suis honoré par cette collaboration, et particulièrement reconnaissant de vous permettre de télécharger des versions basse résolution de ces photos afin que vous puissiez suivre correctement les procédures de ce chapitre. Allez donc faire un tour sur leur site.

Q. Scott, je dois vous avouer que mon scepticisme du début de cette section a disparu. Je comprends maintenant son importance et conclus que ce livre n'aurait pas la même valeur à mes yeux si je ne l'avais pas lue (la section, pas le livre évidemment).

R. Ah ! Mon humour commence à déteindre sur vous ! Merci pour votre conclusion. Elle prouve que vous n'avez pas hésité à sacrifier votre emploi du temps si chargé pour passer un moment d'une qualité inestimable avec moi.

Q. OK, puis-je me mettre au travail maintenant ?

R. Absolument ! Vous avez payé pour cela. Vous avez essayé l'inattendu. Maintenant, foncez ! Faites de belles images mon ami. Volez... volez... montez haut dans le ciel... (Comme je ne sais vraiment pas comment finir cette section, je ne peux résister à un lyrisme dont il me faut éviter la dégénérescence en vous disant, plus simplement, tournez rapidement cette page et, promis juré, vous n'aurez plus à subir de discussions de ce genre.)

Photo Scott Kelby Exposition : 1/45 s Focale : 200 mm Ouverture : ƒ/2,0

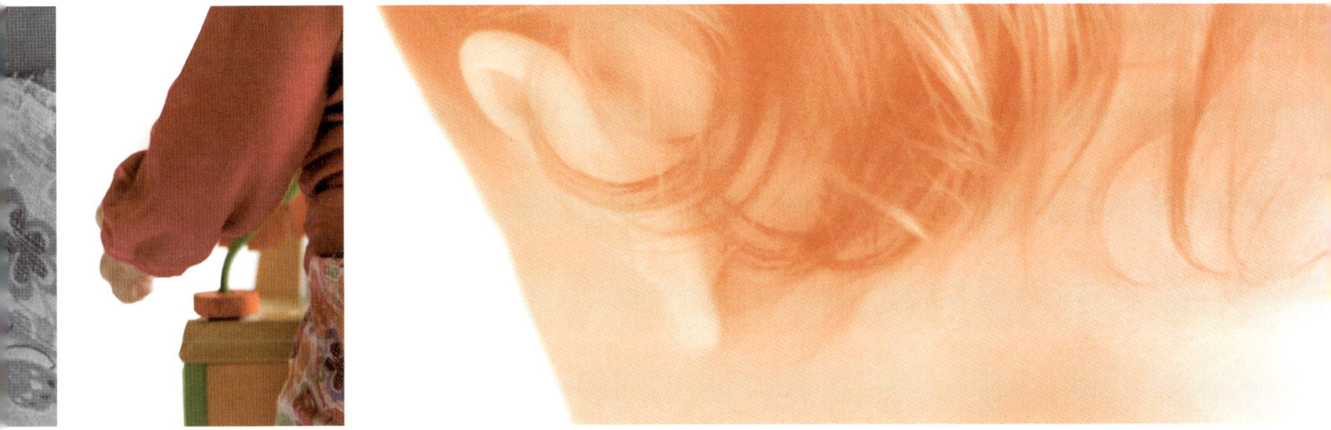

London Bridge

L'essentiel de Adobe Bridge

Voici le premier chapitre de ce livre. Comme je suis un petit malin qui aime bien perturber son monde, le titre du chapitre lui-même figure sous un titre plus générique inspiré par des films, des chansons ou des émissions de télévision. Donc, pour connaître le sujet du chapitre, concentrez-vous sur ce que beaucoup prennent pour un sous-titre... Ah ! Quel blagueur je fais ! Bien entendu, seuls les plus anciens lecteurs reconnaîtront mes références. Les plus jeunes, c'est-à-dire ceux qui sont nés à la fin des années 1980, préféreraient des titres aussi révélateurs que *Full Metal Jacket*. Mais je dois alors avouer, et eux aussi d'ailleurs, qu'un tel titre pour un chapitre consacré à l'utilitaire Adobe Bridge ne voudrait pas dire grand-chose... tandis que London Bridge, tout de même, c'est une référence autrement pertinente, n'est-ce pas ? Non ? Ben tant pis, j'aurais quand même essayé.

Importer vos photos dans Bridge

Vous venez de terminer une session de prises de vue, et voilà qu'il faut transférer vos clichés de l'appareil photo numérique à votre ordinateur. Désormais, Adobe Bridge intègre un *téléchargeur de photos* qui va simplifier cette tâche d'importation et de stockage des photos.

Étape 1

Commencez par démarrer Adobe Bridge, depuis Photoshop par exemple, puis cliquez sur Fichier > Obtenir des photos de l'appareil photo.

ASTUCE La méthode la plus lente et la plus risquée pour importer vos photos consiste à connecter directement votre appareil à votre ordinateur. Privilégiez l'utilisation d'un lecteur de cartes mémoire de type USB 2 ou FireWire. J'utilise un lecteur de cartes FireWire CompactFlash Lexar rapide et intuitif.

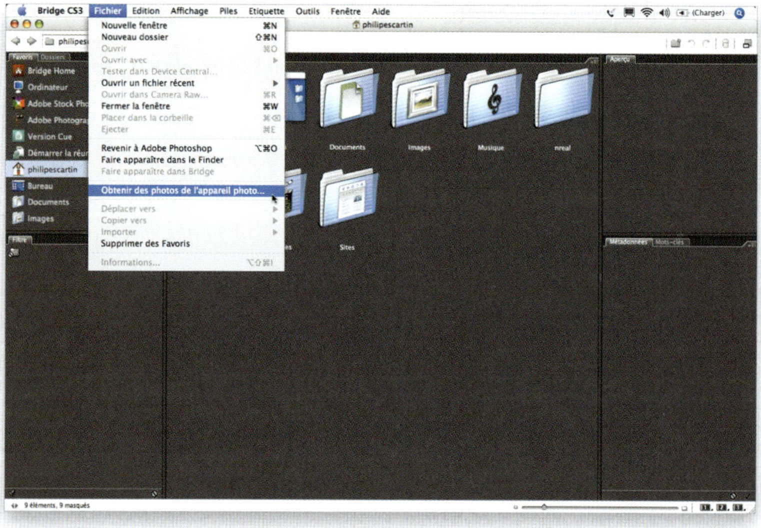

Étape 2

Vous accédez à la boîte de dialogue Téléchargeur de photos de Adobe Bridge. Cliquez immédiatement sur le bouton Boîte de dialogue Avancé. Vous disposerez d'options et, mieux encore, d'aperçus de vos clichés. Ce n'est pas une option « avancée » mais « essentielle » !

SCOTT KELBY

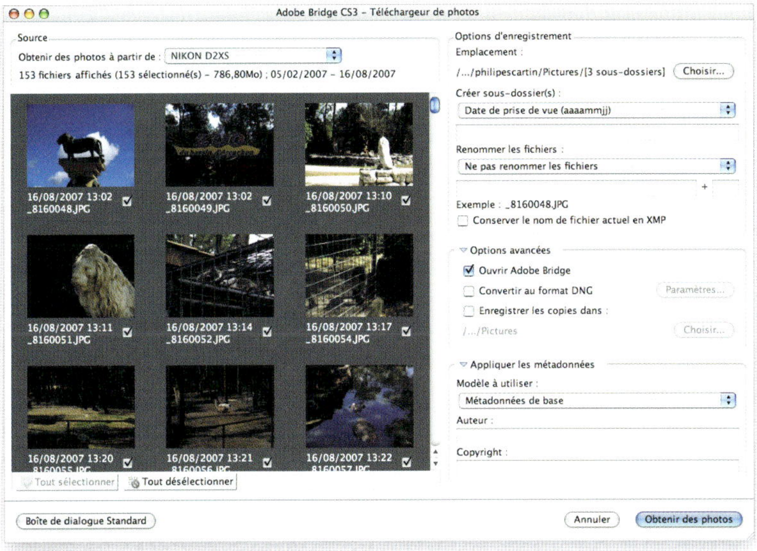

SCOTT KELBY

Étape 3

Par défaut, le téléchargeur de Bridge importe toutes les images qu'il trouve sur la carte mémoire. Si des photos ne vous intéressent pas, décochez la case située dans le coin inférieur droit de leur vignette. Si vous ne désirez importer que quelques photos, cliquez sur le bouton Tout désélectionner. Ensuite, maintenez enfoncée la touche Cmd (PC : Ctrl) et cliquez sur chaque vignette à importer. Les photos concernées affichent un cadre bleu. Une fois la sélection effectuée, cochez une seule des vignettes. Les autres sont elles aussi cochées.

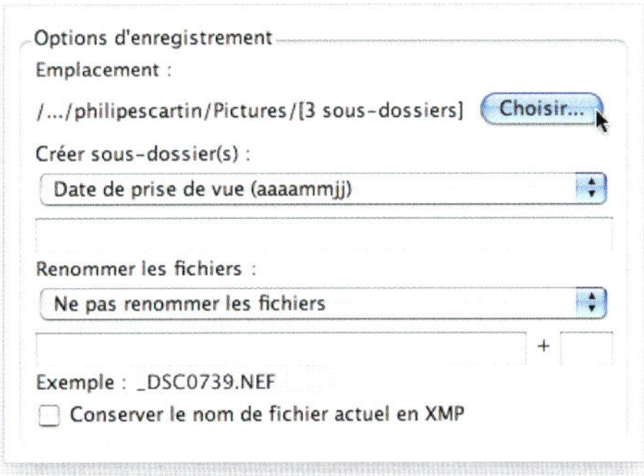

Étape 4

Une fois les photos sélectionnées pour l'importation, indiquez dans quel dossier de votre ordinateur elles doivent être stockées. Sur Mac, le dossier par défaut est Pictures, et sous Windows Vista, Images. Pour sélectionner un autre emplacement, cliquez sur le bouton Choisir (PC : Parcourir), comme ci-contre. Ceci ouvre une boîte de dialogue de recherche d'un dossier. Localisez un disque dur et un dossier, ou bien créez-en un nouveau.

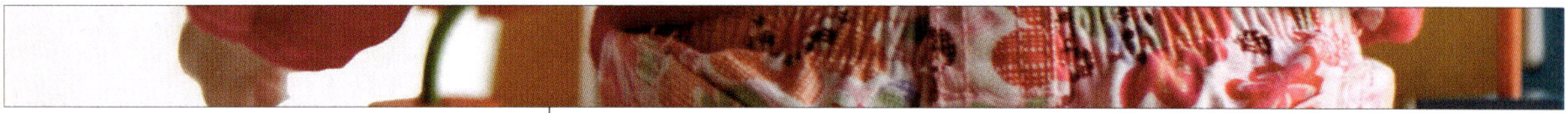

Étape 5

Par défaut, les photos sont importées dans un sous-dossier en fonction de leur date de prise de vue. Si cela ne vous convient pas, il suffit de sélectionner Nom personnalisé dans la liste Créer sous-dossier(s). Dans le champ situé juste en dessous de cette liste, tapez le nom de ce sous-dossier. (Ici, j'ai appelé le sous-dossier Yosemite Winter.)

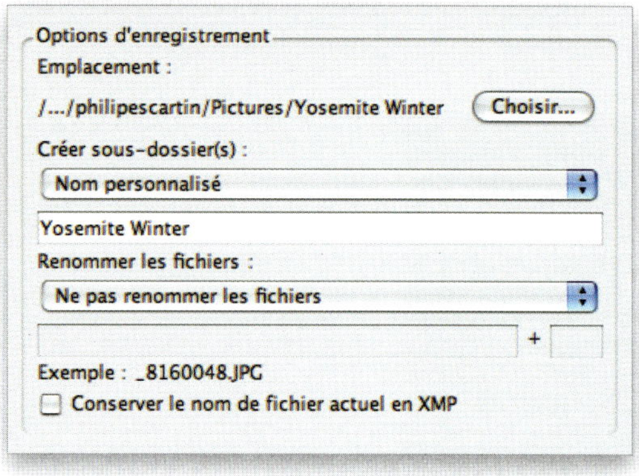

Étape 6

Par défaut, chaque image portera le nom peu évocateur attribué par votre appareil photo numérique. Or il n'est pas facile d'identifier une image qui, comme ici, se nommerait _DSC0739.NEF. Je conseille d'indiquer au téléchargeur de photos de renommer les clichés importés. Pour ce faire, ouvrez le menu local Renommer les fichiers. Choisissez un type de dénomination. Personnellement, j'aime que les photos portent un nom descriptif suivi de la date de prise de vue. J'ai donc choisi ici Nom personnalisé + Date de prise de vue (aajjmm).

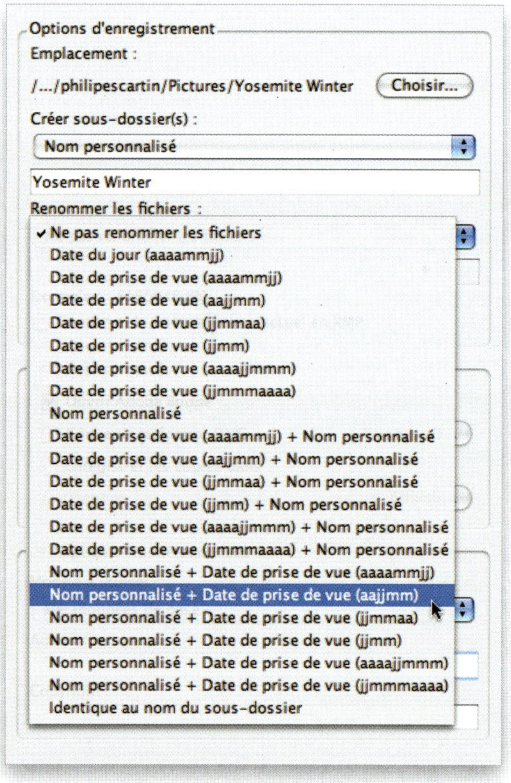

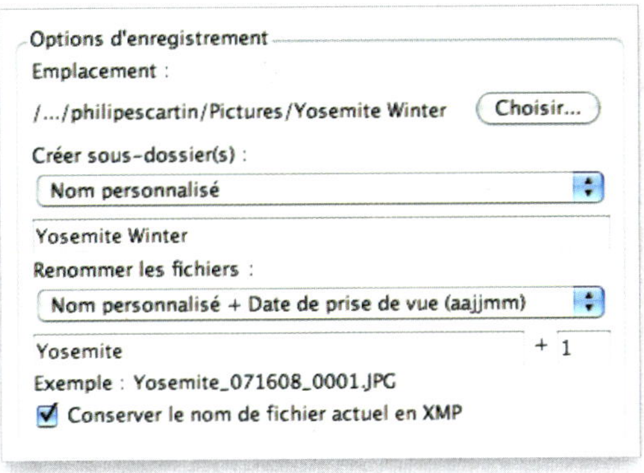

Étape 7

Une fois la convention de dénomination choisie, tapez le nom à utiliser dans le champ Indiquer ici un nom personnalisé qui, pour l'occasion, est déjà en surbrillance. J'ai saisi Yosemite. Juste à droite, après le signe +, indiquez le numéro par lequel doit commencer cette séquence de photos importées. Sous ces champs, vous voyez un exemple de dénomination. Une case à cocher permet de demander la conservation du nom original de l'image. À vous de juger de la nécessité ou non de l'incorporer au cas où vous en auriez besoin.

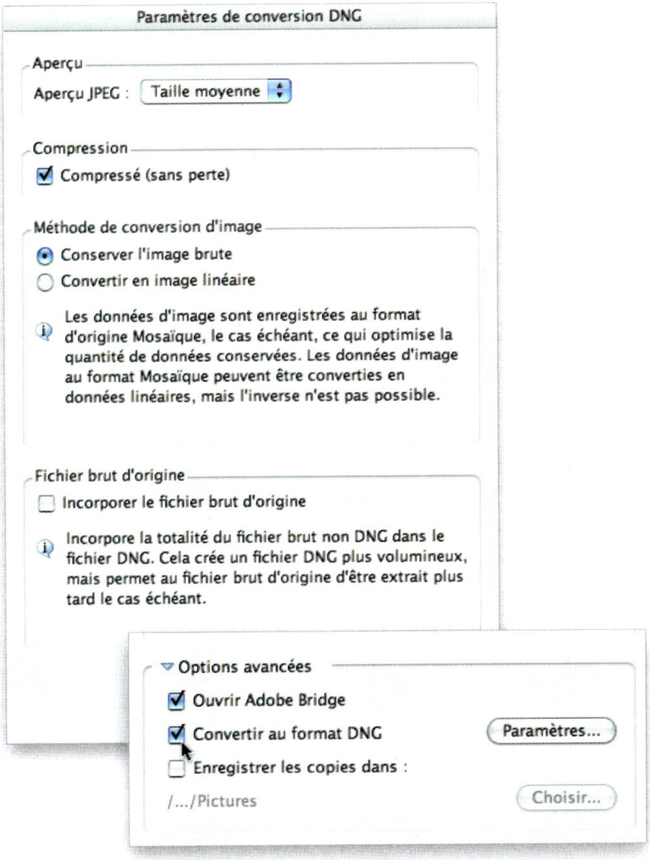

Étape 8

Dans la section Options avancées, une case à cocher permet d'ouvrir automatiquement Bridge (s'il n'est pas déjà ouvert). Juste en dessous, vous avez un paramètre qui convertit au format DNG les fichiers RAW, JPEG ou TIFF. DNG est un format d'archivage universel, sorte de négatif numérique indépendant du format RAW de l'appareil photo numérique que vous avez utilisé pour vos photos. Voici ma règle en la matière : je ne convertis en DNG que les images RAW. Si vous cochez cette option et que vous cliquiez sur le bouton Paramètres (voir ci-contre), vous pouvez personnaliser les réglages DNG. Cela comprend la taille des aperçus JPEG, la méthode de conservation de l'image RAW (brute) et l'incorporation du fichier RAW dans votre fichier DNG.

Étape 9

Une autre option essentielle permet de sauvegarder automatiquement une copie des photos importées. Cochez la case Enregistrer les copies dans. Ensuite, cliquez sur Choisir (PC : Parcourir) pour indiquer le lecteur de stockage de ces copies. Il s'agira d'un disque dur externe, d'un disque dur réseau, etc. Cet acte est fondamental. En effet, si votre disque dur interne connaît des problèmes, toutes vos photos sont perdues à tout jamais. Il faut toujours, je dis bien toujours, faire une copie des photos que vous importez.

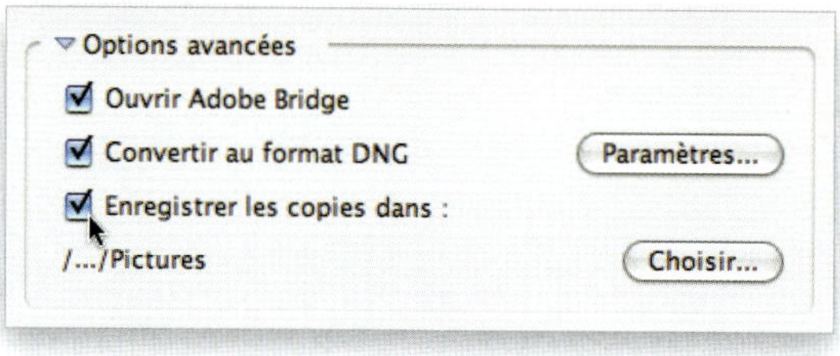

Étape 10

Dans la section Appliquer les métadonnées, vous pouvez définir les informations sur le copyright qui seront incorporées à vos photos. Cliquez sur le champ Auteur et entrez votre nom. Ensuite, précisez les données du copyright dans le champ Copyright. Vous pouvez incorporer d'autres métadonnées lors de l'importation. Mais pour ce faire, il faut préalablement créer un modèle de métadonnées. Nous verrons comment procéder un peu plus loin dans ce chapitre.

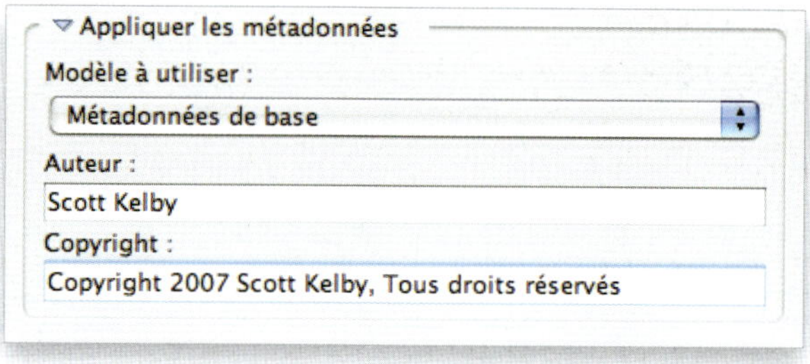

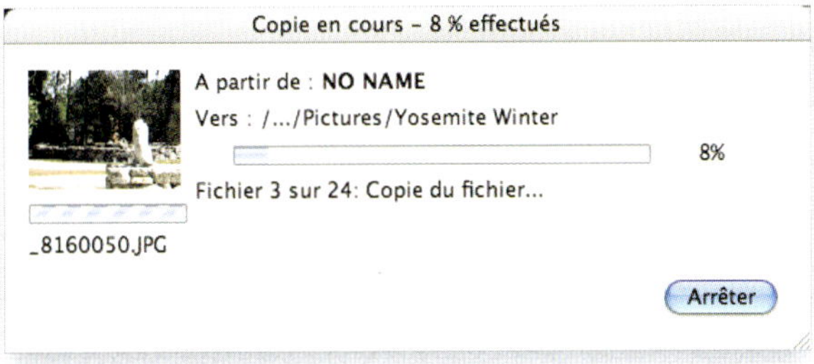

SCOTT KELBY

Étape 11

Vous n'avez plus qu'à cliquer sur Obtenir des photos. Une boîte de dialogue permet de suivre la progression du téléchargement. Vous voyez une vignette de l'image en cours d'importation et pouvez apprécier la durée totale du téléchargement des photos sélectionnées.

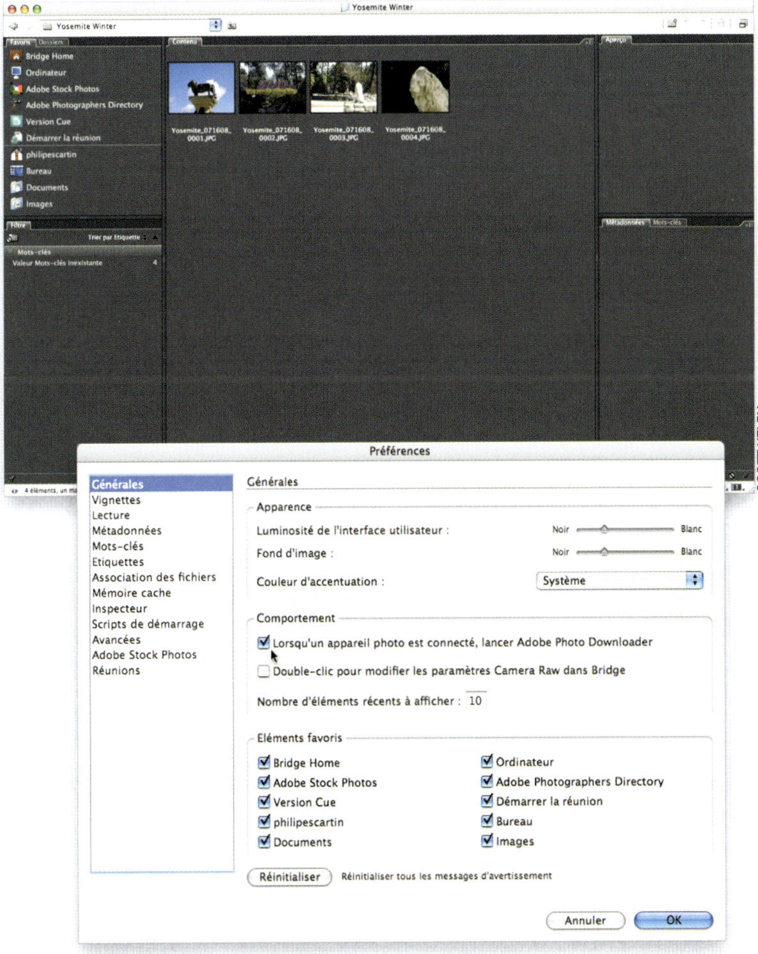

SCOTT KELBY

Étape 12

Une fois les photos importées, elles s'affichent dans Bridge sous forme de vignettes. Vous pouvez les trier, les noter et effectuer bien d'autres choses décrites dans la suite de ce chapitre. Repensez à la première étape où j'ai choisi d'obtenir des photos depuis un appareil photo. Si vous désirez que le téléchargeur de photos de Bridge s'exécute automatiquement quand vous insérez une carte mémoire dans le lecteur de cartes (ou lorsque vous connectez directement votre appareil photo numérique à l'ordinateur), appuyez sur Cmd+K (PC : Ctrl+K). Dans la section Générales de la boîte de dialogue Préférences qui apparaît, cochez l'option Lorsqu'un appareil photo est connecté, lancez Adobe Photo Downloader.

ASTUCE Une fois les photos importées, dont une copie de sauvegarde a été automatiquement réalisée sur une unité de stockage amovible, je grave systématiquement le dossier des photos sur un DVD+R. Je le stocke ensuite verticalement dans un lieu sûr, frais, sombre et sec. N'appliquez aucun adhésif sur le disque et n'écrivez dessus qu'avec un marqueur sans solvant. Ne négligez pas plus le numérique que vous ne négligez vos anciens négatifs argentiques.

Créer une planche contact pour le boîtier cristal de votre CD/DVD

Si vous suivez mon conseil, vous effectuerez une sauvegarde de vos photos originales sur CD ou DVD. Comme le disque sera stocké dans un boîtier cristal, il est important que sa jaquette permette d'identifier son contenu. Heureusement pour vous, il existe une fonction quasi automatique grâce à laquelle vous obtiendrez des vignettes des photos stockées sur un CD ou un DVD.

Étape 1

Dans Bridge, appuyez sur Cmd+A (PC : Ctrl+A) pour sélectionner toutes vos photos. Ensuite, ouvrez le menu Outils de Bridge. Choisissez Photoshop/Planche contact II.

Note Il existe une commande identique dans le menu Automatisation de Photoshop CS3.

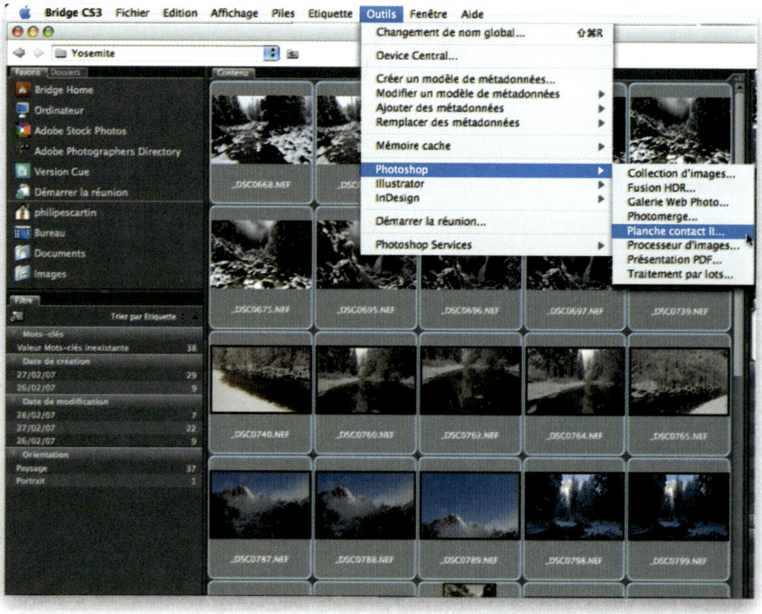

SCOTT KELBY

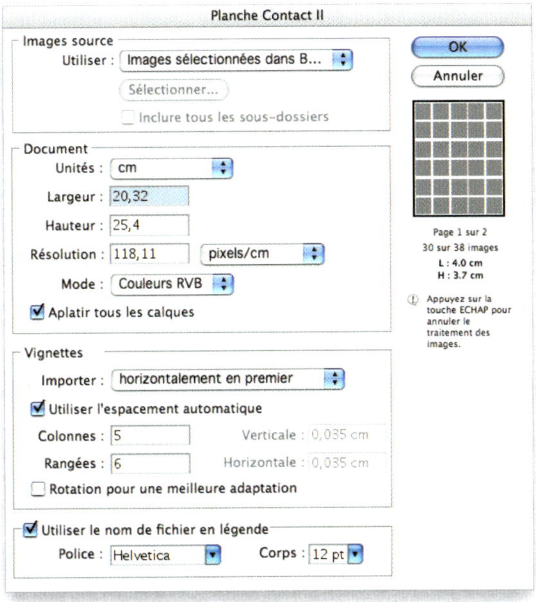

Étape 2

Ceci ouvre la boîte de dialogue Planche contact II de Photoshop. Dans le menu local Utiliser situé en haut de la boîte de dialogue, vous constatez que les images sélectionnées dans Bridge seront intégrées à la planche contact. Si vous avez omis de sélectionner les clichés en question, choisissez Dossier dans le menu Utiliser. Ensuite, cliquez sur le bouton Sélectionner (PC : Parcourir) pour indiquer le chemin d'accès au dossier où sont stockées les photos à partir desquelles vous allez créer la planche contact.

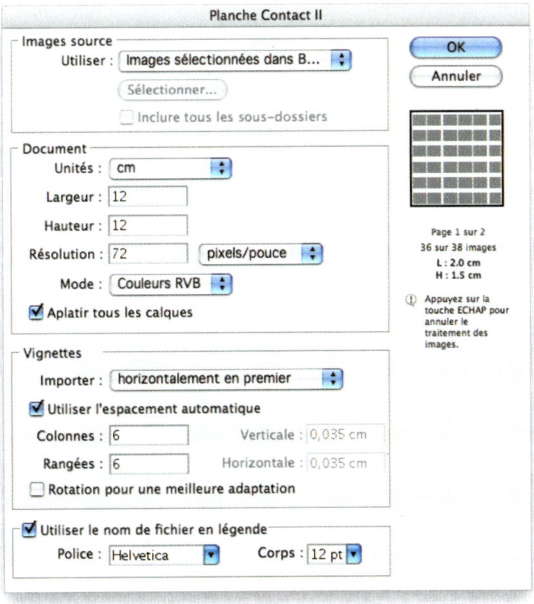

Étape 3

Les autres options de la boîte de dialogue Planche contact II permettent d'en spécifier l'apparence. Dans la section Document, entrez les dimensions de la jaquette du boîtier cristal. La largeur et la hauteur standard sont de 12 cm × 12 cm. Dans le champ Résolution, j'ai indiqué une valeur de 72 ppp. En voici les deux raisons : (1) les vignettes seront si petites qu'une résolution supérieure est inutile, et (2) Photoshop crée la planche contact bien plus rapidement lorsque les images sont en basse résolution. Dans le menu local Mode, j'ai laissé l'option par défaut Couleurs RVB. J'ai choisi d'aplatir tous les calques pour éviter la création de fichiers Photoshop multicalques volumineux. Je veux simplement un document pour l'imprimer puis le supprimer. Dans la section Vignettes, vous choisissez la disposition des images. Dans le coin supérieur droit de la boîte de dialogue, vous disposez d'un aperçu de la disposition des vignettes. Dans le champ Colonnes, tapez 6. L'aperçu en temps réel donne une idée assez précise de la mise en page de la planche contact.

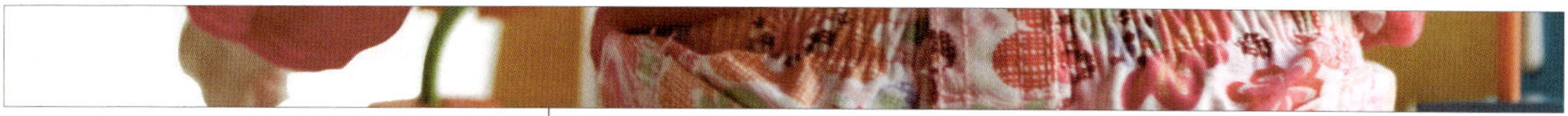

Étape 4

En bas de la boîte de dialogue, laissez l'option Utiliser le nom du fichier en légende cochée. Ainsi, vous ne serez pas obligé de regarder chaque photo du disque pour localiser celle que vous avez repérée sur la planche contact. Avec le nom de la photo inscrit sous chaque vignette, vous identifiez d'un seul coup d'œil le cliché à trouver sur le disque.

Étape 5

Dans le menu Corps, choisissez la taille de la police de caractères qui sera utilisée pour le nom des fichiers.

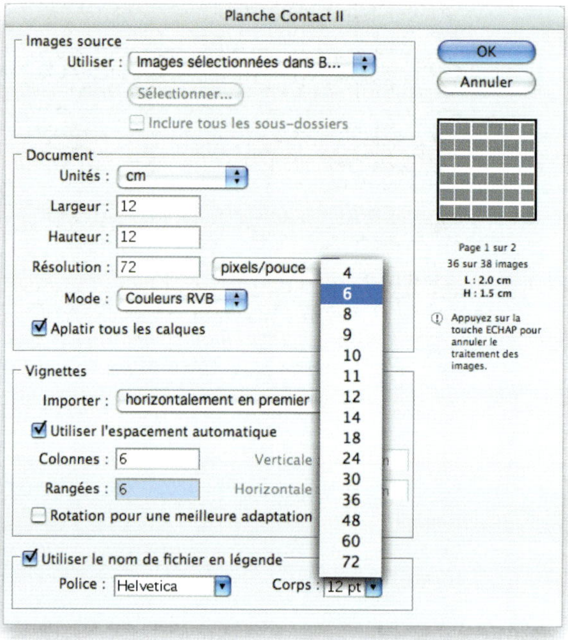

ASTUCE Lorsque vous choisissez la taille de la police pour les légendes de vos vignettes, il est souvent nécessaire de sélectionner une taille inférieure aux 12 points proposés par défaut. Par exemple, une taille de 6 points peut s'avérer idéale. Quelle est la règle en la matière ? Tout dépend. Sachez simplement que plus vous mettez de vignettes sur une planche contact, et plus vous aurez besoin d'une petite police de caractères.

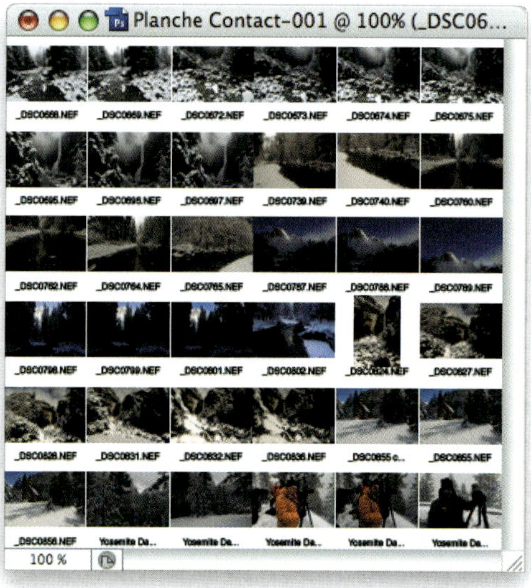

SCOTT KELBY

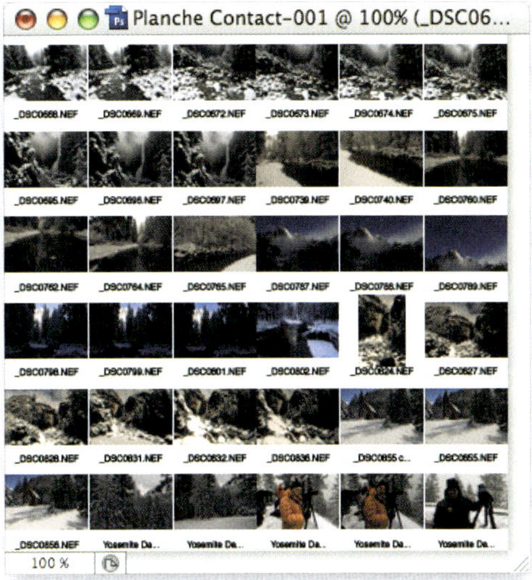

Étape 6

Cliquez sur OK. En quelques minutes, vous disposez d'une planche contact. Que remarquez-vous ? Que les vignettes situées sur la première rangée manquent légèrement d'espace. Heureusement, vous pouvez ajouter un petit espace blanc tout autour de la planche contact pour aérer l'ensemble des vignettes.

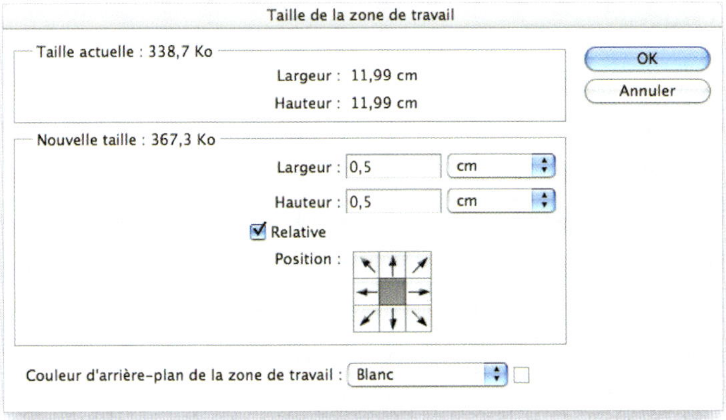

Étape 7

Dans le menu Image de Photoshop, choisissez Taille de la zone de travail. Dans la boîte de dialogue qui apparaît, cochez l'option Relative. Dans les champs Largeur et Hauteur, entrez la valeur 0,5 cm. Dans le menu local Couleur d'arrière-plan de la zone de travail, choisissez Blanc. Enfin, cliquez sur OK.

Étape 8

Vous constatez que l'ajout d'un espace blanc en haut, en bas et sur les côtés de la planche contact améliore considérablement son aspect, donc sa lisibilité.

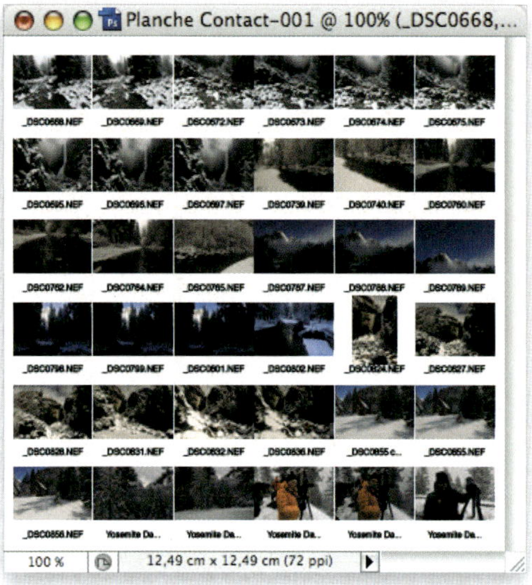

Étape 9

Voici plus une astuce qu'une véritable étape de la procédure. De nombreux photographes ajoutent une seconde planche contact pour faciliter l'identification de l'image qu'ils recherchent. Ils partent du principe que, dans une série de photos, il y a toujours un ou deux clichés grâce auxquels identifier le contenu complet du disque. Ces photographes vont alors créer une planche contact supplémentaire composée d'une ou deux photos typiques. Cette planche sera utilisée comme jaquette du boîtier cristal, ou bien insérée à l'intérieur dudit boîtier. Ils ajoutent une description des photos permettant de trouver la bonne image encore plus rapidement.

©ISTOCKPHOTO/STEFAN KLEIN

Note Si vous n'utilisez qu'une ou deux images, inutile de passer par la fonction Planche contact II. Vous pouvez tout simplement créer cette seconde jaquette en glissant-déposant, avec l'outil Déplacement, les images dans un document Photoshop vide. Ensuite, activez l'outil Texte horizontal pour ajouter une description en face de chaque image.

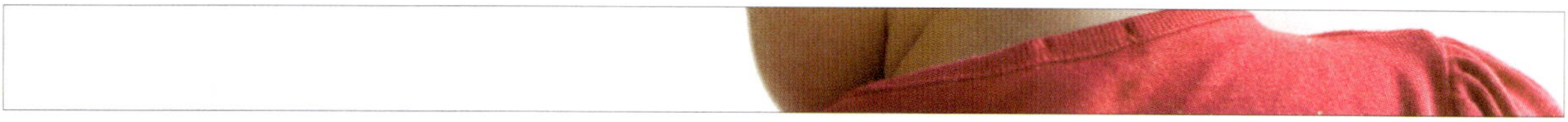

Un meilleur aperçu en quelques clics

Vous avez importé vos photos dans votre ordinateur. Vous les avez sauvegardées sur un CD/DVD que vous avez rangé dans un boîtier cristal dont la jaquette est une planche contact des clichés stockés sur le disque. Si Bridge n'était pas ouvert, sachez qu'il existe trois manières de l'exécuter : (1) dans Photoshop, en cliquant sur l'icône Passer à Bridge située à l'extrême droite sur la barre d'options. (2) Dans Photoshop, *via* Fichier > Parcourir. (3) En appuyant sur Cmd+Option+O (PC : Ctrl+Alt+O).

Étape 1

Les photos importées dans Bridge sont stockées dans un dossier de votre disque dur. Bridge se contente d'établir le chemin d'accès à ce dossier. Dans le panneau Contenu de Bridge, vous voyez les photos sous forme de vignettes. Ces vignettes sont créées de haut en bas. Plus vous avez de photos dans un dossier et plus Bridge met du temps à générer des vignettes.

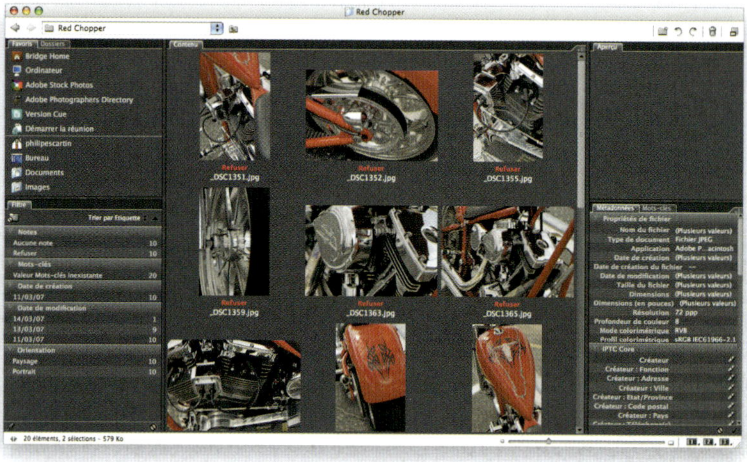

SCOTT KELBY

Étape 2

Pour grossir les vignettes, faites glisser vers la droite le curseur situé en bas de la fenêtre. Vous déduisez que, vers la gauche, vous réduisez la taille des vignettes.

Astuce Pour passer directement à une taille supérieure ou inférieure, cliquez sur les icônes rectangulaires situées à droite et à gauche de la glissière de ce curseur.

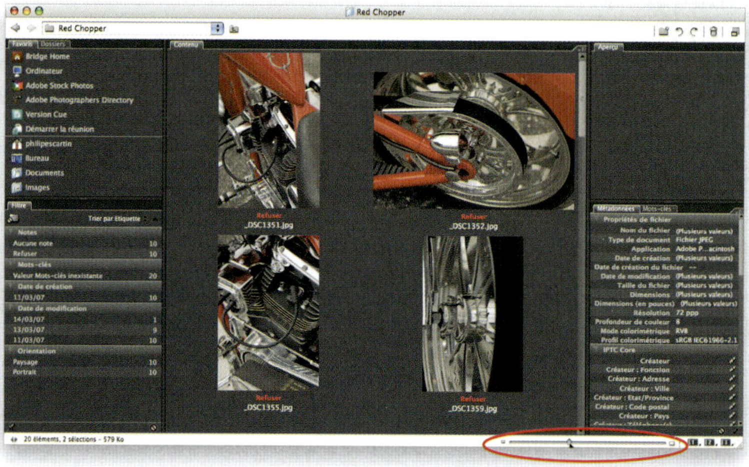

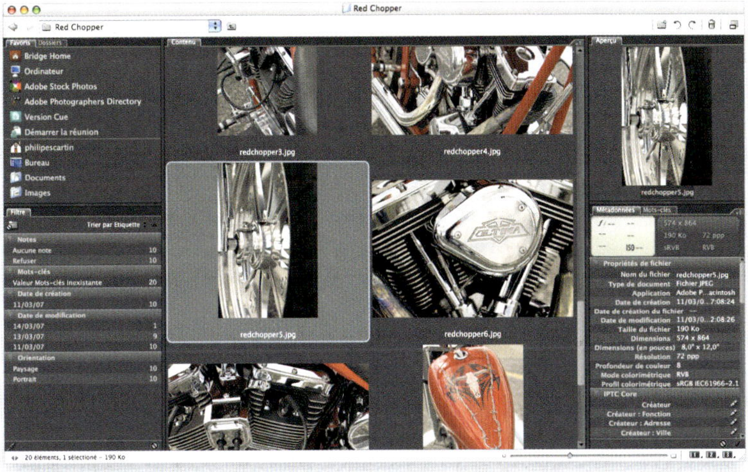

Étape 3

Cliquez sur une photo pour l'afficher dans le panneau Aperçu. Immédiatement, toutes les informations enregistrées par votre appareil photo au moment de la prise de vue apparaissent dans le panneau Métadonnées. Ce panneau n'étant pas très utile pour le moment, vous pouvez le masquer de manière à obtenir un aperçu bien plus grand.

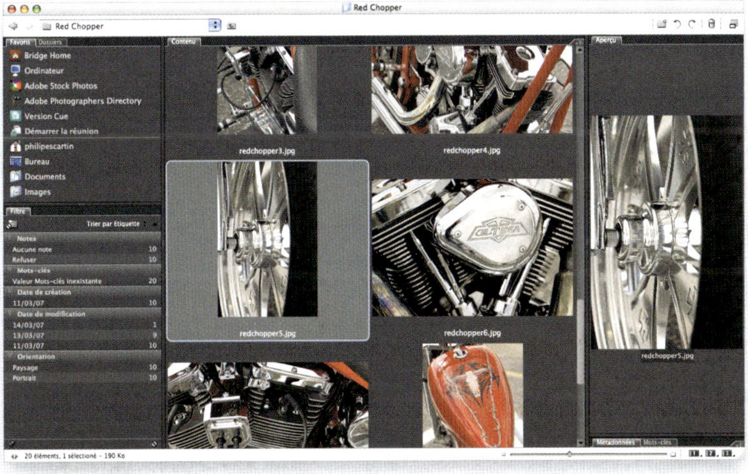

Étape 4

Une méthode pour agrandir l'aperçu consiste à double-cliquer sur l'onglet Métadonnées pour en fermer le panneau. L'aperçu, bien que plus grand, peut le devenir davantage.

Astuce Pour réduire un panneau, double-cliquez sur son onglet. Si vous n'utilisez quasiment jamais un des panneaux, masquez-le complètement en le désactivant dans le menu Fenêtre. Pour rendre de nouveau ce panneau visible, répétez cette action.

Étape 5

Pour que le panneau Aperçu soit très grand, placez le pointeur de la souris sur le séparateur vertical situé entre ce panneau et le panneau Contenu. Quand il prend la forme d'un curseur de redimensionnement, cliquez-glissez le séparateur vers la gauche.

ASTUCE Pour masquer rapidement tous les panneaux, double-cliquez sur les deux flèches situées dans le coin inférieur gauche de la fenêtre de Bridge, ou appuyez sur la touche Tab.

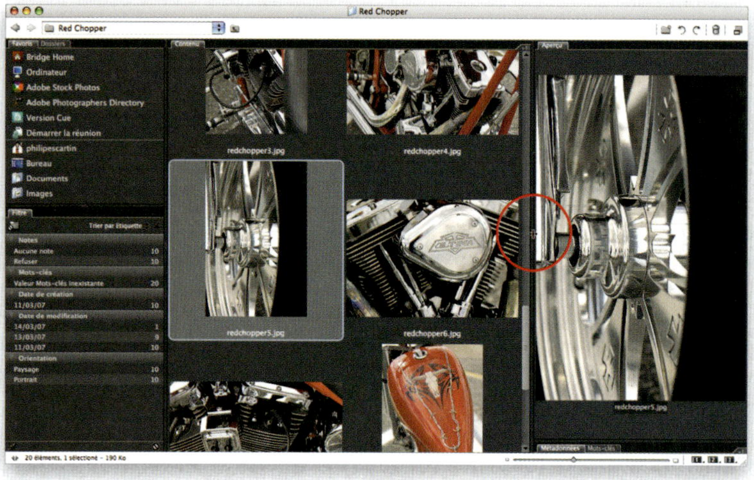

SCOTT KELBY

Étape 6

L'aperçu est insuffisamment grand car les vignettes sont trop grosses. De plus, il serait souhaitable de placer l'aperçu au centre de la fenêtre. Cliquez sur Fenêtre > Espace de travail > Film fixe vertical, ou appuyez sur Cmd+F6 (PC : Ctrl+F6). Cette présentation prédéfinie de l'espace de travail laisse une large place à l'aperçu. Mais vous pouvez aller encore plus loin en créant votre espace de travail personnel.

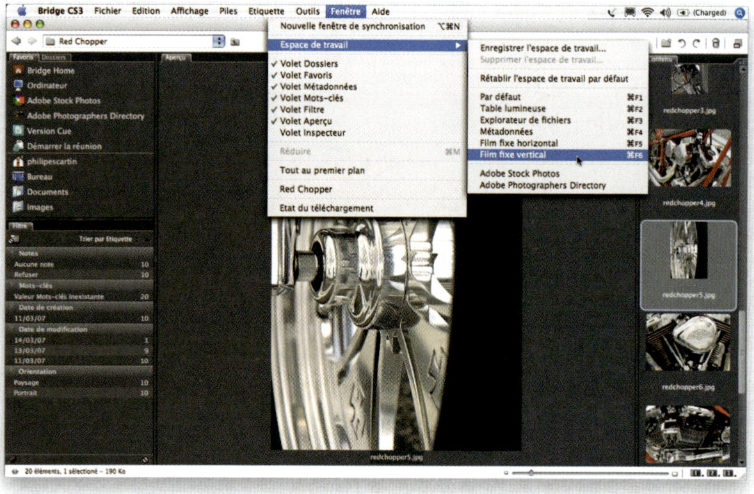

SCOTT KELBY

Étape 7

La présentation de Bridge est idéale pour les photos en mode portrait. Pour les clichés en paysage, vous devez augmenter l'espace d'affichage. À cet effet, masquez les panneaux de gauche. Cliquez sur le séparateur gauche de l'aperçu et faites-le glisser complètement sur la gauche. Le plus rapide consiste à double-cliquer sur ce séparateur ! Étonnant non ? Maintenant, dans le panneau Contenu, cliquez sur la vignette d'une photo en mode paysage. Pour récupérer les panneaux de gauche, double-cliquez de nouveau sur le séparateur.

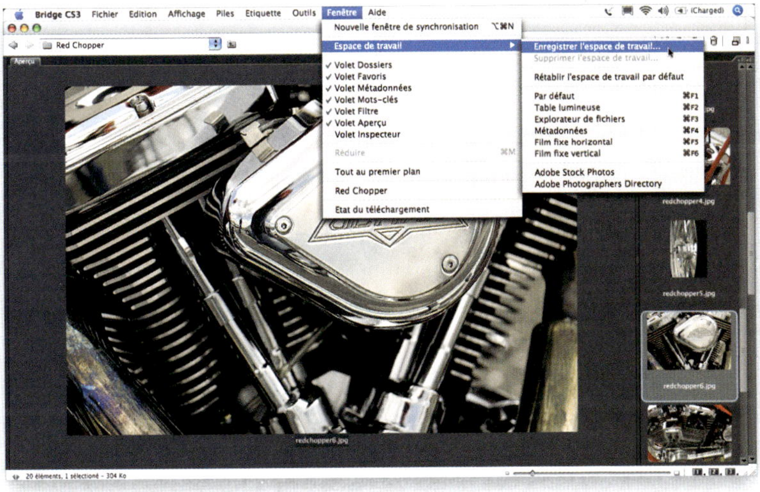

Étape 8

Cet espace de travail est l'un de mes préférés. S'il devient le vôtre, enregistrez-le en tant qu'espace de travail personnalisé. Pour cela, cliquez sur Fenêtre > Espace de travail > Enregistrer l'espace de travail. Dans la boîte de dialogue éponyme, nommez votre espace (j'ai appelé le mien « Espace de Scott »). Cliquez sur Oui. Vous le trouverez dans le sous-menu Espace de travail du menu Fenêtre. Mais faisons encore mieux.

Étape 9

Pour que votre espace de travail soit à un clic de souris, utilisez les boutons 1, 2, et 3 en bas à droite de Bridge. Si vous cliquez sur le bouton 1, vous restaurez l'espace de travail par défaut. Pour qu'il affiche votre espace de travail, cliquez dessus et ne relâchez pas le bouton de la souris. Dans le menu local qui apparaît, sélectionnez le nom de votre espace (ici Espace de Scott). Désormais, un clic sur le bouton 1 affichera votre espace personnalisé.

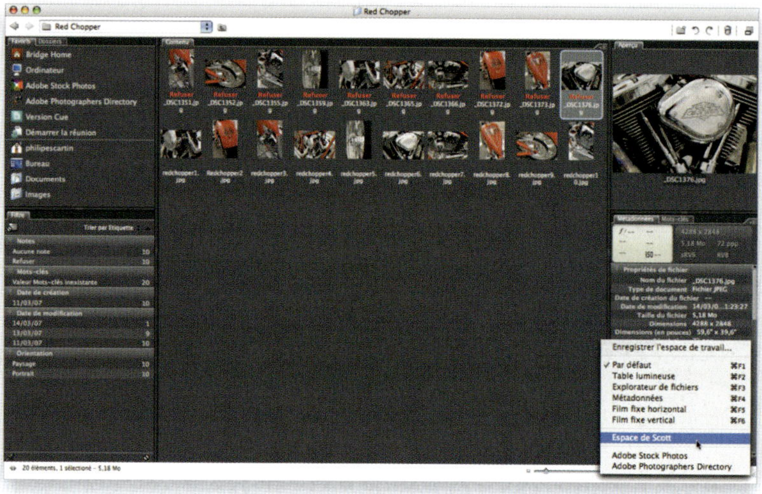

SCOTT KELBY

Étape 10

Vous pouvez également assigner des espaces de travail aux boutons 2 et 3. Ces espaces seront personnalisés ou prédéfinis. Par exemple, vous pouvez assigner au bouton 2 l'espace de travail Film fixe vertical au lieu de Film fixe horizontal par défaut qui, il faut l'avouer, laisse peu de place aux vignettes.

ASTUCE Il est possible de grouper les panneaux. Pour ce faire, cliquez sur l'onglet d'un panneau et glissez-déposez-le sur un autre panneau. Si vous désirez que tous les panneaux restent visibles tout en octroyant davantage de place à l'aperçu, regroupez-les sur un côté de l'interface de Bridge.

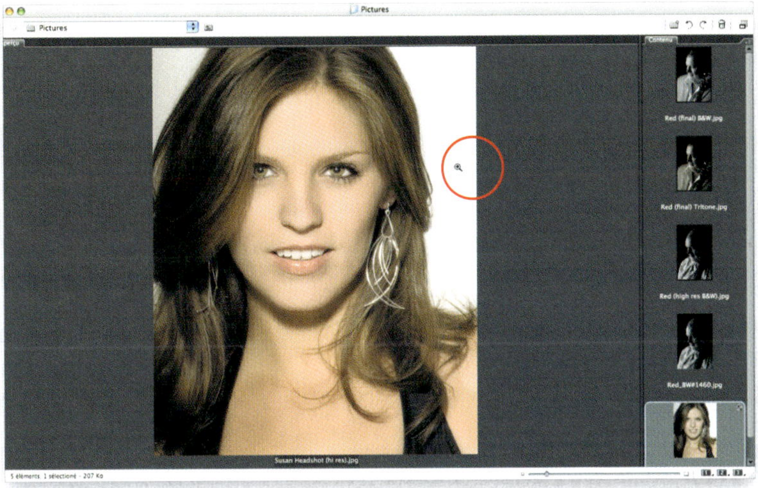

SCOTT KELBY

Étape 11

Je vous sens prêt à exploiter d'autres aspects de l'aperçu. Sa fonction Loupe permet de vérifier, par exemple, la netteté d'une photo. Essayez ceci : placez le curseur sur l'image affichée dans le panneau Aperçu. Il prend la forme d'une loupe ornée d'un signe +. Placez cette loupe sur une partie de l'image à grossir.

Étape 12

Cliquez sur l'œil pour activer la loupe. Vous voyez alors cette partie de l'image à une échelle de 100 %. Une fois la loupe active, le curseur prend la forme d'une main. Elle permet de repositionner la loupe. Cliquez et glissez la loupe sur l'image. Pour zoomer davantage appuyez sur +. Chaque pression multiplie le facteur d'agrandissement par deux. Pour réaliser un zoom arrière, appuyez sur –. Pour fermer la loupe, cliquez à l'intérieur. Si la loupe se trouve trop près du bord du panneau Aperçu, elle bascule automatiquement vers une autre orientation de manière à afficher la portion voulue de l'image.

Étape 13

Pour comparer deux photos, cliquez sur l'une d'elles. Appuyez sur Cmd (PC : Ctrl) et cliquez sur la photo à comparer. Les deux images apparaissent côte à côte. Ceci est très utile lorsque vous souhaitez comparer des photos quasi identiques.

SCOTT KELBY

Étape 14

Vous n'êtes pas limité à la comparaison de deux photos. Il suffit d'appuyer sur la touche Cmd (PC : Ctrl) et de cliquer sur autant de photos à comparer. Le panneau Aperçu les réorganise et les redimensionne pour les afficher en intégralité.

SCOTT KELBY

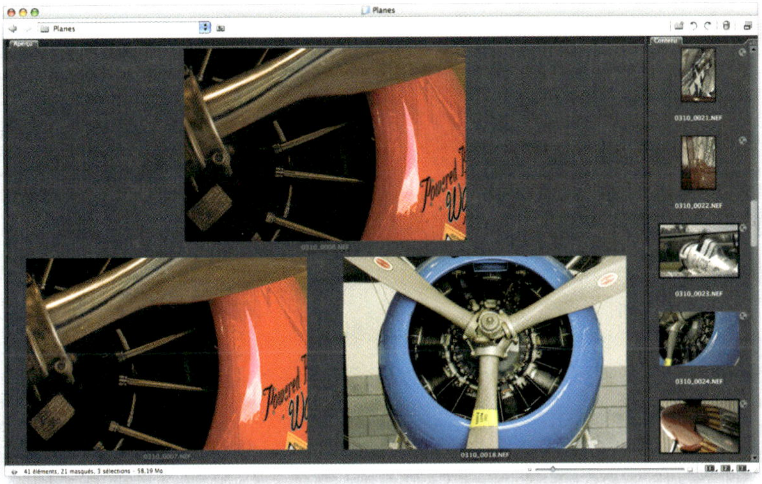

SCOTT KELBY

Étape 15

Pour retirer une photo comparée, appuyez sur Cmd (PC : Ctrl) et cliquez dessus dans le panneau Contenu. Si vous cliquez dessus dans le panneau Aperçu, vous activez de fait la loupe.

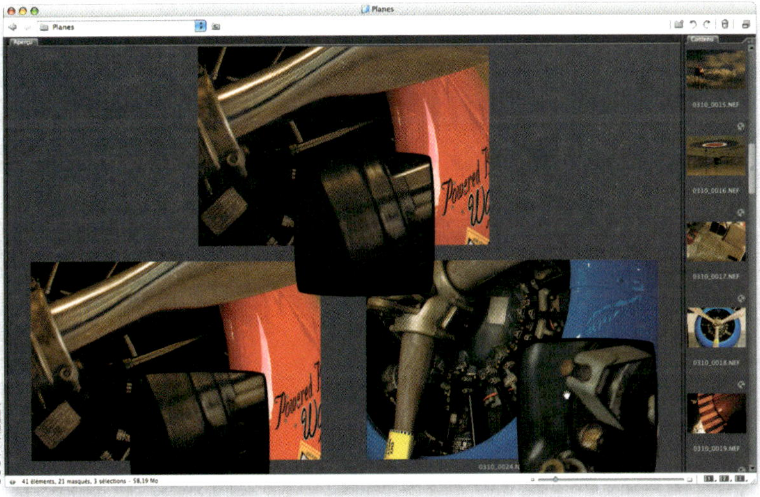

SCOTT KELBY

Étape 16

Vous pouvez zoomer sur des photos comparées. Commencez par cliquer sur l'une des photos. La loupe apparaît dessus. Ensuite, cliquez sur un autre cliché pour faire apparaître une autre loupe sans pour autant fermer celle(s) déjà ouverte(s). Repositionnez individuellement les loupes en plaçant le curseur dedans, puis en cliquant et en les glissant. Pour les déplacer toutes en même temps, placez le curseur dans une loupe. Ensuite, cliquez et appuyez sur Cmd (PC : Ctrl). Faites glisser une loupe tout en maintenant la touche Cmd (PC : Ctrl) enfoncée. Si vous appuyez sur Cmd++ (PC : Ctrl++) ou Cmd+– (PC : Ctrl+–), toutes les loupes zooment de conserve.

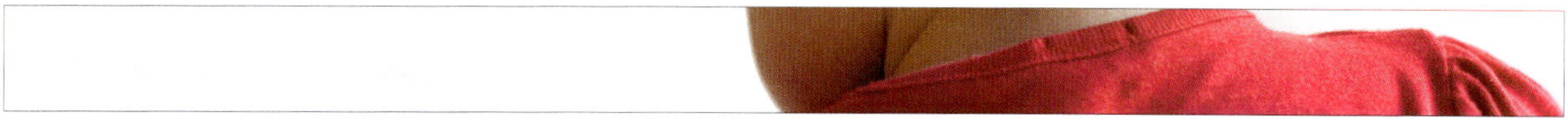

Comment afficher, déplacer et supprimer d'autres photos

Vous avez importé des photos d'accord, mais vous constatez que je n'arrête pas d'en afficher de nouvelles sans vous expliquer comment procéder. Réparons cet oubli.

Étape 1

Dans la partie gauche de Bridge, vous trouverez les panneaux Favoris et Dossiers. (S'ils ne sont pas affichés, appuyez sur Cmd+F1 [PC : Ctrl+F1]). Ainsi, l'espace de travail s'affiche par défaut. Le panneau Dossiers donne accès à tous les fichiers et dossiers de votre ordinateur. Il est très facile de naviguer jusqu'au dossier contenant les images à afficher dans Bridge. Bien entendu, vos disques durs externes et vos lecteurs de CD/DVD sont accessibles *via* ce panneau.

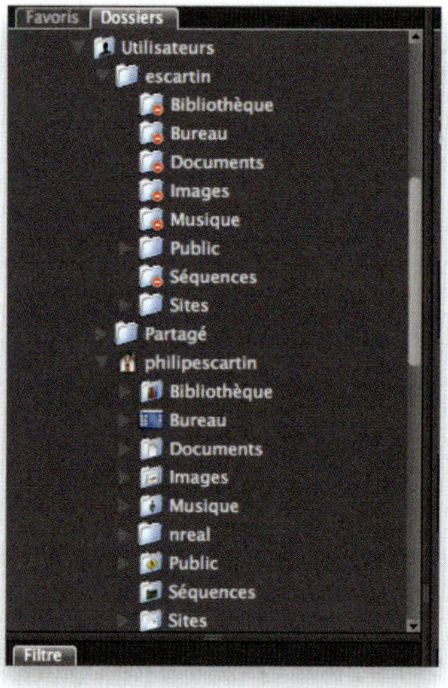

Étape 2

Le panneau Favoris ressemble aux favoris de votre navigateur Web. Vous y stockez des dossiers auxquels vous accédez régulièrement. Inutile alors de parcourir vos lecteurs et vos dossiers pour trouver des images particulières. Pour ajouter un dossier aux favoris, faites un Ctrl+clic (PC : Clic droit) dessus. Dans le menu contextuel, choisissez Ajouter aux favoris.

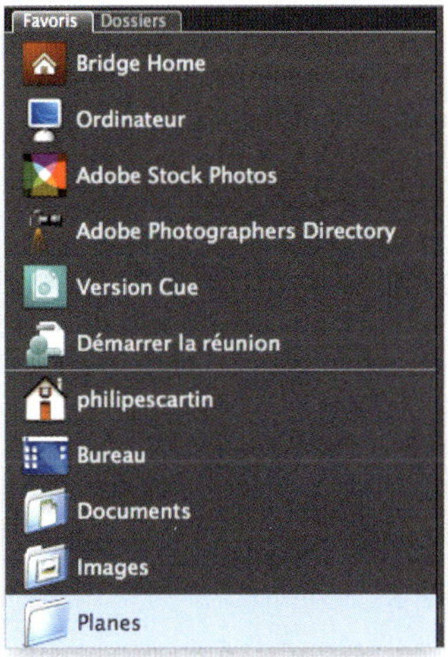

Étape 3

Le dossier ajouté apparaît en bas de la liste des favoris. Pour afficher ses photos, cliquez dessus.

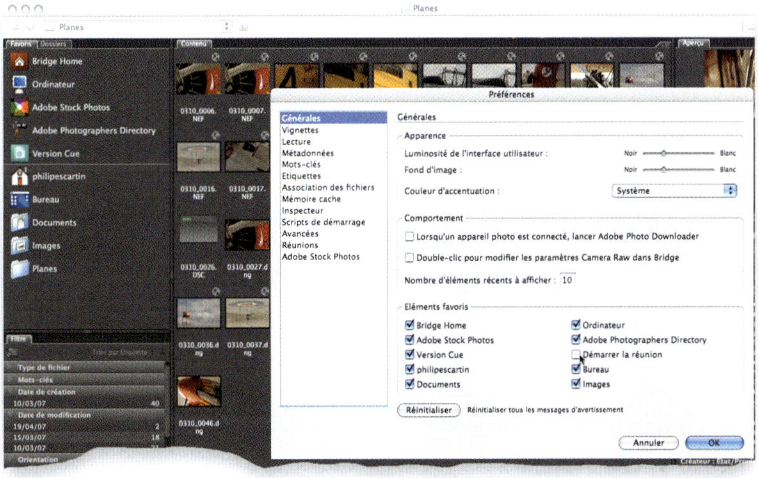

Étape 4

Dans le panneau Favoris, vous constatez que Adobe en a ajouté pour vous. Pour supprimer ces favoris afin de laisser davantage de place aux vôtres, ouvrez la boîte de dialogue des préférences de Bridge *via* Cmd+K (Ctrl+K) ou en passant par le menu Bridge CS3. Dans la section Éléments favoris, décochez ceux que vous ne désirez plus afficher dans le panneau Favoris, puis cliquez sur OK. Voyons comment déplacer des photos d'un dossier à un autre.

Étape 5

Une des premières méthodes consiste à passer par le panneau Dossiers. Commencez par cliquer sur la photo à déplacer vers un autre dossier. Ensuite, ouvrez le menu Fichier et choisissez Déplacer vers. Vous accédez à la liste des dossiers récemment consultés. Cliquez sur le dossier dans lequel vous désirez placer la photo sélectionnée.

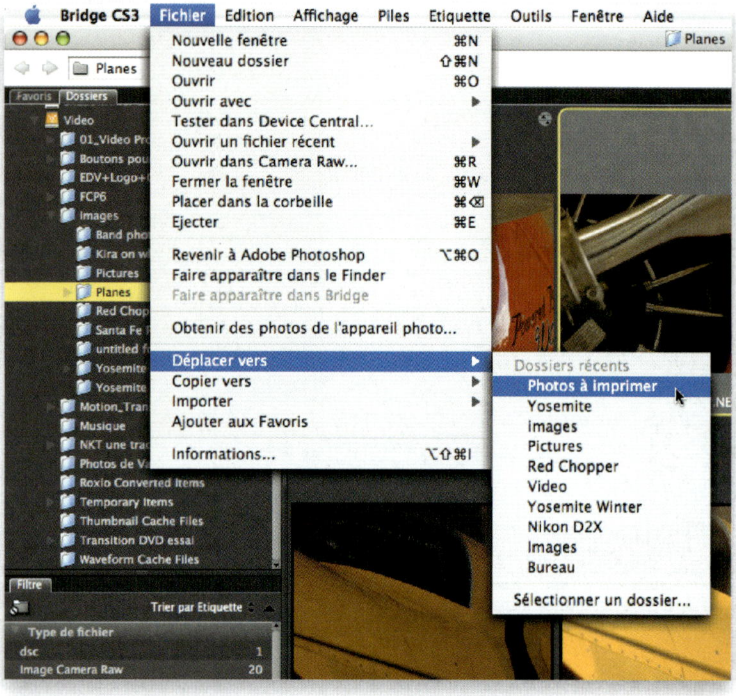

SCOTT KELBY

Étape 6

Si vous préférez copier plutôt que déplacer l'image, ouvrez de nouveau le menu Fichier, mais choisissez cette fois Copier vers. La même liste de dossiers apparaît. Si le dossier désiré ne figure pas dans la liste, cliquez sur Sélectionner un dossier. Vous pouvez aussi dupliquer l'image *via* le menu Édition, puis glisser-déposer cette copie dans le dossier de votre choix. Cette méthode rajoute toutefois une étape.

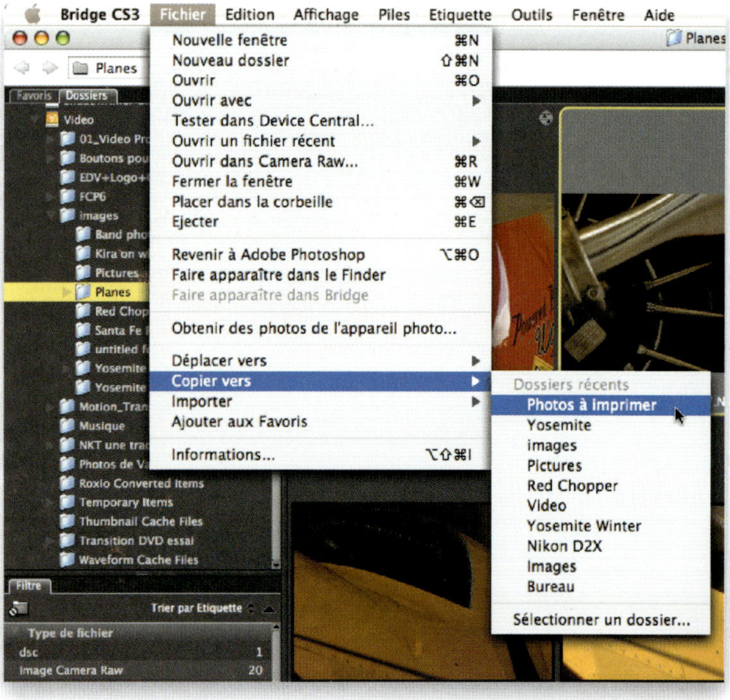

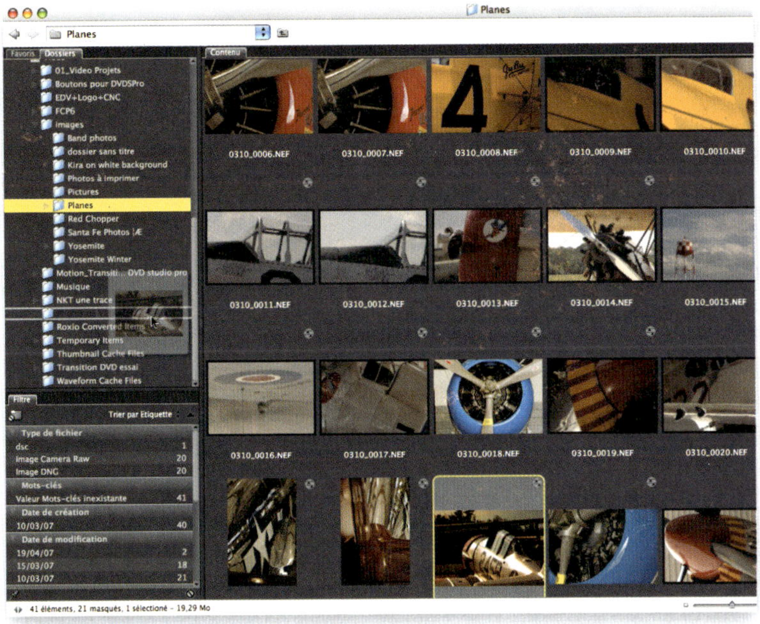

SCOTT KELBY

Étape 7

Vous pouvez effectuer un déplacement directement dans le panneau Dossiers. Vous cliquez sur la vignette de l'image et, sans relâcher le bouton de la souris, vous la glissez jusqu'au dossier de destination du panneau Dossiers. Relâchez le bouton de la souris. La photo vient de passer d'un dossier à un autre.

ASTUCE Si vous appuyez sur la touche Option (PC : Alt) pendant le glisser-déplacer, vous effectuez une copie de l'image.

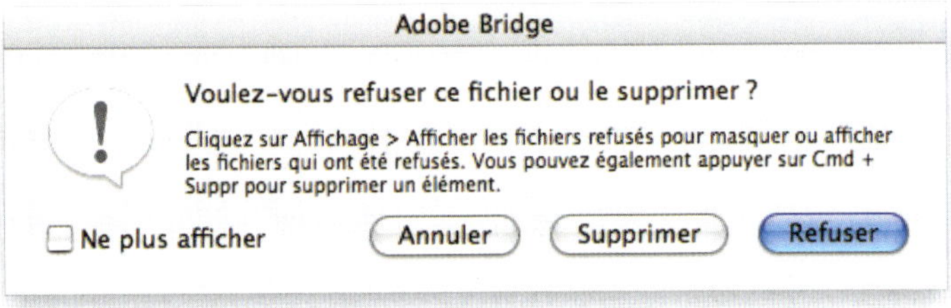

Étape 8

La suppression d'une photo est très simple. Cliquez sur la vignette de l'image et appuyez sur la touche Suppr ou Retour arrière. Un message demande confirmation de votre action. L'option Refuser signifie que vous allez marqueur la photo, mais pour une suppression ultérieure. Si vous souhaitez supprimer immédiatement l'image, cliquez sur Supprimer. La photo va dans la corbeille. Pour supprimer la photo sans passer par ce message, appuyez sur Cmd+Retour arrière (PC : Ctrl+Retour arrière).

Étape 9

Lorsque vous cliquez sur Refuser, la seule conséquence de ce choix est de voir apparaître la mention « Refuser » (voir ci-contre). Les photos refusées restent dans Bridge comme toutes les autres. Cela paraît étrange d'encombrer l'interface avec des images qui ne vous intéressent pas. Pour aérer Bridge, cliquez sur Affichage > Afficher les fichiers refusés. L'option étant décochée, les images en question ne sont plus visibles dans l'interface. Elles n'en sont pas pour autant effacées de votre disque dur.

Étape 10

À quoi sert l'option Refuser ? Voici un exemple. Lorsque je prends des photos, je marque comme Refuser les clichés qui, au premier coup d'œil, ne me semblent pas bons. Une fois l'ensemble de mes photos ainsi apprécié, je vais dans le panneau Filtre qui permet, à partir d'un certain nombre de critères, de n'afficher que des photos bien précises. Si vous cliquez sur Refuser de la section Notes de ce panneau, vous voyez uniquement les images portant la mention Refuser.

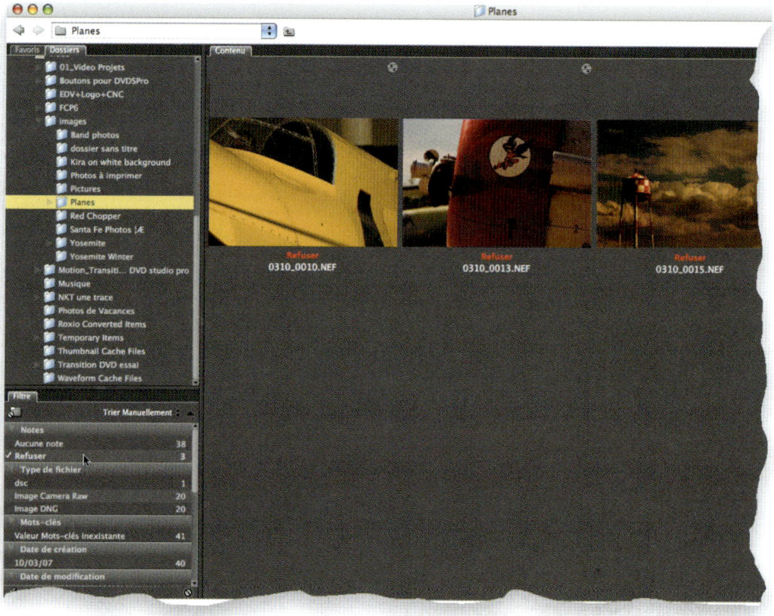

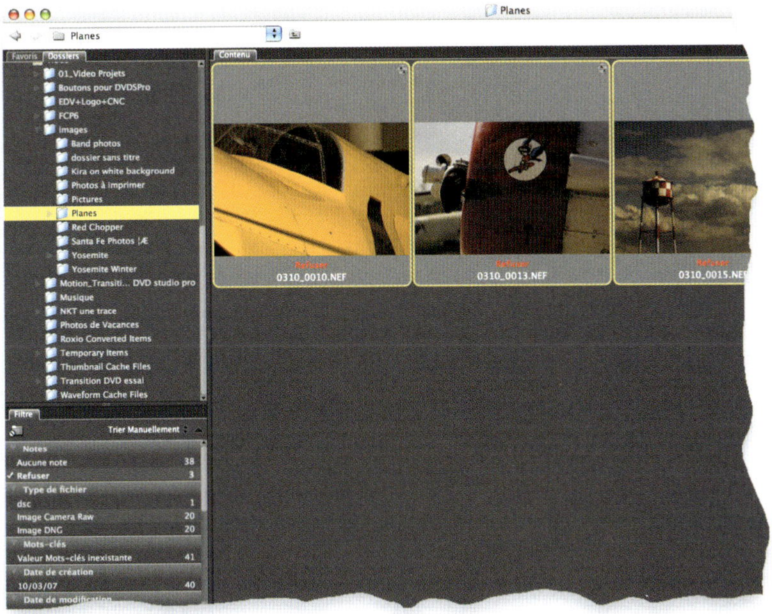

Étape 11

Maintenant que vous identifiez bien les photos refusées, je vous conseille de bien les analyser pour être certain qu'elles sont vraiment mauvaises. Il m'est arrivé d'estampiller accidentellement des images comme étant refusées alors qu'elles étaient parfaitement bonnes. Si vous êtes sûr de vous, appuyez sur Cmd+A (PC : Ctrl+A) pour sélectionner toutes les images refusées. Ensuite, appuyez sur Cmd+Suppr ou Retour arrière (PC : Ctrl+Suppr ou Retour arrière) pour les supprimer.

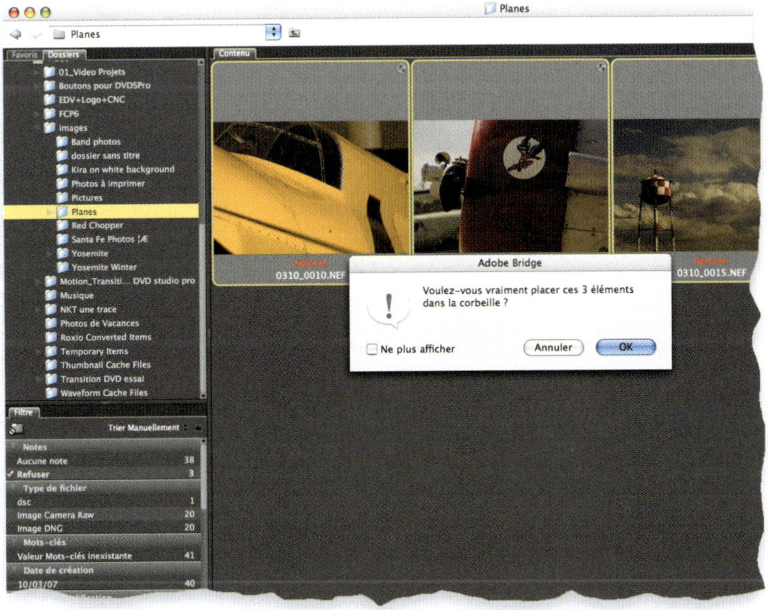

Étape 12

Une boîte de dialogue apparaît. Elle vous demande si vous souhaitez vraiment placer les éléments sélectionnés dans la corbeille. Bien sûr que vous le voulez ! Donc, cliquez sur OK. Les fichiers disparaissent du dossier pour aller se loger dans la corbeille. Vous constatez que l'avantage de l'option Refuser sur l'option Supprimer est que, au moment de la suppression réelle, il vous reste une dernière chance de sauver certaines photos.

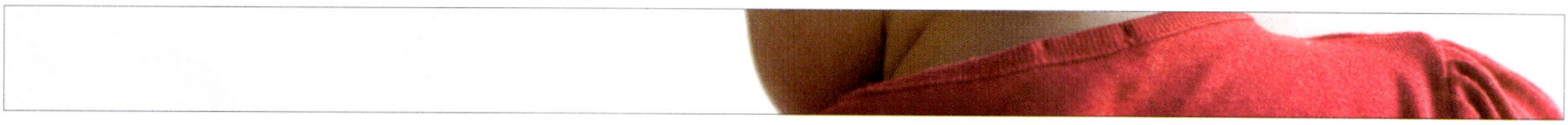

Personnaliser l'apparence de Bridge

La nouvelle version de Bridge donne beaucoup plus de contrôle sur son apparence, sa taille et sa présentation.

Étape 1

Dans Bridge CS2, vous ne pouviez modifier que la couleur d'arrière-plan de l'interface. Dans la version CS3, la couleur d'arrière-plan par défaut est gris foncé. Toutefois, vous pouvez contrôler la couleur de trois zones : (1) derrière les photos, (2) derrière tous les panneaux, et (3) l'accentuation, c'est-à-dire la couleur de contraste. Pour personnaliser l'apparence, appuyez sur Cmd+K (PC : Ctrl+K). La boîte de dialogue Préférences apparaît.

SCOTT KELBY

Étape 2

Dans le volet Générales, portez votre attention sur la section Apparence. Le curseur Luminosité de l'interface utilisateur contrôle la couleur de tous les panneaux, sauf celle des panneaux Contenu et Aperçu. Faites glisser ce curseur vers la droite et la gauche pour apprécier son impact. Vous notez que la couleur du texte s'ajuste à celle de l'interface pour faciliter la lecture des informations.

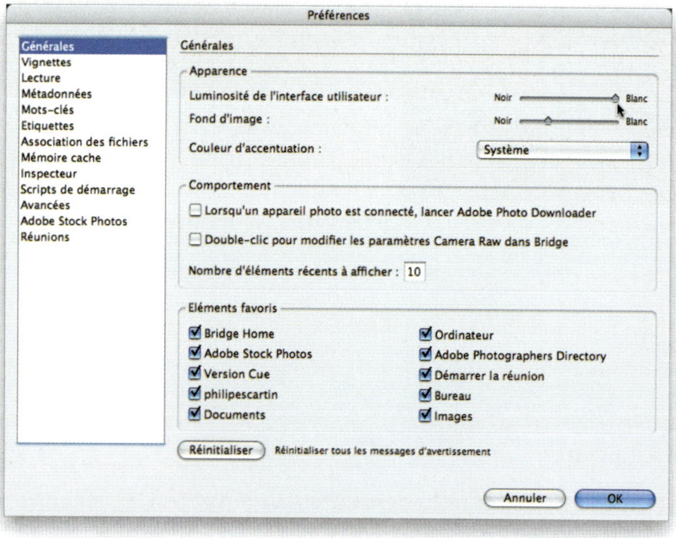

Étape 3

Lorsque vous affichez l'interface en blanc, le texte devient automatiquement noir. Les panneaux affichant les photos restent gris. OK, c'est moche ! Mais il paraît que les goûts, et dans ce cas les couleurs, ça ne se discute pas… quoique.

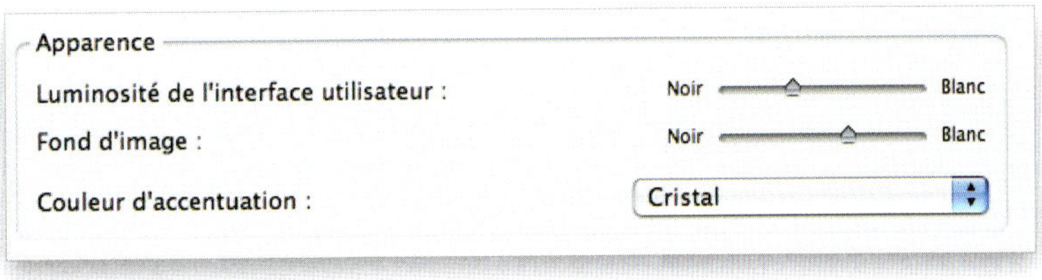

Étape 4

Personnellement, je préfère le modèle de couleurs que Adobe a mis au point pour Lightroom. Il s'agit d'un gris très design. Vous pouvez le créer en suivant ces quelques petites étapes : (1) définissez un gris moyen avec le curseur Luminosité de l'interface utilisateur, (2) puis un gris plus clair avec le curseur Fond d'image, et (3) choisissez Cristal comme Couleur d'accentuation. Ces choix correspondent à mes goûts qui ne sont peut-être pas du tout les vôtres.

Étape 5

Vous pouvez aussi choisir la quantité d'informations que va afficher le panneau Contenu sous chaque vignette. À cet effet, ouvrez les préférences *via* Cmd+K (PC : Ctrl+K). Dans le volet de gauche, cliquez sur Vignettes. Dans la section Détails, cochez les cases correspondant aux lignes que vous désirez afficher sous les vignettes (voir ci-contre). Ensuite, dans la liste adjacente, choisissez le type d'information à distiller.

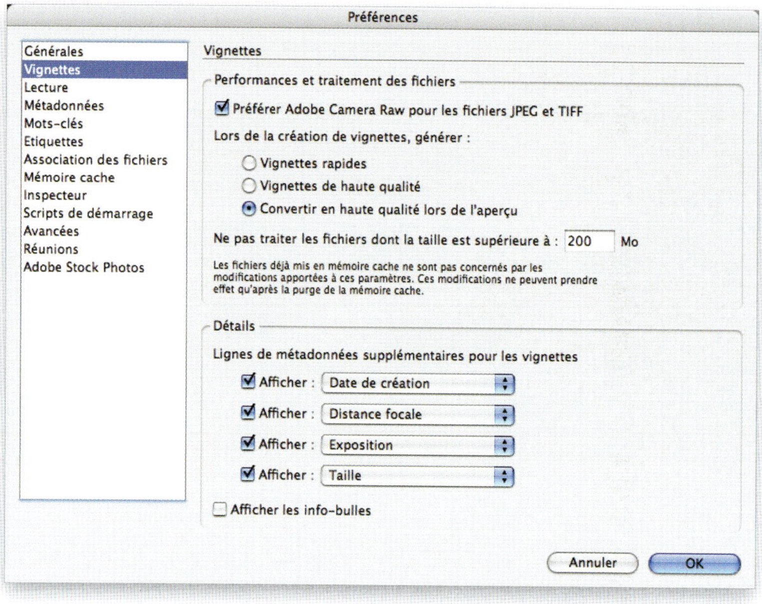

Étape 6

Cliquez sur OK. Les nouvelles informations apparaissent sous les vignettes.

ASTUCE Si vous désirez masquer temporairement les informations pour n'afficher que les vignettes, appuyez sur Cmd+T (PC : Ctrl+T). Ceci est pratique, car les informations s'octroient un espace au détriment des photos.

COREY BARKER

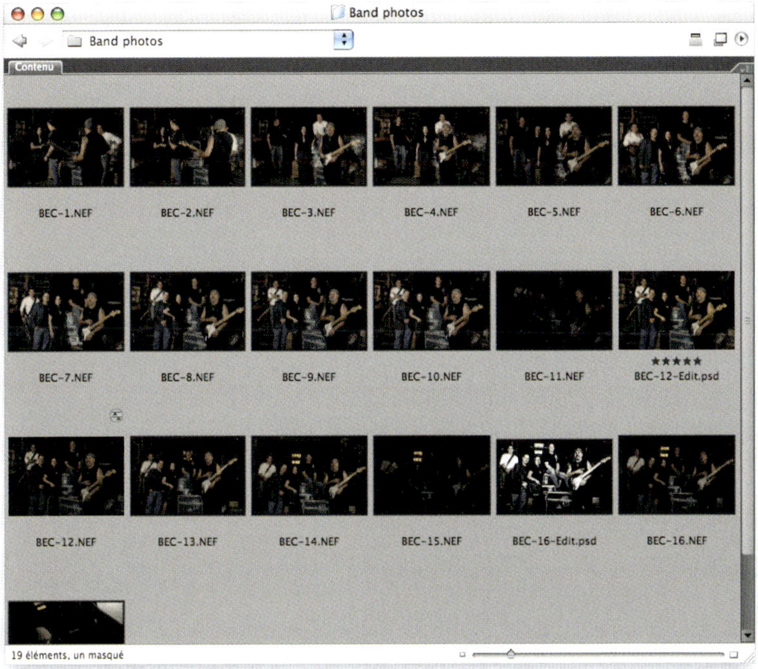

COREY BARKER

Étape 7

Voyons maintenant la taille de Bridge. Le redimensionnement peut se faire *via* l'angle inférieur droit de la fenêtre. Mais comment faire pour afficher une toute petite fenêtre ? Cliquez sur le bouton Passer en mode réduit situé dans le coin supérieur droit. La fenêtre diminue de taille au point de n'afficher que des petites vignettes. Cette miniversion de Bridge reste devant les fenêtres de toutes les autres applications. Donc, quel que soit le programme de la suite CS3 que vous utilisez, vous disposez d'un Bridge constamment accessible. Il est possible de désactiver cette fonction *via* le menu local de Bridge. Là, décochez l'option Fenêtre réduite toujours visible.

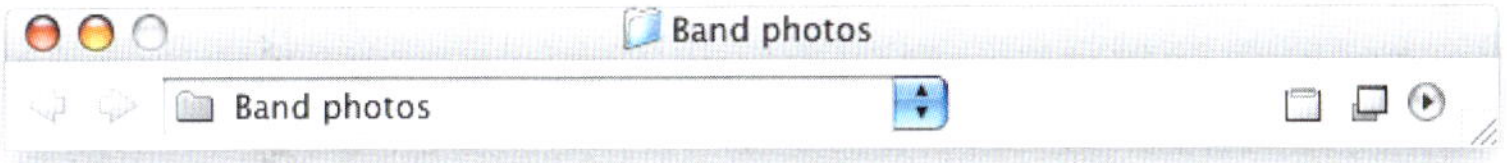

Étape 8

Si le mode réduit vous plaît, vous allez être étonné par le mode ultraréduit. (Je l'adore !) Tout d'abord, passez en mode réduit. Ensuite, cliquez sur le bouton Passer en mode ultraréduit. La zone d'affichage des vignettes disparaît. Il ne reste qu'une barre de titre et un menu local.

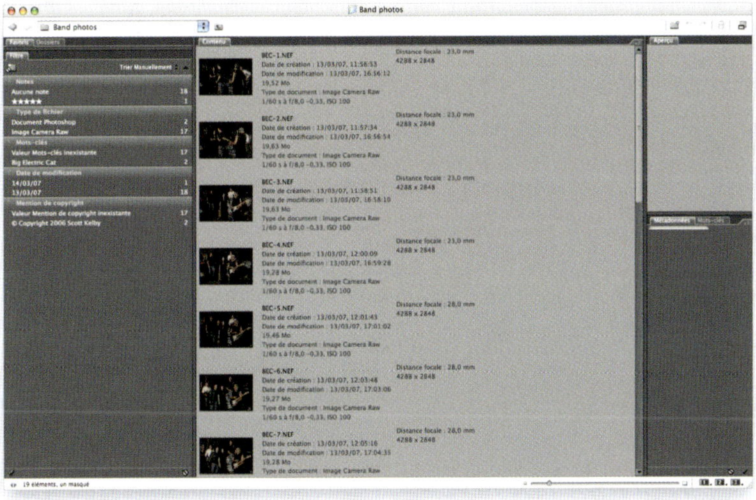

Astuce Le contenu peut s'afficher de deux manières : sous forme de vignettes ou de liste. Cette dernière affiche de petites vignettes avec des métadonnées EXIF sur leur droite. Pour présenter les vignettes de cette façon, cliquez sur Affichage > Détails.

Afficher les métadonnées des photos

Le panneau Métadonnées regroupe toutes les informations enregistrées par votre appareil photo numérique. Cela inclut les données EXIF ainsi que des informations que vous pouvez directement saisir dans Bridge (comme le copyright ou des noms de fichiers personnalisés ajoutés lors de l'importation des photos).

Étape 1

Avec les appareils photo numériques modernes, chaque photo prise est enregistrée avec des informations comme la marque et le modèle de l'appareil, l'heure de la prise de vue, les réglages d'exposition, l'ouverture, la vitesse d'obturation, etc. Ces données se nomment EXIF. Dans Bridge, cliquez sur une photo. Des informations s'affichent dans le panneau Métadonnées. Le petit affichage qui symbolise l'écran LCD de l'appareil donne des informations de base. Dans la section Propriétés de fichier, vous voyez les informations que Photoshop a incorporées. La section suivante, c'est-à-dire IPTC Core, permet de saisir vos propres données (comme le copyright, les crédits, etc.). Nous verrons cela en détail au prochain chapitre. La section Données de l'appareil photo (EXIF) affiche les informations incorporées par votre appareil.

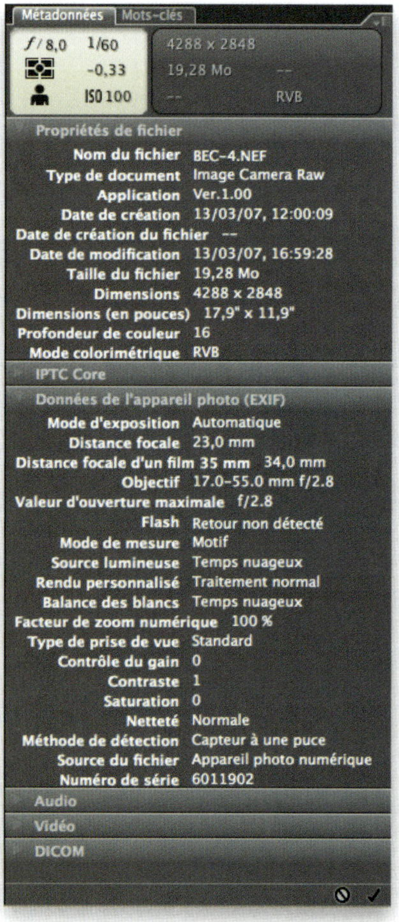

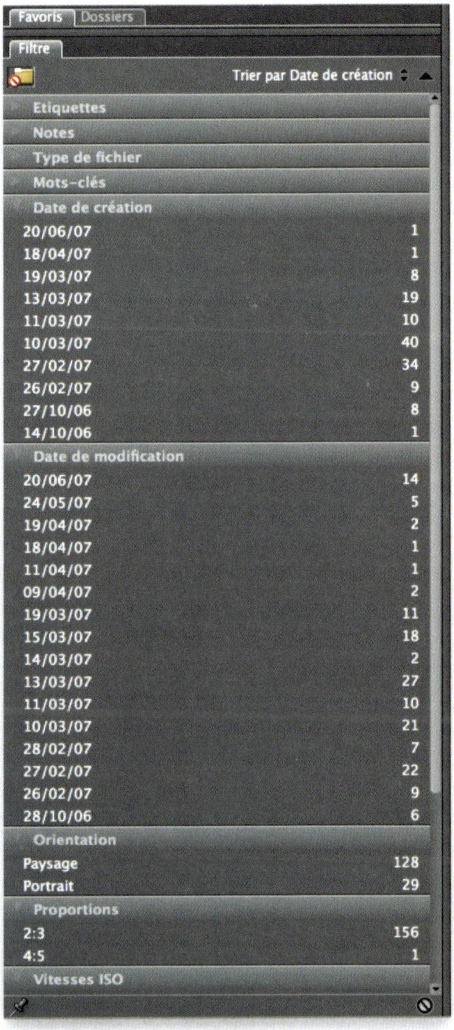

Étape 2

Les métadonnées permettent de trouver facilement une photo particulière ou un groupe de clichés. En effet, les informations sont directement lues par le panneau Filtre. En voici le fonctionnement : cliquez sur un dossier de photos. Leurs métadonnées sont automatiquement ajoutées à ce panneau. Si elles ne s'affichent pas, cliquez sur le bouton situé en haut à gauche du panneau. À partir de ces métadonnées, vous retrouvez n'importe quelle image. Dans l'exemple ci-contre, j'ai demandé de lister les photos selon leur date de création. Mais il y a encore plus cool : regardez un peu plus bas pour voir les sensibilités ISO. Vous désirez n'afficher que les photos prises à 800 ISO ? Cliquez sur 800. Sympa, non ?

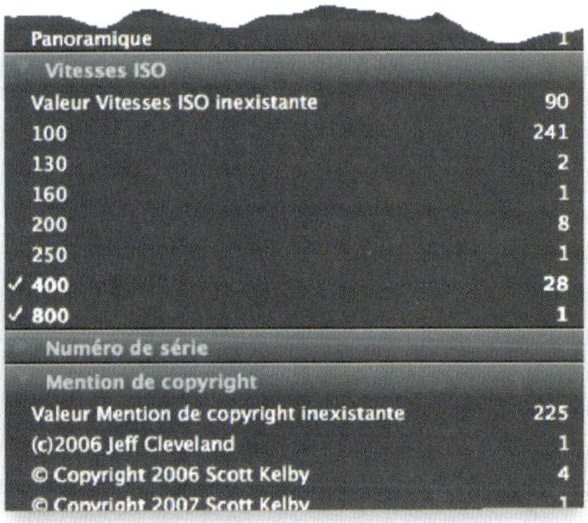

Étape 3

Comment afficher à la fois les prises de vue à 800 et à 400 ISO ? Cliquez immédiatement à gauche de ces valeurs dans la section Vitesse ISO du panneau Filtre. Cela donne, dans mon exemple, accès à 29 photos. Pour supprimer un filtre, décochez sa case. Pour supprimer tous les filtres, cliquez sur le symbole Effacer le filtre en bas à droite du panneau.

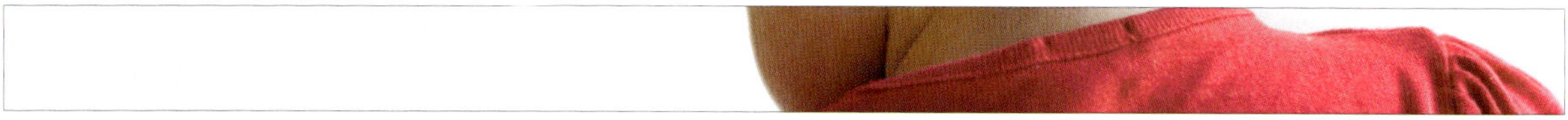

Renommer des photos

Renommer des photos individuellement est souvent indispensable, car les noms assignés par les appareils photo numériques ne sont guère explicites. Voici comment renommer les photos une à une.

Étape 1

Qui pourrait se satisfaire d'un nom comme DSC_00697.jpg ? Personne ! Donc, voici comment changer ce genre de nom : cliquez dessus ! Il passe en surbrillance. Tapez un nom adapté au sujet de la photo.

SCOTT KELBY

Étape 2

Une fois le nouveau nom saisi, validez-le en appuyant sur Entrée. Sur les illustrations de ces étapes, le nom de l'image est passé de DSC_00679.jpg à MaracasBaby.jpg.

Astuce Une autre méthode consiste à faire un Ctrl+clic (PC : Clic droit) sur la photo. Dans le menu contextuel, choisissez Renommer. Le nom est alors sélectionné. Tapez le nouveau. Utilisez cette technique quand les vignettes s'affichent en tout petit et que le nom est difficile à sélectionner.

Pivoter des photos

Faire pivoter des photos dans Bridge est aussi simple que de cliquer sur un bouton. La rotation d'une photo dans Bridge n'affecte que la vignette affichée. Cette fonction est pratique pour trier des photos prises en mode portrait. Bien entendu, vous n'êtes pas obligé de pivoter toutes les photos.

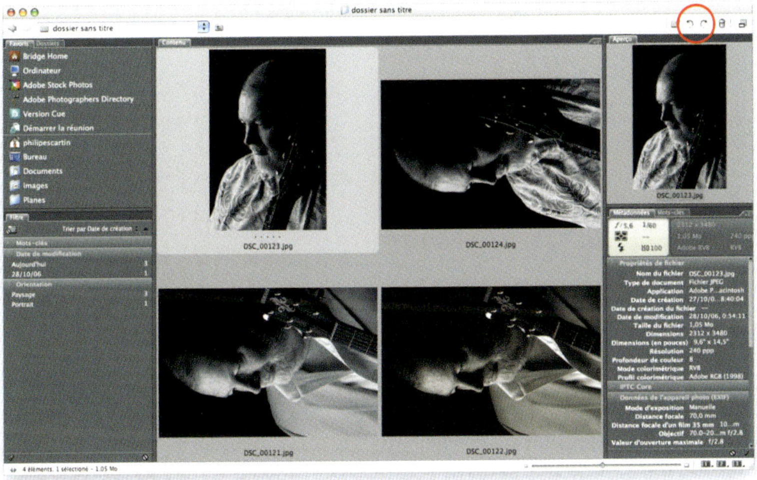

SCOTT KELBY

Pivoter des vignettes

La rotation limitée aux vignettes est un jeu d'enfant. Cliquez sur une vignette, puis sur une des deux flèches circulaires situées en haut à droite de Bridge. La flèche de gauche effectue une rotation antihoraire et celle de droite une rotation horaire. Vous pouvez aussi appuyer respectivement sur Option+U et Maj+Option+U (PC : Ctrl+U et Maj+Ctrl+U).

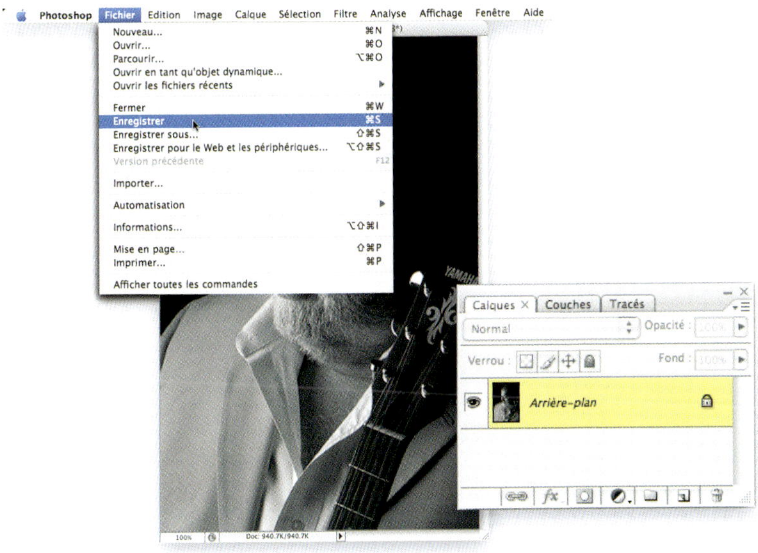

Pivoter la photo

Pivoter une vignette ne touche pas à la photo elle-même. Donc, si vous souhaitez réellement pivoter l'image, commencez par appliquer la rotation à la vignette. Ensuite, double-cliquez dessus pour l'ouvrir dans Photoshop. Pour valider cette modification, cliquez sur Fichier > Enregistrer. La rotation de la photo est alors permanente.

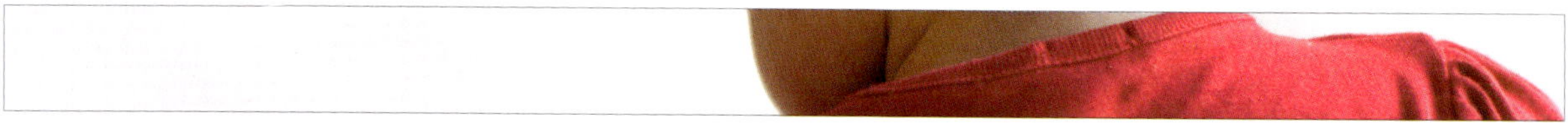

Trier et organiser vos photos

Le tri des photos dépend de l'organisation personnelle de votre travail. Certaines méthodes sont idéales pour la gestion de quelques photos, tandis que d'autres donneront de bien meilleurs résultats lorsque vous gérez des centaines (ou des milliers) d'images. Quelle que soit la technique, votre objectif est de pouvoir trouver rapidement les bonnes photos et de trier celles que vous jugez dignes d'être présentées à un client. Voici quelques stratégies d'organisation et de triage.

Étape 1

Si vous n'avez que quelques photos à trier (voir notre exemple 14), le plus simple est de cliquer dessus puis de les glisser dans l'ordre que vous souhaitez au sein du panneau Contenu. En règle générale, les photographes souhaitent que leurs meilleurs clichés apparaissent en haut de la fenêtre des vignettes de Bridge. Plus nous descendons dans la hiérarchie de ces photos, et moins les images sont de bonne qualité. Ici, je souhaite placer la photo des chapeaux sur le mur bleu (Santa Fe47.jpg) en deuxième position. Il suffit de cliquer dessus et de la glisser à la position voulue.

SCOTT KELBY

Étape 2

Lorsque vous déplacez une photo, une barre verticale permet d'identifier exactement la position qui sera la sienne lorsque vous relâcherez le bouton de la souris. Sur l'illustration ci-contre, vous voyez que la photo en question se trouve désormais en deuxième position sur la première rangée de vignettes. Cette méthode du glisser-déplacer est idéale lorsque vous gérez un petit nombre de photos.

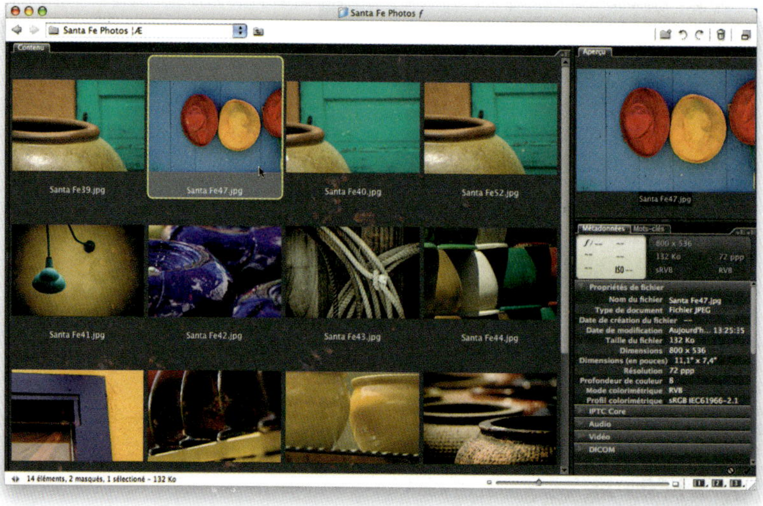

Étape 3

Lorsque vous devez trier un grand nombre de photos, il est préférable de leur assigner une note. Cliquez sur la photo que vous désirez noter afin d'afficher cinq petits points sous sa vignette. Cliquez sur le premier petit point et ne relâchez pas le bouton de la souris. Une étoile apparaît. Faites glisser le pointeur vers la droite pour ajouter jusqu'à cinq étoiles. (Il est également possible de cliquer directement sur un point pour afficher le nombre d'étoiles correspondant à la note que vous souhaitez attribuer à la photo.) Vous pouvez aussi donner une note en appuyant sur la touche Cmd (PC : Ctrl) et sur le chiffre du pavé numérique correspondant au nombre d'étoiles à distribuer. Pour attribuer la même note à plusieurs images simultanément, sélectionnez-les puis maintenez la touche Cmd (PC : Ctrl) enfoncée. Ensuite, appuyez sur le numéro correspondant du pavé numérique.

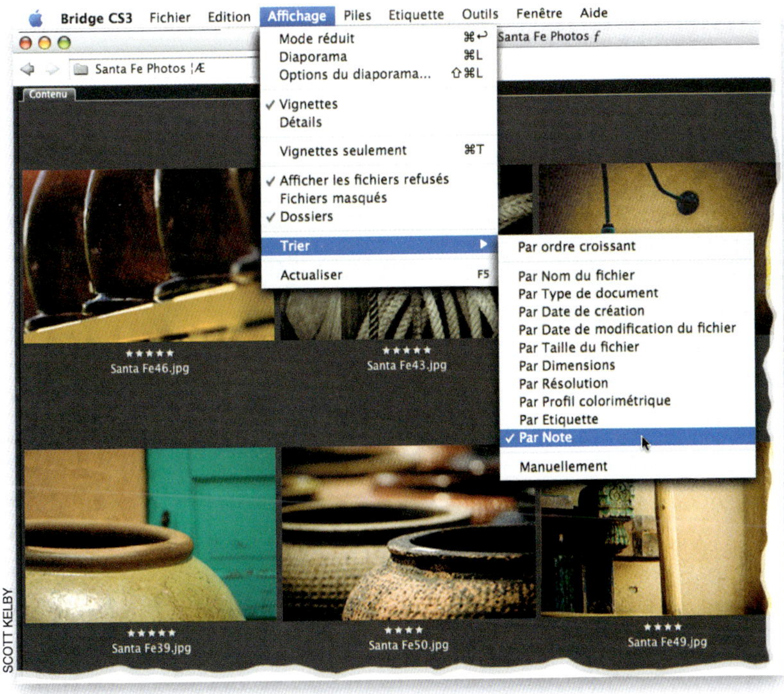

SCOTT KELBY

Étape 4

Une fois que les notes ont été attribuées, vous pouvez effectuer un tri afin d'afficher les photos par ordre décroissant du nombre d'étoiles assigné. Pour cela, cliquez sur Affichage >Trier > Par note. Profiter de ce menu pour désactiver l'option Par ordre croissant. Là encore, cette méthode n'est intéressante que si vous n'avez que quelques photos à trier.

Étape 5

Dans le panneau Filtre, la section Notes permet de voir combien de photos se sont vu attribuer tel ou tel nombre d'étoiles.

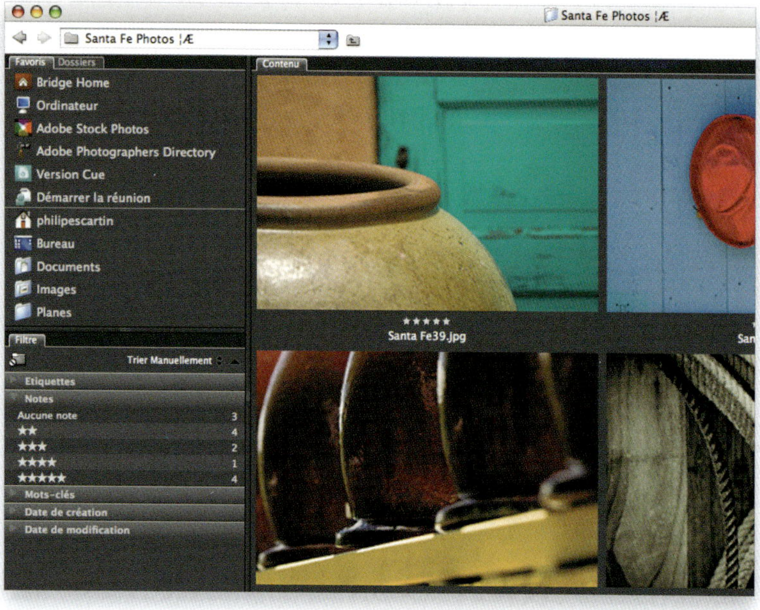

Étape 6

Par exemple, vous constatez que quatre photos ont deux étoiles, deux photos en ont trois, une en a quatre, et quatre en ont cinq. Si vous désirez voir la photo qui a reçu quatre étoiles, cliquez sur cette ligne dans la section Notes du panneau Filtre. Vous constatez qu'une coche apparaît à gauche des quatre étoiles. Si vous cliquez sur une autre ligne, les images auxquelles le nombre d'étoiles correspondant a été assigné s'ajoutent à celles actuellement affichées dans le panneau Contenu. Si vous souhaitez afficher toutes les notes sauf une, appuyez sur la touche Option (PC : Alt) et cliquez sur le nombre d'étoiles en question. Si après cette action, vous souhaitez afficher uniquement les photos correspondant à un nombre d'étoiles précis, maintenez la touche Option (PC : Alt) enfoncée et cliquez sur cette note particulière.

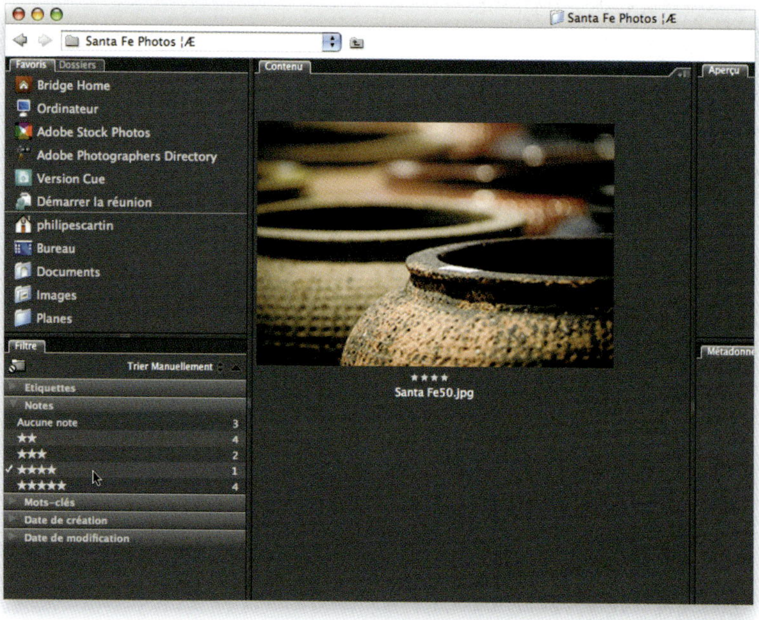

Étape 7

Poussons le tri et la notation un peu plus loin dans leurs retranchements. Affichez les photos auxquelles cinq étoiles ont été attribuées. (Pour ce faire, il vous suffit de cliquer sur la ligne des cinq étoiles dans la section Notes du panneau Filtre.) Parmi ces photos, certaines ne sont-elles pas meilleures que d'autres ? Donc, comment effectuer un tri au sein des images qui ont cinq étoiles ? Pour cela, vous devez ajouter une étiquette. Ainsi, sur l'illustration ci-contre, vous constatez que l'image sélectionnée a une note de cinq étoiles et une étiquette rouge.

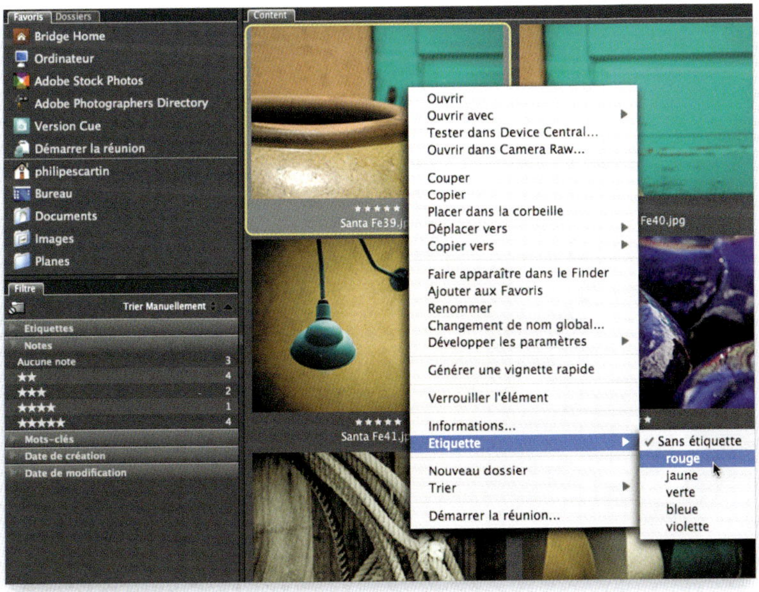

Étape 8

Vous pouvez étiqueter une image de trois manières différentes : (1) sélectionnez la ou les photos, puis faites un Ctrl+clic (PC : clic droit) sur l'une d'elles. Dans le menu contextuel, cliquez sur Étiquette puis sur la couleur que vous désirez assigner à l'image. Ou (2) assignez une étiquette en utilisant des raccourcis clavier (Cmd+6 assigne l'étiquette rouge, Cmd+7, la jaune, et ainsi de suite. Sur PC, remplacez la touche Cmd par la touche Ctrl.) Enfin (3), vous assignez une étiquette en ouvrant directement le menu éponyme dans lequel vous sélectionnez la couleur adéquate.

Astuce Pour retirer une note à une photo, cliquez sur sa vignette et appuyez sur Cmd+0 (PC : Ctrl+0). Mais, si la photo dispose d'une étiquette, elle n'est pas supprimée par cette action. Pour enlever une étiquette à une image, vous devez faire un Ctrl+clic (PC : Clic droit) sur sa vignette et choisir Étiquette > Sans étiquette dans le menu contextuel.

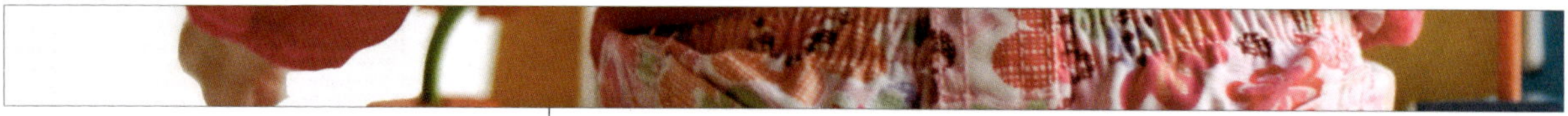

Étape 9

Avec cette méthode, vous pouvez décider que les meilleures photos seront notées avec cinq étoiles et une étiquette rouge. Donc, pour n'afficher que ces photos, allez dans le panneau Filtre, et ouvrez le contenu des sections Étiquettes et Notes. Dans la section Étiquettes, cliquez sur Rouge puis, dans la section Notes, cliquez sur Cinq étoiles. Dans notre exemple, une seule photo dispose à la fois de cinq étoiles et d'une étiquette rouge. J'utilise rarement les étiquettes. En règle générale, je limite l'attribution d'une étiquette à une photo particulière que je souhaite retrouver immédiatement.

Astuce Vous ne pouvez pas modifier la couleur des étiquettes. En revanche, vous pouvez en changer le nom. Ouvrez la boîte de dialogue Préférences de Bridge, et affichez le contenu de la section Étiquettes. Il vous suffit maintenant de sélectionner le nom d'une étiquette pour retaper le libellé de substitution. En haut de la boîte de dialogue Préférences, décochez l'option Utiliser la touche commande pour appliquer les étiquettes et les notes. La désactivation de ce paramètre facilite la notation des images. En effet, cela permet d'assigner une note en appuyant directement sur le chiffre correspondant du pavé numérique. Il en va de même pour attribuer une étiquette.

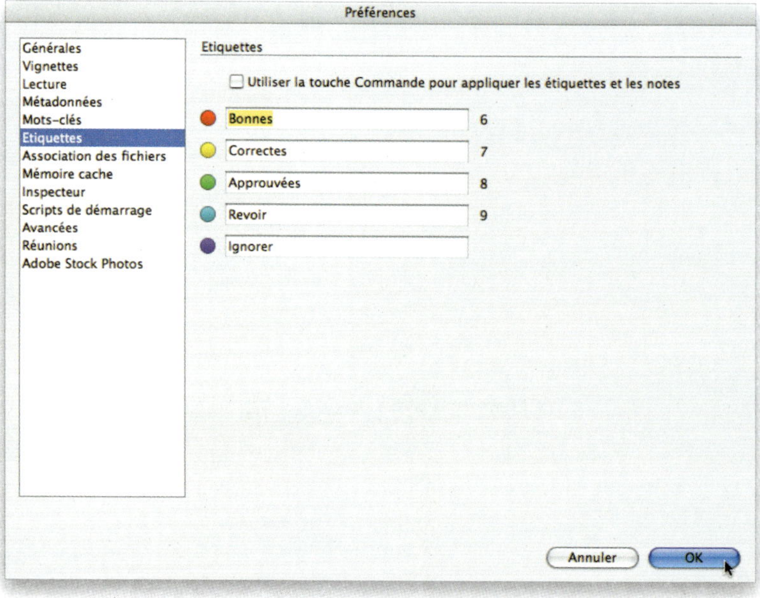

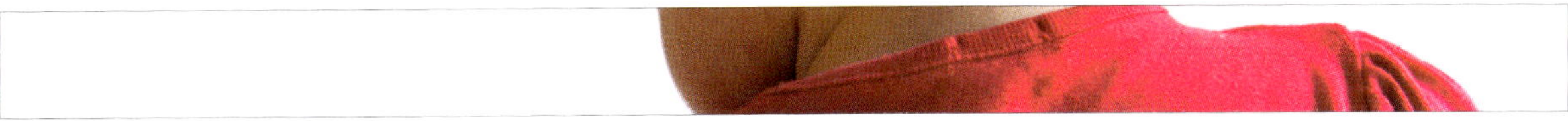

Vous posez-vous cette question : « Quel est l'intérêt de conserver sur mon ordinateur des photos auxquelles j'ai attribué une étoile ? » (*A priori*, il s'agit du pire du pire de la photographie.) Apprenez à économiser l'espace de votre disque dur comme vous apprenez à économiser les énergies fossiles.

Supprimer des fichiers (et des dossiers) dans Bridge

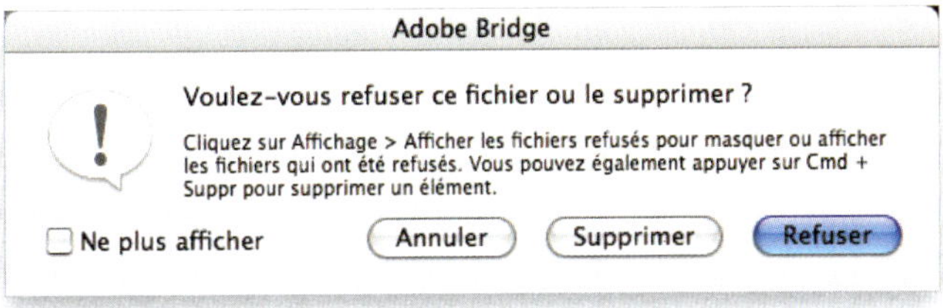

Étape 1

Vous pouvez supprimer une ou plusieurs photos en une seule opération. Pour effacer un groupe d'images, il suffit d'opérer une multisélection. Donc, maintenez la touche Cmd (PC : Ctrl) enfoncée et cliquez sur les vignettes des photographies à supprimer. Ensuite, appuyez sur la touche Retour arrière ou Suppr de votre clavier. Un message vous avertit des conséquences de votre action. Dans la mesure où vous désirez effacer les photographies, cliquez sur Supprimer. Un peu plus haut dans ce chapitre, nous avons vu les conséquences de l'option Refuser.

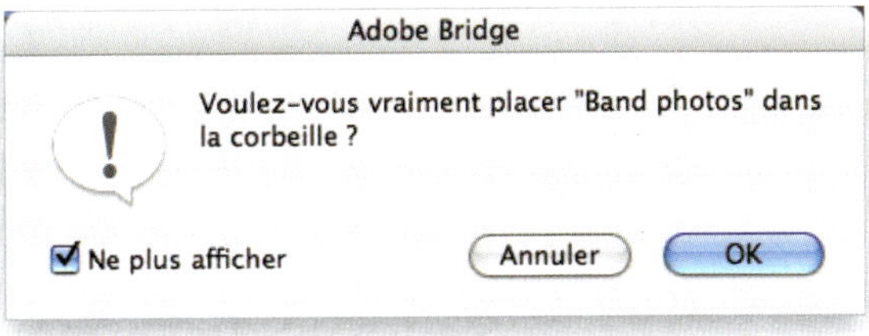

Étape 2

Maintenant, pour supprimer un dossier d'images dans le panneau Dossiers, sélectionnez-le et appuyez sur Cmd+Retour arrière (PC : Ctrl+Retour arrière). Un message vous demande si vous désirez placer le dossier dans la corbeille. Cliquez sur OK pour valider votre action. Si vous ne souhaitez plus que ce message apparaisse chaque fois que vous supprimez un dossier, cochez l'option Ne plus afficher. Le dossier est alors placé dans la corbeille. Il ne sera définitivement effacé de votre disque dur que lorsque vous la viderez.

Photo Scott Kelby Exposition : 1/3 s Focale : 12 mm Ouverture : ƒ4,0

Bridge
Techniques avancées

Comment ne pas être fier de lecteurs qui ont pu, ou plutôt qui ont su, arriver jusque-là ! Vous faites maintenant partie d'une élite, de ces personnes auxquelles je voue une certaine admiration. Ce chapitre se consacre aux fonctions avancées de Adobe Bridge dont les bases ont été étudiées au Chapitre 1. Étant donné que les bases, c'est-à-dire une certaine normalité des techniques, ne vous suffisent pas, vous désirez aller encore plus loin. Seul le dépassement des limites vous intéresse. Je sens qu'autour de vous les femmes vous admirent et les hommes vous envient.

Créer des diaporamas plein écran

Une de mes fonctions préférées de Bridge est la possibilité de créer des diaporamas en plein écran. Ce n'est pas un simple gadget. Vous pourrez ainsi apprécier plus justement la qualité de vos clichés. Pendant le déroulement d'un diaporama, vous pouvez supprimer les photos ratées, donner des notes, pivoter les images, etc. La version CS3 de Bridge permet d'appliquer des transitions aux diapositives.

Étape 1

Pour créer un diaporama avec les photos actuellement affichées dans Bridge, appuyez sur Cmd+L (PC : Ctrl+L). Pour ne diffuser que certaines images, il suffit de les sélectionner dans le volet Contenu. Pour cela, faites un Cmd+clic (PC : Ctrl+clic) sur chaque image à inclure dans le diaporama. Le diaporama se déroule automatiquement, mais rien n'empêche de procéder manuellement en appuyant sur la flèche directionnelle droite ou gauche du pavé numérique.

SCOTT KELBY

Étape 2

Voici quelques options, dont certaines sont nouvelles dans CS3. Lancez la lecture du diaporama et appuyez sur la touche L. La boîte de dialogue Options du diaporama apparaît. Le diaporama se met en pause. Pour mettre en pause sans ouvrir cette boîte de dialogue, appuyez sur la barre d'espace. Pour redémarrer la lecture, appuyez de nouveau sur cette touche. Pour abandonner le diaporama, appuyez sur Échap.

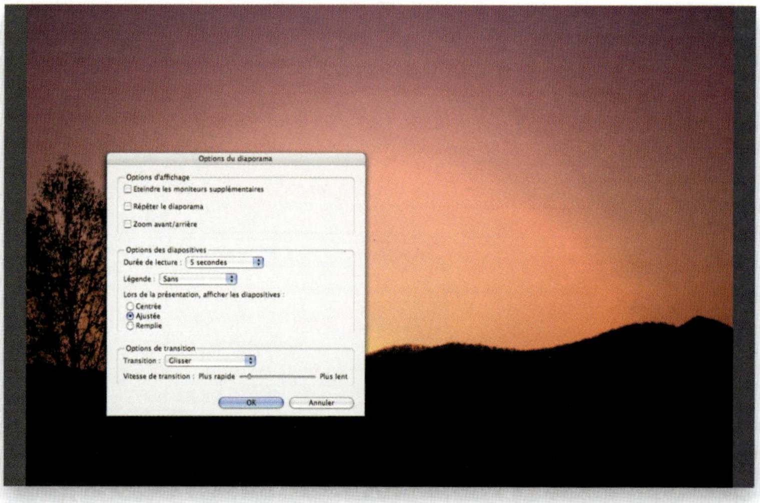

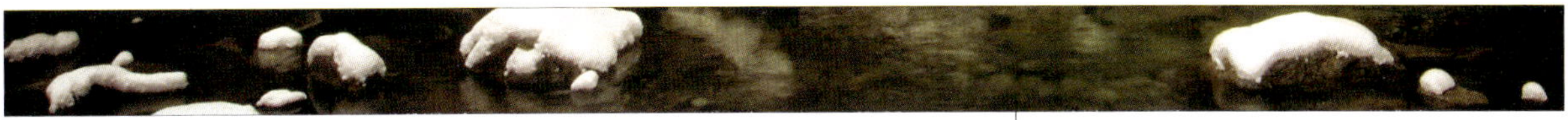

SCOTT KELBY

Étape 3

La première option n'intéresse que les utilisateurs qui disposent de deux écrans. Éteindre le second moniteur évite d'être perturbé par la lumière qu'il diffuse. L'option Répéter le diaporama veut bien dire ce qu'elle veut dire… non ? L'option Zoom avant/arrière reprend l'effet Ken Burns bien connu des cinéphiles. Il consiste à animer la photo de manière très subtile, ce qui permet de dynamiser le diaporama par effets de zoom avant et/ou arrière d'une très grande délicatesse.

Étape 4

Les autres paramètres concernent les diapositives. Vous indiquez la durée d'affichage des images, les métadonnées, et surtout la manière dont les photos vont s'adapter à la résolution de votre écran. Je déteste l'option Remplie par défaut, car elle risque de créer des barres verticales sur chaque côté de l'image. Je préfère donc l'une des deux autres possibilités. L'option Ajustée adapte l'image à la résolution de votre affichage. Je la conseille quand vous activez aussi Zoom avant/arrière. Personnellement, je vénère l'option Centrée qui affiche vos photos légèrement plus petites qu'elles ne le sont, mais sur un bien bel arrière-plan comme ci-contre.

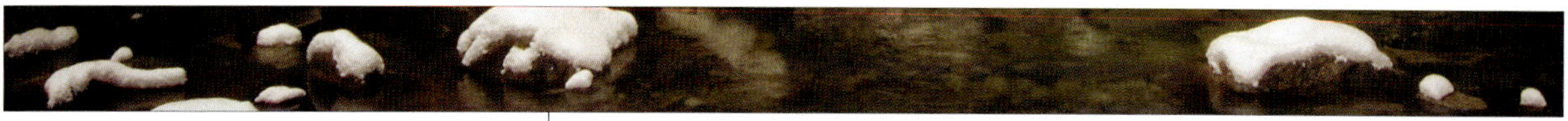

Étape 5

Le dernier groupe d'options permet de choisir une transition et d'en définir la vitesse. Choisissez la transition dans la liste éponyme de la section Options de transitions, et spécifiez sa vitesse par glissement du curseur Vitesse de transition.

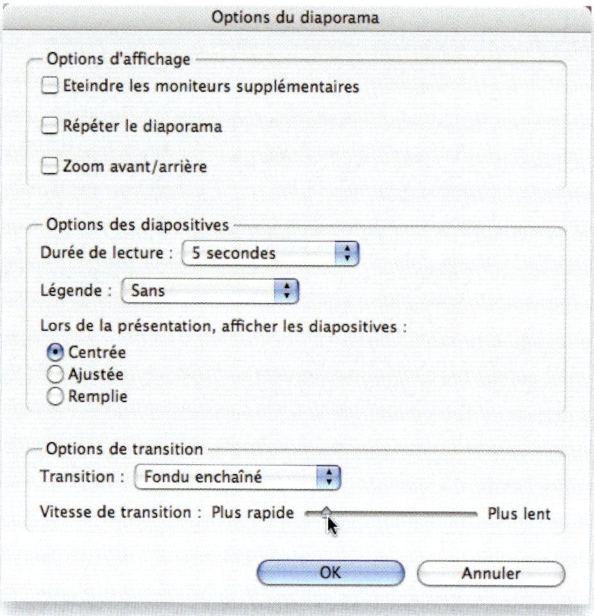

Étape 6

Voici une étape qui est, en réalité, une véritable astuce. Si vous diffusez des photos RAW sous forme de diaporama, il suffit d'appuyer sur la touche R pour ouvrir l'image en cours dans Adobe Camera Raw. Pensez à R pour RAW. Le diaporama se met en pause et la fenêtre Camera Raw apparaît. Faites vos modifications. Dès que vous avez fini, cliquez sur le bouton Terminer. Les modifications sont immédiatement appliquées et le diaporama reprend.

SCOTT KELBY

ASTUCE Si vous cliquez sur une image TIFF ou JPEG, et si vous appuyez sur Cmd+R (PC : Ctrl+R), elle s'ouvrira dans la fenêtre Camera Raw de Bridge. Effectuez vos réglages bien qu'il ne s'agisse pas d'une image RAW. Sympa, non ?

SCOTT KELBY

Étape 7

D'autres raccourcis clavier permettent d'intervenir sur le diaporama. Comment se les rappeler ? Très simple ! Appuyez sur H. Une incrustation de tous les raccourcis apparaît sur l'image. Pour la masquer, appuyez de nouveau sur H. Donc, le seul raccourci à mémoriser est la touche H ! Vous pouvez aussi zoomer sur les images en cliquant sur les photos. Pour vous déplacer dans cette image affichée à 100 %, appuyez sur Cmd (PC : Ctrl) et cliquez-glissez la photo avec l'outil Main qui remplace le curseur standard. Pour revenir à la taille d'affichage, cliquez de nouveau sur l'image. Appuyez sur la barre d'espace pour reprendre la lecture du diaporama.

Étape 8

Malheureusement, le diaporama de Bridge est vide de son. Pour écouter de la musique pendant la diffusion du diaporama, j'ouvre iTunes et je lance la lecture de mes musiques préférées.

Trouver rapidement des photos avec des mots-clés

Imaginez le plaisir qui sera le vôtre si, un jour, vous recherchez la photo d'une marguerite gerbera et que vous tombiez dessus immédiatement dans Bridge ! Pour réussir un tel tour de force, vous devez définir des mots-clés sur vos images.

Étape 1

Affichez le volet Mots-clés. Si vous travaillez dans l'espace par défaut, son onglet se trouve à droite de celui des métadonnées. Double-cliquez sur l'onglet Aperçu pour le fermer. Ensuite, développez toutes les rubriques du volet Mots-clés.

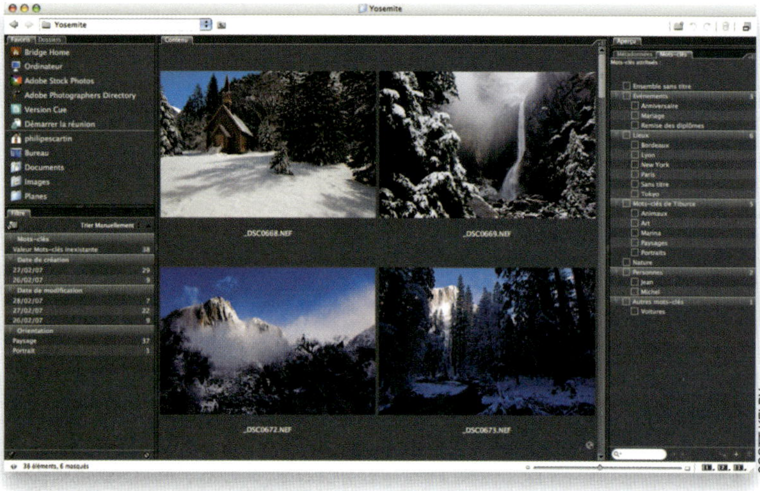

SCOTT KELBY

Étape 2

Dans le volet Mots-clés, vous constatez que Adobe en a créé un certain nombre dont Personne, Événements, Lieux, etc. À ces catégories de mots-clés sont associés les mots par eux-mêmes. Ainsi, dans la catégorie Événements, un des mots-clés est Anniversaire. Il s'agit d'un ensemble de mots-clés traditionnels qui ne saurait être exhaustif. Bien entendu, vous pouvez créer et organiser vos mots-clés personnalisés.

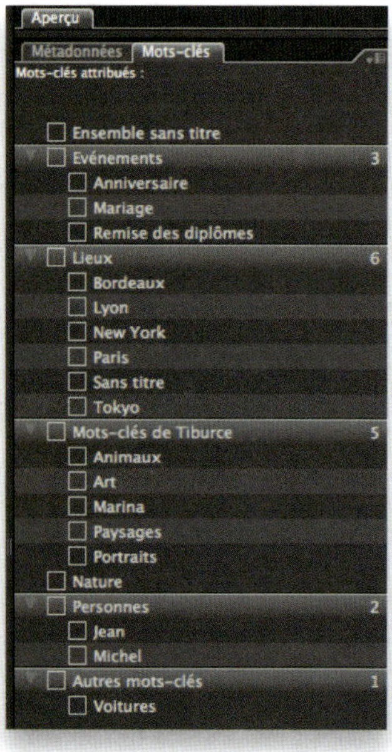

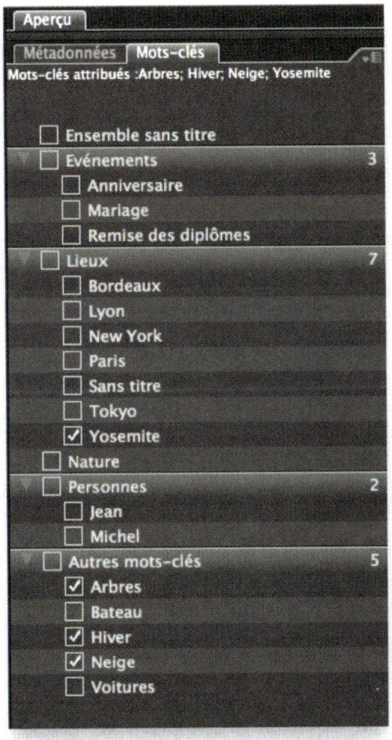

Étape 3

Tout mot-clé assigné à une photo s'affiche dans le volet Mots-clés. Ci-contre, vous notez que dans la catégorie Autres mots-clés, j'ai ajouté les sous-mots-clés Arbres, Neige et Hiver et que dans la catégorie Lieux, j'ai ajouté Yosemite. Si je clique sur une des photos contenant un des mots-clés, il se passe deux choses dans le volet Mots-clés : (1) en haut du volet, le ou les mots-clés assignés aux images sélectionnées s'affichent dans la section Mots-clés attribués ; (2) les mots-clés des images sont cochés dans la liste des différentes catégories.

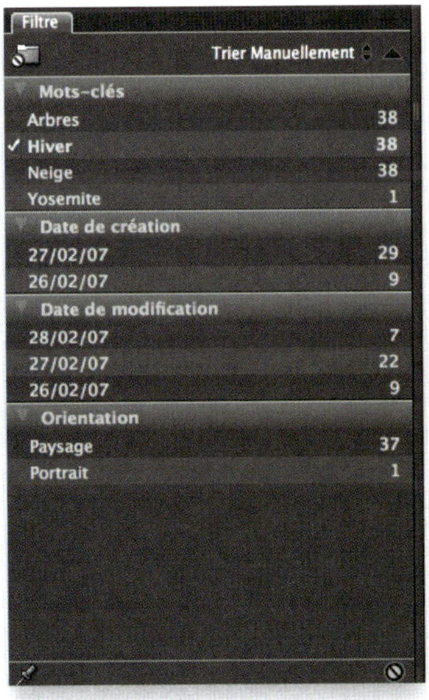

Étape 4

Le problème des mots-clés génériques est qu'ils ne peuvent pas être assignés à tous les types de photos existants. Il faut donc toujours attribuer plusieurs mots-clés à des images afin de restreindre le nombre de photos affichées lors d'une recherche d'un cliché particulier. Vous pouvez restreindre une recherche dans le volet Filtre. Ainsi, dans sa section Mots-clés, cliquez sur Hiver. Vous risquez d'obtenir un nombre très élevé d'images. Donc, cochez d'autres mots-clés pour limiter le nombre de photos trouvées. La recherche par mots-clés impose une grande rigueur dans la création et l'attribution de mots-clés.

Étape 5

Pour ne pas perdre trop de temps dans la recherche de vos photos, vous devez les identifier par des mots-clés spécifiques. Ne le faites qu'après avoir importé et trié vos clichés. Pour créer un mot-clé dans une catégorie, commencez par cliquer dessus. Elle apparaît en surbrillance. Cliquez sur le bouton Nouveau sous-mot-clé situé dans le coin inférieur droit du volet éponyme. Ci-contre, vous voyez que, dans la catégorie Autres mots-clés, j'ai créé le sous-mot-clé Chapelle rouge.

SCOTT KELBY

Étape 6

En parcourant vos photos, sélectionnez toutes celles où vous voyez une chapelle rouge. Pour cela, appuyez sur Cmd (PC : Ctrl) et cliquez sur chaque image. Enfin, dans le volet Mots-clés, cochez le mot-clé Chapelle rouge. C'est la procédure classique de création et d'attribution de mots-clés. J'insiste sur le fait que vous devez ajouter plusieurs mots-clés aux images afin de les retrouver sans souci plusieurs mois, voire plusieurs années, après les avoir prises.

SCOTT KELBY

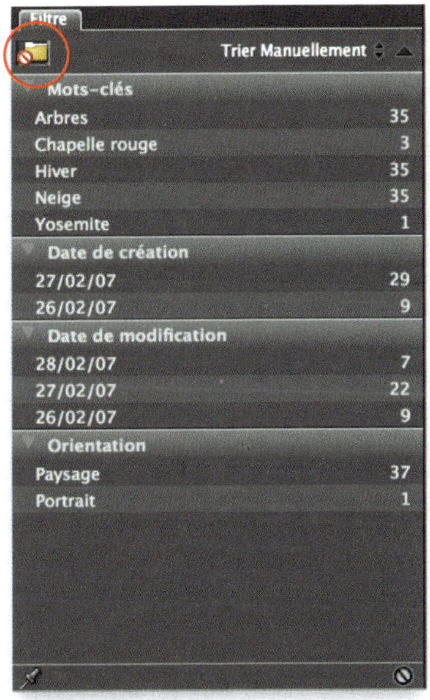

Étape 7

Imaginons que vos mots-clés sont créés et assignés aux photos concernées. Voici comment retrouver rapidement des clichés pour un de vos clients. Ouvrez le volet Dossiers, et cliquez sur le dossier dans lequel vous désirez faire votre recherche. Ensuite, ouvrez le volet Filtre. Cliquez sur sa petite icône de dossier affichée dans son coin supérieur gauche. Cette action indique au volet Filtre de chercher aussi dans les sous-dossiers de ce dossier.

SCOTT KELBY

Étape 8

Maintenant, comment trouver les trois photos de cette chapelle rouge photographiée en hiver ? Si vous activez le mot-clé Hiver dans le volet Filtre, vous risquez de vous retrouver avec trop de clichés pour identifier rapidement la chapelle. Donc, ne cochez que le mot-clé Chapelle rouge, et le tour est joué. Si vous avez préalablement activé le mot-clé Hiver, appuyez sur Option (PC : Alt) et cliquez sur Chapelle rouge pour n'activer que ce mot-clé, donc n'afficher que les images correspondantes.

Étape 9

En quatre clics, vous obtenez les photos désirées : le premier pour sélectionner le répertoire de dossiers de photos ; le deuxième pour sélectionner le dossier contenant les photos objet de la recherche ; le troisième pour activer le mot-clé Hiver, et le quatrième pour n'activer que le mot-clé Chapelle rouge. C'est la toute-puissance des mots-clés. Une autre méthode consiste à passer par la boîte de dialogue Rechercher qui s'ouvre en appuyant sur Cmd+F (PC : Ctrl+F).

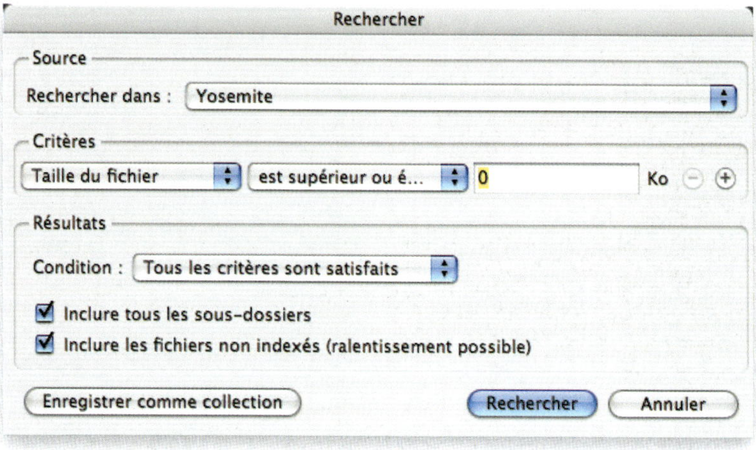

ASTUCE Pour supprimer les mots-clés par défaut de Adobe, cliquez sur une catégorie dans le volet Mots-clés (comme Personne ou Événements), puis sur l'icône de la corbeille située dans le coin inférieur droit de ce volet. Pour supprimer un mot-clé plutôt qu'une catégorie, procédez de la même manière.

Étape 10

Lorsque la boîte de dialogue Rechercher apparaît, ouvrez le menu local Critères, et choisissez Mots-clés. Dans le menu suivant, choisissez contient/contiennent. Dans le champ Saisir le texte, tapez le mot-clé (en l'occurrence Chapelle rouge).

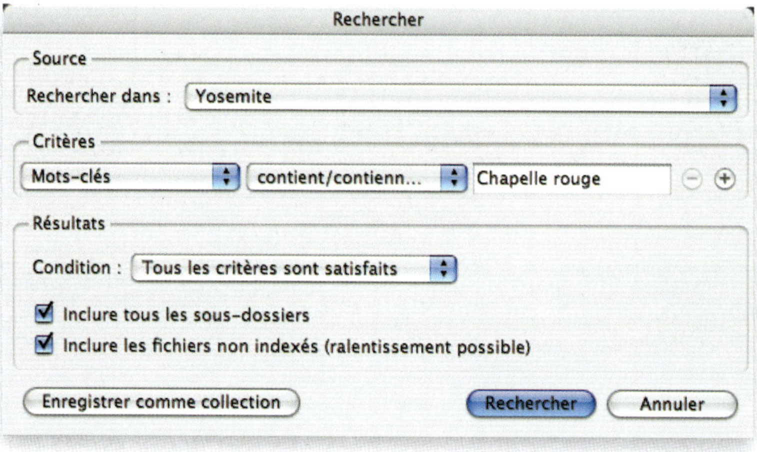

ASTUCE Si dans le volet Mots-clés, vous faites un Ctrl+clic (PC : Clic droit) sur le mot-clé et que vous choisissiez Rechercher dans le menu contextuel, la boîte de dialogue éponyme s'ouvre avec ce critère prêt à l'emploi. Quel gain de temps !

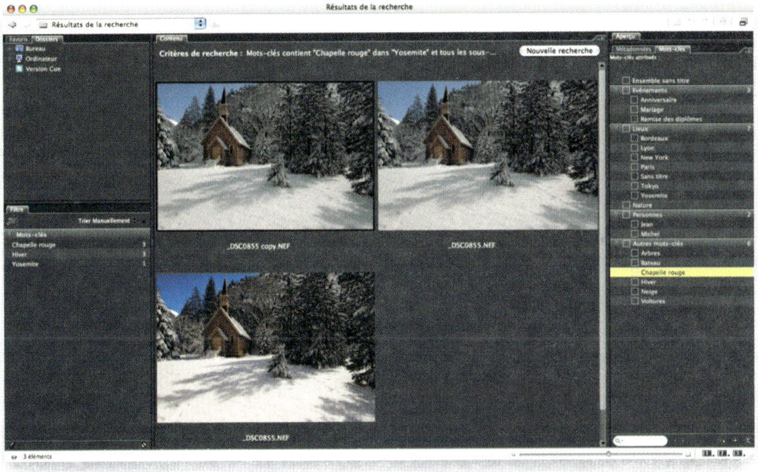

Étape 11

Cliquez sur le bouton Rechercher. Quelques secondes plus tard, vos photos de la chapelle rouge en plein hiver yosemite apparaissent. Pour trouver encore plus de photos répondant aux critères, cliquez sur le bouton Nouvelle recherche. Pour afficher le contenu initial, cliquez sur le bouton Précédent situé en haut à gauche de l'interface de Bridge.

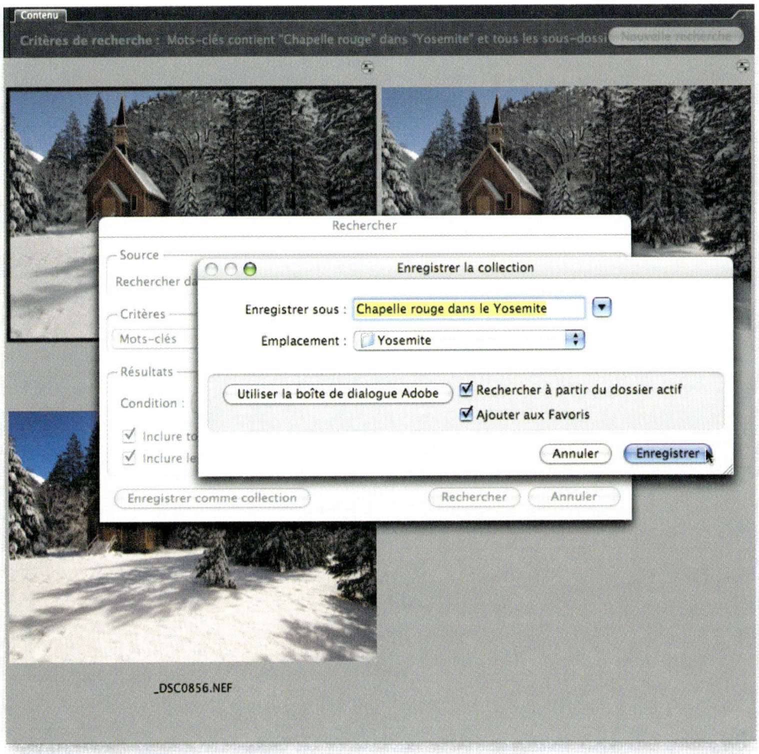

Étape 12

OK, toutes vos photos de la chapelle rouge s'affichent dans le volet Contenu. Et après ? Vous pouvez les trier, les ouvrir dans Photoshop, etc. Toutefois, pour accéder instantanément à ces images, vous pouvez les enregistrer dans une collection. Cliquez sur le bouton Nouvelle recherche. Dans la boîte de dialogue Rechercher, cliquez sur Enregistrer comme collection. Dans la boîte de dialogue Enregistrer la collection, cochez les options Rechercher à partir du dossier actif et Ajouter aux favoris. Dans le champ Enregistrer sous, nommez cette collection. Enfin, cliquez sur Enregistrer. Désormais, pour retrouver immédiatement les photos de la chapelle dans le dossier Yosemite, il suffit de cliquer sur le nom de la collection dans le volet Favoris.

Note Les collections s'actualisent en temps réel. Cela signifie que, dès que vous assignez le mot-clé Chapelle rouge à une image, elle prend place dans la collection. Comme il s'agit d'un simple chemin d'accès, une collection ne duplique pas les images, laissant votre espace disque tel qu'il est. Sympa, non ?

Afficher et modifier les métadonnées d'une photo

À la prise de vue, les appareils photo numériques incorporent des informations (données EXIF) qui indiquent la marque et le modèle du matériel, l'objectif utilisé, les réglages d'exposition, etc. Bridge affiche ces données et permet d'y ajouter les vôtres comme le copyright et vos coordonnées. Bridge communique aussi les propriétés des fichiers comme les dimensions en pixels, la résolution, le mode de couleurs et la taille du fichier. L'ensemble de ces informations s'appelle des métadonnées.

Étape 1

Cliquez sur une photo dans le volet Contenu. Ouvrez le volet Métadonnées. Un écran LCD virtuel donne des indications de base. Il s'agit de quelques données EXIF comme l'ouverture, la vitesse d'obturation, le réglage ISO et le mode de mesure. À droite de cet écran, vous disposez d'informations sur le fichier comme les dimensions physiques de l'image, sa taille (ici 69,91 Mo), sa résolution, etc. Dans la section Propriétés de fichier, vous avez l'ensemble des paramètres de l'image. Vous ne pouvez pas les modifier ici. Ces informations changeront lorsque vous modifierez la photo dans Photoshop.

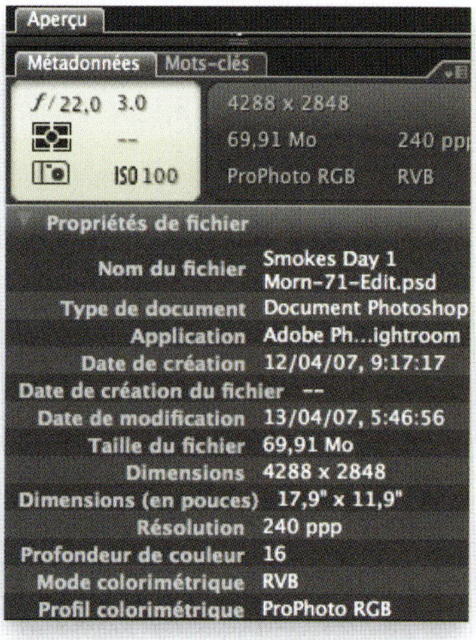

Astuce Pour masquer l'écran LCD virtuel, ouvrez le menu local du volet Métadonnées, et décochez l'option Afficher la pancarte des métadonnées. Activez de nouveau cette option pour le faire réapparaître.

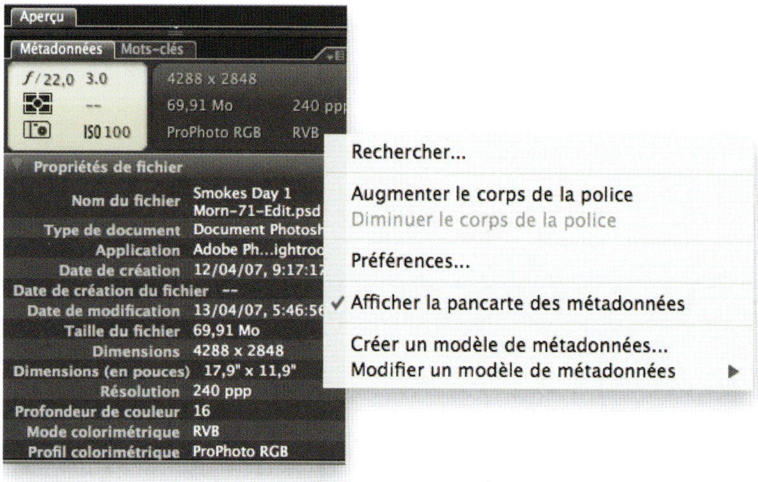

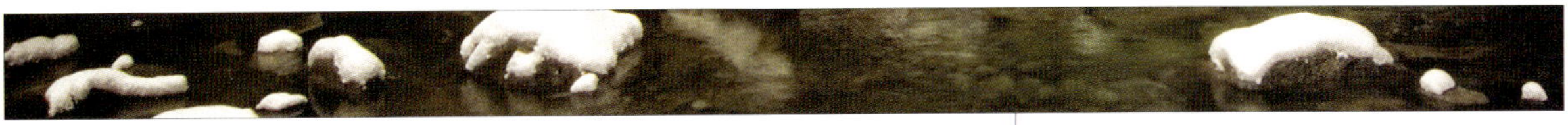

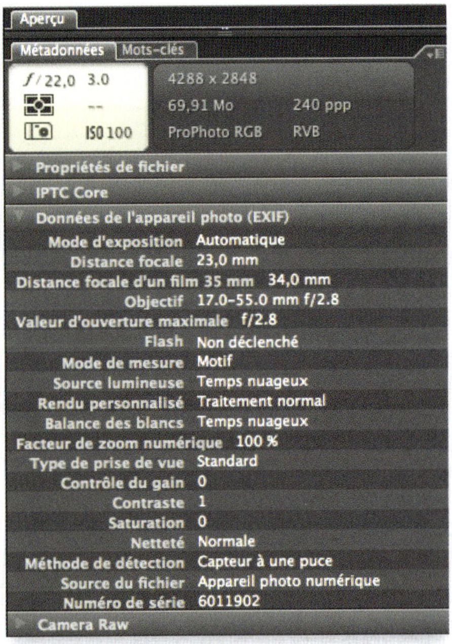

Étape 2

Si vous parcourez le volet Métadonnées, cliquez sur le triangle de développement Données de l'appareil photo (EXIF). Vous y trouverez toutes les informations incorporées par l'appareil lors de la prise de vue. Ces données ne pourront jamais être modifiées puisqu'elles sont intimement liées à votre appareil photo numérique.

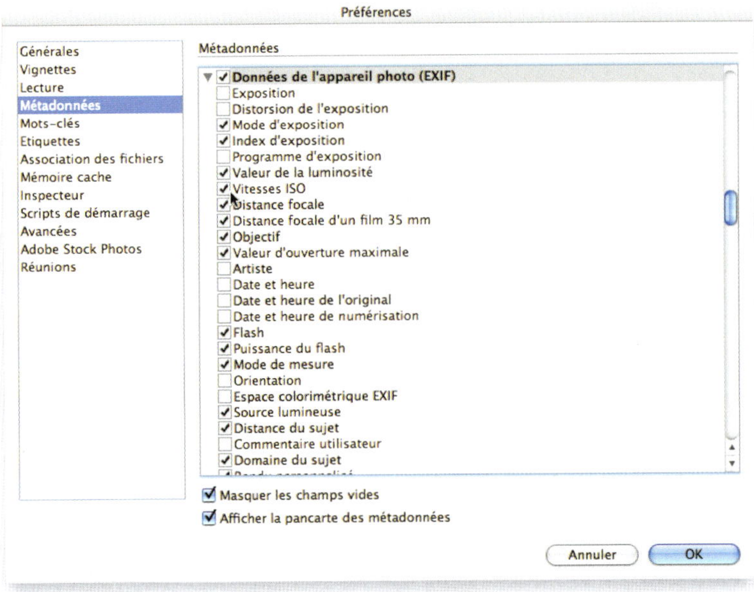

Étape 3

Maintenant, voici la longue liste des données de l'appareil photo (EXIF) à laquelle vous ne pouvez absolument rien ajouter. Comme le nombre de données est impressionnant, ne cochez que celles dont vous avez vraiment besoin. Pour ouvrir cette boîte de dialogue, cliquez sur le menu local du volet Métadonnées, et cliquez sur Préférences. Faites défiler le contenu de la boîte de dialogue pour afficher la section Données de l'appareil photo (EXIF). Cochez les informations à afficher et décochez les autres. Activez aussi l'option Masquer les champs vides. Cliquez sur OK. Tous les champs cochés sont visibles dans le volet Métadonnées.

Étape 4

Dans la section IPTC Core, vous pouvez saisir des informations personnelles, comme votre contact ou des données sur le copyright. Partout où apparaît l'icône d'un crayon, vous pouvez entrer des informations. Si vous avez ajouté des métadonnées lors de l'importation des photos, vous les verrez dans les champs correspondants.

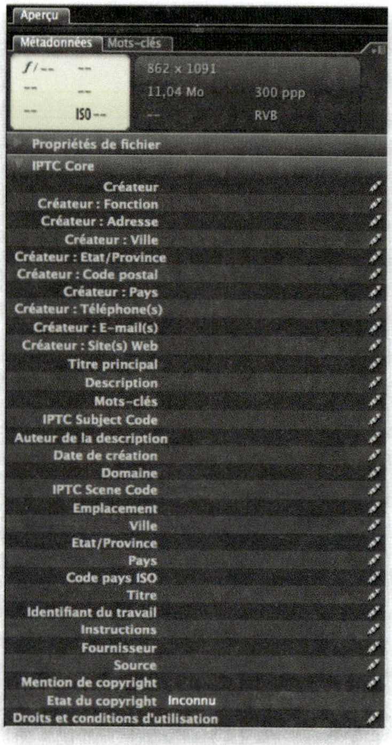

Étape 5

Pour saisir des informations, cliquez sur un champ vide. Tous les champs disposant d'une icône de crayon deviennent accessibles. Entrez toutes les informations que vous jugez nécessaires comme sur l'illustration ci-contre. Pour valider l'information et passer au champ suivant, appuyez sur Tab. Pour passer directement à un champ spécifique, cliquez dessus. Une fois toutes vos données saisies, appuyez sur Enter ou cliquez sur la coche située en bas à droite du volet Métadonnées.

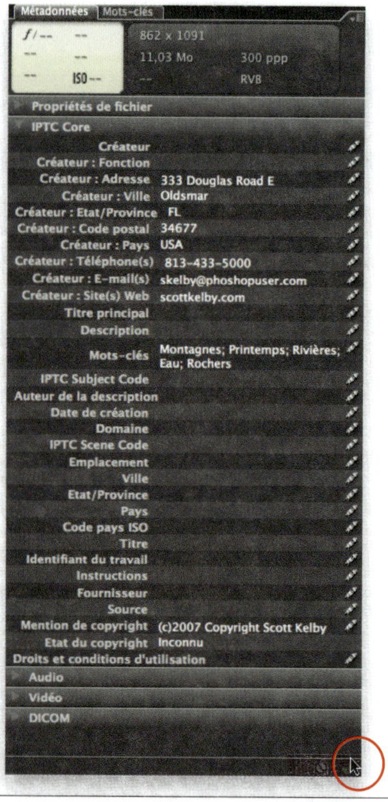

SCOTT KELBY

Étape 6

Appliquer des informations photo par photo est une tâche qui se révélera vite fastidieuse. Heureusement, il est possible d'entrer les mêmes données simultanément sur plusieurs clichés. Ouvrez le dossier contenant les photos. Appuyez sur Cmd (PC : Ctrl) et cliquez sur chaque image à laquelle vous désirez assigner des informations identiques. Une fois les photos sélectionnées, cliquez à droite du champ Créateur téléphone et saisissez votre numéro. Validez en appuyant sur Enter. Pour appliquer la même information à toutes les photos d'un dossier, sélectionnez-les *via* Cmd+A (PC : Ctrl+A).

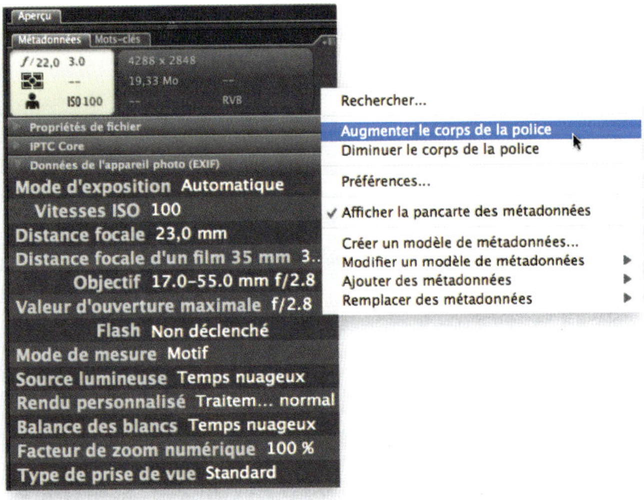

Astuce Les informations sont si nombreuses dans les diverses catégories de métadonnées, qu'elles peuvent être difficiles à lire. Pour faciliter cette lecture, ouvrez le menu local du volet Métadonnées, et cliquez sur Augmenter le corps de la police. Si c'est insuffisant, recommencez ! L'illustration ci-contre montre ce que l'on obtient en exécutant deux fois cette commande.

Maximiser votre affichage avec deux moniteurs

Bridge CS3 permet de travailler avec deux écrans. L'intérêt est, par exemple, d'afficher les vignettes et les volets sur un moniteur, et l'aperçu sur un autre. Voici comment configurer Bridge CS3 pour deux écrans.

Étape 1

Ouvrez le menu Fenêtre, et choisissez Nouvelle fenêtre de synchronisation.

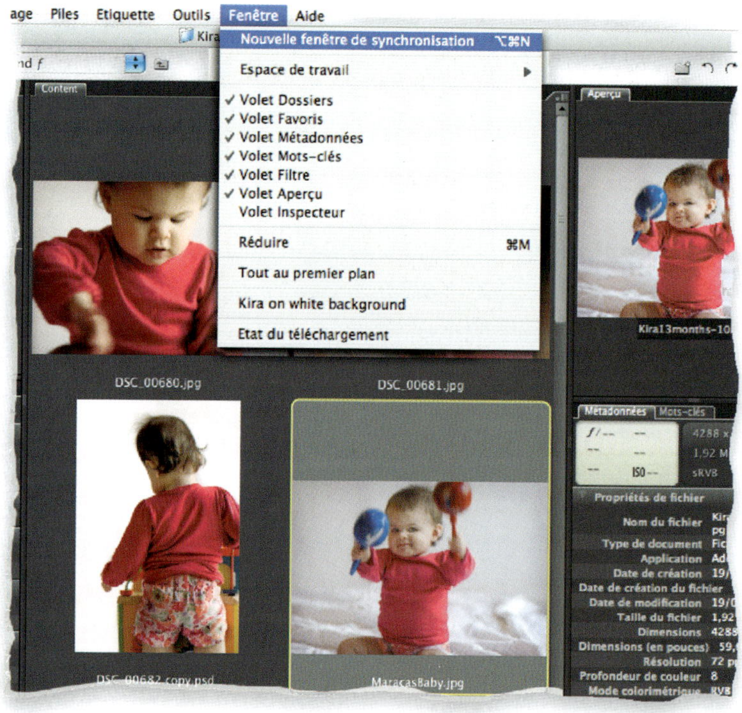

SCOTT KELBY

Étape 2

Cette action ouvre une fenêtre de Bridge identique à la première. Dans le menu Fenêtre de cette nouvelle occurrence de Bridge, ne cochez que les volets qu'elle doit afficher. Une coche indique que le volet en question est actif. Comme vous ne souhaitez afficher que le volet Aperçu, décochez tous les autres.

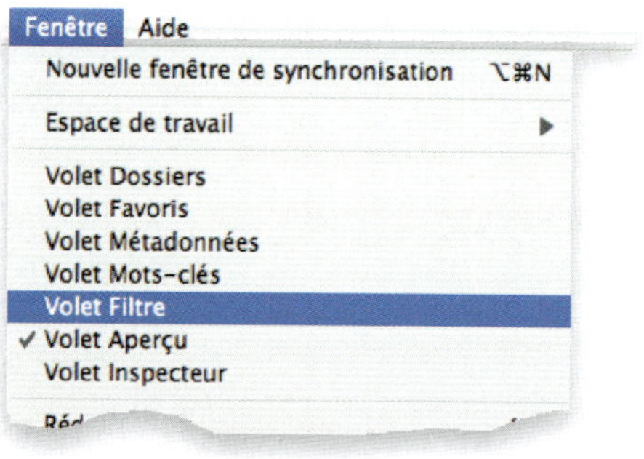

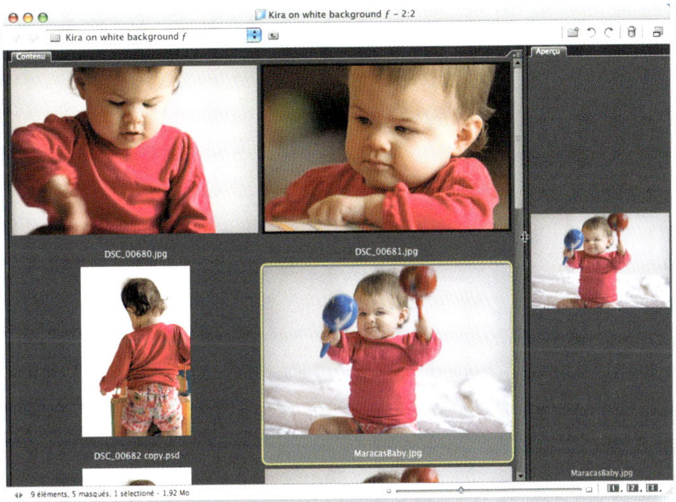

Étape 3

Une fois les volets masqués, vous constatez que le volet Contenu est encore visible. Vous ne pouvez pas le dissimuler. Utilisez le séparateur qui définit la zone occupée par les volets Contenu et Aperçu. Faites-le glisser complètement vers la gauche pour faire disparaître le volet Contenu. Seul le volet Aperçu est désormais visible.

Étape 4

Maintenant, glissez-déplacez cette fenêtre de Bridge vers le second moniteur. Comme le montre l'illustration ci-après, l'écran de droite affiche l'aperçu de grande taille, et l'écran de gauche, l'interface classique de Bridge. Une dernière chose : sauvegardez cet espace de travail *via* Fenêtre > Espace de travail > Enregistrer l'espace de travail. En un clic de souris, vous afficherez Bridge sur deux écrans.

NOTE Vous pouvez également assigner un espace de travail aux boutons 1, 2 et 3 situés dans le coin inférieur droit de Bridge. Vous choisirez, dans le menu local de ces boutons, l'espace à leur assigner.

Renommer vos fichiers par lots

Si vous n'avez pas renommé vos fichiers lors de leur importation, demandez à Bridge de procéder en une seule opération. Il est important que vos clichés possèdent un nom significatif de leur contenu. Voici comment procéder rapidement.

Étape 1

Commencez par indiquer à Bridge les photos que vous désirez renommer. S'il ne s'agit que de quelques clichés, sélectionnez-les en appuyant sur Cmd (PC : Ctrl) et en cliquant sur chacune d'elles. Mais, bien souvent, vous voudrez renommer toutes les photos affichées dans le volet Contenu. Sélectionnez-les toutes en appuyant sur Cmd+A (PC : Ctrl+A). Toutes les photos du volet Contenu sont en surbrillance. Ouvrez le menu Outils, et cliquez sur Changement de nom global.

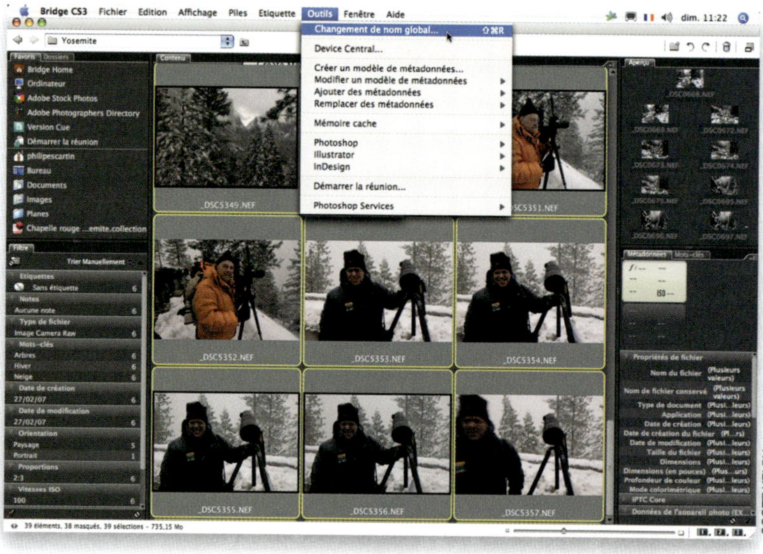

SCOTT KELBY

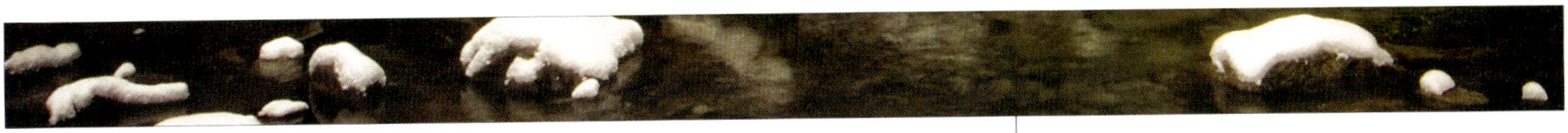

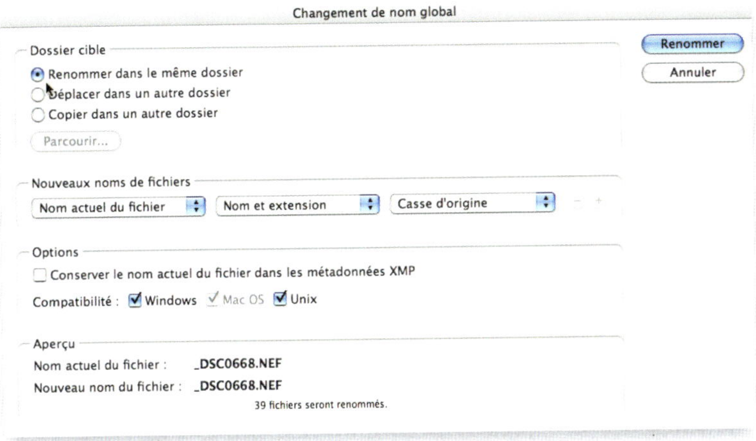

Étape 2

Dans la boîte de dialogue qui apparaît, vous devez sélectionner un dossier de destination des clichés renommés. Comme vous ne faites que renommer, autant conserver le dossier d'origine (voir ci-contre). Sinon, sachez que vous pouvez déplacer dans un autre dossier et copier dans un autre dossier. Dans ces deux cas, choisissez le dossier de destination par un clic sur le bouton Parcourir. Faites votre choix dans la boîte de dialogue qui s'ouvre.

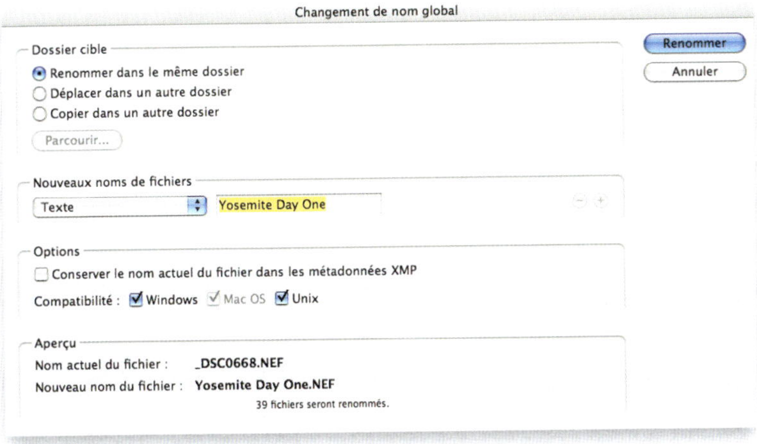

Étape 3

Dans la section Nouveaux noms de fichiers, ouvrez le menu local Nouveaux noms de fichiers. Choisissez Texte. Dans le champ qui apparaît, saisissez un nom de fichier personnalisé. En bas de la boîte de dialogue, le nom s'actualise en temps réel. Vous pouvez comparer l'ancienne dénomination avec la nouvelle. Le problème est que votre dossier de destination ne peut contenir qu'une seule photo nommée comme ici Yosemite Day One. Pour que toutes les images portent ce nom, vous devez réaliser une petite chose supplémentaire.

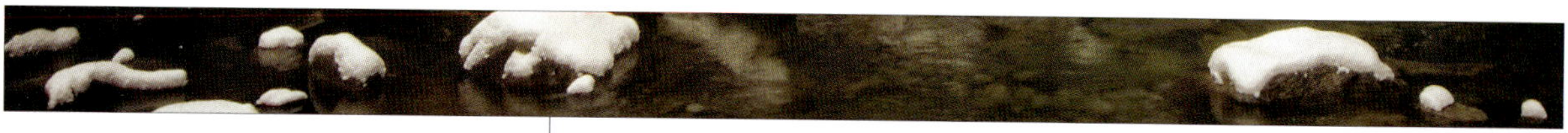

Étape 4

Le mieux est d'ajouter à chaque cliché un numéro qui s'incrémente automatiquement. Pour cela, cliquez sur le bouton + situé à droite du champ où vous avez saisi le nom. Dans le menu local du nouveau critère qui apparaît, choisissez Numéro de séquence. Le chiffre 1 indique que la première photo portera le numéro 1. Dans la liste suivante, indiquez le nombre de chiffres que doit contenir la séquence. Ici, j'ai sélectionné trois. Dans la section Aperçu, vous voyez que le nom de la première image sera Yosemite Day One001.NEF. Automatiquement, la deuxième portera le nom Yosemite Day One002.NEF, la troisième Yosemite Day One003.NEF, et ainsi de suite. Si vous désirez détacher la numérotation du nom, ajoutez un espace à la fin du nom saisi dans le champ Texte.

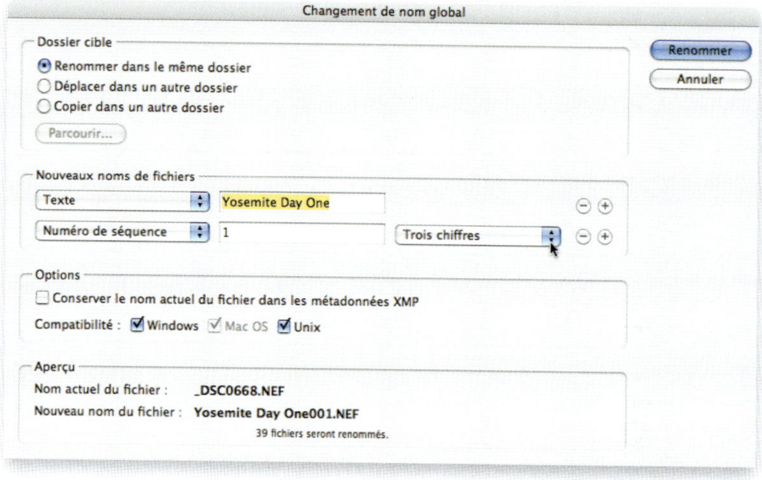

Étape 5

Cliquez sur le bouton Renommer. Si vous renommez dans le même dossier, attendez quelques secondes pour apprécier la nouvelle dénomination sous chaque vignette du volet Contenu. Si vous avez renommé dans un autre dossier par copie ou déplacement, vous devez ouvrir ledit dossier *via* le volet éponyme de Bridge.

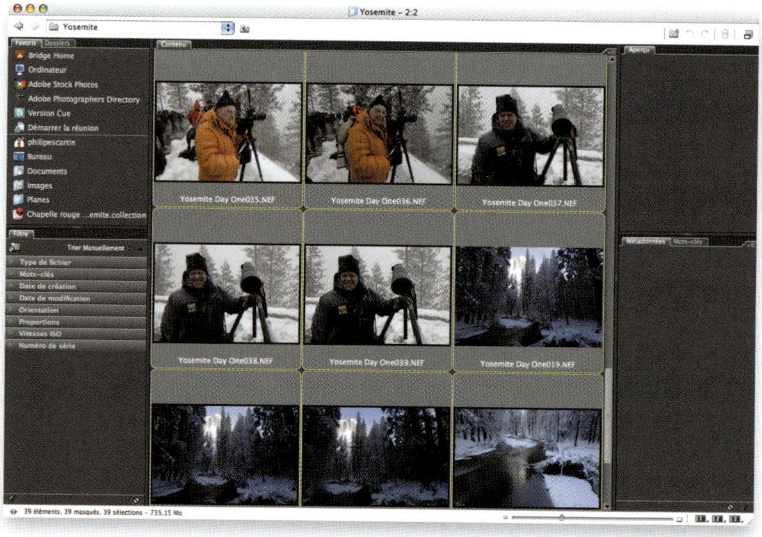

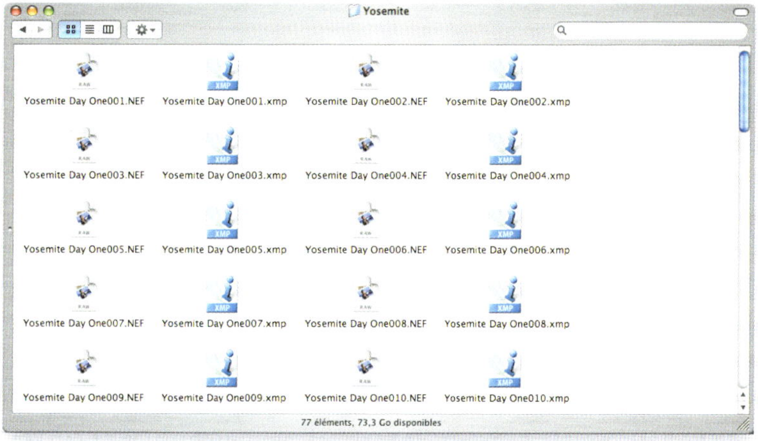

Étape 6

Le changement de nom global ne fait pas que renommer les vignettes. Il change physiquement le nom des photos. Pour vous en assurer, ouvrez le Finder, puis le dossier de stockage de vos clichés renommés.

Astuce Vous pouvez ajouter d'autres critères de dénomination. Pour ce faire, cliquez sur le bouton + de la seconde ligne. Cette fois, dans la liste, choisissez Nom actuel du fichier pour ajouter ce nom à la fin de celui que vous avez défini. OK ! Vous vous retrouvez avec un nom interminable. Personnellement, je préfère éviter cela en cochant l'option Conserver le nom actuel du fichier dans les métadonnées XMP. Le nom d'origine est stocké dans un fichier intégré à l'image et n'est pas ajouté physiquement à son nom. Vous pourrez ainsi effectuer des recherches sur vos images à partir de son nom d'origine.

Créer des modèles de métadonnées

Je suis certain que la dernière chose que vous aimez faire dans Bridge est de passer du temps à saisir du texte. Pour éviter de taper et retaper des informations comme le copyright, vos coordonnées, l'adresse de votre site Web, etc., créez un modèle de métadonnées que vous incorporerez automatiquement d'un clic de souris.

Étape 1

Sélectionnez une photo en parcourant vos dossiers depuis Bridge. Les informations que vous saisirez pour cette image serviront de modèle. Ensuite, cliquez sur Outils, puis sur Créer un modèle de métadonnées.

SCOTT KELBY

Étape 2

Dans la boîte de dialogue qui apparaît, vérifiez les métadonnées de la liste IPTC Core. Cochez les cases des informations que vous désirez intégrer dans le modèle. Si un champ est vide et que vous l'activiez, tapez-y l'information correspondante. Pensez à faire défiler le contenu de cette boîte de dialogue pour être certain de ne pas oublier de remplir des rubriques importantes.

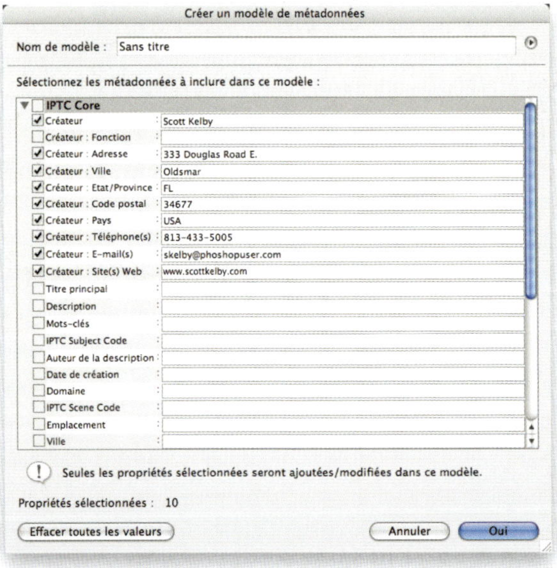

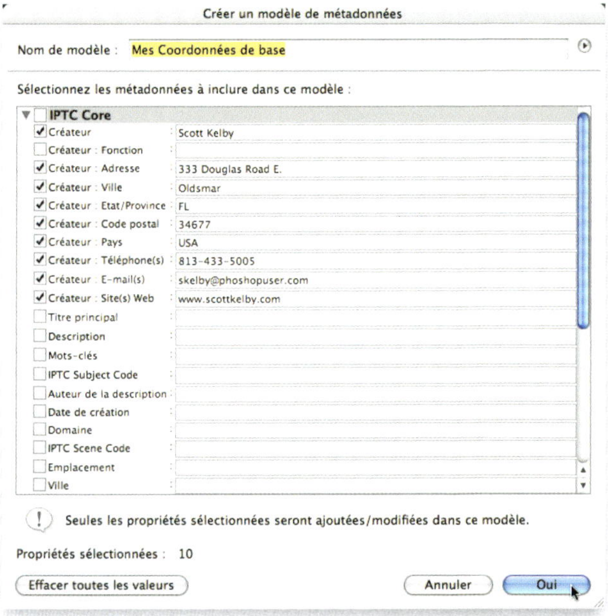

Étape 3

Une fois que vous avez entré toutes les informations utiles à votre modèle, donnez-lui un nom dans le champ Nom du modèle. Ce nom sera listé lorsque vous choisirez d'appliquer un modèle de métadonnées. Ensuite, cliquez sur le bouton Oui.

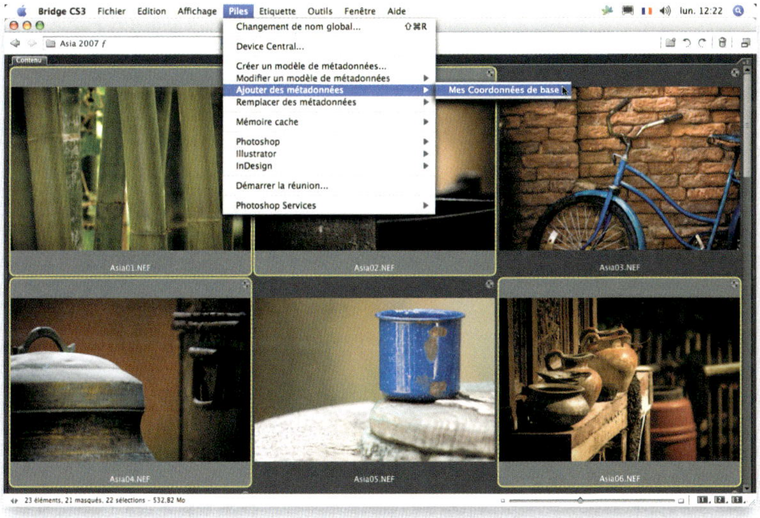

Étape 4

Il est très facile d'appliquer un modèle. Sélectionnez les photos auxquelles vous souhaitez ajouter les métadonnées d'un modèle. Ensuite, ouvrez le menu Outils, et cliquez sur Ajouter des métadonnées, puis sur le nom de votre modèle (ici « Mes Coordonnées de base »). Comme ce modèle est dans la liste, vous l'appliquez à discrétion. Vous pouvez créer et enregistrer autant de modèles de métadonnées que vous le souhaitez. Chacun aura des informations qui lui sont propres. En effet, les destinataires de vos photos n'ont pas tous besoin de connaître les mêmes données. Créez des modèles de métadonnées ciblant des utilisations particulières de vos photos.

Supprimer des métadonnées de vos photos

Je sais, vous n'en pouvez plus des métadonnées. Je vous jure qu'il n'y en a plus pour très longtemps, alors ce serait dommage de renoncer maintenant à poursuivre votre lecture. Les métadonnées contiennent des informations sur votre appareil photo numérique, la prise de vue, divers réglages techniques, et communiquent des informations personnelles. Certaines choses doivent rester inconnues de vos clients. Voici comment supprimer rapidement des métadonnées.

Étape 1

Dans le menu Fenêtre, cliquez sur Espace de travail > Métadonnées. Les vignettes et des informations s'affichent dans le volet Contenu. Dès que vous sélectionnez une image, ses métadonnées apparaissent dans le volet éponyme situé pour une fois sur le côté gauche de l'interface. Si vous diffusez vos images en l'état, toutes les métadonnées seront connues de leurs destinataires. Pour éviter cela, double-cliquez sur une vignette afin de l'ouvrir dans Photoshop.

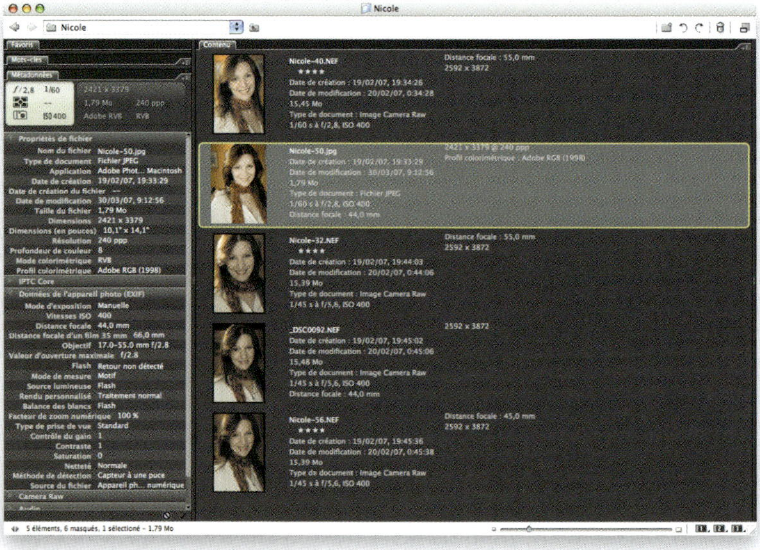

SCOTT KELBY

Étape 2

Une fois la photo ouverte dans Photoshop, allez dans le menu Fichier. Choisissez Nouveau. Dans la boîte de dialogue éponyme, ouvrez le menu local Paramètre prédéfini. Cliquez sur le nom de la photo actuellement ouverte. Toutes les caractéristiques de ce cliché s'affichent alors dans la boîte de dialogue Nouveau. Cliquez sur OK pour ouvrir un document vide mais dont les caractéristiques sont identiques à celui que vous avez sous les yeux.

Étape 3

Le nouveau document vide étant affiché, cliquez sur celui qui contient la photo. Appuyez sur V pour activer l'outil Déplacement. Ensuite, maintenez le touche Maj enfoncée et glissez-déposez la photo dans le document vide. Elle apparaît dans la même position que l'originale. Comme l'image apparaît sur son propre calque, appuyez sur Cmd+E (PC : Ctrl+E) pour fusionner le calque 1 avec le calque Arrière-plan. Le document ne contient plus aucune métadonnée puisqu'il vient d'être intégré à un document vide.

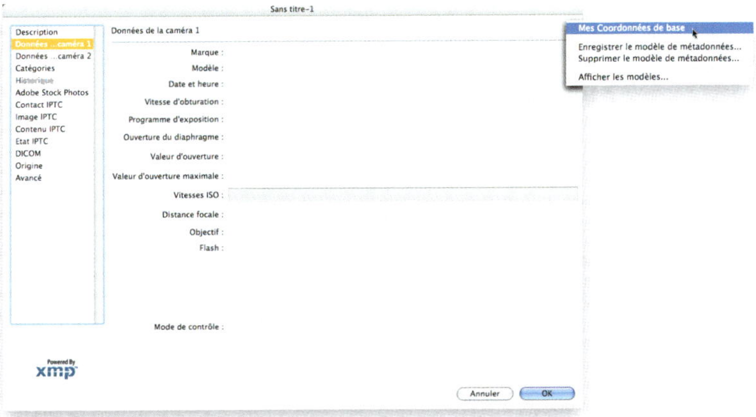

Étape 4

Pour finir, ouvrez le menu Fichier et cliquez sur Informations. Dans le volet gauche, activez la rubrique Données de la caméra 1. Tous ses champs sont vides. Si vous cliquez sur Contact IPTC, vous constatez que toutes les données personnelles ont disparu. Heureusement, quand vous créez un modèle de métadonnées dans Bridge, il est également disponible dans Photoshop. Donc, pour ajouter vos informations de copyright et vos coordonnées, ouvrez le menu local situé dans le coin supérieur gauche de la boîte de dialogue. Là, cliquez sur le nom du modèle à appliquer, en l'occurrence « Mes Coordonnées de base ». Vous pouvez automatiser cette procédure en créant un script comme expliqué plus loin dans ce livre.

Rester organisé avec des piles

La possibilité de créer des piles d'images est une nouveauté CS3. Elle permet d'aérer l'interface en rangeant les images par catégories dans des piles thématiques. Vous pouvez choisir la photo qui sera située en haut de la pile, afin d'avoir une idée précise sur les photos qu'elle contient.

Étape 1

Pour empiler des photos, commencez par sélectionner celle qui va identifier la pile. Ensuite, appuyez sur Cmd (PC : Ctrl) et cliquez sur chaque photo à intégrer à la pile. Par exemple, ci-contre, vous constatez que je vais créer une pile avec des photos d'objets, excluant ainsi de ce rangement les photos montrant des animaux. Sept clichés sont sélectionnés.

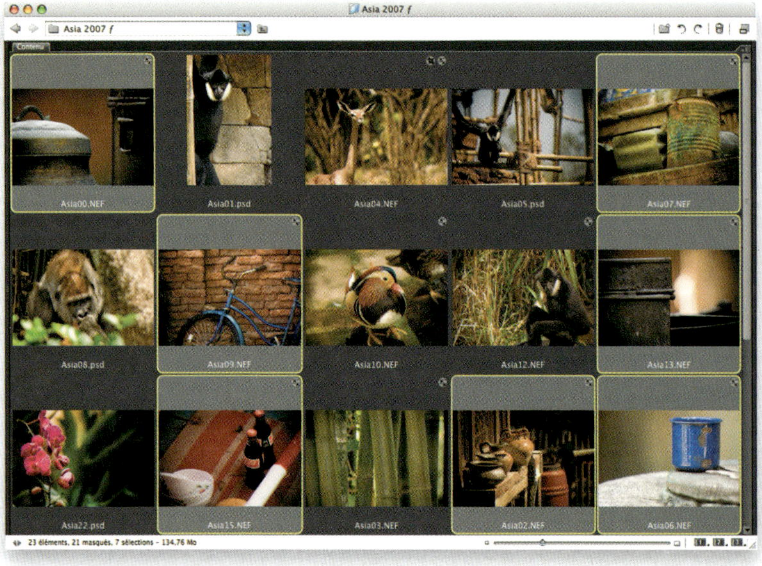

SCOTT KELBY

Étape 2

Cliquez sur Piles > Grouper comme piles, ou appuyez sur Cmd+G (PC : Ctrl+G).

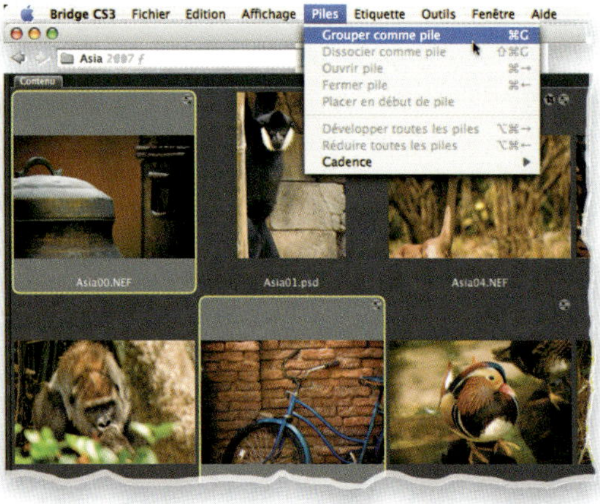

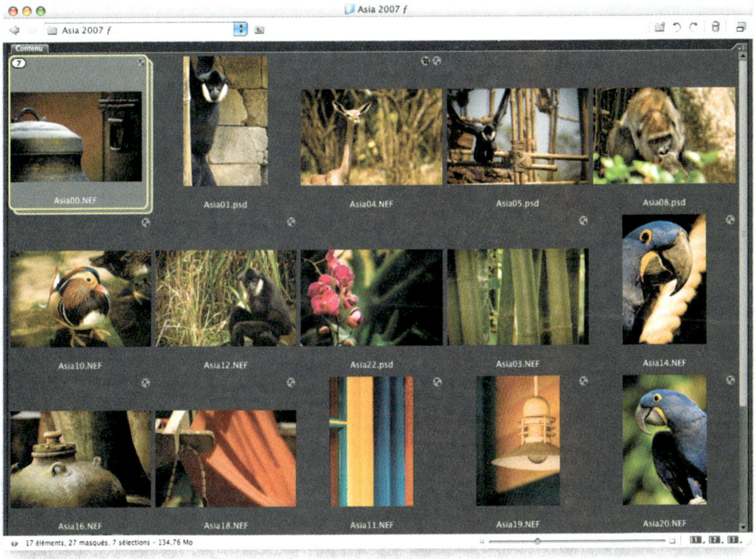

SCOTT KELBY

Étape 3

Dans le volet Contenu, vous constatez que les photos sélectionnées sont empilées dans le coin supérieur gauche. Le chiffre 7 affiché en haut à gauche de la vignette indique que cette pile contient sept photos. Deux petits contours rectangulaires jaunes indiquent aussi que vous êtes en présence d'une pile. Le fait d'empiler sept clichés libère de l'espace pour sept autres vignettes auxquelles vous ne pouviez accéder qu'en glissant la barre de défilement verticale.

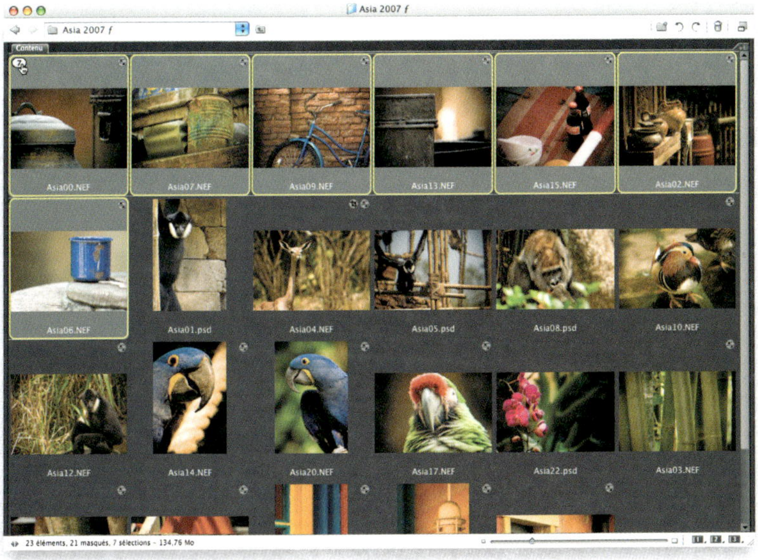

SCOTT KELBY

Étape 4

Pour révéler le contenu d'une pile, cliquez sur le numéro situé dans le coin supérieur gauche. La pile s'ouvre comme ci-contre. Pour désempiler définitivement des photos, appuyez sur Cmd+Maj+G (PC : Ctrl+Maj+G).

Astuce Si vous cliquez sur une pile, et appuyez sur Entrée, seule la photo située en haut de cette pile s'ouvre dans Photoshop. Vous avez observé la présence de deux contours définissant les piles. Si vous cliquez directement sur le second, puis que vous appuyiez sur Entrée, toutes les photos de la pile s'ouvrent dans Photoshop. Si ces photos sont au format RAW, elles s'ouvrent dans Camera Raw.

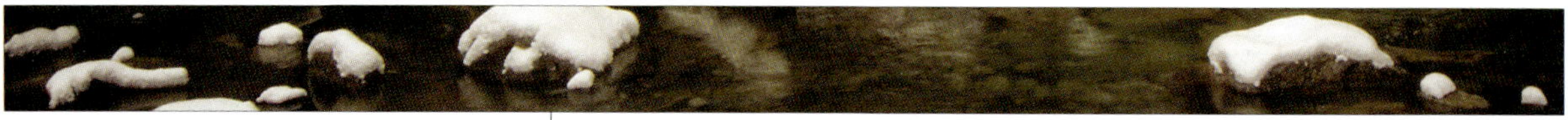

Étape 5

Il est facile d'ajouter d'autres piles. Appuyez sur Cmd (PC : Ctrl) et cliquez sur les vignettes des photos à empiler. Ensuite, appuyez sur Cmd+G (PC : Ctrl+G). J'ai créé une autre pile ne contenant que des photos d'animaux.

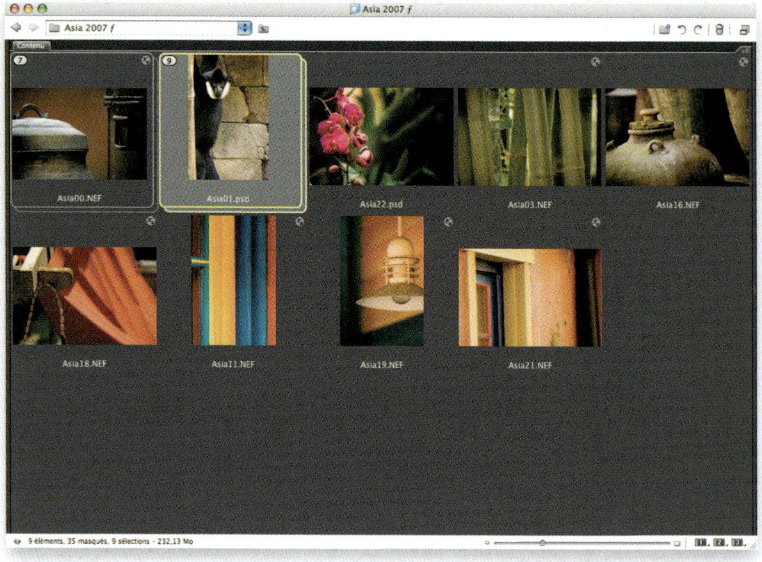

SCOTT KELBY

Étape 6

Pour ajouter des photos à une pile existante, commencez par cliquer sur la pile de destination, puis sélectionnez les images à y ajouter. Après, appuyez sur Cmd+G (PC : Ctrl+G), et le tour est joué. Dans mon exemple, le volet Créer ne contient plus que deux piles respectivement de quatorze et neuf clichés. Vous n'êtes pas limité dans le nombre de piles. Cependant, ne perdez jamais de vue que les piles sont destinées à aérer le volet Contenu. Donc, ne multipliez pas excessivement le nombre de piles.

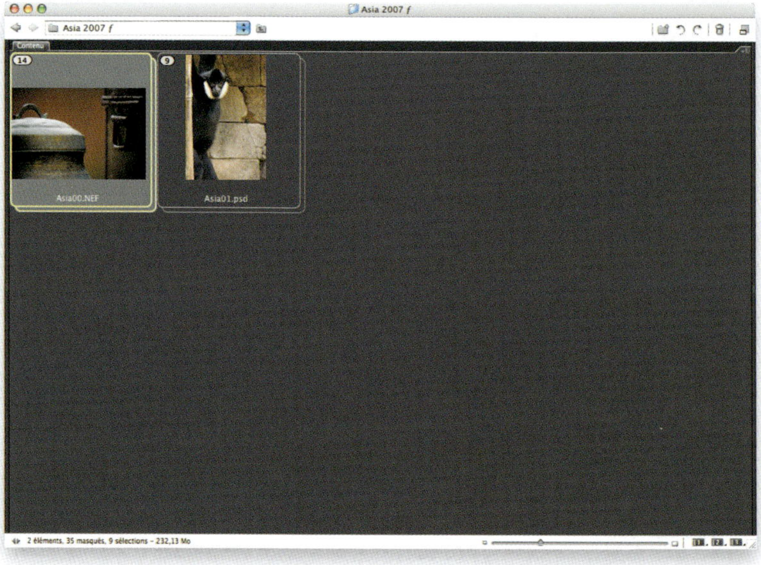

Étape 7

Si une pile contient plus de dix photos et que vous placiez le pointeur de la souris sur sa vignette, un curseur horizontal apparaît. Si vous le glissez, vous faites défiler les images de la pile. Cette fonction évite d'ouvrir la pile pour en connaître le contenu. Vous pouvez aussi cliquer sur le bouton Lire, qui diffuse alors un minidiaporama. Le problème est que si vous disposez d'un ordinateur trop rapide, vous n'avez pas le temps de voir les images car elles défilent à cent à l'heure.

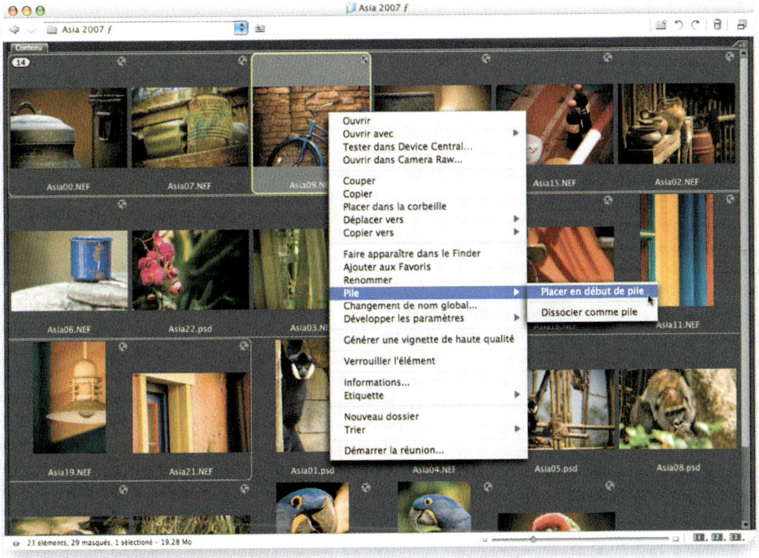

Étape 8

Une dernière chose : il est possible de sélectionner une autre photo comme première image de la pile. Commencez par ouvrir la pile en cliquant sur le numéro identifiant le nombre de clichés qu'elle contient. Ensuite, faites un Ctrl+clic (PC : Clic droit) sur l'image à positionner en haut de la pile. Dans le menu contextuel, choisissez Pile, puis Placer en début de pile. Quand une pile est ainsi ouverte, vous pouvez réorganiser l'ordre des photos qu'elle contient.

Photo Scott Kelby | Exposition : 1/30 s | Focale : 70 mm | Overture : f/11,0

Brut de brut

Traiter toutes vos photos avec Camera Raw

J'avoue que le titre de ce chapitre pourrait faire penser à une publicité pour un champagne ou un parfum. Mais, lorsque j'ai envisagé de l'intituler Raw de Raw… oui, vous voyez ce que je veux dire… J'aurais été bien loin de mes prétentions aussi originales que farfelues à trouver des titres de chapitres subtils. Comment ? Vous ne me trouvez pas subtil ! Ah… funeste sort qui se rit de moi. Enfin, tout cela pour vous dire que ce chapitre s'intéresse au format RAW et à son traitement. Dès que vous aurez compris que RAW identifie un fichier non traité par un appareil photo numérique, c'est-à-dire au format le plus brut qui soit, vous aurez compris également où je veux en venir avec mon titre…
(Quelle pirouette pour s'en sortir !)

Afficher des photos RAW, JPEG et TIFF dans Camera Raw

Au début, Camera Raw ne traitait que des fichiers RAW. Avec Photoshop CS3, vous pouvez traiter des fichiers TIFF et JPEG ! Alors, pour profiter des fonctionnalités de Camera Raw, voici comment y afficher des photos, que ce soit depuis Adobe Bridge ou depuis Photoshop CS3.

Étape 1

Commençons par la méthode la plus simple. Depuis Bridge, double-cliquez sur un fichier RAW. La photo apparaît dans Camera Raw qui lui-même s'ouvre dans Photoshop CS3. Voilà, c'est tout, rien de bien transcendant n'est-ce pas ?

SCOTT KELBY

Étape 2

Pour ouvrir plusieurs clichés dans Camera Raw, commencez par les sélectionner dans Bridge via la technique Cmd+clic (PC : Ctrl+clic). Ensuite, double-cliquez sur l'une des images. Camera Raw affiche les photos dans son interface qui s'ouvre dans Photoshop.

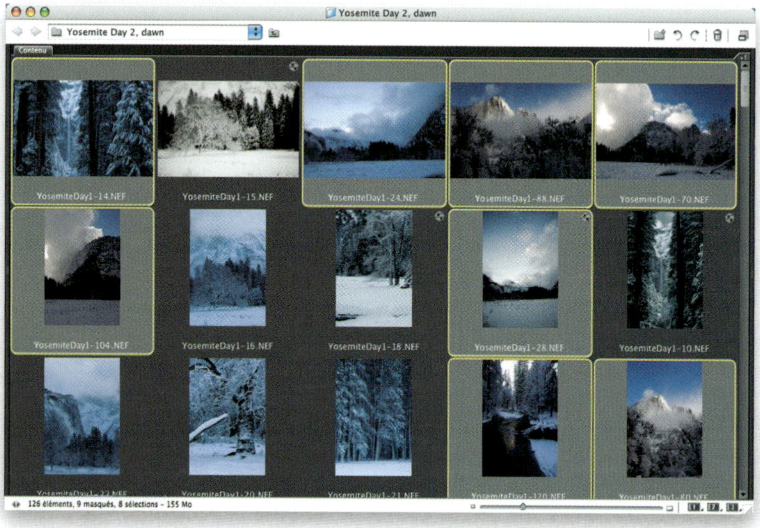

SCOTT KELBY

Étape 3

Dans le volet gauche de Camera Raw, toutes les images sélectionnées précédemment attendent d'être traitées. La photo sur laquelle vous avez double-cliqué s'affiche dans Camera Raw et se trouve en haut du film fixe. Donc, tous les réglages définis dans Camera Raw n'affecteront que ce cliché. Pour qu'ils affectent toutes les photos, vous devez cliquer sur le bouton Tout sélectionner (en haut du film fixe). Ensuite, procédez à vos réglages, comme la modification du paramètre Température. Regardez alors les vignettes du film fixe. Elles adoptent toutes la même température de couleur. Cliquez sur Annuler.

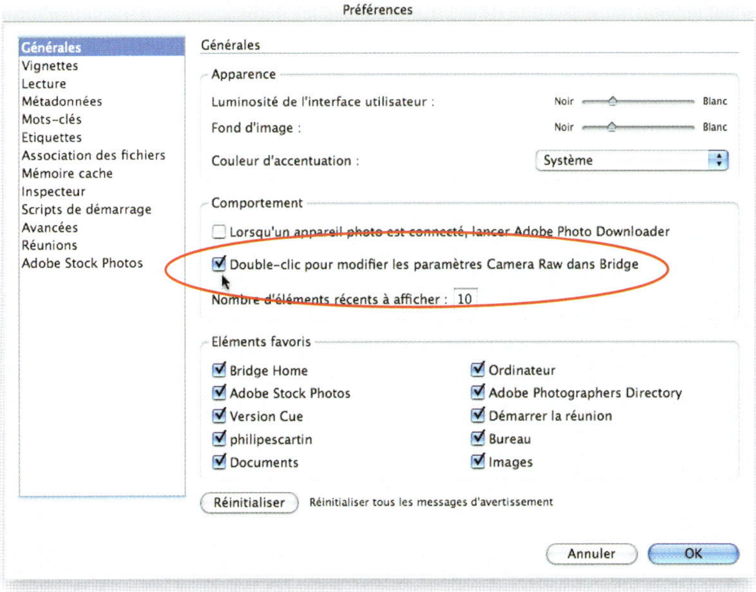

Étape 4

Il est possible de ne pas solliciter Photoshop lorsque vous ouvrez des images RAW depuis Bridge. Pour cela, ouvrez la boîte de dialogue Préférences de Adobe Bridge. Dans la catégorie Généralités, cochez l'option Double-clic pour modifier les paramètres Camera Raw dans Bridge. Sinon, il est possible d'obtenir le même résultat en appuyant sur Cmd+R (PC : Ctrl+R) après avoir sélectionné la ou les photos dans Bridge. Elles s'affichent dans une interface Camera Raw indépendante de Photoshop.

Étape 5

Il est également possible d'ouvrir une image RAW dans Camera Raw depuis le Finder ou l'Explorateur Windows. Pour ce faire, double-cliquez sur le fichier. Mais, comment ouvrir un fichier TIFF ou JPEG dans Camera Raw ? Sur Mac, allez dans le menu Fichier de Photoshop. Cliquez sur Ouvrir. Dans la boîte de dialogue éponyme, sélectionnez le fichier TIFF ou JPEG, et choisissez Camera Raw dans le menu local Format. Sur PC, cliquez sur Fichier > Ouvrir sous. Dans la boîte de dialogue éponyme, sélectionnez le fichier à ouvrir, puis choisissez Camera Raw dans la liste Ouvrir sous.

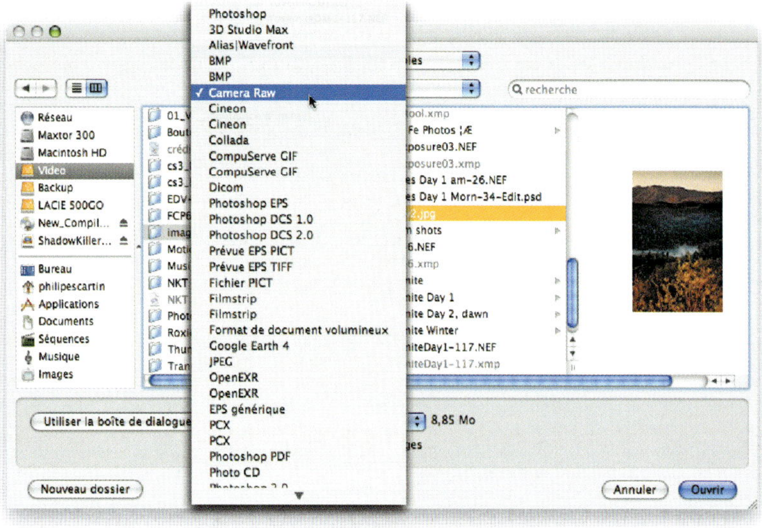

SCOTT KELBY

Étape 6

Une fois toutes ces actions accomplies, cliquez sur le bouton Ouvrir. L'image choisie apparaît dans Camera Raw.

NOTE

Lorsque vous effectuez des réglages pour une image TIFF ou JPEG affichée dans Camera Raw, et que vous cliquez sur le bouton Ouvrir une image ou Terminer, vous n'affectez pas physiquement les pixels de la photo. Ceci est important pour les fichiers JPEG qui perdent en qualité chaque fois que vous les ouvrez, les modifiez et les enregistrez. L'interface Camera Raw dispose d'un bouton Annuler si vous désirez abandonner la modification du fichier TIFF ou JPEG.

L'essentiel des réglages (1) : la balance des blancs

Qui n'a jamais pris de photos en extérieur qui présentaient une dominante jaunâtre ? Ou bien en intérieur avec cette fois une dominante verte ? Et qui n'a jamais obtenu un cliché où le bleu domine sur toutes les autres teintes ? Personne ? Ces problèmes sont liés à un mauvais réglage de la balance des blancs. Pas de panique, car Camera Raw corrige cela en moins de temps qu'il n'en faut pour le dire.

SCOTT KELBY

Étape 1

Dans la section de réglage de la balance des blancs, vous allez faire disparaître toute dominante qui gâche vos si belles photos. Par défaut, Camera Raw affiche la balance des blancs réglée par votre appareil photo numérique, c'est-à-dire Tel quel. Ci-contre, vous constatez que le réglage de ma balance des blancs sur flash produit une image trop chaude avec une dominante jaune.

Étape 2

Pour y remédier, ouvrez le menu local Balance des blancs. Comme ma photo a été prise sans flash mais avec un réglage de balance des blancs sur flash, je choisis le réglage Fluorescente. Mais dans ce cas, je trouve que la photo est un peu trop bleue. (Les réglages prédéfinis de la balance des blancs ne sont disponibles que pour les images RAW.)

Étape 3

Pour corriger cela, j'ai testé les autres réglages prédéfinis de balance des blancs. Quel ne fut pas mon étonnement de voir que le préréglage le plus efficace était Auto ! Cette constatation prouve qu'il vous faut absolument tester tous les réglages prédéfinis. Vous observez que le voile de la mariée paraît beaucoup moins bleu et que la dominante jaune a disparu.

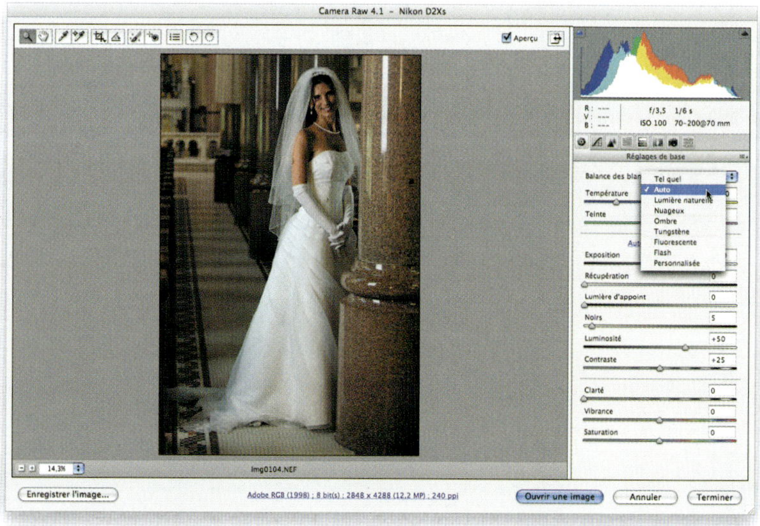

Étape 4

Bien que le préréglage Auto semble le meilleur de tous pour cette photo, force est de constater que, pour un portrait, la peau a besoin d'être un peu plus chaude. La balance des blancs Auto n'est donc qu'un point de départ. Faites glisser le curseur Température vers la droite pour améliorer la couleur de peau mate de Debbie. Faites attention de ne pas réintroduire trop de jaune dans l'image.

Étape 5

La deuxième méthode de réglage de la balance des blancs consiste à agir simplement sur les paramètres Température et Teinte. Regardez les curseurs. Leur barre de couleurs indique ce qu'il va se passer si vous les glissez vers la droite ou la gauche. Donc, pour corriger un problème de balance des blancs, faites glisser les curseurs vers la couleur à renforcer dans l'image. Dès que vous glissez un curseur, le menu local Balance des blancs affiche la mention Personnalisée.

Étape 6

La troisième méthode utilise l'outil Balance des blancs. C'est probablement la plus précise. En effet, le réglage se fait par indication du blanc directement dans l'image. Cliquez sur l'icône de l'outil Balance des blancs dans la barre d'outils située dans le coin supérieur gauche. Placez la pipette sur la photo et cliquez sur un élément qui doit être normalement blanc dans l'image. Ici, la zone des gants sur l'avant-bras de la mariée devrait être blanche. Si le résultat ne vous convient pas, n'hésitez pas à cliquer à d'autres endroits de votre photo.

Étape 7

Ce n'est pas parce que vous obtenez une balance des blancs précise que votre image est bonne. La balance des blancs est une décision créative, pas objective. C'est vous qui décidez ! Alors, commencez par rétablir la balance des blancs d'origine en choisissant Tel quel dans le menu local Balance des blancs, ou en double-cliquant sur l'outil éponyme de la barre d'outils (comme ci-contre).

Étape 8

Une dernière chose : quand l'outil Balance des blancs est actif sur l'image, appuyez sur Ctrl et cliquez (PC : Clic droit). Ceci ouvre un menu contextuel des paramètres prédéfinis de la balance des blancs.

L'essentiel des réglages (2) : l'exposition

Après avoir réglé la balance des blancs, vous devez vous préoccuper de l'exposition. Cette dernière concerne trois choses : les tons clairs, les tons moyens et les tons foncés. Mais, dans Camera Raw, le vocabulaire diffère quelque peu. On parle d'exposition pour les tons clairs, de noirs pour les tons foncés, et de luminosité pour les tons moyens.

Étape 1

Voici un portrait sous-exposé. Si vous glissez le curseur Exposition, faites attention de ne pas écrêter les tons clairs – que l'on appelle bien souvent les *hautes lumières*. Quand cela se produit, les zones les plus claires de l'image deviennent d'un blanc pur, sans aucun détail visible. Heureusement, Camera Raw vous avertit de la perte de ces détails. Regardez l'histogramme de cette photo. Dans le coin supérieur droit vous voyez un triangle blanc. Sa présence signifie que certaines zones de l'image sont déjà écrêtées.

SCOTT KELBY

Étape 2

Lorsque vous glissez le curseur Exposition, vous pouvez activer un indicateur qui montre où les écrêtements de tonalités se produisent. Maintenez la touche Option (PC : Alt) enfoncée tout en faisant glisser le curseur Exposition. L'image devient noire et les zones écrêtées s'affichent en couleurs (si la couche Bleu est écrêtée, la couleur est bleue), ou pire en un blanc uni et pur.

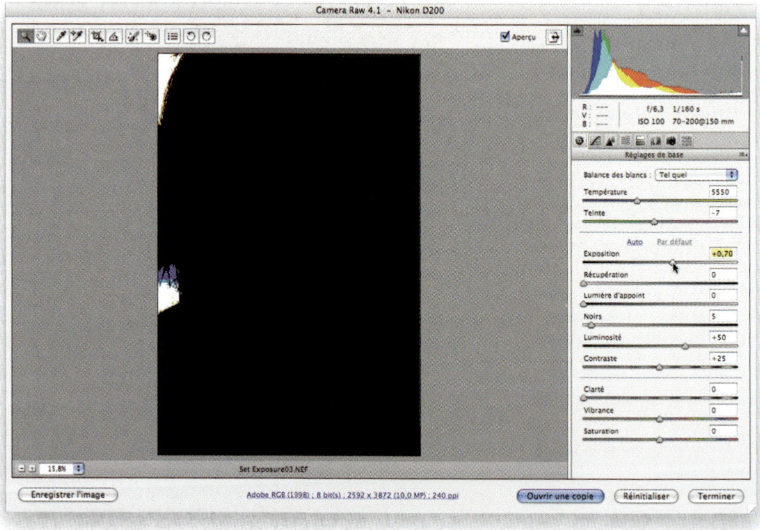

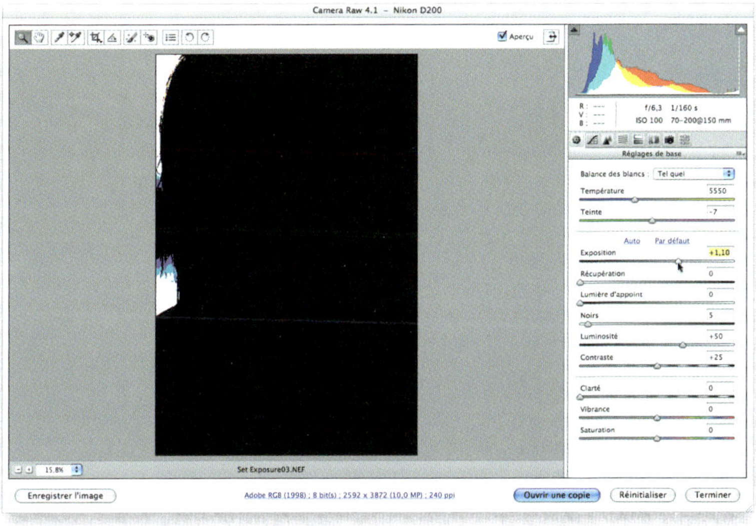

Étape 3

Mon problème est que, à l'ouverture de cette photo, la zone la plus claire était déjà écrêtée. Mais, le visage est sous-exposé. Pour améliorer l'exposition globale de l'image, faites glisser le curseur Exposition vers la droite (c'est-à-dire vers le blanc). Ensuite, maintenez la touche Option (PC : Alt) enfoncée et cliquez sur le curseur Exposition. L'indicateur montre clairement que vous écrêtez une plage tonale encore plus large.

Étape 4

Si la technique de la touche Option vous agace, voici une autre manière de voir les zones écrêtées. Cliquez sur le triangle blanc en haut à droite de l'histogramme. Les zones écrêtées s'affichent en rouge. L'avantage de cette méthode est que vous n'avez pas besoin d'appuyer sur une touche, et que l'affichage reste jusqu'à ce que vous cliquiez de nouveau sur ce petit triangle. Maintenant, si vous glissez le curseur Exposition vers la gauche, vous voyez disparaître cette couleur rouge à mesure que la photo s'assombrit.

Étape 5

Savoir que des tons sont écrêtés est une bonne chose, mais encore faut-il être capable de corriger ce problème ! Dans la version CS3 de Camera Raw, vous disposez d'un paramètre Récupération qui va restaurer les tons clairs écrêtés. Commencez par régler l'exposition. Ne vous préoccupez pas des écrêtements. Ensuite, glissez le curseur Récupération vers la droite jusqu'à ce que les tons clairs les plus clairs ne soient plus écrêtés. Ci-contre, le fait de glisser légèrement ce curseur vers la droite réduit considérablement l'indicateur rouge d'écrêtement.

Étape 6

Avec le curseur Récupération, vous pouvez utiliser la technique de la touche Option enfoncée. L'image devient noire et les zones écrêtées sont blanches. Au fur et à mesure que vous glissez le curseur vers la droite, vous voyez disparaître les zones écrêtées (voir ci-contre).

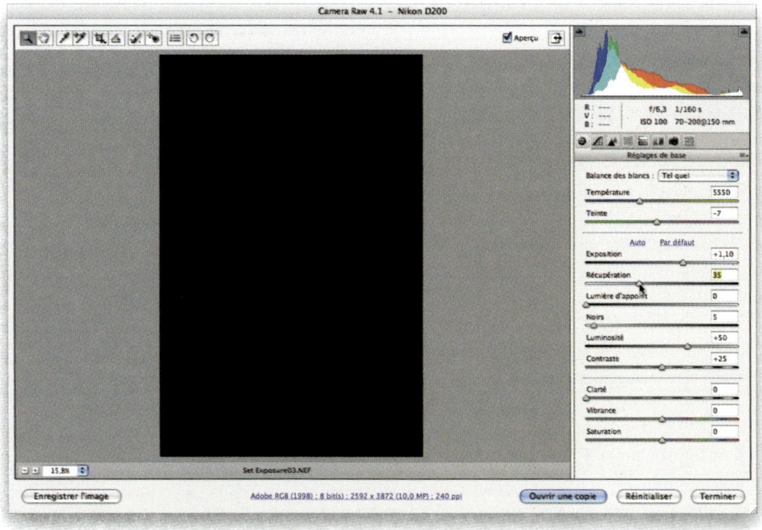

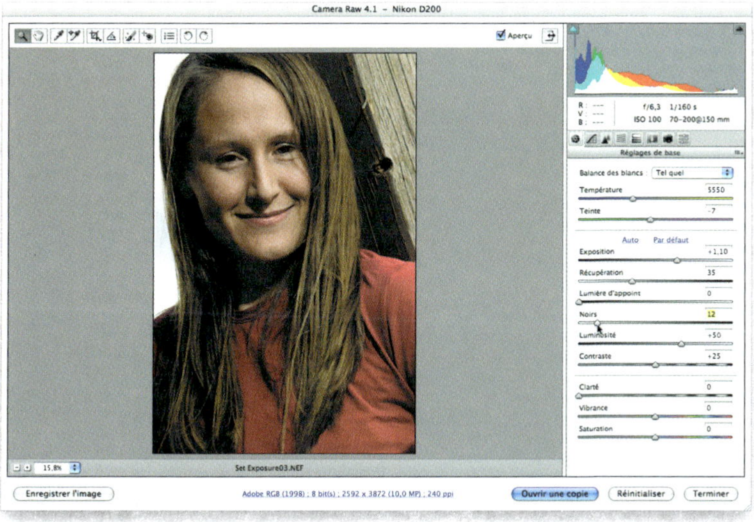

Étape 7

Ensuite, je règle les tons foncés en agissant sur le curseur Noirs. Le faire glisser vers la droite éclaircit ces tons. La barre de couleurs de ce paramètre indique que si vous glissez le curseur vers la droite, les tons foncés seront de plus en plus sombres, alors que si vous le glissez vers la gauche ils seront de plus en plus clairs. Augmenter la densité des noirs sature les couleurs. Donc, si vous partez avec une photo délavée, commencez par régler ce paramètre avant l'exposition.

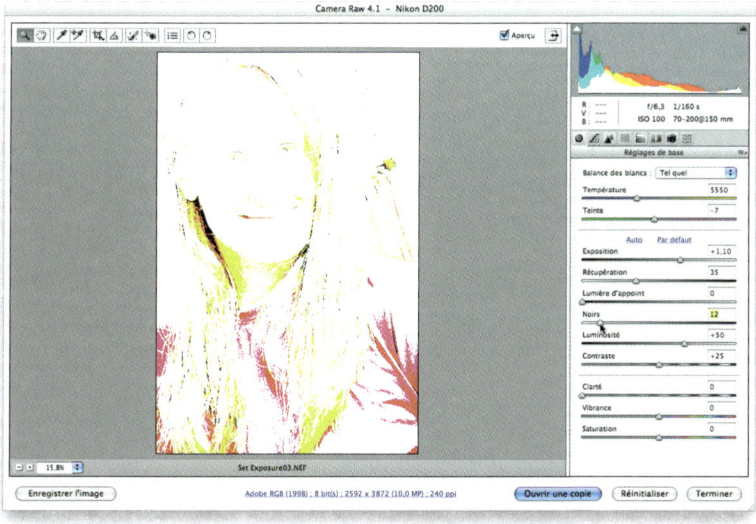

Étape 8

Vous pouvez là aussi maintenir la touche Option enfoncée tout en cliquant sur le curseur Noirs. Cette fois, l'image vire au blanc. Toute partie qui présente une densité de noir indique que la zone perd tous ses détails qui sont noyés dans du noir. Si d'autres couleurs apparaissent (comme du rouge, du vert ou du bleu), cela signifie qu'elles sont écrêtées. Personnellement, je ne m'inquiète pas d'un léger écrêtement des couleurs. En revanche, si vous constatez la présence d'une trop forte densité de tons foncés, faites glisser le curseur Noirs vers la gauche. Ci-contre, vous constatez que la couche Jaune aura tendance à devenir noire puisqu'elle est clairement visible. Est-ce vraiment si grave lorsque vous regardez la photo sans cet indicateur ? Non !

Étape 9

Affichez un autre indicateur d'écrêtement en cliquant sur le triangle situé dans le coin supérieur gauche de l'histogramme. Les tons foncés écrêtés s'affichent en bleu. Là encore, je ne m'en préoccupe pas car les détails de ces zones sont peu importants.

ASTUCE Personnellement, je m'inquiète bien moins des tons foncés écrêtés que des tons clairs. Pourtant, très souvent, mêmes les tons clairs écrêtés sont acceptables, comme les reflets sur le pare-chocs d'une voiture qui, objectivement, ne contient pas de détails essentiels. Par conséquent, tant que l'écrêtement n'altère que des zones ne contenant pas de détails fondamentaux, faites glisser les curseurs Exposition et Noirs vers la droite jusqu'à ce que les zones de détails importants commencent à s'écrêter.

Étape 10

Le curseur suivant se nomme Luminosité. Comme vous avez déjà réglé le problème des tons clairs et des tons foncés, ajustez maintenant les tons moyens. Des curseurs Exposition, Noirs et Luminosité, c'est ce dernier que j'utilise le moins. Lorsque j'agis dessus, c'est dans une minuscule proportion. Il n'existe pas d'indicateur d'écrêtement des tons moyens. Toutefois, si vous glissez trop ce curseur vers la droite, vous verrez les écrêtements à l'œil nu.

Étape 11

Si vous ne souhaitez pas ajuster ces curseurs manuellement, cliquez sur le bouton Auto. (D'accord, ce n'est pas un bouton, c'est un texte souligné.) Dans ce cas, Camera Raw tente d'exposer correctement la photo. Parfois, le résultat est étonnant, mais bien souvent la photo est surexposée. Le curseur Exposition semble être déplacé trop vers la droite, provoquant logiquement cette surexposition.

Avant

Après

Étape 12

Si vous ne voulez pas cliquer sur Auto, cliquez sur le bouton Défaut pour réinitialiser les réglages par défaut de Camera Raw. La photo reprend l'aspect qui était le sien quand vous l'avez ouverte (à gauche). Sur la photo de droite (Après), j'ai simplement ajouté un léger vignettage comme cela est expliqué page 118. Maintenant que vous connaissez les grands principes de la correction d'une prise de vue, voyons comment procéder en quatre étapes rapides.

Étape 13

J'ouvre une autre photo RAW pour vous entraîner à ce processus de correction. Je rappelle que tout commence par une correction de la balance des blancs car, une fois encore, je n'ai pas utilisé le bon réglage de mon appareil photo numérique pour prendre en considération l'éclairage tungstène de la pièce.

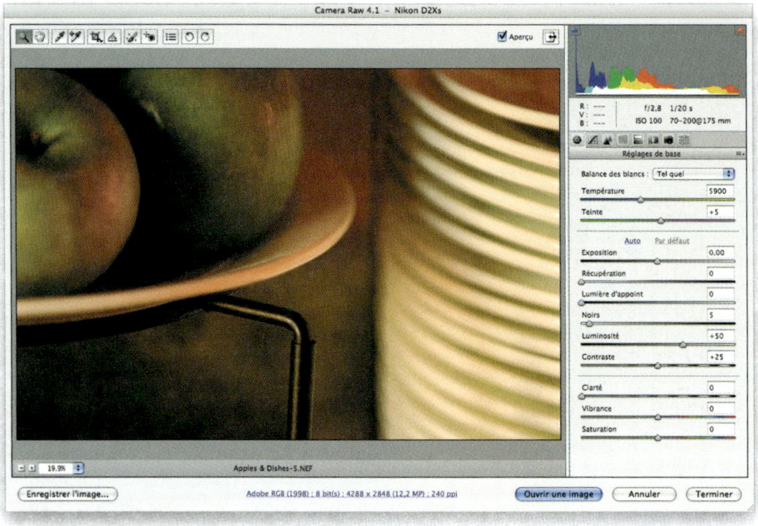

SCOTT KELBY

Étape 14

Pour définir la balance des blancs, activez l'outil éponyme et cliquez sur une zone gris clair de l'image. (Ici, le bord d'une assiette est tout indiqué.) Lorsque je connais les conditions d'éclairage exactes de la photo, je peux me contenter de choisir le réglage adapté dans le menu local Balance des blancs. Par exemple, si une photo est prise dans un bureau, il suffit de choisir le préréglage Fluorescent.

Étape 15

Une fois la balance des blancs réglée, je m'intéresse à l'exposition. Ici, je glisse le curseur Exposition vers la droite jusqu'à ce que l'image me paraisse suffisamment claire. Dès que l'indicateur d'écrêtement apparaît en haut à droite de l'histogramme, j'arrête la progression du curseur. Ensuite, je fais glisser le curseur Récupération vers la droite jusqu'à disparation de l'indicateur d'écrêtement.

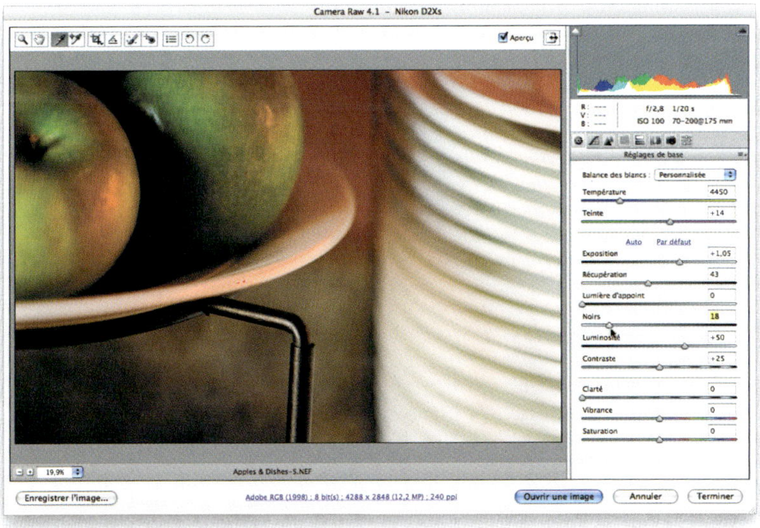

Étape 16

Comme cette photo n'est pas en contre-jour, elle ne nécessite pas de lumière d'appoint. Je passe donc directement au curseur Noirs. Pour donner plus de profondeur aux tons foncés, renforcer le contraste de l'image et la saturation des couleurs, je le fais glisser vers la droite. Si je sens que la photo a besoin de récupérer des détails dans les tons moyens, j'agis sur le curseur Luminosité. En quatre étapes très simples, nous obtenons une photo correcte : (1) réglage de la balance des blancs, (2) réglage de l'exposition, (3) compensation des écrêtements des tons clairs avec le curseur Restauration, et (4) augmentation de la quantité de noirs.

Donner de l'ampleur avec le curseur Clarté

Lorsque je donne mes cours, j'adore entendre les élèves pousser des « Ohhhh » et des « Ahhhh » d'admiration. Cela m'amuse quand je sais qu'il suffit de glisser un simple curseur de Camera Raw pour devenir une icône de la photo numérique. Le curseur Clarté augmente le contraste des tons moyens, ce qui ajoute de la profondeur à l'image sans pour autant introduire trop de netteté.

Étape 1

Le curseur Clarté de Camera Raw 4.1 se trouve en bas de Réglages de base. Pour bien apprécier l'impact de ce réglage, vous devez afficher l'image à 100 %. Sélectionnez ce facteur de zoom dans le menu local situé dans le coin inférieur gauche de l'interface. Après, agissez sur le curseur Clarté.

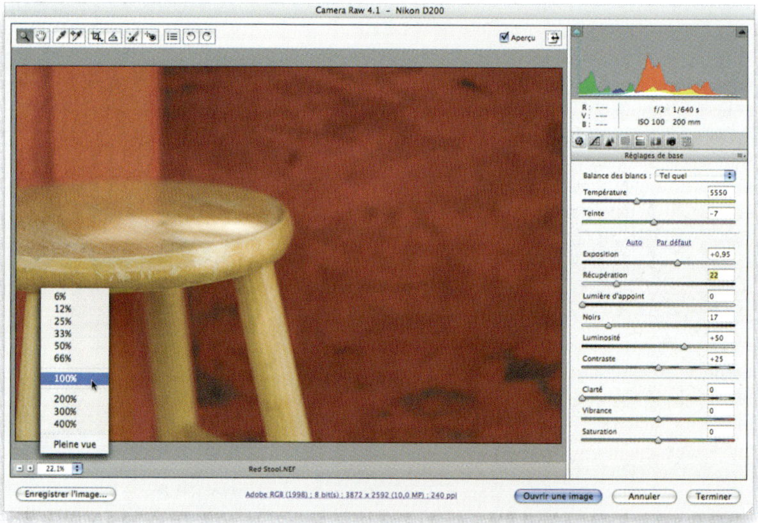

SCOTT KELBY

Étape 2

Faites glisser le curseur Clarté vers la droite, jusqu'à ce que de petits halos apparaissent sur les bords de l'image. À ce moment précis, glissez le curseur vers la gauche jusqu'à leur disparition. Sur cette comparaison Avant et Après, le paramètre Clarté est de 90.

Avant

Après

Régler la résolution, la taille de l'image, l'espace de couleur et la profondeur

Comme vous traitez vos images, il semble logique que vous en définissiez la résolution, la taille, l'espace de couleur et le nombre de pixels par couche, non ? Voici comment et pourquoi je conseille de procéder comme suit :

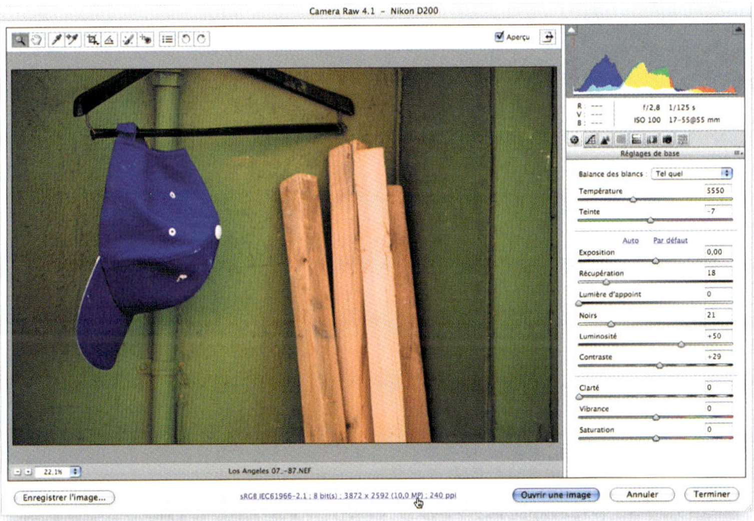

SCOTT KELBY

Étape 1

Quand l'image est correctement réglée, vous devez définir sa résolution, sa taille, etc. En bas et au centre de la fenêtre de Camera Raw, vous avez un long texte souligné qui indique l'état actuel de l'image. Cliquez sur ce lien pour accéder aux options de flux de production.

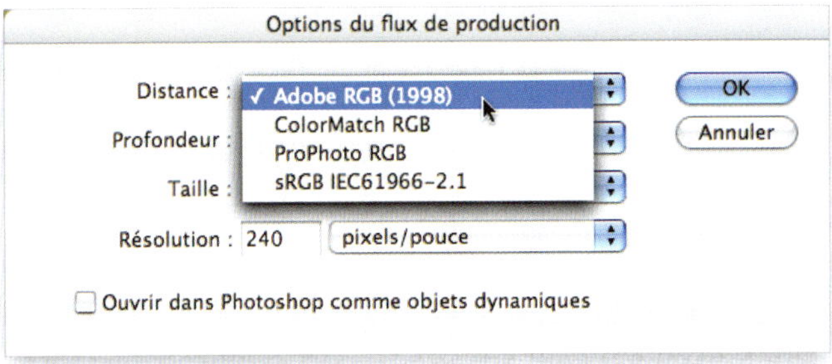

Étape 2

Commencez par choisir l'espace de couleur dans la liste Distance. Je conseille d'opter pour le même espace que celui utilisé par Photoshop. Les photographes numériques utiliseront Adobe RGB (1998). Pour en savoir plus sur cet espace de couleur, consultez le Chapitre 5.

Étape 3

Pour la profondeur, j'ai une règle très simple : je travaille toujours en 8 bits/couche (paramètre Photoshop par défaut), sauf quand l'image est tellement mauvaise que je sais qu'il me faudra ajuster ses courbes dans Photoshop après le traitement effectué dans Camera RAW. L'avantage du 16 bits est que la photo n'est pas abîmée lorsque vous intervenez sur ses courbes. Voici pourquoi j'évite le 16 bits : (1) de nombreux outils de Photoshop ne sont pas disponibles dans ce mode, (2) la taille du fichier est quasiment doublée ce qui ralentit les performances de Photoshop, et (3) les photos 16 bits occupent presque deux fois plus de place sur votre ordinateur.

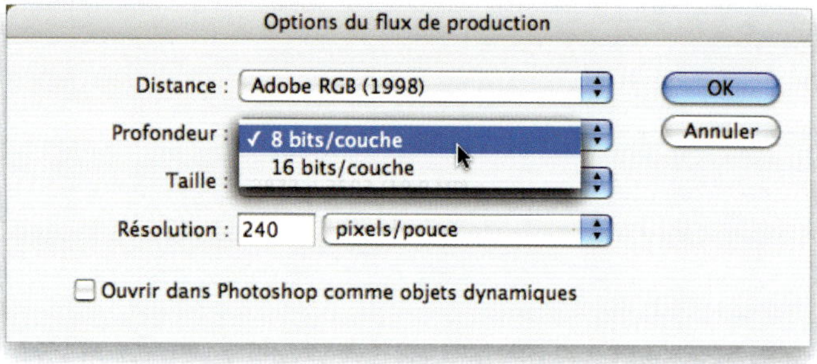

Étape 4

L'option suivante concerne la taille. Celle qui s'affiche par défaut correspond à la taille de l'image créée par votre appareil photo numérique. Ici elle est de 3 872 × 2 592 pixels, générée par un appareil de 10 mégapixels. Si vous ouvrez ce menu local, vous affichez une liste de tailles que Camera Raw peut générer à partir de celle de votre fichier d'origine. Les dimensions suivies d'un signe + indiquent une augmentation de la taille de l'image, tandis que celles suivies d'un signe – indiquent une réduction. Pour ne pas altérer l'image quand vous la redimensionnez, il est conseillé de ne pas aller au-delà de la première taille supérieure proposée par ce menu local.

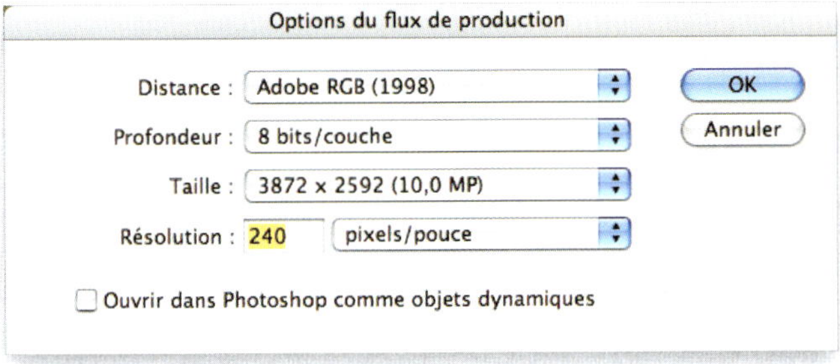

Étape 5

Enfin, définissez la résolution de l'image. Ce domaine est assez complexe. Je ne vais donner ici que des considérations générales. Si vous destinez votre photo à une impression sur presse, utilisez une résolution de 300 ppp. Si vous effectuez une impression jet d'encre supérieure à 20 × 25, utilisez 240 ppp. Pour des impressions inférieures à cette taille, choisissez 300 ppp. Si votre image se destine au Web, 72 ppp suffiront.

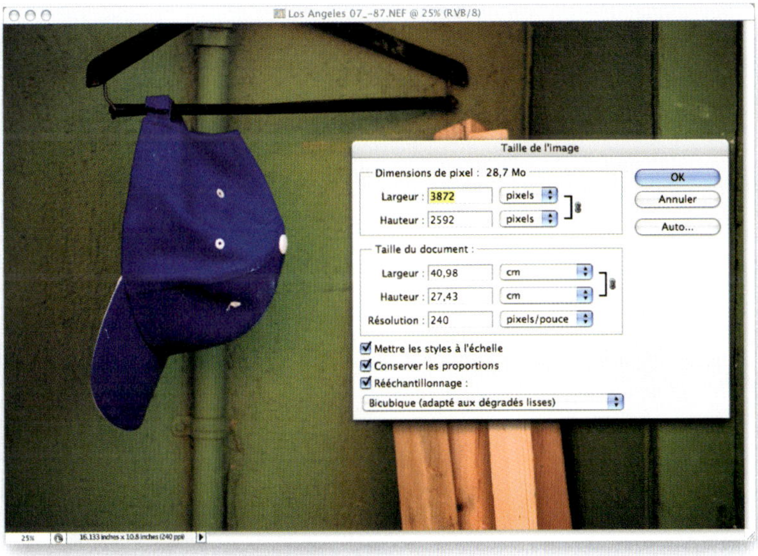

Étape 6

Dès que vos réglages sont réalisés, cliquez sur OK. Ensuite, cliquez sur Ouvrir une image pour l'afficher dans Photoshop. Dans la boîte de dialogue Taille de l'image, vous retrouvez les valeurs définies dans Camera Raw. Ce flux de production doit devenir le vôtre. Bien entendu vous pouvez choisir une autre taille ; si vos besoins l'exigent, sélectionnez une profondeur de 16 bits ; en fonction de la destination de l'image, choisissez une autre résolution. Personnellement, je travaille dans la même taille que celle de mon appareil, en 8 bits, et dans une résolution de 240 ppp. Je ne change quasiment jamais ce flux de production.

Recadrer et redresser

L'un des gros avantages du recadrage d'une image dans Camera Raw plutôt que dans Photoshop est que vous pouvez la rouvrir et la recadrer à l'infini. Ceci est valable pour les photos RAW, TIFF et JPEG. Pour ces deux derniers formats, le recadrage est infini à partir du moment où vous ne recadrez jamais le fichier d'origine. Pour ne pas procéder accidentellement, renommez vos fichiers JPEG ou TIFF.

Étape 1

L'outil Recadrage est le cinquième de la barre d'outils de Camera Raw. Il fonctionne comme celui de Photoshop, mais propose des fonctions inédites comme une liste de rapports hauteur/largeur. Pour l'ouvrir, maintenez le bouton de la souris enfoncé sur l'outil. Le paramètre Normal vous laisse libre de recadrer comme bon vous semble. Les autres imposent le respect du rapport précité. Par exemple, le rapport 2 à 3 conserve les proportions de votre photo d'origine.

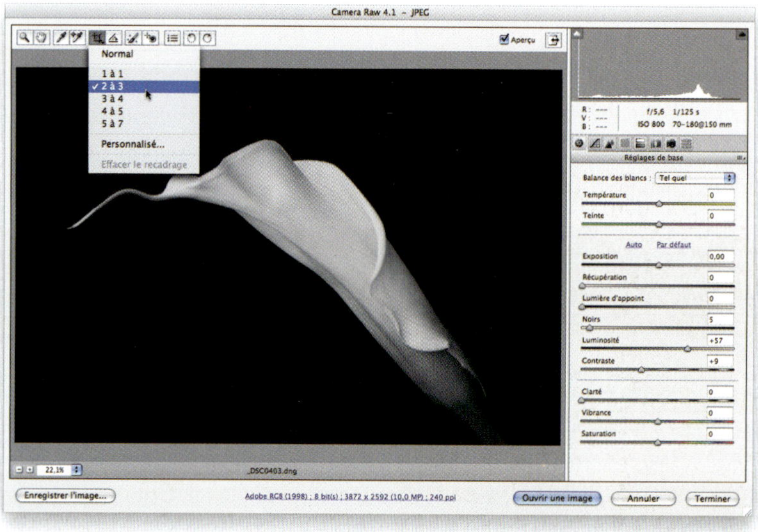

SCOTT KELBY

Étape 2

Les sections qui vont être éliminées par le recadrage apparaissent grisées dans l'affichage de Camera Raw. Donc, tout ce qui est parfaitement clair dans la zone de recadrage est conservé. Toutefois, si vous rouvrez ce fichier RAW dans Camera Raw, vous constaterez que les contours de recadrage sont toujours présents. Vous pouvez modifier le recadrage. En réalité, avec Camera Raw, vous effectuez un recadrage virtuel. Donc, vous pouvez modifier, repositionner ou supprimer la zone de recadrage. Pour cette dernière opération, appuyez sur Échap ou sur Suppr, ou bien exécutez la commande Effacer le recadrage du menu local de cet outil.

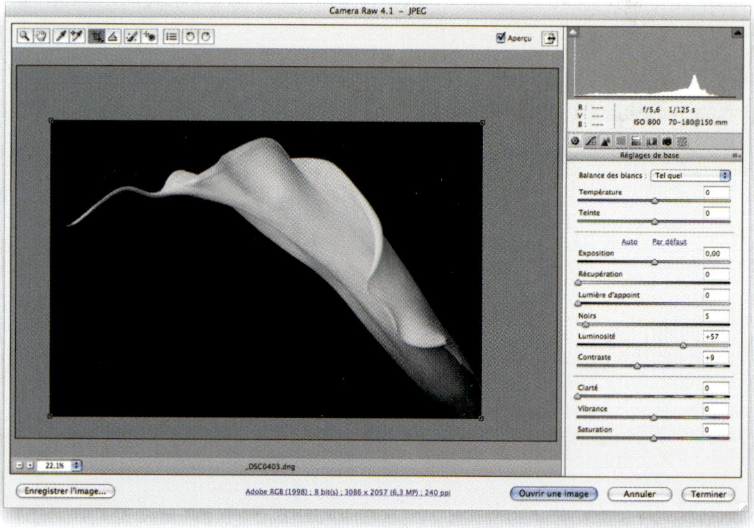

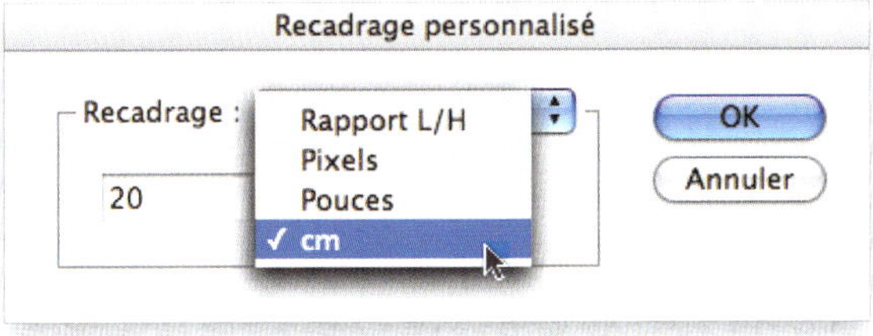

Étape 3

Si vous désirez recadrer selon une dimension précise (comme 20 × 25 cm), choisissez Personnalisé dans le menu local de l'outil Recadrage. Dans la liste éponyme, choisissez l'unité de mesure (ici le cm), puis tapez les valeurs 20 et 25 dans les deux champs situés juste en dessous. Cliquez sur OK. Ensuite cliquez sur l'image et faites glisser l'outil autant que possible. Vous recadrez dans la dimension 20 × 25.

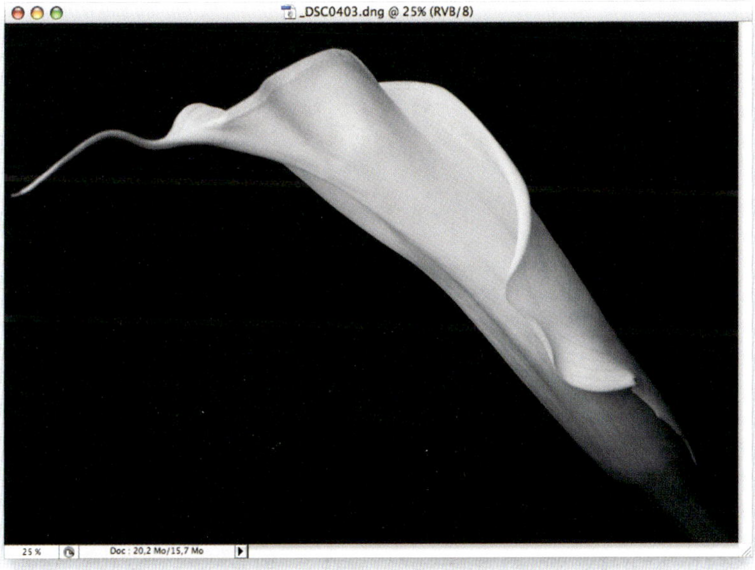

Étape 4

Dès que vous cliquez sur le bouton Ouvrir une image de Camera Raw, le recadrage s'effectue. La photo recadrée s'ouvre dans Photoshop. Si vous cliquez sur Terminer, Camera Raw se ferme et l'image reste inchangée. Toutefois, les contours de recadrage demeurent en place pour une future modification.

Astuce Comme mentionné plus haut dans ce chapitre, la taille de l'image est indiquée sous la zone d'affichage de la photo. Lorsque vous glissez l'outil Recadrage, cette dimension s'actualise automatiquement reflétant la taille de la zone recadrée.

Étape 5

Si vous avez définitivement recadré une photo TIFF ou JPEG par un clic sur le bouton Enregistrer l'image de Camera Raw, la seule manière de récupérer la zone recadrée consiste à rouvrir la photo dans Camera Raw. Cependant, si avant d'enregistrer vous choisissez l'option Photoshop dans la liste Format de la boîte de dialogue Options d'enregistrement, le paramètre Conserver les pixels recadrés apparaît. Si vous activez cette option avant de cliquer sur Enregistrer, l'image apparaîtra recadrée dans Photoshop. Mais, la photo sera sur un calque séparé (c'est-à-dire qui n'est pas fusionné avec le calque Arrière-plan). Vous pouvez alors afficher la portion recadrée en cliquant et glissant l'image dans sa fenêtre.

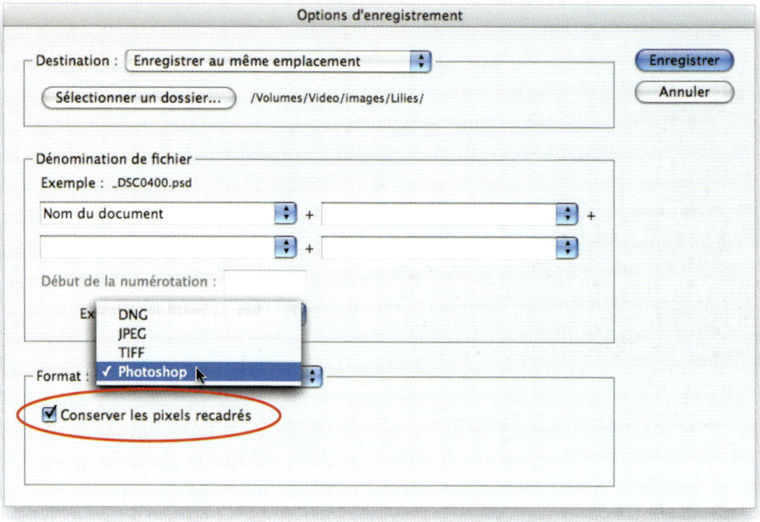

Étape 6

Si vous devez recadrer des photos similaires, commencez par les sélectionner (par exemple dans Bridge) de manière à les ouvrir simultanément dans Camera Raw. Une fois la photo affichée dans cette application comme ci-contre, cliquez sur le bouton Tout sélectionner. Ensuite, recadrez la photo active. Dans le film fixe, vous constatez que toutes les vignettes adoptent les paramètres de ce recadrage. Une petite icône de recadrage s'affiche dans le coin inférieur gauche de chaque vignette, indiquant ainsi que les photos ont été recadrées dans Camera Raw.

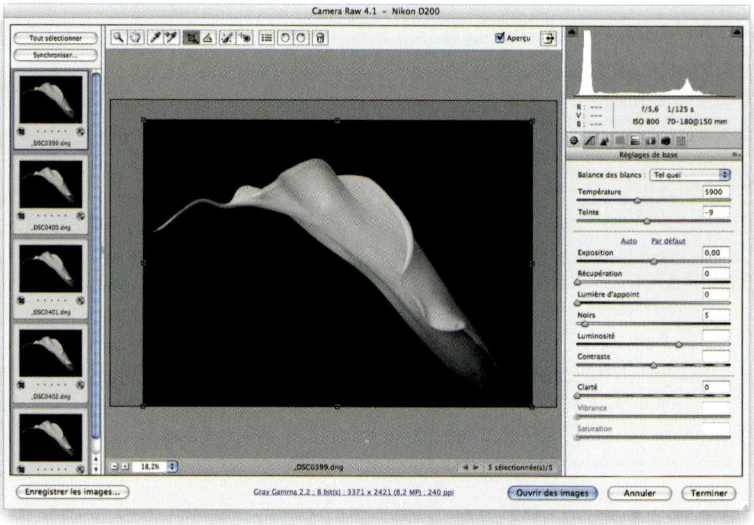

SCOTT KELBY

Étape 7

Redresser est une variante du recadrage. En effet, c'est en éliminant certaines parties d'une image qu'il est possible de la redresser. Dans la barre d'outils de Camera Raw, activez l'outil Redressement. Ensuite, cliquez et faites glisser l'outil sur une ligne de la photo qui devrait être horizontale (comme la limite neigeuse sur le paysage ci-contre). Lorsque vous relâchez le bouton de la souris, une bordure recadre les parties de l'image permettant le redressement souhaité.

Étape 8

Vous ne verrez la photo redressée qu'en l'ouvrant dans Photoshop. Si vous cliquez sur Terminer ou Enregistrer l'image, les informations de redressement sont incorporées au fichier RAW (ou XMP). Ainsi, lorsque vous la rouvrirez dans Camera Raw, vous verrez le redressement tel qu'il apparaît actuellement. Si vous cliquez sur Ouvrir une image, elle apparaît redressée dans Photoshop. Toute la partie exclue par le redressement n'est plus accessible. Mais, comme il s'agit d'une image RAW (ou TIFF ou JPEG non remplacée), vous pouvez toujours la rouvrir dans Camera Raw pour modifier le redressement, voire le supprimer, et ainsi récupérer les zones exclues.

ASTUCE Pour annuler un redressement en cours, appuyez sur Échap.

Modifier plusieurs photos à la fois

Une des fonctions les plus souples de Camera Raw est de pouvoir modifier une photo RAW, puis d'appliquer ses modifications à d'autres images. C'est une sorte d'automatisation intégrée qui fait gagner un temps incroyable. De plus, si vous utilisez Bridge, le traitement des images se déroule en tâche de fond pendant que vous travaillez sur d'autres images dans Photoshop.

Étape 1

Pour que cette modification multiple fonctionne correctement, je conseille d'afficher dans Bridge des images offrant les mêmes conditions d'éclairage, car elles présenteront probablement les mêmes problèmes.

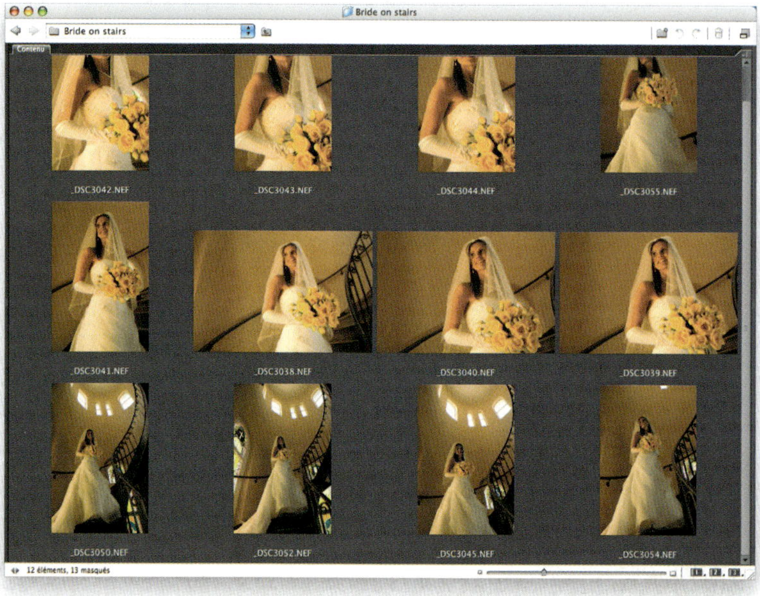

SCOTT KELBY

Étape 2

Dans Bridge, cliquez sur une des photos à modifier et appuyez sur Cmd+R (PC : Ctrl+R) afin de l'ouvrir dans la fenêtre Camera Raw de Bridge. Dans mon exemple, je règle la balance des blancs avec l'outil éponyme de l'application. Avec la pipette, je clique sur la robe de la mariée. Ensuite, j'augmente légèrement l'exposition, et je fixe la récupération sur 100 % pour atténuer la lumière du soleil à travers les fenêtres. Comme le visage de la mariée est légèrement sombre, j'ajoute un peu de lumière d'appoint. Enfin, j'augmente tout aussi légèrement le contraste. N'ouvrez surtout pas l'image, cliquez simplement sur Terminer.

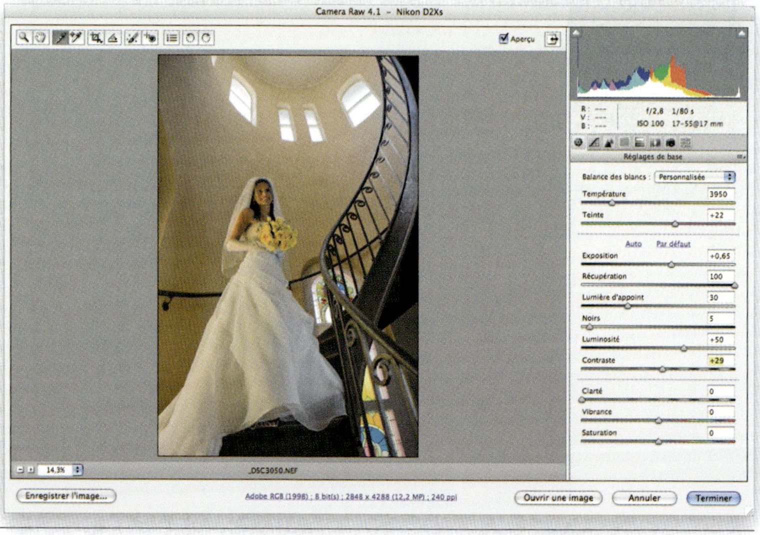

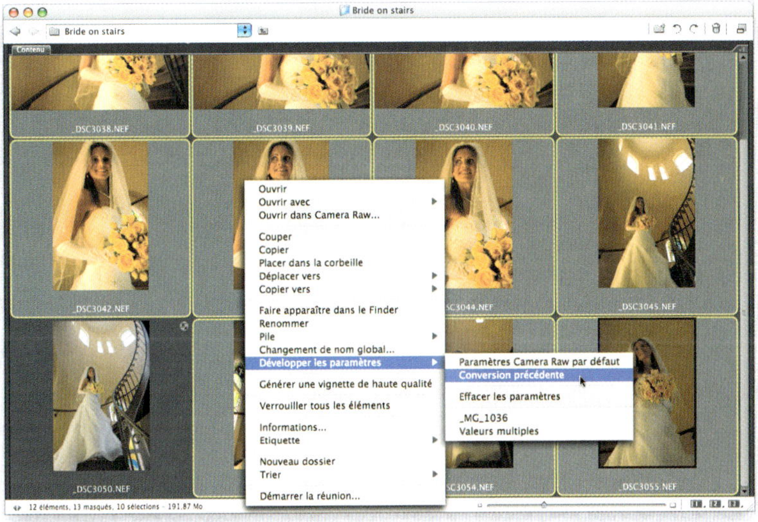

Étape 3

Cliquer sur Terminer vous ramène dans Bridge. La vignette de l'image que vous venez de modifier reflète bien votre édition. Maintenez la touche Cmd (PC : Ctrl) enfoncée et sélectionnez les autres photos dans Bridge auxquelles vous désirez appliquer les mêmes réglages, puis désélectionnez celle que vous venez de modifier (c'est l'image de référence). Ensuite, faites un Ctrl+clic (PC : Clic droit) sur l'une de ces vignettes. Dans le menu contextuel, choisissez Développer les paramètres > Conversion précédente.

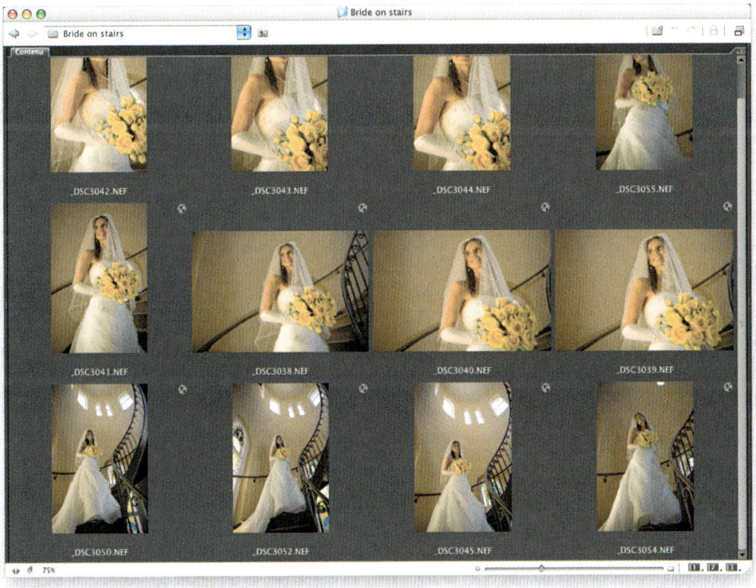

Étape 4

Toutes les modifications réalisées sur la précédente photo sont appliquées à toutes celles que vous avez sélectionnées. Maintenant, comment faire si vous ne souhaitez appliquer que quelques modifications, par exemple uniquement la balance des blancs ? Tournez la page pour le savoir !

ASTUCE Si après application de vos modifications, vous décidez qu'une ou plusieurs photos doivent être restaurées à leur état d'origine, faites un Ctrl+clic (PC : Clic droit) dessus et choisissez Développer les paramètres > Effacer les paramètres.

Étape 5

Dans Bridge, sélectionnez toutes les photos que vous désirez modifier. Ensuite, appuyez sur Cmd+R (PC : Ctrl+R) pour les ouvrir dans l'interface Camera Raw de Bridge. Cliquez sur une des vignettes du film fixe et effectuez vos modifications. Ici, comme la robe de mariée est un peu trop jaune, j'ai modifié la balance des blancs en glissant son curseur vers le bleu afin de rendre la robe plus blanche. Ensuite, cliquez sur le bouton Tout sélectionner, puis sur Synchroniser. La boîte de dialogue éponyme apparaît. Dans notre exemple, ne cochez que le paramètre Balance des blancs en le sélectionnant dans le menu local Synchroniser.

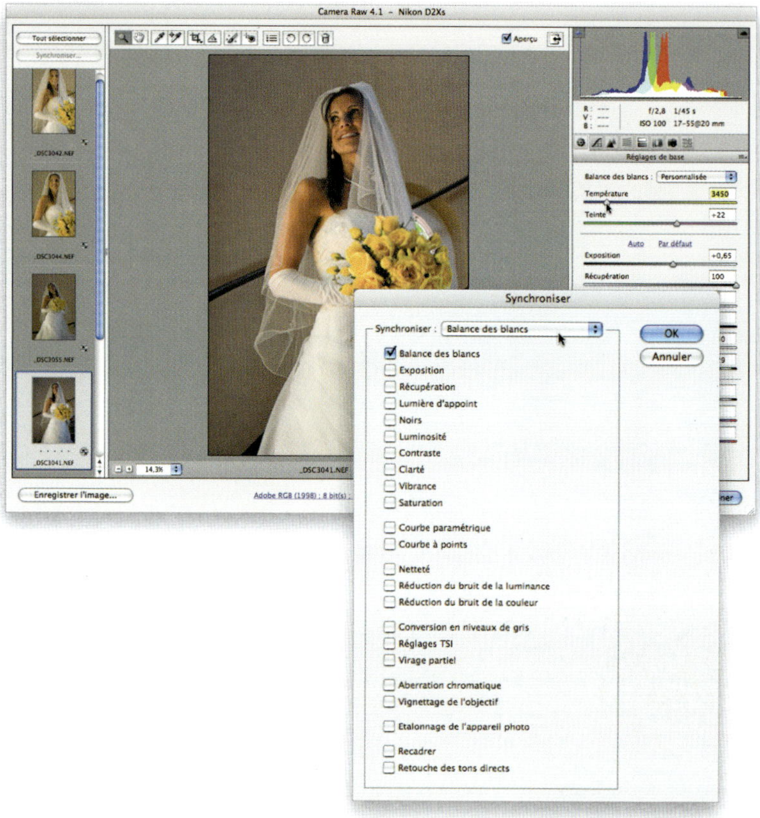

Étape 6

Dès que vous cliquez sur OK, seul le réglage de la balance des blancs est appliqué aux photos sélectionnées dans Camera Raw. La robe de la mariée perd sa légère dominante jaune.

Astuce Si vous ne désirez affecter que certaines photos ouvertes dans Camera Raw, faites un Cmd+clic (PC : Ctrl+clic) sur les vignettes des images concernées, puis cliquez sur Synchroniser.

Camera Raw 4.1 propose un système d'accentuation de qualité professionnelle qui améliore la netteté de la luminosité et non pas de la couleur. La vraie question est alors de savoir quand accentuer dans Camera Raw et quand le faire dans Photoshop. Si vous devez procéder à de multiples modifications dans Photoshop, accentuez-y la photo juste avant de l'enregistrer ou de l'imprimer. Si la majorité de vos modifications sont réalisées dans Camera Raw, accentuez-y également votre photographie.

Accentuer dans Camera Raw

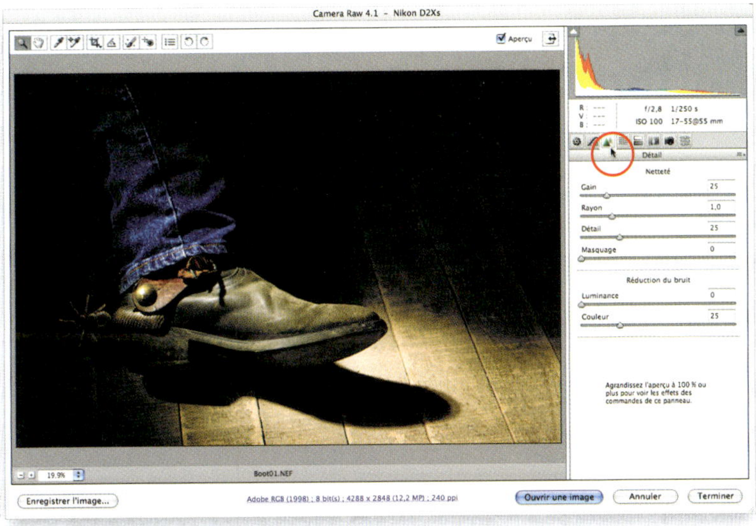

Étape 1

Lorsque vous ouvrez une image RAW dans Camera Raw, une certaine valeur de netteté lui est appliquée par défaut (pas aux TIFF et aux JPEG). Vous pouvez ajuster cette valeur par un clic sur l'icône Détail, ou en appuyant sur Cmd+Option+3 (PC : Ctrl+Alt+3). Vous constatez que des réglages de netteté ont déjà été appliqués à votre image. Si vous ne voulez pas accentuer votre photo, glissez le curseur Gain à 0

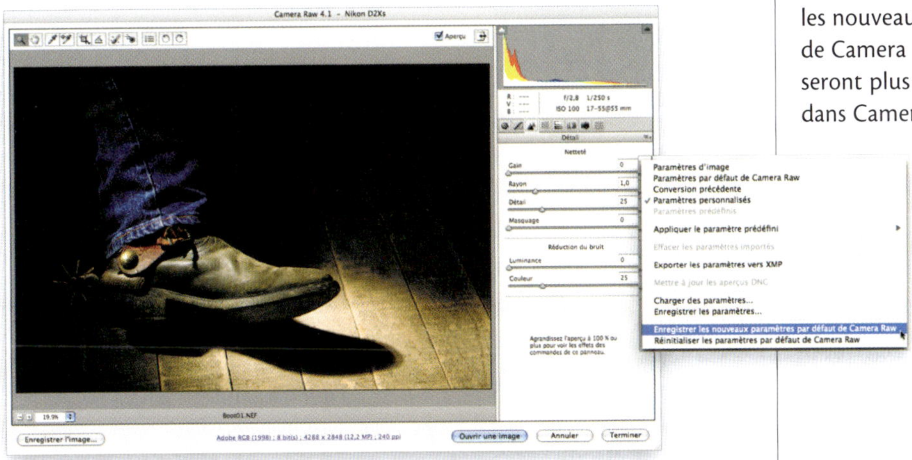

Étape 2

Pour désactiver cette accentuation automatique, fixez tout d'abord la valeur Gain à 0. Ensuite, ouvrez le menu local et cliquez sur Enregistrer les nouveaux paramètres par défaut de Camera Raw. Voilà, les images ne seront plus accentuées à l'ouverture dans Camera Raw.

Étape 3

Si vous ne souhaitez pas accentuer l'image mais simplement avoir un aperçu de cette accentuation, ouvrez la boîte de dialogue des préférences de Camera Raw en appuyant sur Cmd+K (PC : Ctrl+K). Dans le menu local Appliquer la netteté à, choisissez Aperçu des images seules, puis cliquez sur OK pour fermer cette boîte de dialogue. Désormais, la netteté n'affectera que les aperçus de Camera Raw. Lorsque vous ouvrirez l'image dans Photoshop depuis Camera Raw, l'accentuation ne sera pas appliquée.

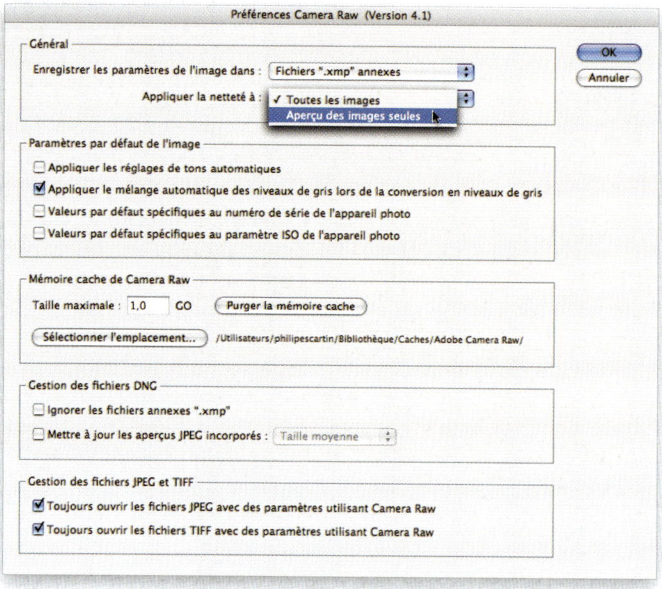

Étape 4

Pour ne pas avoir l'impression que la variation de valeur du gain est sans effet sur l'image que vous traitez, affichez l'aperçu à 100 % en choisissant cette valeur dans le menu local des facteurs d'agrandissement situé dans le coin inférieur gauche de Camera Raw.

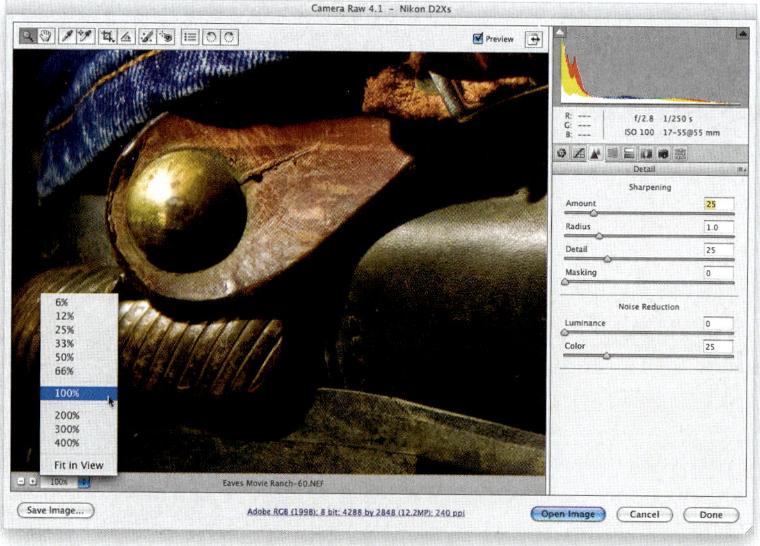

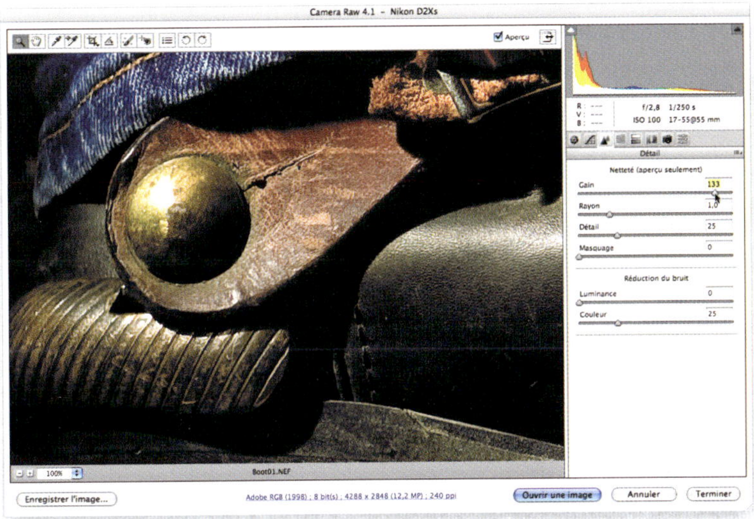

Étape 5

Maintenant que l'aperçu est à 100 %, faites glisser le curseur Gain vers la droite. Objectivement, la netteté s'accentue. Comparez l'image ci-contre avec celle de l'étape 4 où le gain est à 25.

ASTUCE Pour que l'image s'affiche totalement, cliquez sur le bouton d'activation et de désactivation du mode plein écran situé juste à droite de la case à cocher Aperçu.

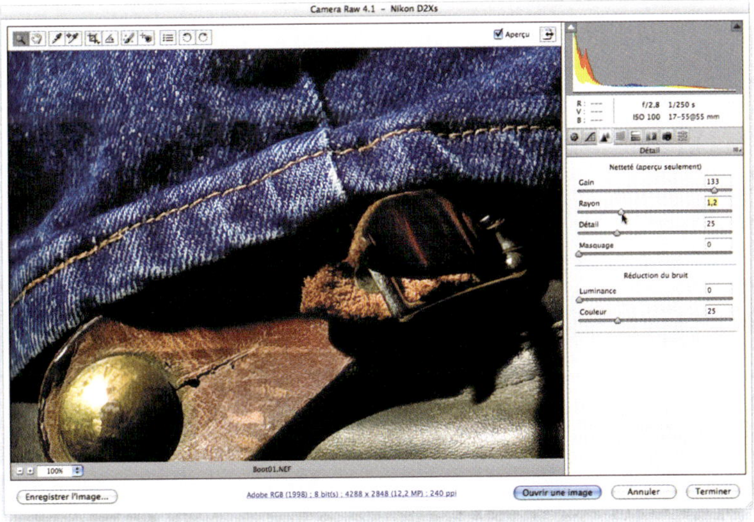

Étape 6

Le paramètre suivant se nomme Rayon. Il détermine la netteté appliquée aux contours de l'image. Il agit sensiblement comme le curseur éponyme du filtre Accentuation de Photoshop. Ce réglage est peu utilisé. En général, je fixe une valeur de 1 quand la photo est destinée au Web, au montage vidéo ou à toute autre destination dont la résolution sera très faible. Je fixe un rayon supérieur à 1 lorsque l'image est visiblement floue et nécessite une accentuation d'« urgence ». Au-delà de 1, la photo risque de ne pas sembler très réaliste.

Étape 7

Le curseur Détail détermine l'impact de l'accentuation sur les contours. Ainsi, vous augmenterez la valeur de ce paramètre lorsque vous désirerez faire ressortir la texture ou les détails d'une photo (d'où le nom de ce réglage). La nature de l'image détermine l'utilisation ou non de ce paramètre. Sur une photo comme celle de mon exemple, le cuir nécessite de renforcer les détails de la matière. Pour cette raison, j'ai fixé Détail à 89.

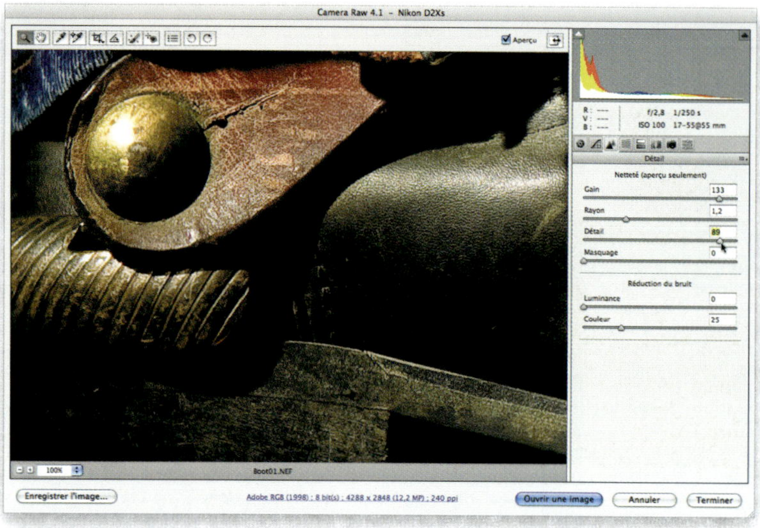

Étape 8

Le paramètre Masquage permet d'accentuer des zones de l'image plus que d'autres. Ceci est tout à fait possible à réaliser avec le filtre Accentuation de Photoshop et un masque de fusion qui déterminera où la netteté sera renforcée sur la photo. Dans Camera Raw, Masquage agit sur la netteté des zones qui ne sont pas des contours. Avec une valeur de 0, la netteté s'applique identiquement sur toutes les parties de l'image. Plus vous glissez le curseur vers la droite et moins les zones qui ne sont pas des contours sont floues.

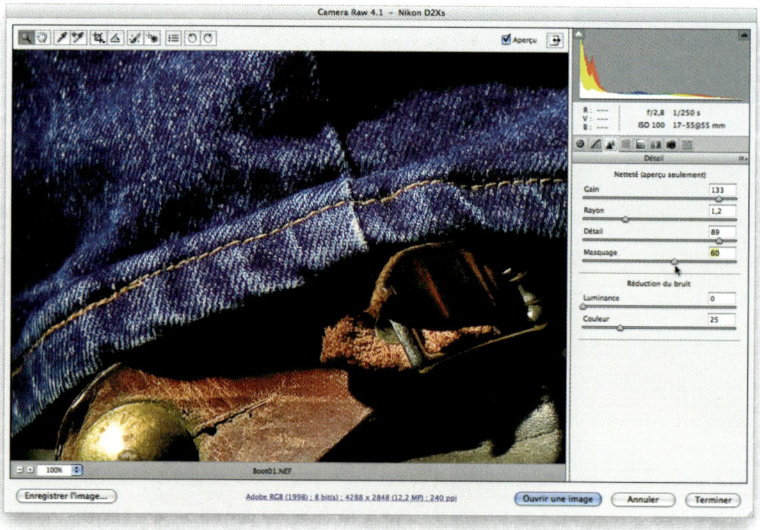

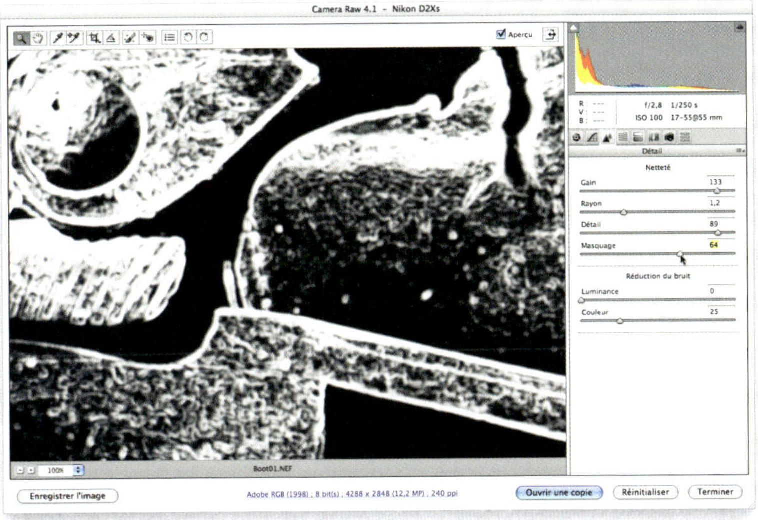

Étape 9

Vous pouvez visualiser les zones de l'image qui sont accentuées par vos réglages. À cet effet, maintenez la touche Option (PC : Alt) enfoncée et cliquez sur le curseur Masquage. Une image en niveaux de gris s'affiche. Quand le paramètre Masquage est à 0, la prévisualisation est blanc uni. En effet, la netteté est appliquée identiquement partout. En revanche, comme ci-contre, les zones blanches identifient les sections de la photo qui sont accentuées. Si vous fixez la valeur de masquage à 100, vous constatez que seuls les contours sont accentués.

Avant

Après

Étape 10

La comparaison, avant et après accentuation montre une belle mise en valeur des matières. Les paramètres ont été ainsi réglés – Gain : 120, Rayon : 1, Détail : 70, Masquage : 10. Pour comparer rapidement une image avant et après, appuyez sur P.

Étalonner votre appareil personnel

Certains appareils semblent posséder leur propre « signature chromatique », c'est-à-dire que systématiquement leurs photos présentent une légère dominante rouge ou verte. Chaque fois que vous ouvrez une photo provenant de cet appareil vous devez corriger ce défaut. Heureusement, vous pouvez demander à Camera Raw d'effectuer une compensation automatique.

Étape 1

Pour calibrer Camera Raw sur votre appareil, ouvrez une photo représentative. Ensuite, ouvrez le volet Étalonnage de l'appareil. Supposons que les tons foncés de vos images présentent une petite dominante rouge. Dans la section Rouge primaire, faites glisser le curseur Saturation vers la gauche, afin de réduire l'impact du rouge dans les tons foncés. En revanche, si la couleur rouge n'est pas reproduite comme elle le devrait, faites glisser le curseur Teinte de la section Rouge primaire jusqu'à ce que vous obteniez le rouge escompté. (Glisser le curseur vers la droite rend les rouges plus orange.)

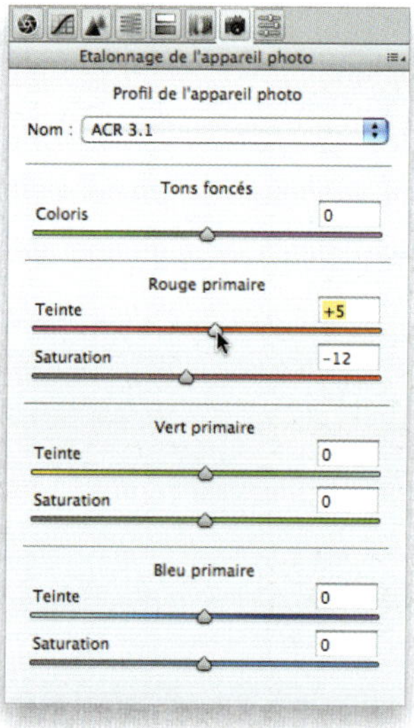

Étape 2

Pour que Camera Raw applique automatiquement ces réglages quand vous ouvrez une image provenant de l'appareil photo numérique pour lequel vous effectuez cet étalonnage, ouvrez le menu local et cliquez sur Enregistrer les nouveaux paramètres par défaut de Camera Raw. Désormais, lorsque vous ouvrirez une photo provenant de cet appareil que Camera Raw identifie grâce aux données EXIF, il appliquera l'étalonnage.

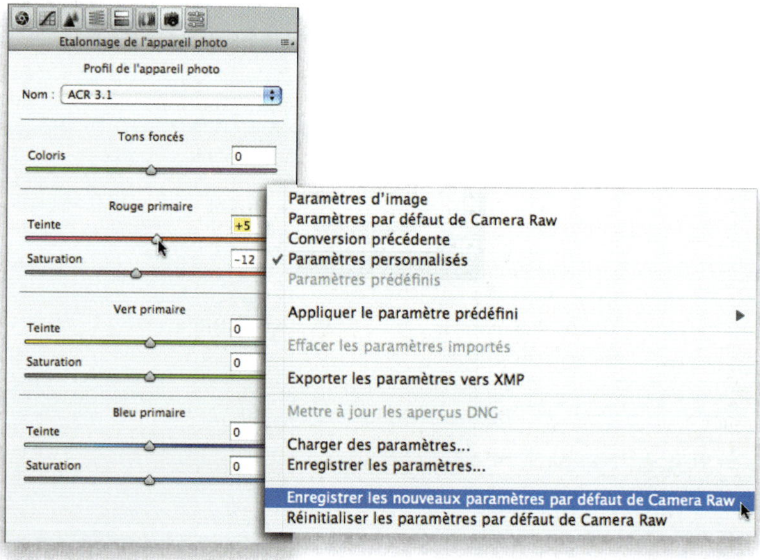

NOTE Vous pouvez étalonner les bleus et les verts de la même manière.

Réduction du bruit avec Camera RAW

Si vous photographiez dans des conditions d'éclairage faibles, vous avez probablement réglé la sensibilité de votre appareil à au moins 800 ISO. Le problème de cette sensibilité est identique en argentique et en numérique. La différence est que, au lieu d'introduire du grain dans l'image, le numérique introduit du bruit. Ce bruit est surtout identifiable dans les tons foncés, et il demeure même si vous essayez de les éclaircir. Voici comment réduire le bruit dans Camera Raw.

KALEBRA KELBY

Étape 1

Ouvrez une image dans Camera Raw qui présente du bruit. Appuyez sur Z pour activer l'outil Zoom et agrandissez une portion bruyante à 100-200 %. Camera Raw gère deux types de bruits : (1) le bruit ISO provenant d'une situation où vous avez augmenté la sensibilité ISO à cause de faibles conditions d'éclairage (comme ci-contre) ; et (2) le bruit de la couleur qui apparaît dans des conditions normales. (Ce bruit est plus ou moins important en fonction des appareils.) Dès que vous constatez cette imperfection, cliquez sur l'icône Détail de Camera Raw.

Étape 2

Pour réduire le bruit de la couleur, faites glisser le curseur Couleur vers la droite. Il fait un excellent travail mais tend à réduire l'intensité globale des couleurs. Lorsque le bruit se situe dans les tons foncés, agissez sur le curseur Luminance. Faites attention car il a tendance à introduire du flou dans l'image. Pour être honnête avec vous, je dois avouer que cette fonction de Camera Raw n'est pas aussi géniale qu'on pourrait le penser. J'utilise un plug-in Photoshop bon marché nommé Noiseware Professionnal, de la société Imagenomic, qui fait des miracles.

Traitement de choc pour photographier l'impossible

Notre œil est trompeur. Il arrive souvent que nous photographiions une personne en contre-jour et qu'au moment de la prise de vue cela nous semble tout à fait correct. Mais, quand nous ouvrons la photo, la personne se réduit à une simple silhouette. De même, comment photographier correctement le crépuscule quand nous savons que deux parties de l'image nécessitent chacun une exposition spécifique ? Voici comment utiliser Camera Raw pour photographier l'impossible.

Étape 1

Ouvrez la photo à traiter. Bien que la manipulation puisse se faire sur des fichiers TIFF ou JPEG, vous obtiendrez de meilleurs résultats avec des images RAW. En effet, dans cette photo vous allez pousser les tonalités à leur maximum. Avec des images au format RAW, vous éviterez les effets de postérisation. Dans cet exemple, l'arrière-plan est correctement exposé tandis que le premier plan est totalement sombre. Cliquez sur le bouton Ouvrir une image afin d'afficher cette version dans Photoshop.

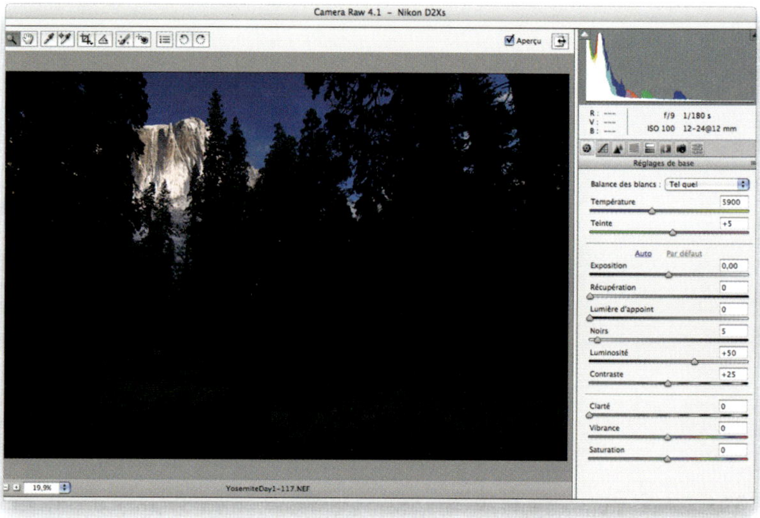

SCOTT KELBY

Étape 2

Maintenant, passez à Bridge et ouvrez ce même fichier RAW dans Camera Raw. Cette fois, vous allez exposer correctement le premier plan. *De facto*, l'arrière-plan sera totalement surexposé. Faites glisser le curseur Exposition vers la droite et, si nécessaire, agissez sur les curseurs Lumière d'appoint et Luminosité.

Étape 3

Cliquez sur le bouton Ouvrir une image de Camera Raw. Désormais, deux versions de la photo sont disponibles dans Photoshop : l'une expose correctement l'arrière-plan, l'autre expose correctement le premier plan. Organisez les fenêtres de chaque photo de manière à les voir simultanément à l'écran, comme ci-contre.

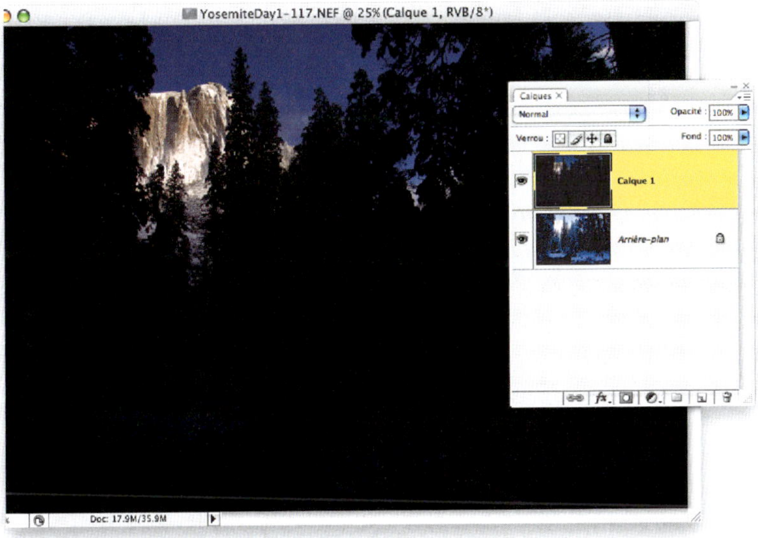

Étape 4

Appuyez sur V pour activer l'outil Déplacement. Maintenez la touche Maj enfoncée et glissez-déposez la version la plus sombre sur la version la plus claire. Dans la palette Calques, vous constatez que la version la plus foncée de la photo est isolée sur le calque 1. Les photos sont parfaitement centrées l'une par rapport à l'autre (du fait de l'utilisation de la touche Maj conjointement à l'outil Déplacement). Fermez la version sombre du document sans l'enregistrer.

Étape 5

Dans la palette Calques, activez le calque 1 et maintenez enfoncée la touche Option (PC : Alt). Cliquez sur l'icône Ajouter un masque de fusion située en bas de la palette Calques. Un masque de fusion noir apparaît à droite du calque 1. Ce masque révèle le contenu du calque Arrière-plan. Vous devez maintenant révéler l'exposition correcte de la montagne située derrière les sapins.

Étape 6

Appuyez sur la lettre B pour activer l'outil Pinceau. Dans la barre d'options, choisissez une forme adoucie de taille moyenne. Appuyez sur la lettre D pour définir le blanc comme couleur de premier plan. Ensuite, passez le pinceau sur les zones de l'image que vous désirez assombrir (dans ce cas, la montagne et le ciel situés à l'arrière-plan). Le fait de peindre en blanc directement sur le masque noir révèle le contenu de la version la plus sombre de cette photo. Ce cliché est particulièrement complexe à travailler à cause de la présence des arbres. Donc, réduisez l'opacité de la forme à 40 %. Ainsi, vous pourrez peindre sur le bord de certains arbres sans trop les assombrir.

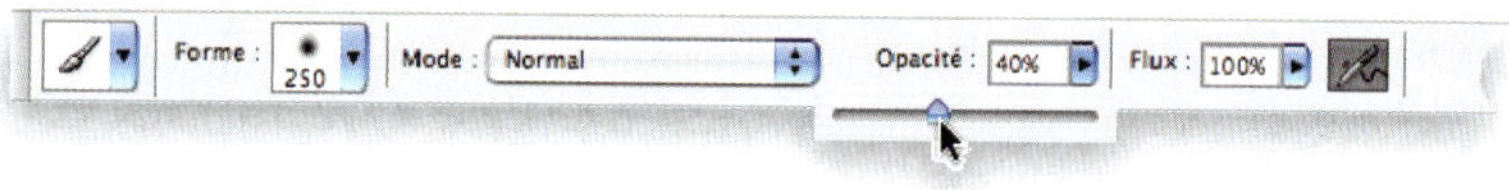

Étape 7

Si vous réduisez le paramètre Opacité à 40 %, il faudra que vous passiez plusieurs fois sur certains éléments de l'image afin de les assombrir correctement. Si des portions sombres paraissent trop noires, réduisez légèrement l'opacité du calque 1 dans la palette Calques. Vous devez obtenir une image sensiblement identique à celle représentée ci-contre. Elle mélange judicieusement une version sombre et une version claire d'une même photo.

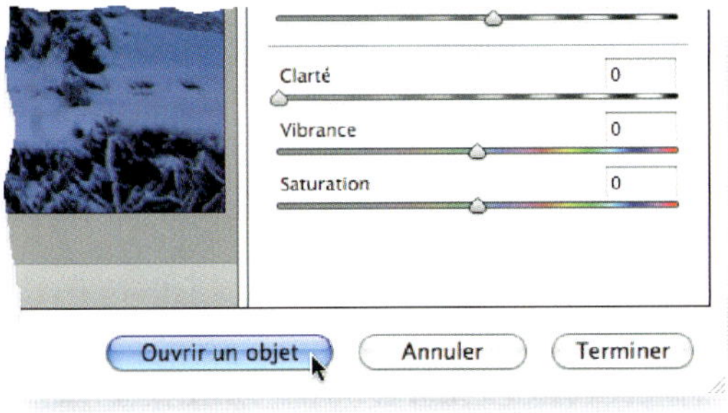

Étape 8

Une méthode plus intelligente consiste à convertir votre image en objet dynamique. Une fois que vous avez terminé vos modifications sur l'image d'origine, appuyez sur la touche Maj de votre clavier pour que le bouton Ouvrir une image de la fenêtre de Camera RAW devienne Ouvrir un objet.

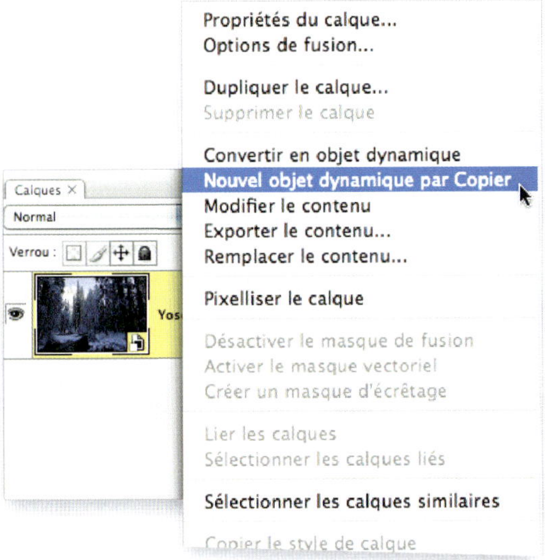

Étape 9

Cliquez sur le bouton Ouvrir un objet, et l'image RAW apparaît sous forme d'objet dynamique dans la palette Calques de Photoshop. (Pour plus d'informations sur les objets dynamiques, consultez les Chapitres 4 et 12.) Pour travailler dans les mêmes conditions que précédemment, il vous suffit tout simplement de dupliquer ce calque. Faites un Ctrl+clic (PC : clic droit) sur le nom du calque et choisissez Nouvel objet dynamique par copier dans le menu contextuel.

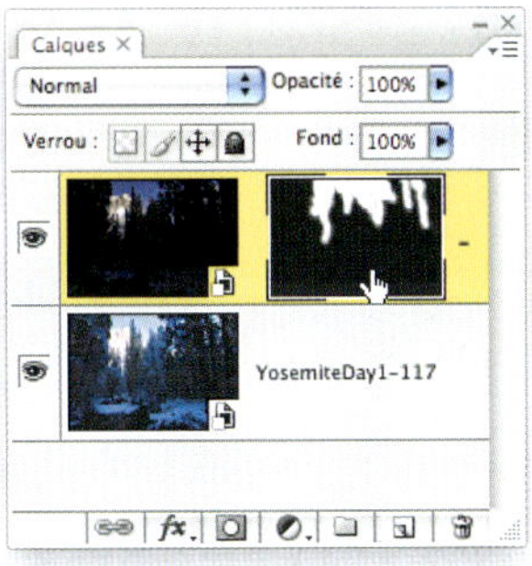

Étape 10

Double-cliquez sur cette copie du calque pour que l'image s'ouvre directement dans Camera Raw. Réduisez l'exposition jusqu'à ce que le ciel et la montagne vous semblent corrects. Validez vos réglages par un clic sur OK. L'objet dynamique est actualisé dans Photoshop. Maintenant, répétez la procédure depuis l'étape 5. Si vous désirez que les images RAW s'ouvrent systématiquement sous forme d'objets dynamiques, ouvrez la boîte de dialogue Options du flux de production de Camera Raw et cochez la case Ouvrir dans Photoshop comme objets dynamiques.

Corriger les aberrations chromatiques

Le terme aberration chromatique est utilisé pour identifier une petite frange de couleur qui apparaît parfois sur les contours des objets d'une photo. Elle peut être rouge, verte, violette, bleue, etc. Heureusement, Camera Raw dispose d'une fonction de correction intégrée qui fait des merveilles en la matière.

Étape 1

Ouvrez une photo présentant des aberrations chromatiques. En règle générale, elles apparaissent sur un bord de l'image qui est fortement contrasté. Les aberrations exigent souvent d'agrandir l'image dans Camera Raw pour bien les distinguer.

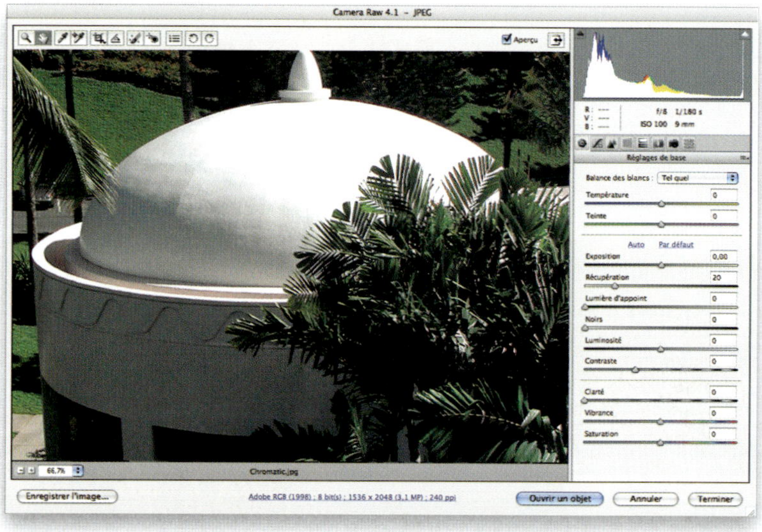

KALEBRA KELBY

Étape 2

Appuyez sur Z pour activer l'outil Zoom, et cliquez sur une zone susceptible de présenter pareille aberration. Dans l'exemple ci-contre, le bord du toit, très contrasté, présente une frange cyan et rouge. Pour la supprimer, cliquez sur l'icône Corrections de l'objectif.

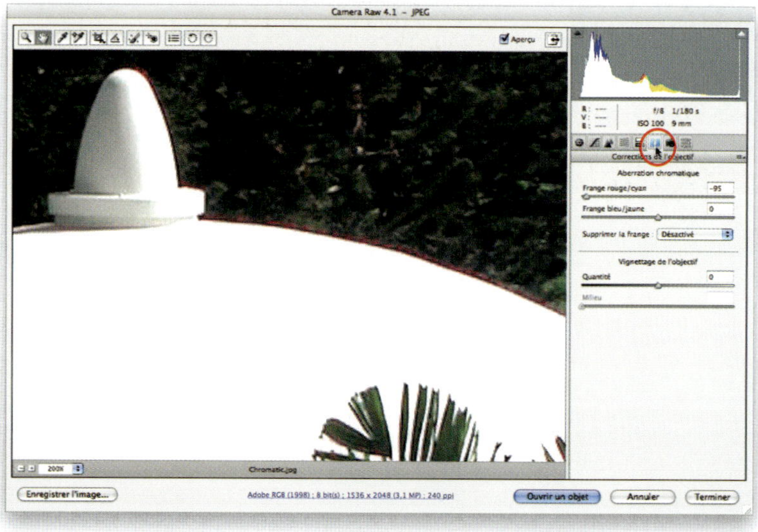

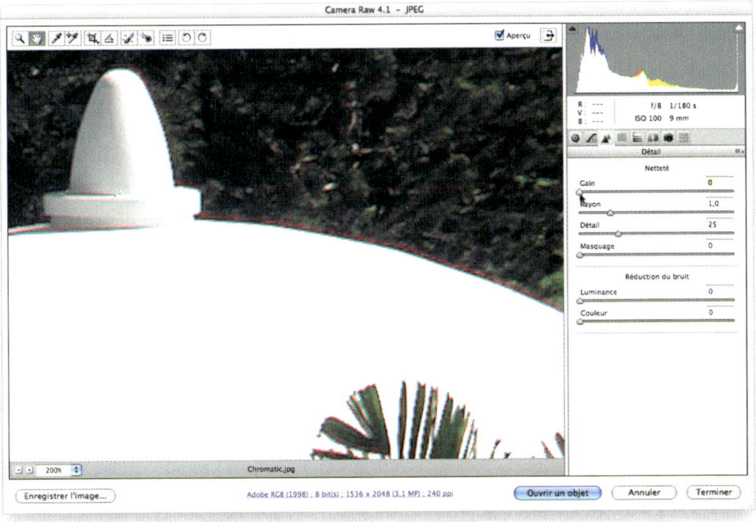

Étape 3

Deux curseurs permettent de corriger cette aberration chromatique : Frange rouge/cyan et Frange bleu/jaune. Avant de glisser ces curseurs, cliquez sur l'icône Détail, et fixez le gain de netteté à 0. En effet, l'accentuation peut causer des franges.

Étape 4

Comme ici la frange est rouge et cyan, faites glisser le premier curseur de telle sorte que le rouge s'atténue le plus possible, à la limite de faire apparaître une frange cyan.

ASTUCE Comme vous pouvez modifier des fichiers TIFF et JPEG dans Camera Raw, si vous cliquez sur le bouton Terminer, vous devrez de nouveau ouvrir cette image dans Camera Raw pour apprécier vos modifications. Si vous ne passez pas par Camera Raw pour ouvrir vos fichiers TIFF ou JPEG dans Photoshop, les modifications que vous leur avez appliquées depuis Camera Raw ne seront pas visibles.

Régler le contraste avec des courbes

Quand il s'agit de renforcer le contraste d'une image, j'évite autant que faire se peut le curseur Contraste du panneau Réglages de base. Je lui préfère, et de loin, le panneau Courbe des tonalités. Voici quelques explications.

Étape 1

Après avoir fait tous vos réglages d'exposition et de tonalité dans le panneau Réglages de base, passez par celui de la courbe des tonalités si vous désirez renforcer le contraste de l'image. Vous avez à votre disposition deux types de courbes dans Camera Raw 4.1 : Paramétrique et De points. Commencez par cliquer sur l'onglet De points. Ci-contre vous voyez l'aspect de la courbe sans points supplémentaire. Un menu local est également présent.

SCOTT KELBY

Étape 2

Le réglage par défaut de cette courbe est Contraste moyen. Pour un contraste plus fort, choisissez Contraste fort dans le menu local Courbe comme ci-contre.

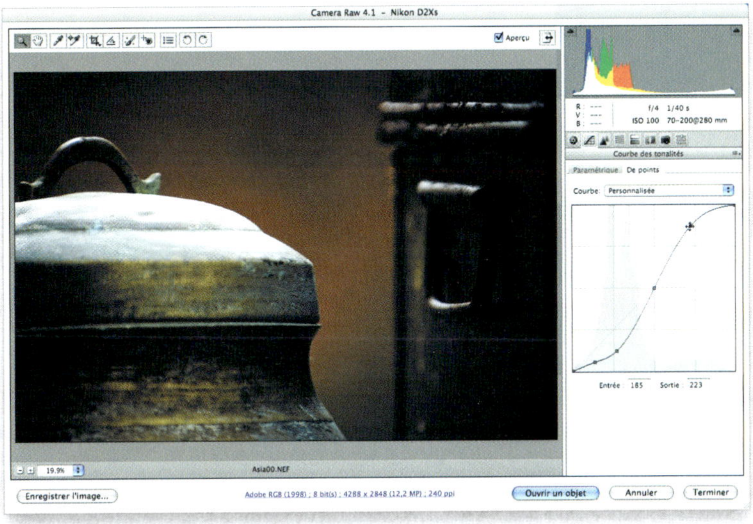

Étape 3

Si vous connaissez bien la fonction Courbes de Photoshop, vous savez que vous pouvez créer la vôtre à partir d'une courbe prédéfinie. Il suffit de faire glisser les points directement sur le graphique, ou d'appuyer sur les flèches du pavé directionnel après les avoir sélectionnés sur la courbe. Si vous préférez commencer avec une courbe droite, choisissez Linéaire dans le menu local. Pour ajouter un point sur la courbe, cliquez dessus, c'est tout ! Pour supprimer un point, faites-le glisser hors de la courbe.

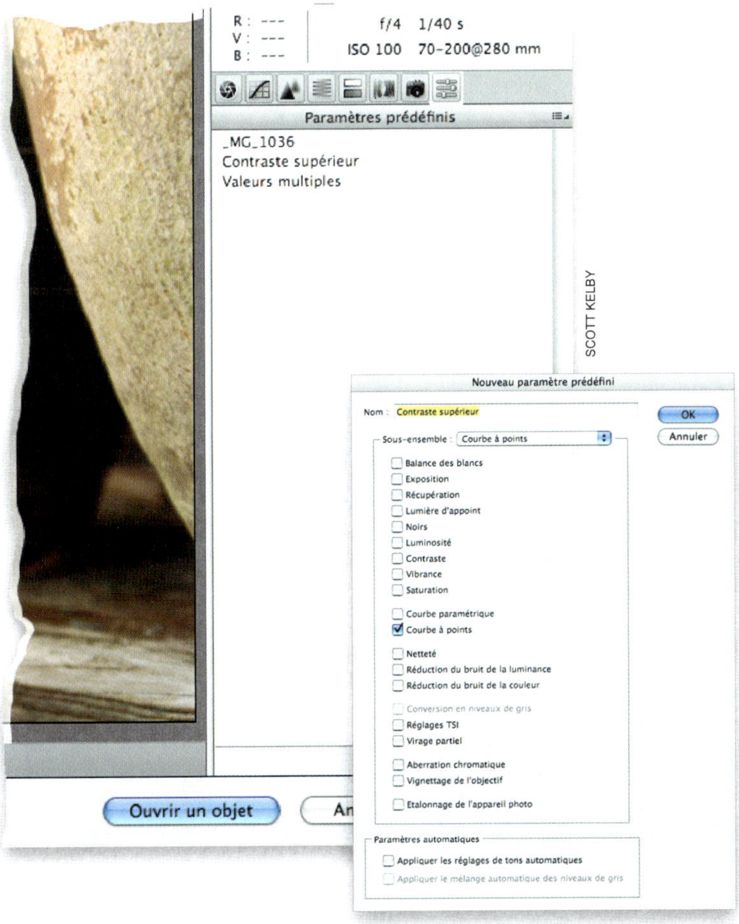

Étape 4

Si vous créez une courbe que vous pensez appliquer à de nombreuses photos, enregistrez-la. Cliquez sur la dernière icône du panneau qui se nomme Paramètres prédéfinis. En bas de ce panneau, cliquez sur l'icône d'une feuille cornée (semblable à celle de la création d'un calque dans Photoshop) pour ouvrir la boîte de dialogue Nouveau paramètre prédéfini. Pour ne sauvegarder que la courbe, sélectionnez Courbe à points dans le menu local Sous-ensemble. Donnez un nom à cette courbe, puis cliquez sur OK.

Étape 5

Si vous êtes mal à l'aise avec l'ajout de points sur la courbe, essayez la nouvelle courbe Paramétrique. Ici, vous glissez des curseurs au lieu de créer des points sur la courbe. Elle est simple à utiliser et contrairement à la fonction Courbes de Photoshop, vous ne créez pas d'images bonnes pour la poubelle. Sachez que cette courbe n'est pas neutre pas défaut puisqu'elle subit l'influence de la courbe De points, Contraste moyen. Donc, pour partir de rien, commencez par choisir Linéaire dans la liste Courbe de l'onglet De points. Ensuite, revenez à la courbe Paramétrique.

SCOTT KELBY

Étape 6

Le curseur Tons clairs contrôle les tons clairs ! Le faire glisser vers la droite rend ces tons encore plus clairs. Le curseur Teintes claires cible une plage tonale située entre les tons moyens et les tons clairs. Glisser ce curseur vers la droite renforce les tons moyens supérieurs. Les curseurs Teintes sombres et Tons foncés agissent sur les tons moyens inférieurs et les tons foncés. Faire glisser ces curseurs vers la droite débouche les tons en question. Dans mon exemple, pour augmenter le contraste, j'ai glissé les curseurs Tons clairs et Teintes claires vers la droite, et les curseurs Teintes sombres et Tons foncés vers la gauche.

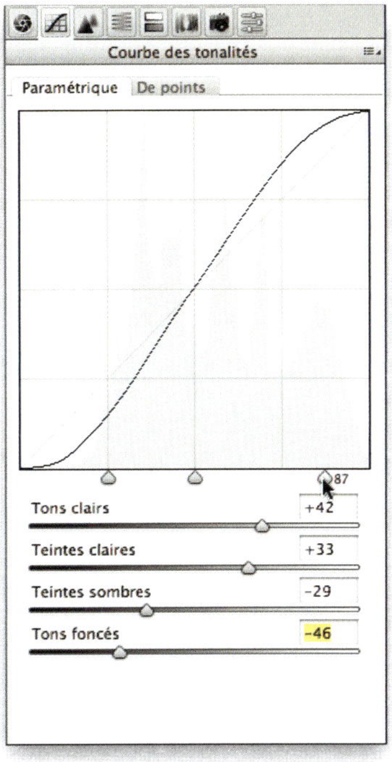

Étape 7

Un des avantages de la courbe Paramétrique est de proposer des curseurs qui agissent directement sur les zones tonales. Ils sont localisés sous la courbe. Par exemple, si vous glissez le dernier curseur (comme ci-contre) vers la droite, vous poussez encore plus loin le réglage initialement défini avec le curseur Teintes claires. Cette action réduit l'impact du curseur Tons clairs. Globalement, le contraste est réduit. Si vous glissez ce même curseur vers la gauche, vous élargissez le champ d'action contrôlé par le curseur Tons clairs, rendant ainsi les tons clairs encore plus clairs, et augmentant *de facto* le contraste.

Étape 8

Pour obtenir un contraste très élevé, il suffit de réduire globalement la plage tonale sur laquelle interviennent les réglages des quatre curseurs principaux de cette courbe. Ainsi, rapprochez vers le centre les trois curseurs situés immédiatement sous la courbe.

Corriger ou créer un vignettage

Lorsque les angles d'une photo apparaissent plus sombres que le reste de l'image, vous êtes en présence de ce que l'on appelle un vignettage. Soit c'est un problème, soit c'est un effet. Tout dépend de votre état d'esprit et de la destination finale de votre photo. Lorsque le vignettage est un problème, il suffit de le corriger. En revanche, le vignettage est également un moyen d'attirer l'attention du spectateur sur une zone particulière de la photographie. Dans ce cas, il s'agit d'un effet volontaire et non pas d'un défaut de l'objectif. Voici comment corriger (ou créer) des vignettes.

Étape 1

La photo ci-contre a des angles plus foncés que le reste de l'image. Il s'agit d'un vignettage relativement normal provoqué par l'objectif de l'appareil photo. Ce n'est donc pas de votre faute.

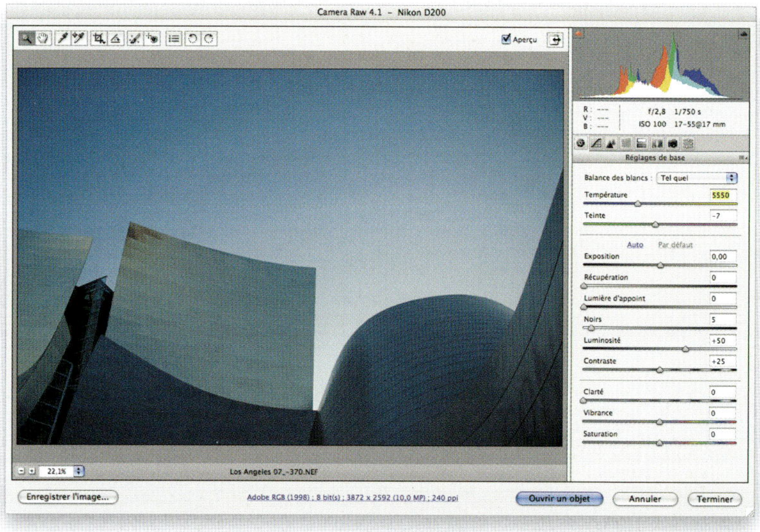

SCOTT KELBY

Étape 2

Pour supprimer ce vignettage, cliquez sur l'icône Corrections de l'objectif. Dans la section Vignettage de l'objectif, faites glisser le curseur Quantité vers la droite jusqu'à ce que les angles sombres disparaissent. Dès que vous agissez sur le curseur Quantité, le paramètre Milieu devient actif. Il détermine l'étendue de la correction du vignettage sur votre photo. Donc, si vous glissez ce curseur vers la droite, la zone d'éclaircissement des angles va s'étendre vers le centre de l'image.

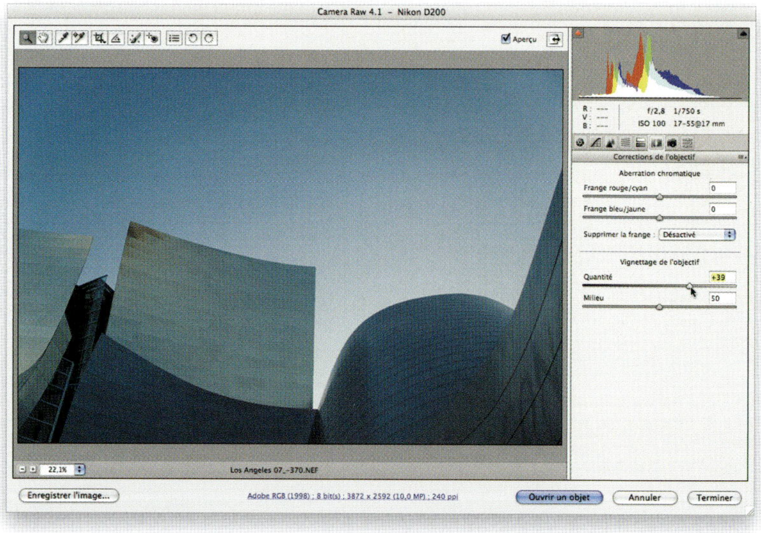

SCOTT KELBY

Étape 3

Voyons maintenant comment le vignettage peut devenir un effet créatif. (Nous verrons également dans le chapitre consacré aux effets spéciaux photographiques comment créer un vignettage sans passer par Camera Raw.) Cette fois, faites glisser le curseur Quantité vers la gauche jusqu'à ce que les angles de la photo s'assombrissent. Toutefois, limiter le vignettage à la modification de ce paramètre va créer ce que j'ai l'habitude d'appeler un mauvais vignettage. Vous devez donc effectuer une opération supplémentaire.

Étape 4

Pour donner l'impression que le vignettage provient d'un effet de lumière qui tombe sur le sujet, faites glisser le curseur Milieu légèrement vers la gauche. Cela va donc élargir la taille du vignettage et créer un effet très populaire dans l'univers de la photographie de portraits.

Astuce Pour comparer votre image avant et après l'application de vos modifications, appuyez sur la touche P de votre clavier. Ceci a pour effet d'activer et de désactiver l'option Aperçu de Camera Raw.

Les fichiers RAW au format DNG (*Digital Negative*) de Adobe

Voici une petite considération à propos du format RAW. Il ne s'agit pas d'un format universel. En effet, chaque constructeur d'appareils photo numériques a son format RAW propriétaire. Dans l'absolu, ceci ne semble pas être un problème. Mais que se passe-t-il si un fabricant d'appareils photo cesse le suivi de son format ? Êtes-vous certain que dans dix ans vous pourrez de nouveau ouvrir vos photos enregistrées au format RAW ? Conscient de ce problème, Adobe a créé un format open-source nommé Digital Negative (DNG). Ce format assure la pérennité de vos fichiers RAW propriétaires.

Étape 1

L'enregistrement d'un fichier RAW au format DNG de Adobe est très facile à réaliser. Il suffit de cliquer sur le bouton Enregistrer l'image de Camera Raw pour ouvrir la boîte de dialogue Options d'enregistrement.

NOTE Il n'est pas nécessaire d'enregistrer les fichiers TIFF ou JPEG au format DNG. En effet, ce format est fait pour préserver les photos RAW propriétaires.

SCOTT KELBY

Étape 2

Dans le menu local Format de la boîte de dialogue Options d'enregistrement, choisissez DNG. Si vous cochez la case Compressé (sans perte), vous générez un fichier plus petit sans éliminer la moindre donnée de l'image. Vous pouvez également décider d'incorporer le fichier brut d'origine dans votre fichier DNG. Ceci va créer un fichier beaucoup plus volumineux. En règle générale, évitez cette option. Il est possible aussi de convertir votre fichier RAW en image linéaire. Je ne conseille cette option que si vous envisagez d'ouvrir ce fichier DNG dans une autre application de traitement RAW que Camera Raw. En effet, cette option engendre un fichier très volumineux. Cliquez sur le bouton Enregistrer, et vous avez votre fichier DNG.

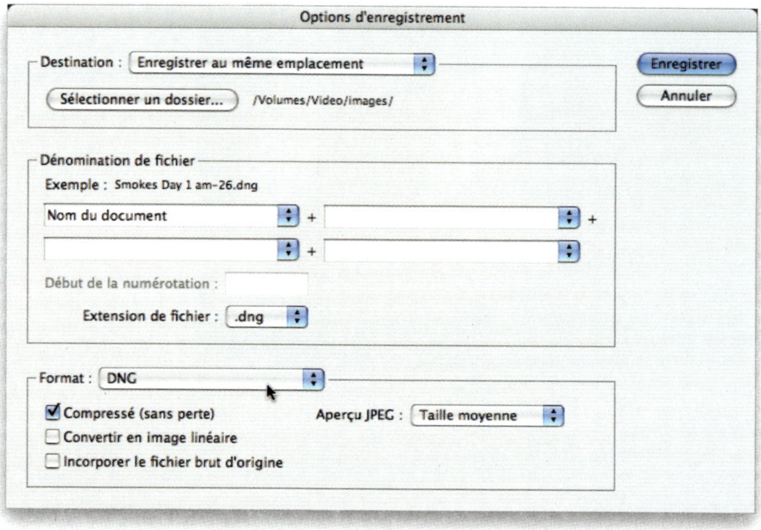

Correction automatique des photos avec Camera Raw

Si le réglage manuel des images vous pose problème, vous pouvez utiliser la fonction Auto de Camera Raw. Si les résultats obtenus vous satisfont, vous pouvez indiquer à Camera Raw d'effectuer un ajustement automatique chaque fois que vous ouvrez une image. Ceci est valable si et seulement si la fonction Auto est réellement efficace.

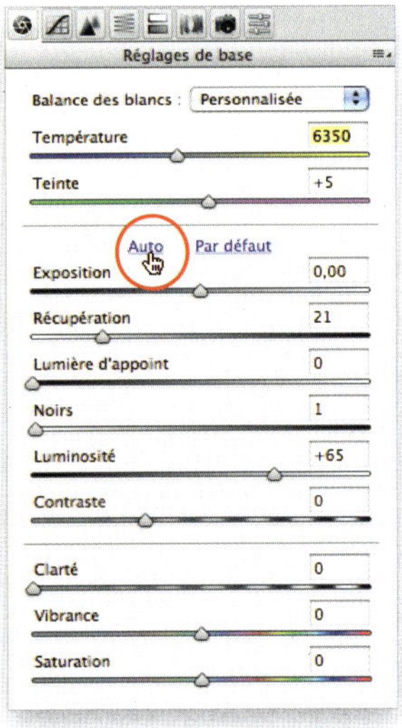

Étape 1

Dès qu'une image est ouverte dans Camera Raw, contentez-vous de cliquer sur le bouton Auto des réglages de base. Si le résultat obtenu par ce simple clic vous convient, vous pouvez indiquer à Camera Raw de procéder ainsi chaque fois que vous ouvrez une image.

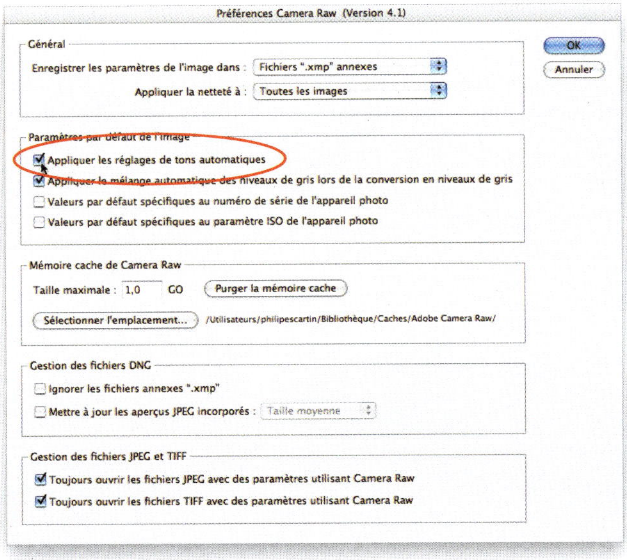

Étape 2

Pour cela, cliquez sur l'icône Préférences située dans la barre d'outils de Camera Raw. Cochez l'option Appliquer les réglages de tons automatiques. Ensuite cliquez sur OK. Dès lors, Camera Raw évalue chaque image et tente de la corriger. Si vous n'aimez pas cette correction tonale, cliquez sur le bouton Par défaut, de manière à restaurer les valeurs initiales de Camera Raw.

Effets de virage partiel à la portée de tous

Le virage partiel est une nouveauté de Camera Raw 4.1 CS3. Elle permet d'appliquer une teinte aux tons clairs de votre photo, et une autre à ses tons foncés. Vous pouvez même contrôler la saturation de chaque teinte et la balance entre les deux.

Étape 1

La création d'effets de virage partiel est devenue incroyablement facile à réaliser. Vous les appliquez aussi bien à des photos couleur que noir et blanc. Bien souvent, le virage partiel est appliqué aux images en noir et blanc. Donc, commencez par cliquer sur l'onglet TSL/Niveaux de gris. Là, cochez la case Convertir en niveaux de gris.

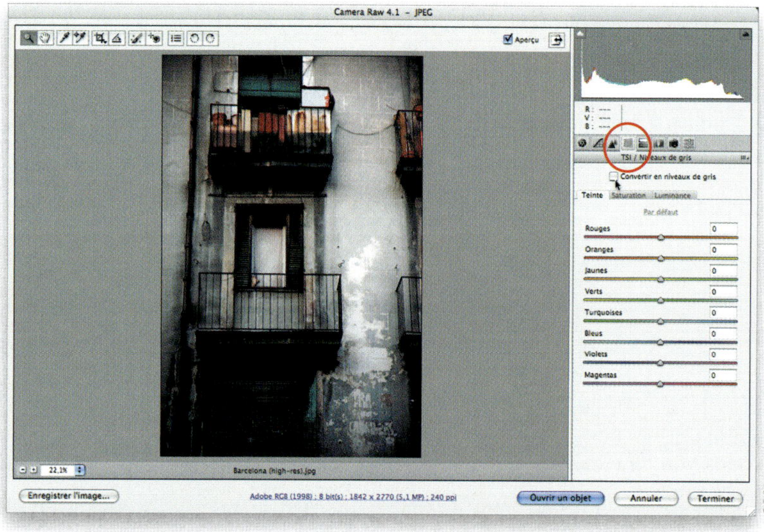

SCOTT KELBY

Étape 2

Une fois votre photo en noir et blanc (comme ci-contre), cliquez sur l'icône Virage partiel. Si vous glissez les curseurs Teinte des sections Tons clairs et Tons foncés, il ne se passe absolument rien sur l'image. Ceci vient du fait que le curseur Saturation est à 0. Donc, faites glisser les curseurs Saturation de ces deux types de tonalités.

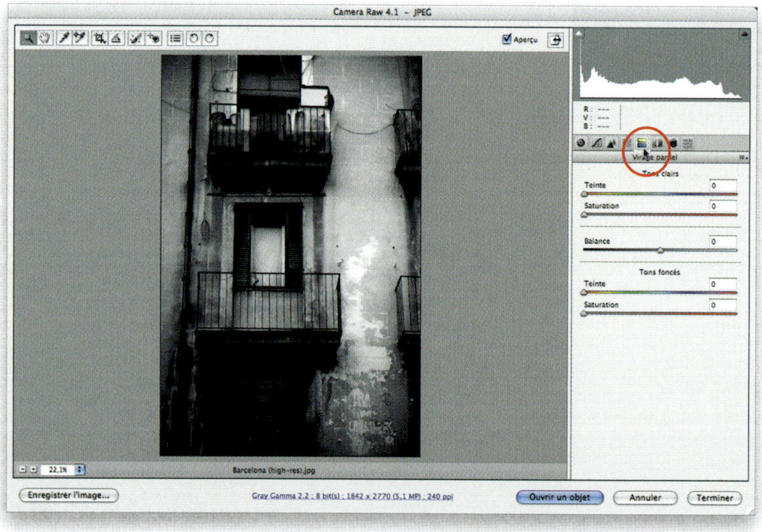

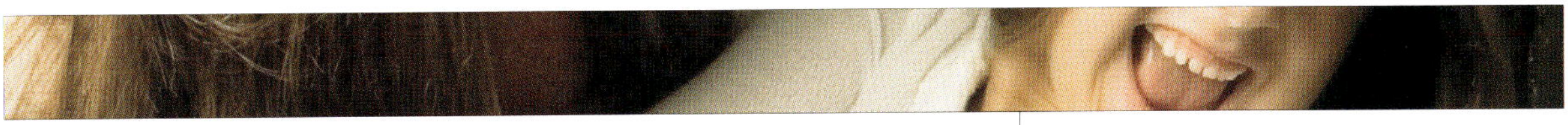

Étape 3

Ensuite, agissez conjointement sur les curseurs Teinte et Saturation des tons clairs et des tons foncés de manière à obtenir l'effet de virage partiel que vous souhaitez. Lorsque vous maintenez la touche Option enfoncée (PC : Alt), vous voyez l'intensité de couleur maximale sur laquelle passe le curseur. En d'autres termes, c'est exactement comme si la valeur de saturation était fixée à 100. Dès que la teinte vous convient, relâchez la touche Option. Ensuite, ajustez finement son intensité en faisant glisser le curseur Saturation.

Étape 4

Le paramètre Balance va permettre de contrôler la répartition du virage tonal dans les tons clairs et les tons foncés. Faites-le glisser vers la gauche, puis vers la droite (voir ci-contre), et vous comprendrez immédiatement le fonctionnement de ce curseur.

Astuce Vous pouvez utiliser le virage tonal pour créer un superbe effet bichromique. Il suffit simplement d'appliquer la même teinte (par exemple sépia ou marron foncé) aux tons clairs et aux tons foncés.

Convertir en noir et blanc en mélangeant les couches

Il ne s'agit pas véritablement d'un mélange de couches au sens où nous pouvons l'entendre dans Photoshop. Vous allez agir sur les valeurs TSL pour créer des conversions noir et blanc personnalisées.

Étape 1

Voici une photo prise en fin de journée à Taos au Nouveau-Mexique. Ce cliché manque de profondeur, chose que nous n'allons pas tarder à rectifier.

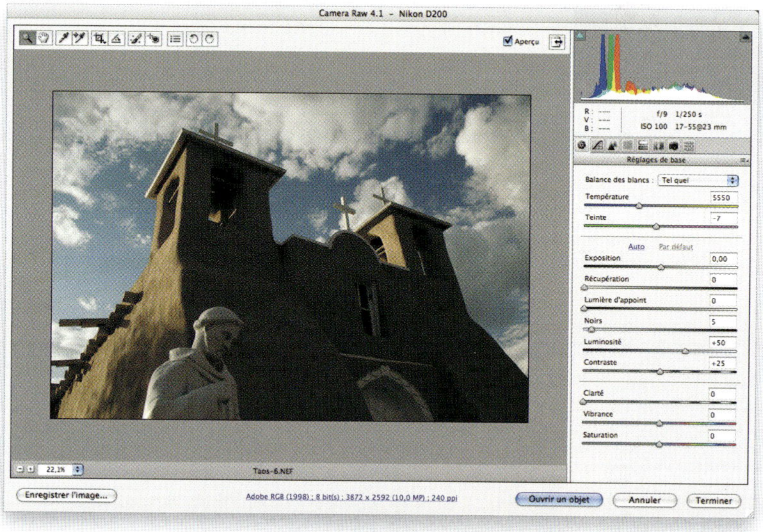

SCOTT KELBY

Étape 2

Dans Camera Raw, la conversion d'une photo couleur en noir et blanc est très simple. Il suffit de cliquer sur l'icône TSL/Niveaux de gris, puis de cocher la case Convertir en niveaux de gris. Cette action affiche les paramètres Mélange des niveaux de gris. Cela ressemble à une version plus complète du mélangeur de couches de Photoshop. Dès que vous cochez cette case, Camera Raw procède à une conversion automatique de l'image en noir et blanc. Le résultat n'est pas terrible, mais c'est un point de départ.

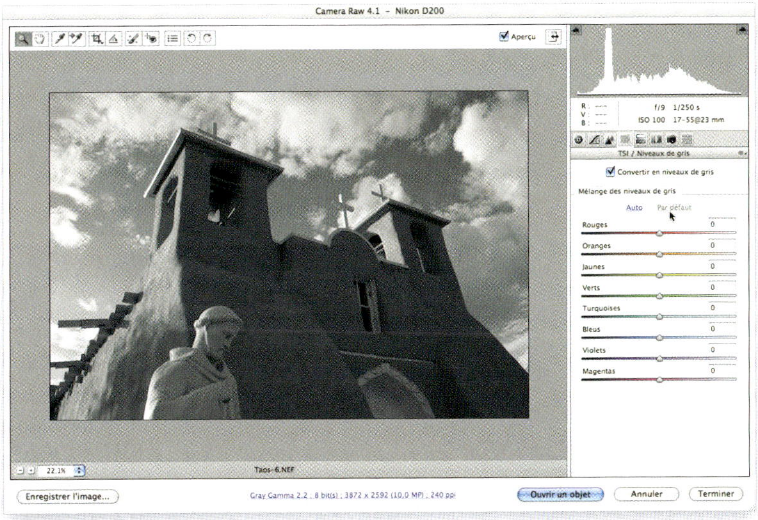

Étape 3

Vous pouvez partir de zéro en cliquant sur le bouton Par défaut situé juste à droite du bouton Auto. Il réinitialise toutes les valeurs des paramètres du volet Mélange des niveaux de gris. Comme cela produit une image encore pire, je vous déconseille fortement de cliquer sur ce bouton.

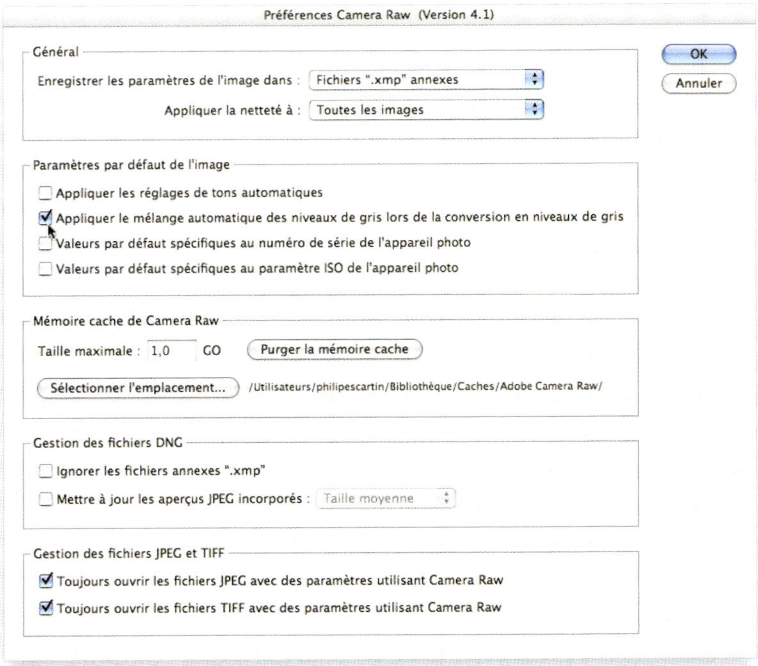

Étape 4

Si pour une raison que ma raison ignore, vous adorez cette réinitialisation des valeurs sur zéro, appuyez sur Cmd+K (PC : Ctrl+K) pour ouvrir la boîte de dialogue Préférences de Camera Raw. Là, décochez l'option Appliquer le mélange automatique des niveaux de gris lors de la conversion en niveaux de gris.

Étape 4

Si jamais l'échantillon prélevé pour recouvrir la tache ne donne pas le résultat attendu, voici ce que vous devez faire : placez le pointeur de la souris sur le cercle blanc-vert. Quand il prend la forme d'un curseur de déplacement, cliquez et faites glisser le cercle sur une zone plus propre située non loin de la tache. Une autre option consiste aussi à sélectionner Dupliquer au lieu de Corriger dans la liste Type. Dans 99 % des cas, j'utilise Corriger.

Étape 5

Une fois la retouche terminée, changez d'outil. Cette action valide la modification, et les cercles disparaissent. Ci-après, vous pouvez apprécier une retouche complète de l'image avec notamment suppression de l'éclat en bas à droite du pot. Utilisez cet outil sur l'ensemble des photos qui présentent ce défaut. En effet, s'il provient d'un objectif mal nettoyé ou d'une poussière sur le capteur, la tache sera toujours au même endroit. Ouvrez toutes ces images dans Camera Raw, sélectionnez-le, corrigez-en une, puis cliquez sur le bouton Synchroniser. (Vous en saurez plus à ce sujet au Chapitre 8.)

Supprimer les yeux rouges dans Camera Raw

Camera Raw possède désormais un outil de retouche des yeux rouges. Il y a une chance sur deux pour qu'il donne un bon résultat. Bien entendu, vous disposez d'un outil identique dans Photoshop qui, à mon goût, est bien plus puissant. Voici comment, de temps en temps, supprimer les yeux rouges depuis Camera Raw. Comme on dit, c'est l'occasion qui fait le larron.

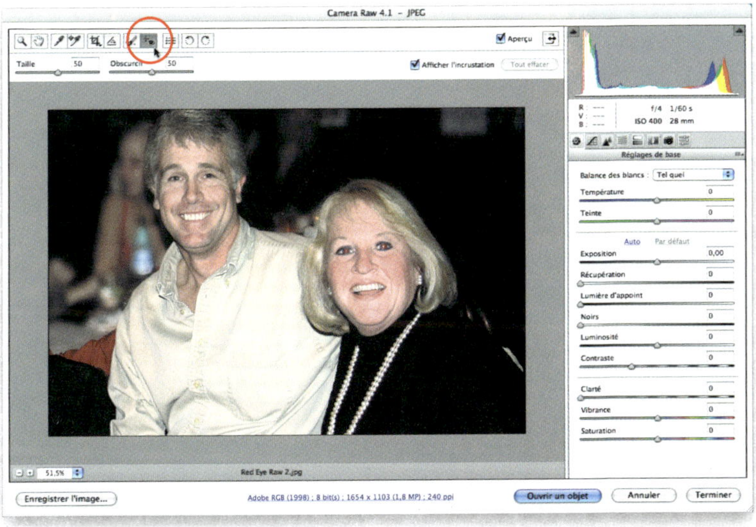

KATHY SILER

Étape 1

Dans Camera Raw, ouvrez une photo où une personne présente des yeux rouges flagrants, comme ici mon assistante Kathy. Ensuite, appuyez sur E pour activer l'outil Retouche des yeux rouges, ou cliquez sur son icône dans la barre d'outils.

Étape 2

Vous devez zoomer sur les yeux pour travailler plus confortablement. 100 % suffit ici. Ensuite, cliquez sur un œil rouge et faites-y glisser l'outil. Ceci indique à Camera Raw où se situe l'œil en question sur la photo. (Sur ce cliché Kathy a les deux yeux rouges.)

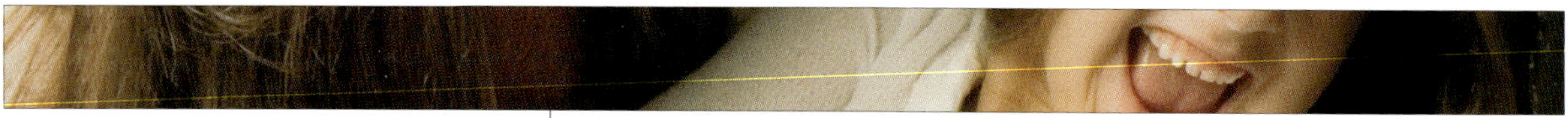

Étape 3

Lorsque vous relâchez le bouton de la souris, un cadre de sélection doit apparaître autour de l'œil, et le rouge devrait disparaître. C'est ce qui se passe dans mon exemple. Donc, pas de problème pour vous si vous utilisez cette photo pour mener à bien la procédure en cours. Si jamais toute la pupille n'est pas couverte par la sélection, portez la valeur du paramètre Taille à 100.

Étape 4

Ensuite, si l'œil n'est pas suffisamment sombre, augmentez la valeur du paramètre Obscurcir. Enfin, pour corriger le second œil, procédez comme pour le premier. Il se peut que vous ne parveniez pas à créer une telle sélection du premier coup. Dans ce cas, n'hésitez pas à délimiter une zone bien plus large. Camera Raw saura repérer le rouge de l'œil et le sélectionner comme il se doit.

Avant

Après

Photo Scott Kelby | Exposition : 1/160 s | Focale : 70 mm | Ouverture : f/5,6

Une autre dimension

Redimensionner et recadrer vos images

Une autre dimension est un titre parfait, mais d'une perfection entachée de frustration car je ne trouve aucun film, aucune chanson, aucune série, etc. correspondants. Aurais-je pu l'appeler *La Quatrième Dimension* ? Non ! Nous restons en 2D. Pourtant il nous faut trouver cette autre dimension dans nos photos. Quelle est-elle ? Tout simplement de taille ! (Aïe, je sens encore le mauvais jeu de mots à plusieurs kilomètres à la ronde.) Dans Photoshop, redimensionner ou recadrer une image agit sur ses dimensions physiques. Je veux dire ici que l'image va être plus grande ou plus petite sans perdre ou en perdant certains de ses éléments. Quand elle garde tout son contenu, on parle de redimensionnement, et quand on coupe certaines de ses portions, on parle de recadrage. Étudions cette nouvelle dimension.

Un petit mot sur l'interface de CS3

L'interface de Adobe Photoshop CS3 est totalement nouvelle. Cette nouveauté ne marque pourtant pas autant de différences qu'on pourrait le croire. Je ne m'attarderai sur cette interface que l'espace de deux pages pour vous montrer deux choses : (1) comment retrouver rapidement l'interface de CS2 si vous n'avez pas de temps à perdre dans l'apprentissage de celle de CS3, et (2) vous faire apprécier mon espace de travail dont la configuration s'accorde parfaitement aux besoins des photographes numériques.

Étape 1

L'interface de CS3 se compose d'une seule barre d'outils située sur la gauche et de deux colonnes de palettes sur la droite. L'avantage de cette disposition est que vous disposez de beaucoup d'espace pour afficher vos images. Les palettes de chaque colonne peuvent être réduites à leur plus simple expression, c'est-à-dire des icônes. Il est même possible d'activer une fonction de réduction automatique des palettes. Il suffit alors de cliquer sur un autre élément pour que la ou les palettes affichées se rétractent.

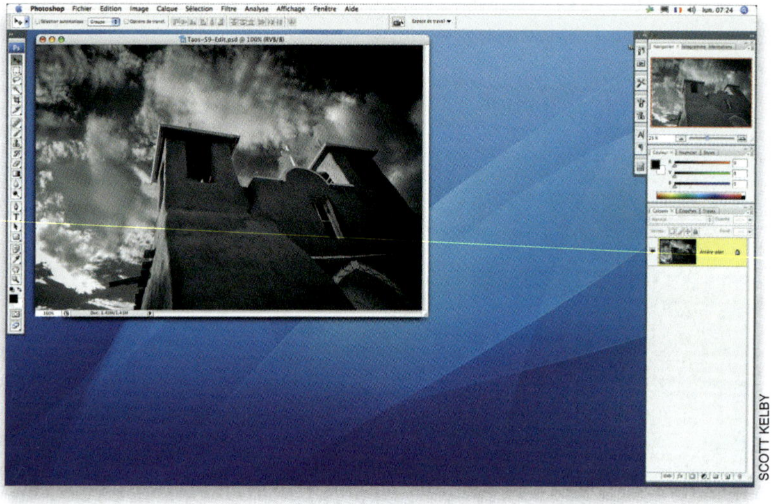

SCOTT KELBY

Étape 2

Pour afficher une palette, cliquez sur son icône (comme ici pour la palette Caractères). Pour masquer cette palette, cliquez de nouveau sur son icône ou sur les petits chevrons situés dans son coin supérieur droit. Pour développer toute la colonne de palettes, cliquez sur les chevrons dirigés vers la gauche et situés en haut à gauche de la zone d'affichage des palettes.

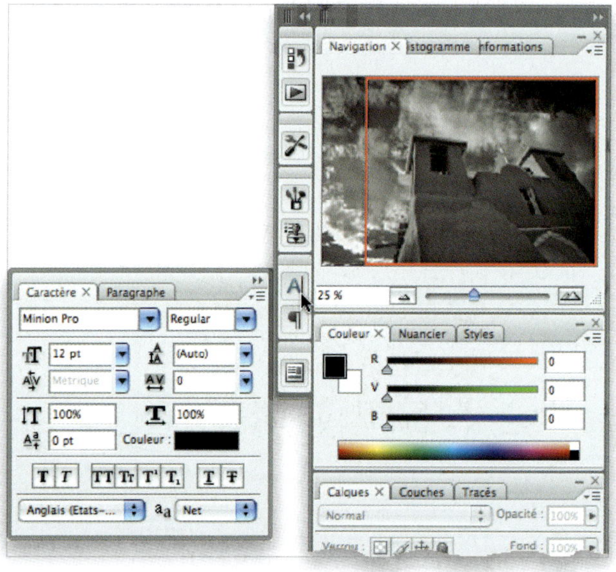

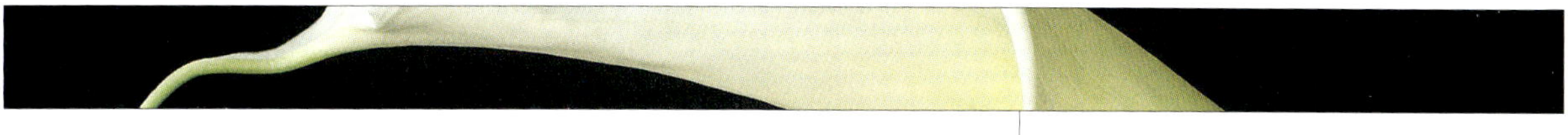

Étape 3

Si vous appuyez sur la lettre F, l'image s'affiche sur un arrière-plan gris et la barre de titre de sa fenêtre disparaît. Vous êtes en mode d'affichage maximisé. En d'autres termes, le bureau est entièrement masqué par l'interface de CS3, un peu à la manière dont les applications s'ouvrent par défaut sur PC. Appuyez de nouveau sur F, pour passer en mode plein écran avec menus, et encore sur F pour accéder au mode plein écran sans menus.

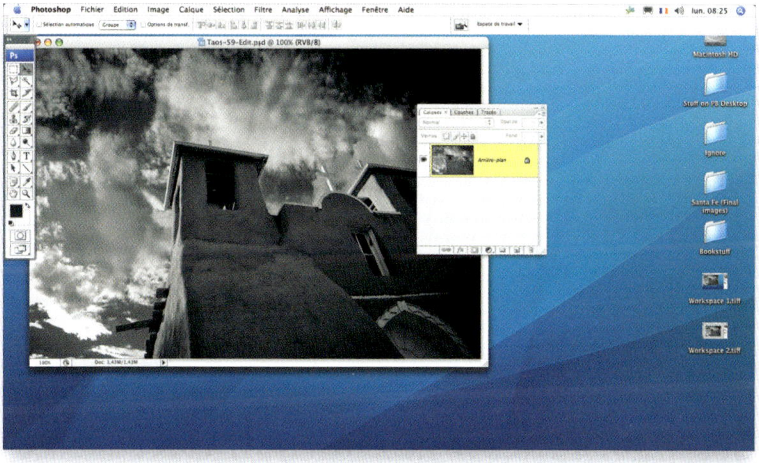

Étape 4

Pour retrouver l'interface de CS2, commencez par cliquer sur les chevrons de la palette d'outils. Elle répartit alors ses icônes sur deux colonnes. Ensuite, pour que vos palettes flottent sur l'interface, glissez-déposez-les sur un espace libre du Bureau. Pour regrouper des palettes, glissez-déposez leur onglet d'une palette à une autre. Dès que la palette passe en surbrillance, relâchez le bouton de la souris, et l'imbrication de palettes se fait automatiquement.

Étape 5

Voici mon espace de travail. Je dispose les outils sur la gauche et sur une colonne. Sur la droite, j'organise par glisser-déposer les palettes que j'utilise quotidiennement. Il suffit d'en fermer certaines, puis de glisser les icônes des autres pour les disposer à votre convenance. Lorsque vous avez besoin de charger un espace de travail particulier, cliquez sur le bouton éponyme de la barre d'options, puis sur l'espace à charger. Pour sauvegarder un espace que vous venez de créer, cliquez sur ce même bouton puis sur la commande Enregistrer l'espace de travail.

Recadrer des photos

Photoshop permet de recadrer les photos de bien des manières. Nous allons aborder les options les plus simples, puis voir comment faciliter et accélérer cette opération. À la fin de ce projet, j'explique comment afficher votre recadrage à la manière de Lightroom.

Étape 1

Appuyez sur C pour activer l'outil Recadrage. Vous pouvez aussi cliquer sur son icône dans la palette d'outils.

SCOTT KELBY

Étape 2

Cliquez sur la photo et définissez la portion de l'image à conserver. Les zones qui seront supprimées s'affichent grisées, c'est-à-dire légèrement estompées par rapport à la zone conservée qui, elle, s'affiche normalement. Peu importe que votre recadrage soit bien défini. En effet, il suffit d'agir sur ses poignées de redimensionnement et de déplacer son cadre pour délimiter parfaitement la portion de l'image à conserver.

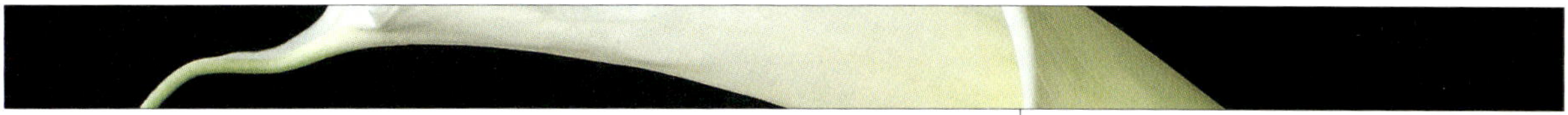

Étape 3

Si vous ne souhaitez pas que la partie supprimée soit estompée, appuyez sur Maj+/. Pour l'estomper de nouveau, répétez l'exécution de ce raccourci clavier.

Étape 4

Il est possible de recadrer et de pivoter la photo au même moment. Pour cela, approchez le pointeur de la souris sur un bord extérieur du cadre. Quand il prend la forme d'une double flèche incurvée, cliquez et glissez le curseur vers le bas pour pivoter dans le sens antihoraire, et vers le haut pour pivoter dans le sens horaire.

Étape 5

Une fois le recadrage et le pivotement définis, appuyez sur Entrée ou cliquez sur le bouton Valider le recadrage en cours de la barre d'options. Vous constatez que, dans le recadrage illustré ci-contre, j'ai éliminé la fenêtre située à gauche et le coussin placé en bas à droite.

ASTUCE Si après avoir tracé le rectangle de recadrage, vous décidez de ne plus recadrer, appuyez sur Échap ou cliquez sur le bouton Annuler le recadrage en cours de la barre d'options. Une dernière méthode consiste aussi à cliquer sur un autre outil. Un message vous demande alors de valider ou non le recadrage. Cliquez sur Non.

Étape 6

Une autre technique de recadrage consiste à créer un rectangle de sélection. Appuyez sur M pour réactiver cet outil et tracez ledit rectangle sur votre image. Tout ce qui est situé à l'intérieur du rectangle est conservé, éliminant *de facto* tout ce qui se trouve à l'extérieur. Ensuite, cliquez sur Image > Recadrer. Appuyez sur Cmd+D (PC : Ctrl+D) pour désélectionner.

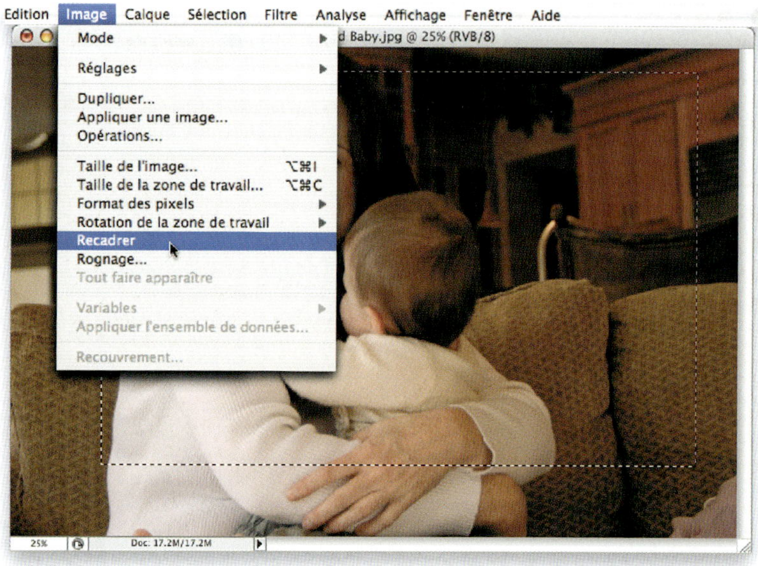

Étape 7

Vous en voulez encore plus sur le recadrage ? Voici une technique inspirée de Lightroom et que nous pouvons reproduire subtilement dans Photoshop. Activez l'outil Recadrage et définissez la zone à recadrer sur votre image. Ensuite, dans la barre d'outils, fixez l'opacité de l'outil Recadrage à 100 %. Tout ce qui se trouve hors du cadre devient complètement noir. Vous venez de recadrer sans couper !

Étape 8

Appuyez sur Échap pour enlever le rectangle de recadrage sans recadrer. Ensuite, appuyez sur Tab, puis trois fois sur F. L'image s'affiche en plein écran, sans menus. Redéfinissez un recadrage. Comme la couleur d'estompage a une opacité de 100 %, votre image semble immédiatement recadrée et repose sur un joli arrière-plan noir. Cette fois, appuyez sur Entrée, puis une fois sur F pour quitter le mode plein écran sans menus. Ensuite, appuyez sur Tab pour afficher outils et palettes.

Recadrer en suivant la « règle des tiers »

La « règle des tiers » est une astuce que les photographes utilisent parfois pour créer des compositions plus intéressantes. Le principe consiste à diviser l'image que vous voyez dans le viseur en trois tiers. Ensuite, vous cadrez de manière à ce que l'horizon se situe sur la ligne imaginaire supérieure ou inférieure de votre division. Après cela, vous placez le sujet au centre des intersections de ces lignes. Rassurez-vous ! Si vous n'avez pas cadré en suivant cette règle, il est très facile de le faire *a posteriori* dans Photoshop.

Étape 1

Ouvrez la photo à recadrer selon la règle des tiers. Créez immédiatement un calque vide par un clic sur le bouton Créer un calque de la palette Calques.

Étape 2

Ensuite, activez l'outil Forme personnalisée. (Appuyez sur Maj+U jusqu'à ce que son icône s'active dans la palette d'outils.)

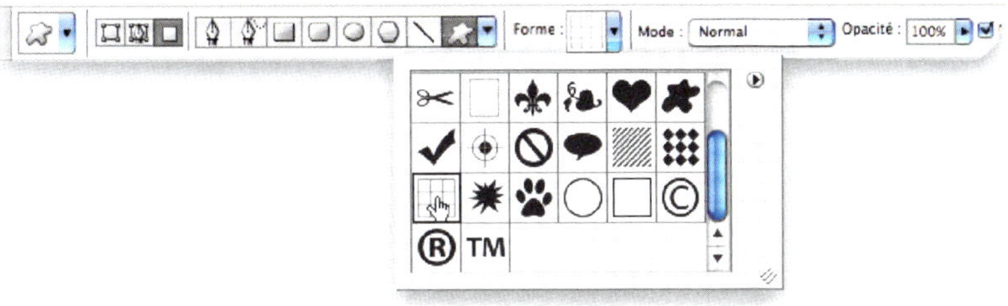

Étape 3

Les options de cet outil sont accessibles depuis la barre d'options. Cliquez sur la troisième icône pour activer l'option Pixels de remplissage. Ensuite, ouvrez le menu local des formes prédéfinies et choisissez la forme Grille.

Étape 4

Vous devez impérativement voir la taille exacte du recadrage. Pour ce faire, cliquez sur Fenêtre > Informations. Maintenant, placez le pointeur de la souris dans l'image et tracez une forme en gardant un œil sur la palette Informations. Votre forme doit faire 33 cm de large et 48 de haut. Ensuite, repositionnez cette grille comme expliqué à l'étape 5.

Étape 5

Appuyez sur V pour activer l'outil Déplacement. Placez la grille de telle sorte que le sujet apparaisse dans les deux tiers gauche en essayant de respecter les points d'intersection comme visualisé sur l'illustration ci-contre.

Étape 6

Une fois la grille en place, appuyez sur M pour activer l'outil Rectangle de sélection. Tracez une sélection de la même taille que la grille, comme ci-contre.

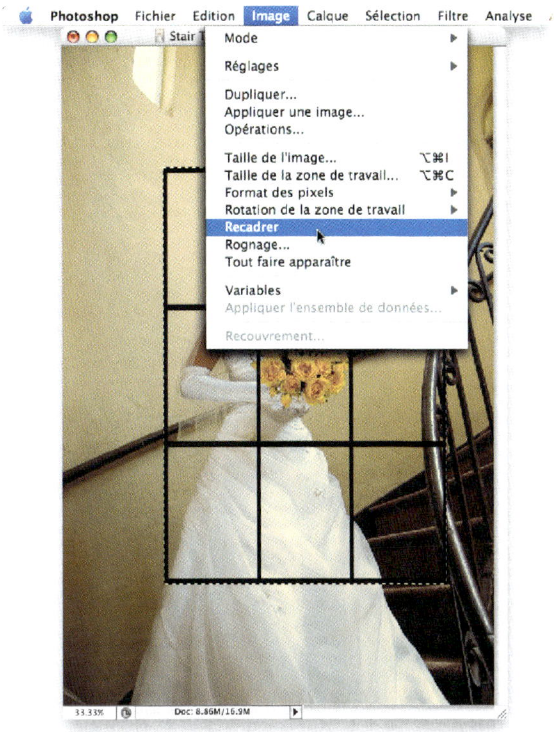

Étape 7

Ouvrez le menu Image et cliquez sur Recadrer.

Astuce Vous pouvez aussi utiliser l'outil Recadrer pour augmenter la taille de la zone de travail. Ouvrez une photo et appuyez sur F (pour afficher un arrière-plan gris). Activez l'outil Recadrage (C) et définissez une petite zone dans l'image. Ensuite, faites glisser les poignées du rectangle de recadrage afin d'inclure une partie de la zone grise d'arrière-plan. Appuyez sur Entrée. La zone de travail s'élargit et s'affiche en blanc si la couleur d'arrière-plan par défaut de Photoshop n'a pas été modifiée. Pas mal non ?

Étape 8

L'exécution de la commande Recadrer recadre l'image sur les contours extérieurs de la grille. Glissez le calque 1 jusqu'à l'icône de la corbeille de la palette Calques. Vous obtenez votre photo recadrée selon la règle des tiers ! Pour passer à l'amélioration de ce portrait, consultez le Chapitre 10.

Recadrer selon une taille spécifique

Lorsque vous préparez des photos pour un client, il y a de fortes chances pour qu'il veuille encadrer ses images. Dans ce cas, vous pouvez recadrer les clichés en fonction de la taille de l'encadrement, comme 13 × 18 ou 20 × 25.

Étape 1

Supposons que notre image fasse 38 × 25 et que vous deviez en faire une image de 25 × 20 au millimètre près. Appuyez sur C pour activer l'outil Recadrage. Dans la barre d'options, tapez 25 cm dans le champ Largeur et 20 cm dans le champ Hauteur. Appuyez sur Tab pour passer d'un champ à un autre. N'oubliez surtout pas de taper « cm » pour préciser à Photoshop que vous utilisez le centimètre comme unité de mesure. (Tapez « px » si vous employez le pixel, ou encore « in » si vous utilisez le pouce.)

SCOTT KELBY

Étape 2

Cliquez sur l'image et tracez votre rectangle de recadrage. Tirez le pointeur au maximum de ses possibilités verticalement et horizontalement. Le cadre ne dépassera pas les dimensions de 25 × 20 cm.

Étape 3

Une fois le rectangle de recadrage défini, vous pouvez le déplacer pour déterminer précisément la zone de l'image à conserver. Pour un contrôle plus précis de ce déplacement, utilisez les touches du pavé directionnel. Appuyez sur Entrée pour recadrer. Vérifiez les dimensions en appuyant sur Cmd+R (PC : Ctrl+R) pour afficher les règles.

ASTUCE Une fois que vous avez saisi la largeur et la hauteur dans la barre d'options, ces dimensions restent actives tant que vous ne les effacez pas. Donc, pour retrouver un outil Recadrage libre, cliquez sur le bouton Effacer de la barre d'options.

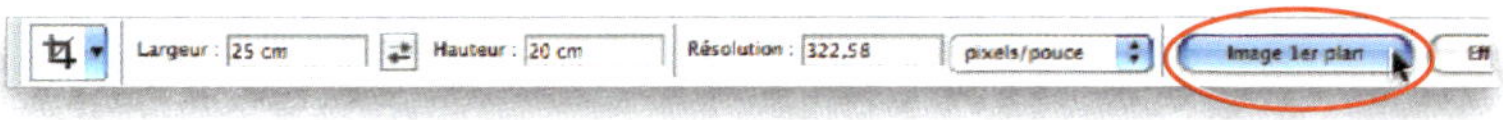

ASTUCE ENCORE MEILLEURE Si une photo, dont vous souhaitez utiliser les dimensions, est ouverte dans Photoshop, il est très facile de les imposer à l'outil Recadrage. Activez l'outil puis, dans la barre d'options, cliquez sur le bouton Image 1er plan. La largeur, la hauteur et la résolution de l'outil Recadrage seront identiques à celles de l'image qui était active dans Photoshop quand vous avez cliqué sur ce bouton. Il n'y a plus qu'à recadrer toutes vos photos dans les mêmes proportions.

Garder la même échelle quand vous recadrez

Imaginons que vous vouliez recadrer une image en réduisant sa taille, mais sans porter atteinte à ses proportions. En d'autres termes, le rapport hauteur/largeur de la photo d'origine doit être préservé. Plutôt que de sortir la calculette scientifique, vous allez employer une méthode rapide, simple et intuitive.

Étape 1

Ouvrez la photo à recadrer en préservant ses proportions. Appuyez sur Cmd+A (PC : Ctrl+A) pour sélectionner toute l'image.

SCOTT KELBY

Étape 2

Ouvrez le menu Sélection, et choisissez Transformer la sélection. Vous redimensionnez le cadre de sélection sans modifier l'image.

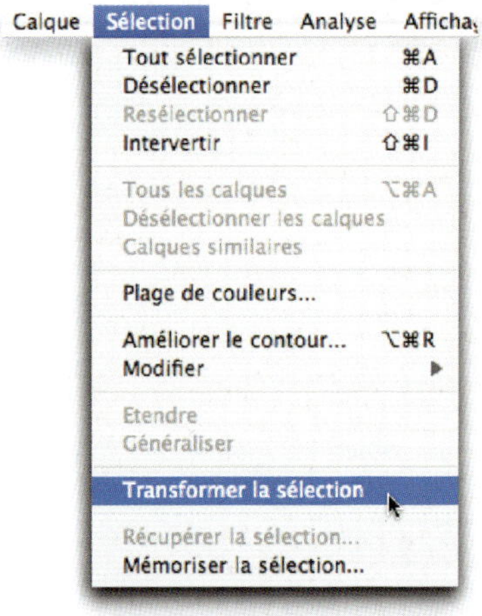

Étape 3

Maintenez la touche Maj enfoncée et glissez une poignée d'angle vers l'intérieur pour redimensionner le rectangle de sélection. Le fait d'appuyer sur Maj contraint le respect des proportions de l'image. Une fois que votre sélection correspond à la dimension du recadrage, placez le pointeur de la souris dessus. Cliquez et faites glisser le cadre de sélection de manière qu'il couvre la zone de l'image à conserver. Appuyez sur Entrée pour valider la sélection.

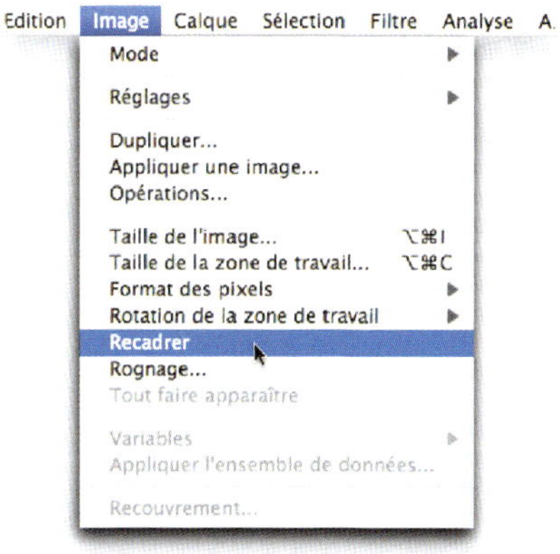

Étape 4

Maintenant que la sélection est définie, ouvrez le menu Image et cliquez sur Recadrer.

Étape 5

Une fois le recadrage opéré, appuyez sur Cmd+D (PC : Ctrl+D) pour désélectionner l'image. La photo est recadrée en respectant le rapport hauteur/largeur initial de l'image.

Étape 5

Il y a de fortes chances pour que les outils de recadrage prédéfinis ne soient pas disposés dans l'ordre que vous le souhaitez. Pour corriger cela, ouvrez le menu Édition et choisissez Gestionnaire de paramètres prédéfinis. Dans le menu local Type de ce gestionnaire, choisissez Outils. Vous y voyez les outils de recadrage prédéfinis que vous venez de créer. Cliquez sur l'outil et, sans relâcher le bouton de la souris, faites-le glisser à une autre position dans ce gestionnaire de paramètres prédéfinis. Répétez cette opération pour tous les outils que vous souhaitez repositionner dans la liste. Dès que vous avez fini cette réorganisation, cliquez sur le bouton Terminer.

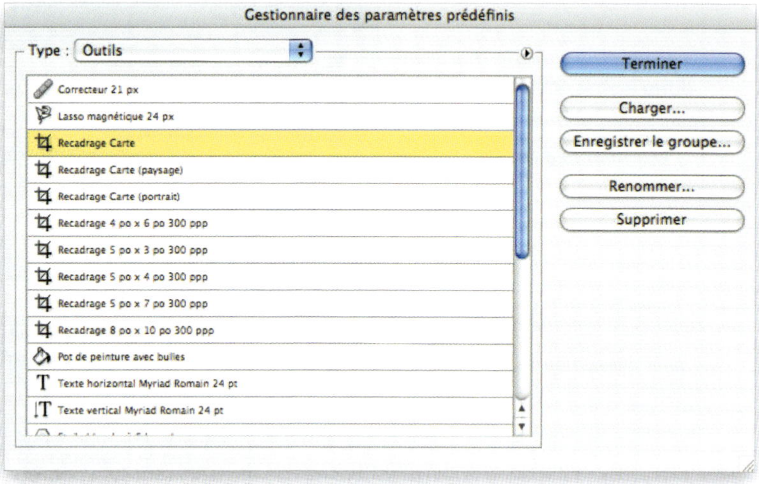

Étape 6

Maintenant, ouvrez le menu local de la barre d'options de l'outil Recadrage. Vous y voyez les outils de recadrage dans l'ordre défini à l'étape 5 de cette procédure. Pour utiliser l'un d'eux, cliquez dessus pour le sélectionner. Ensuite, tracez la zone de recadrage sur l'image.

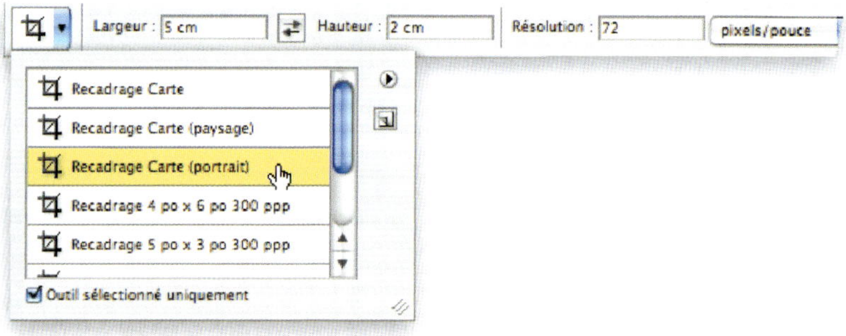

Tailles personnalisées pour les photographes

La boîte de dialogue de création d'un nouveau document de Photoshop dispose d'un menu proposant un certain nombre de tailles de papier prédéfinies. Il est toutefois assez rare que vous y trouviez la dimension correspondant aux photos que vous avez l'habitude de prendre. Il est donc très important de pouvoir définir vos dimensions personnelles. Voici comment procéder.

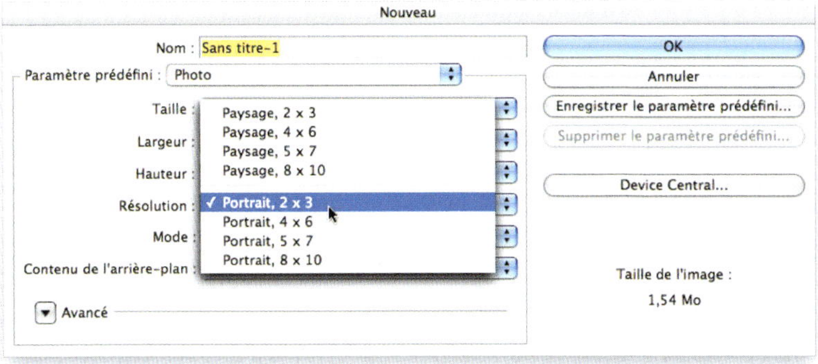

Étape 1

Dans le menu Fichier, cliquez sur Nouveau. Dans la liste Paramètre prédéfini, choisissez Photo. Lorsque vous ouvrez le menu local Taille, vous constatez la présence d'un certain nombre de dimensions exprimées en pouces, et disponibles en orientation paysage et portrait. Le problème de ces dimensions est d'avoir une résolution par défaut de 300 ppp. Par conséquent, si vous travaillez dans une autre résolution, vous devez créer et enregistrer vos propres paramètres prédéfinis.

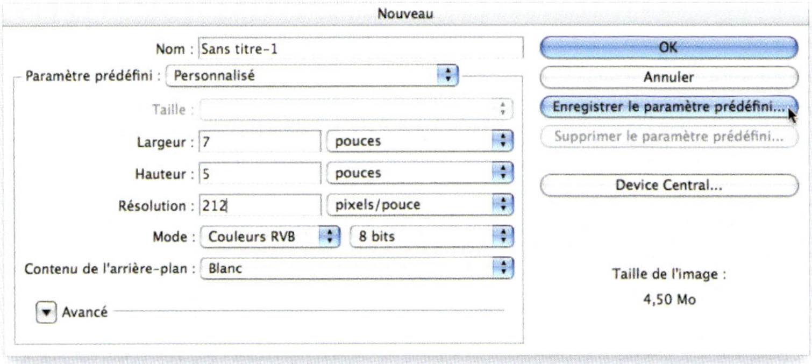

Étape 2

Imaginons que vous souhaitiez définir une taille de 5 × 7 pouces en orientation paysage. Commencez par sélectionner Photo dans le menu local Paramètre prédéfini. Ensuite, dans la liste Taille, choisissez Paysage 5 × 7. Choisissez le mode de couleur désiré puis, dans le champ Résolution, tapez le nombre de points par pouce que vous utilisez pour imprimer vos images sur une presse professionnelle. (Personnellement, j'ai tapé la valeur 212.) Une fois ces dimensions définies, cliquez sur le bouton Enregistrer le paramètre prédéfini.

Étape 3

Dans la boîte de dialogue Nouveau paramètre prédéfini de document, vous constatez que le champ Nom du paramètre prédéfini indique les dimensions du document. Je vous conseille de le compléter en y ajoutant la résolution saisie. Dans la section Inclure dans les paramètres enregistrés, cochez ou décochez les paramètres à intégrer à ce profil de document.

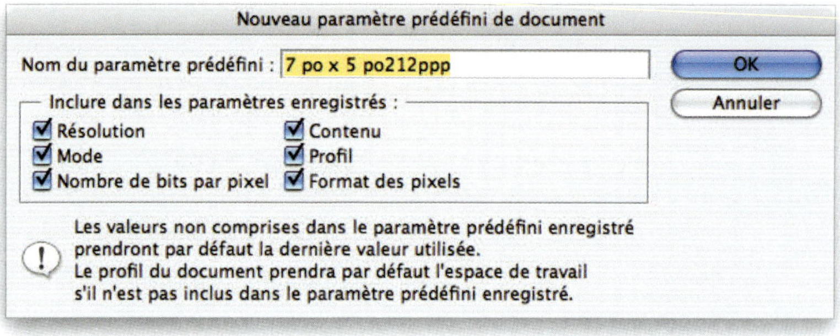

Étape 4

Cliquez sur OK. Votre nouveau paramètre prédéfini est désormais disponible dans le menu local éponyme de la boîte de dialogue Nouveau.

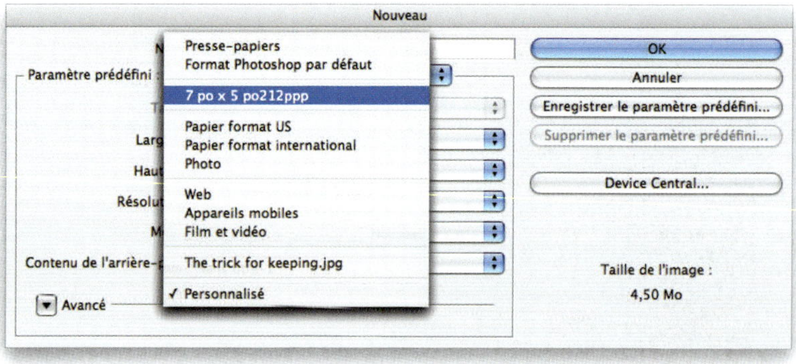

Étape 5

Si vous décidez de vous débarrasser d'un paramètre prédéfini, ouvrez la boîte de dialogue Nouveau, puis choisissez le paramètre en question dans le menu local Paramètre prédéfini. Ensuite, cliquez sur le bouton Supprimer le paramètre prédéfini. Un message d'avertissement apparaît. Il demande confirmation de votre intention de supprimer le paramètre prédéfini. Cliquez sur Oui, et le tour est joué !

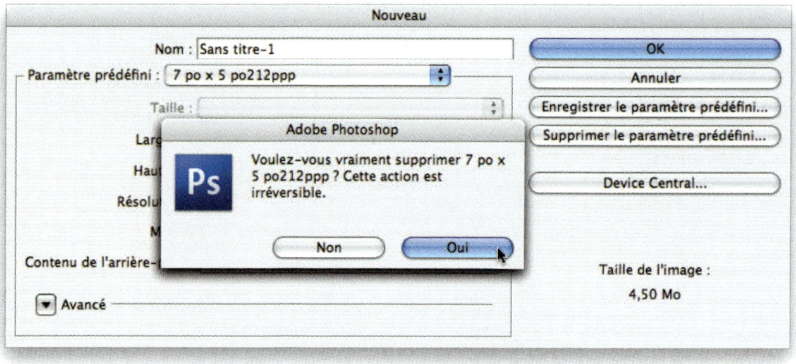

Redimensionner des photos numériques

Le redimensionnement des photos numériques diffère de celui opéré sur des photos numérisées avec un scanner. En effet, les scanners peuvent créer des numérisations haute résolution (généralement de 300 ppp ou supérieure), alors que la majorité des appareils photo numériques produisent des photos d'une résolution de 72 ppp mais avec une dimension physique bien supérieure à celle des images d'un scanner. Le défi qui se pose à vous est de redimensionner les images numériques sans perte de qualité. Voici l'astuce employée par tous les professionnels de la photographie.

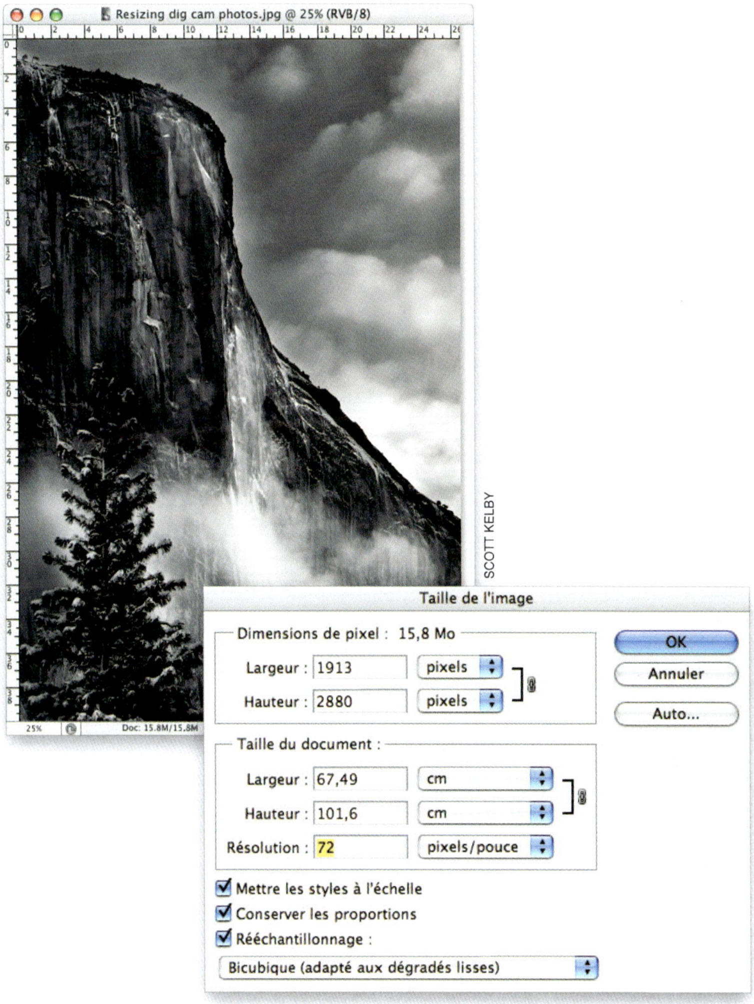

Étape 1

Dans Photoshop, ouvrez l'image issue de votre appareil photo numérique, que vous désirez redimensionner. Appuyez sur Cmd+R (PC : Ctrl+R) pour afficher les règles. Vous constatez que l'image utilisée ici affiche une dimension d'environ 67 × 101 cm.

Étape 2

Ouvrez le menu Image et choisissez Taille de l'image. Vous constatez que dans la section Taille du document la résolution affichée est de 72 ppp. Nous sommes en présence d'une image dite « en basse résolution ». Ce type de photo convient à un affichage écran (comme le Web, des diaporamas, etc.). En revanche, sa qualité est un peu faible pour une sortie sur imprimante jet d'encre couleur, laser, ou sur presse professionnelle.

Étape 3

Si vous envisagez d'imprimer votre photo, il est impératif d'augmenter la résolution pour obtenir le meilleur résultat possible. Le problème est que si vous indiquez la résolution voulue (par exemple 300 ppp) le rééchantillonnage de l'image va introduire des imperfections. En effet, Photoshop va créer des pixels qui n'existent pas. Pour cette raison, commencez par décocher la case Rééchantillonnage. Dans ce cas, si vous réduisez la largeur et la hauteur de l'image, vous augmentez *de facto* sa résolution. Cerise sur le gâteau : ceci n'entraîne aucune perte de qualité.

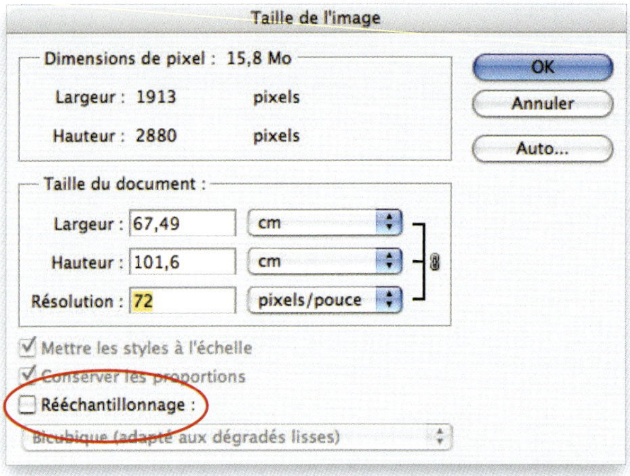

Étape 4

Ici, j'ai décoché la case Rééchantillonnage, puis j'ai saisi 150 dans le champ Résolution. Vous constatez que, désormais, la taille du document est de 32,39 × 48,77. Si vous disposez du périphérique d'impression adéquate, vous allez pouvoir imprimer cette image dans une excellente qualité.

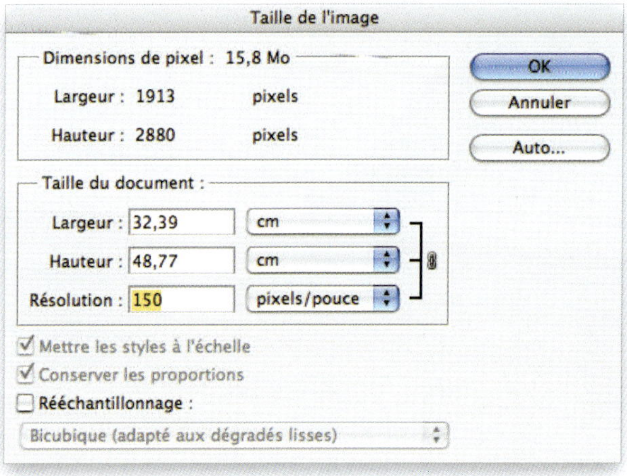

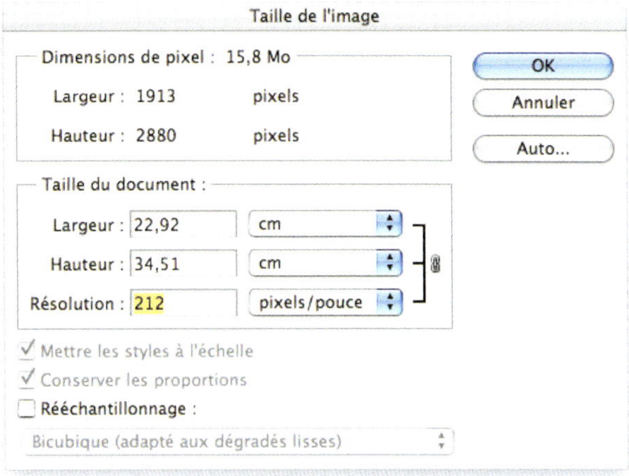

Étape 5

Cette fois, je porte la résolution à 212. C'est une résolution idéale pour imprimer sur presse professionnelle. Comme vous le constatez, la taille du document descend à 22,92 × 34,51 cm.

Étape 6

Lorsque vous cliquez sur OK, rien ne se passe dans la fenêtre du document. Toutefois, regardez les règles. Vous constatez que le document fait bien 22,92 × 34,51 cm. Redimensionner en utilisant cette technique engendre trois choses importantes : (1) vous réduisez les dimensions physiques de la photo ; (2) vous augmentez la résolution dans des proportions telles que vous pouvez imprimer l'image sur une presse professionnelle ; et (3) vous n'avez ni adouci ni pixellisé l'image, conservant ainsi sa qualité d'origine. Ceci a été rendu possible par la désactivation de l'option Rééchantillonnage.

NOTE Ne désactivez pas l'option Rééchantillonnage pour des images que vous avez numérisées avec un scanner. Ne le faites que pour des photos numériques.

Redimensionner avec la fonction d'objet dynamique

Vous allez adorer les objets dynamiques qui peuvent être redimensionnés quasiment sans perte de qualité. Cela ne vaut que pour des images dont vous avez préalablement réduit les dimensions. En effet, si vous agrandissez par cette technique une image originale, vous allez introduire des imperfections, donc nuire à sa qualité d'affichage. Voici comment tirer profit du redimensionnement des objets dynamiques.

Étape 1

Ouvrez un nouveau document dans la taille et la résolution que vous désirez. (Ici, j'ai créé un document de 11 × 8 pouces.) Pour importer une photo en tant qu'objet dynamique, ouvrez le menu Fichier, et choisissez Importer.

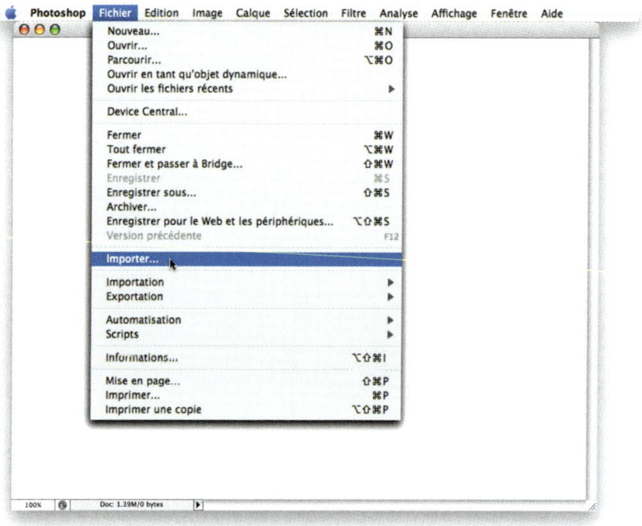

Étape 2

Lorsque vous importez une photo en tant qu'objet dynamique, elle apparaît dans le document barrée d'un X. Maintenez la touche Maj enfoncée et faites glisser un des angles de la photo vers l'intérieur pour réduire sa taille (voir ci-contre). Appuyez sur Entrée pour valider le redimensionnement.

SCOTT KELBY

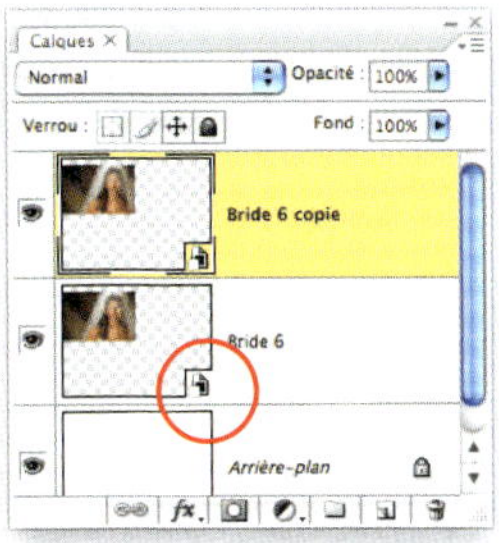

Étape 3

Dans la palette Calques, vous constatez qu'une icône située dans le coin inférieur droit de la vignette du calque indique qu'il s'agit d'un objet dynamique. Dupliquez ce calque en appuyant sur Cmd+J (PC : Ctrl+J). Vous comprendrez un peu plus loin en quoi la duplication d'un objet dynamique est une chose particulièrement intéressante.

Étape 4

Maintenant, appuyez sur Cmd+T (PC : Ctrl+T) pour activer la fonction Transformation manuelle. Maintenez la touche Maj enfoncée et tirez sur l'angle inférieur droit de l'image jusqu'à ce qu'elle remplisse la totalité du document. Une fois ce redimensionnement effectué, appuyez sur la touche Entrée. Vous constatez que la photo ne semble pas du tout endommagée. Ceci s'explique uniquement parce qu'il s'agit d'un objet dynamique. Effectuer la même opération sur une photo JPEG, TIFF, PSD, ou même un fichier RAW, aura tendance à flouter et à pixelliser l'image.

Étape 5

Dans la palette Calques, faites glisser la copie sous l'originale. Ensuite, fixez son opacité à 30 % (voir ci-contre).

Étape 6

Dans la palette Calques, cliquez sur le calque supérieur. Ensuite, cliquez sur le bouton Ajouter un style de calque, et choisissez Ombre portée. Dans la boîte de dialogue Style de calque, fixez le paramètre Taille à 16 pixels. Pour obtenir une ombre plus subtile, fixez le paramètre opacité à 50 %. Cliquez sur OK.

Étape 7

Dans la palette Calques, activez le calque où la mariée apparaît en grand. Vous ne pouvez pas convertir en noir et blanc un objet dynamique. Pour contourner cette limite, appuyez sur la touche D pour que la couleur noire devienne la couleur de premier plan dans la palette d'outils. Ensuite, cliquez sur le bouton de création d'un calque de réglage et choisissez Courbe de transfert de dégradés. Dans la boîte de dialogue qui apparaît, ne procédez à aucun changement et cliquez sur OK. La mariée en arrière-plan s'affiche en noir et blanc.

Étape 8

La petite photo serait sans doute plus belle avec un léger contour. Dans la palette Calques, cliquez sur la vignette du calque supérieur. Cliquez sur le bouton Ajouter un style de calque, et choisissez Contour. Dans le champ Taille, saisissez 3. Cliquez sur l'indicateur de couleur et définissez une teinte noire. Dans le menu local Position, choisissez Intérieur. Cliquez sur OK.

Étape 9

La touche finale. Avec une police de caractère comme Satisfaction (que vous devez acheter sur un site tel que MyFonts.com), ajoutez un texte de votre composition. Déjà, vous trouvez cette carte absolument magnifique. Les objets dynamiques y sont pour beaucoup. Toutefois, ne vous ai-je pas promis de vous apprendre quelque chose d'absolument extraordinaire sur la duplication d'un objet dynamique ? Si, bien sûr… alors comme je tiens toujours mes promesses, passez à l'étape suivante.

Étape 10

Tant que vous conservez les calques en l'état, ce fichier peut vous servir de modèle. Supposons que quelques semaines après ce mariage, vous fassiez les photos d'une autre cérémonie. Ouvrez le présent fichier et substituez à ce joli minois un autre tout aussi sympathique à regarder. Faites un Cmd+clic (PC : Clic droit) sur l'objet dynamique original, c'est-à-dire celui de la petite photo. Dans le menu contextuel, choisissez Remplacer le contenu. Dans la boîte de dialogue Importer qui s'ouvre, localisez la photo d'une autre mariée et cliquez sur Importer. (Ici, j'ai choisi un fichier RAW.)

Étape 11

Comme il s'agit d'une image RAW, elle s'ouvre dans Camera Raw. Si besoin, procédez à quelques réglages, puis cliquez sur OK.

SCOTT KELBY

Étape 12

Les éléments de la précédente photo sont remplacés par ceux de la nouvelle. Vous devrez probablement procéder à quelques ajustements, car le positionnement et les proportions ne sont pas toujours les mêmes. Ici, j'ai appuyé sur Cmd+T (PC : Ctrl+T) pour activer la fonction Transformation manuelle, puis j'ai redimensionné la petite photo pour libérer davantage le visage de la mariée en arrière-plan. Bien entendu, pour conserver les proportions, j'ai maintenu la touche Maj enfoncée pendant ce redimensionnement. Ensuite, j'ai repositionné le contenu du calque. Il n'a pas fallu plus d'une minute pour arriver à ce résultat.

Étape 13

Une dernière chose : dans la palette Calques, double-cliquez sur la vignette de l'objet dynamique pour l'ouvrir dans Camera RAW. Effectuez vos modifications. Les objets dynamiques sont vraiment… dynamiques. Ils peuvent être manipulés, modifiés, substitués, sans aucune perte de qualité et de manière non destructive. Face à tous ces avantages, il y a, vous l'imaginez bien, un inconvénient majeur. Les objets dynamiques conservent toutes leurs données dans les calques. Il en résulte un fichier très volumineux.
Or, plus un fichier est volumineux, plus Photoshop est susceptible de fonctionner au ralenti. Quoi qu'il en soit, vous avez pu apprécier dans cet exercice un des aspects les plus puissants des objets dynamiques.

Enregistrement et redimensionnement automatiques

Il est possible de traiter toutes les images d'un dossier pour les enregistrer automatiquement en une seule opération. C'est une technique mise au point par Russell Preston Brown aux plus belles heures de CS2, et il n'y a aucune raison de la passer sous silence avec CS3.

Étape 1

Ouvrez le menu Fichier, et choisissez Script puis Processeur d'images. Si vous êtes dans Adobe Bridge, sélectionnez toutes les photos à traiter en appuyant sur la touche Cmd (PC : Ctrl) et en cliquant sur les vignettes des clichés concernés. Ensuite, ouvrez le menu Outils > Photoshop. Là, choisissez Processeur d'images. Ainsi, dès son ouverture, le processeur d'images connaît les photos à traiter.

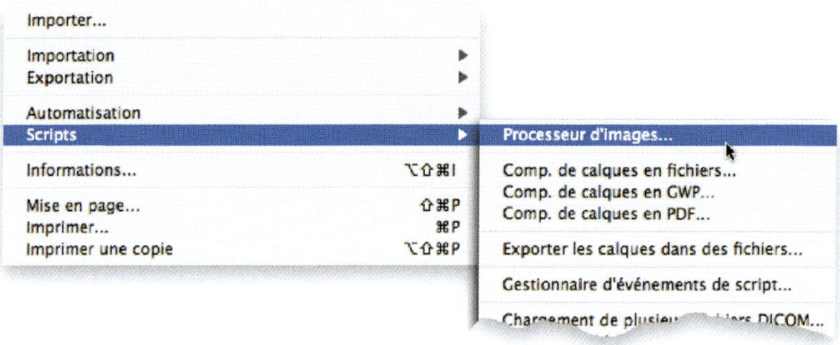

Étape 2

Lorsque la boîte de dialogue Processeur d'images s'ouvre, la première chose à faire est de sélectionner le dossier contenant les images à traiter. Donc, cliquez sur le bouton Sélectionner un dossier de la première étape du traitement. Dans la boîte de dialogue qui apparaît, parcourez vos lecteurs pour localiser le dossier en question. Sélectionnez-le et cliquez sur Choisir (PC : OK). Si des photos sont ouvertes dans Photoshop, activez l'option Utiliser les images ouvertes. Ensuite, dans la deuxième section de la boîte de dialogue, indiquez le dossier de destination des images traitées.

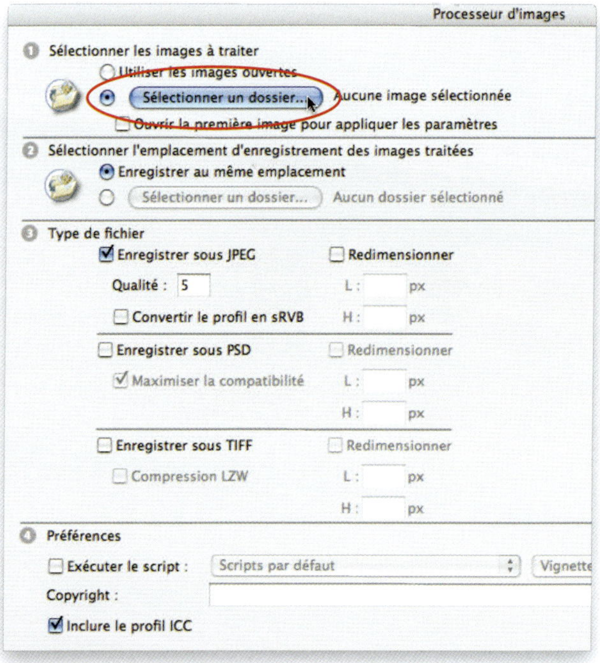

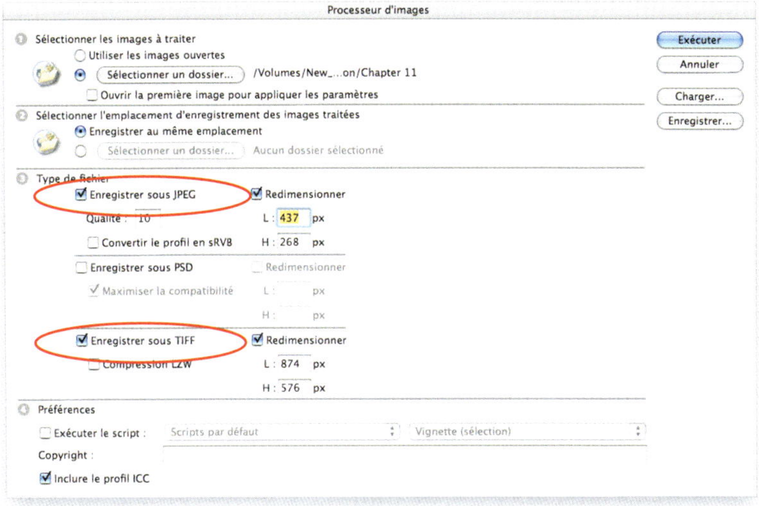

Étape 3

C'est dans la troisième section que les choses amusantes commencent. Vous indiquez le traitement à faire subir à vos images. Vous pouvez cocher Enregistrer sous JPEG, Enregistrer sous PSD, ou Enregistrer sous TIFF. Si vous activez l'option Redimensionner, entrez les nouvelles valeurs de largeur et de hauteur dans les champs L et H. Sur l'illustration ci-contre, vous constatez que les images du dossier seront traitées en petites images JPEG et en fichiers TIFF beaucoup plus grands. Donc, vous disposerez de deux versions d'une même série de photos.

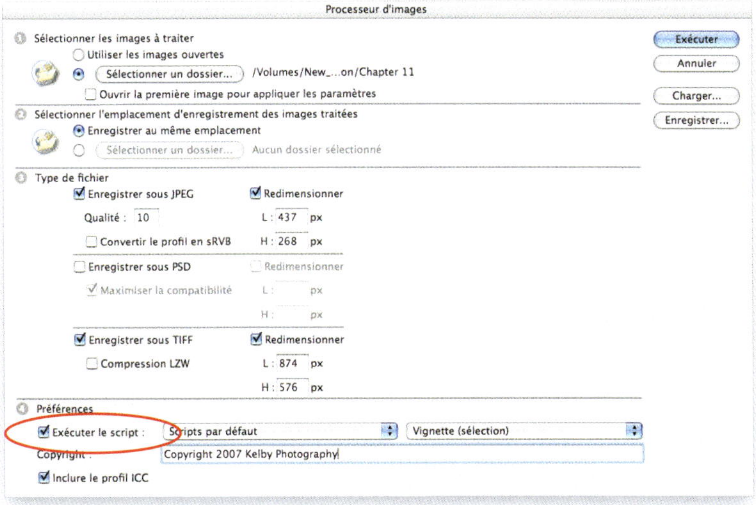

Étape 4

Enfin, dans la quatrième section, si vous avez créé un script, vous pouvez demander à ce qu'il s'exécute automatiquement. Cochez la case Exécuter le script. Ensuite, dans les deux listes adjacentes, choisissez le dossier de scripts puis le script lui-même. Il peut s'agir d'un des scripts par défaut de Photoshop, ou d'un de votre cru. Dans le champ Copyright, vous pouvez indiquer les informations nécessaires. Elles seront automatiquement intégrées dans les copies de vos images. Pour finir, choisissez d'intégrer ou non un profil ICC dans chaque image. (La gestion des couleurs est traitée en détail au Chapitre 5.) Cliquez sur le bouton Exécuter ! Et voilà !

Briser les règles du redimensionnement

Voici une technique de redimensionnement que j'ai apprise de mon ami Vincent Versace, un des plus grands photographes du monde. Toutes ses photos d'une dimension de 60 × 90 sont d'une netteté insolente. Pourquoi ? Je photographiais moi aussi à l'époque avec un appareil de 6 mégapixels sans ce résultat. Voici son secret.

Étape 1

Ouvrez la photo à redimensionner. Ensuite, dans le menu Image, cliquez sur Taille de l'image. Vous pouvez ouvrir cette boîte de dialogue en appuyant sur Cmd+Option+I (PC : Ctrl+Alt+I).

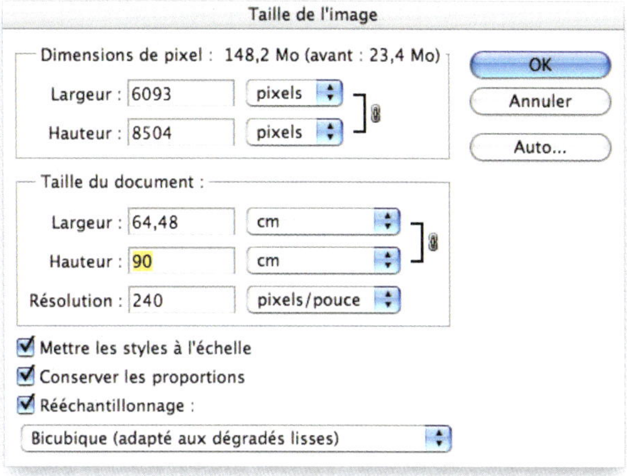

Étape 2

Entrez la taille du document final à imprimer. L'image d'origine utilisée ici est de 25,62 × 35,76. Je décide une hauteur de 90 cm. Comme la case Conserver les proportions est cochée, la largeur s'adapte automatiquement. Ayez conscience qu'un tel redimensionnement ne vaut pas pour toutes les images. Tout dépend du nombre de pixels de départ.

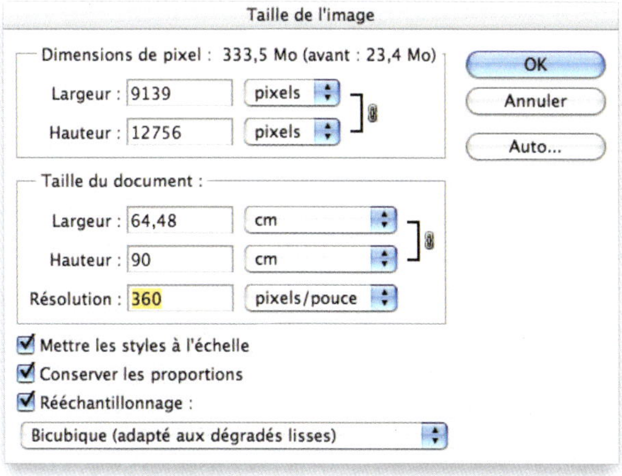

Étape 3

Une fois les dimensions spécifiées, augmentez la résolution. Ici, j'ai indiqué une résolution de 360.
Et maintenant, vous allez faire ce qu'il ne faut jamais faire : cocher la case Rééchantillonnage. Voilà, vous vivez désormais dans le péché, mais ne validez pas encore votre perversion, c'est-à-dire ne cliquez pas sur OK.

Étape 4

Selon Vincent Versace, la clé de cette technique de redimensionnement tient dans le choix de la méthode de rééchantillonnage. Il ne faut pas utiliser celle que recommande Adobe, c'est-à-dire Bicubique (adapté aux dégradés lisses). Non ! Ouvrez le menu local Rééchantillonnage, et choisissez Bicubique plus net. Le résultat obtenu alors à l'impression est incroyable.

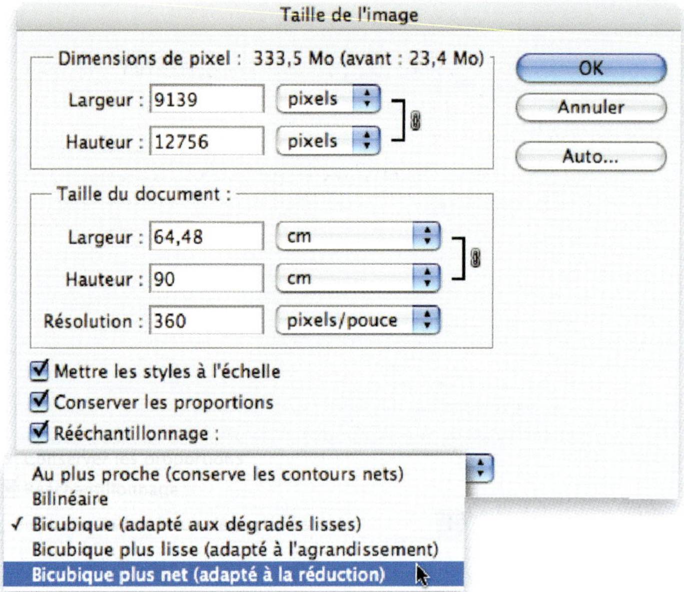

Étape 5

J'ai testé cette technique un nombre incalculable de fois, et toujours avec le même succès. Cliquez sur OK, faites une sortie sur votre imprimante et jouissez de ce magnifique tirage 60 × 90 (à peu près). Vous ne me croyez pas ? Alors appuyez sur Cmd+R (PC : Ctrl+R) pour afficher les règles.

Réduire la taille de vos images

Il existe un certain nombre de règles à respecter pour maintenir la qualité d'une image dont vous réduisez la taille. Sachez que préserver cette qualité est plus simple lorsque l'on réduit la taille d'une image que lorsqu'on l'augmente.

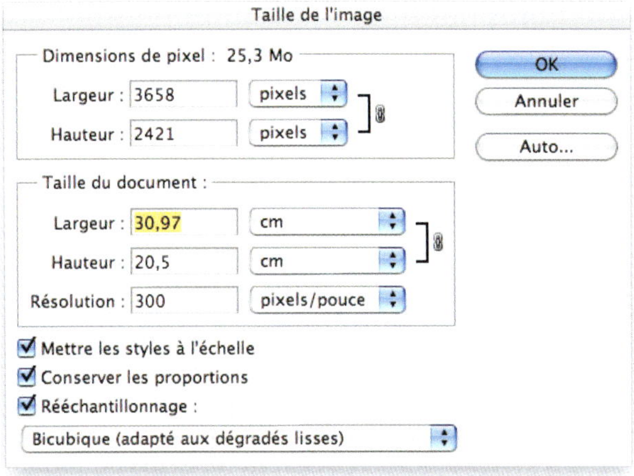

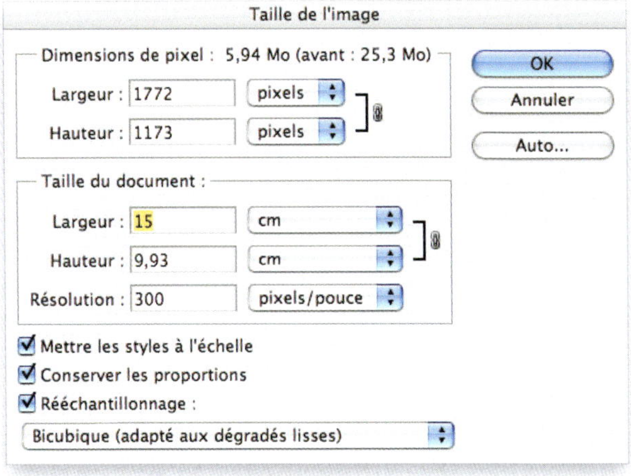

Réduire une image dont la résolution est de 300 ppp

Nous avons déjà expliqué comment modifier la taille d'une image produite par un appareil photo numérique qui ne dépasse pas les 72 ppp, mais avec une dimension d'image de l'ordre de 60 × 100 cm. Qu'en est-il pour un appareil dont les images font 300 ppp mais dans une dimension de 25 × 15 ? *A priori*, il suffit d'activer Rééchantillonnage dans la boîte de dialogue Taille de l'image, puis de saisir la dimension souhaitée. Ensuite, cliquez sur OK. L'image est réduite tout en conservant sa résolution de 300 ppp.

IMPORTANT Lorsque vous réduisez la taille d'une image avec cette méthode, l'image risque de devenir légèrement floue. Donc, après ce redimensionnement, je conseille d'appliquer le filtre Accentuation dont l'utilisation est étudiée au Chapitre 11.

Réduire une photo mais pas tout le document

Si votre document se compose de plusieurs photos, il est possible de les redimensionner indépendamment les unes des autres. Pour redimensionner une image sur un calque, cliquez sur le calque en question dans la palette Calques. Ensuite, appuyez sur Cmd+T (PC : Ctrl+T) pour activer la fonction Transformation manuelle. Maintenez la touche Maj enfoncée et faites glisser un des angles de l'image vers l'intérieur pour en réduire la taille. La touche Maj permet de conserver les proportions de la photo. Validez la modification en appuyant sur Entrée. Si après ce redimensionnement l'image vous semble un peu floue, appliquez le filtre Accentuation.

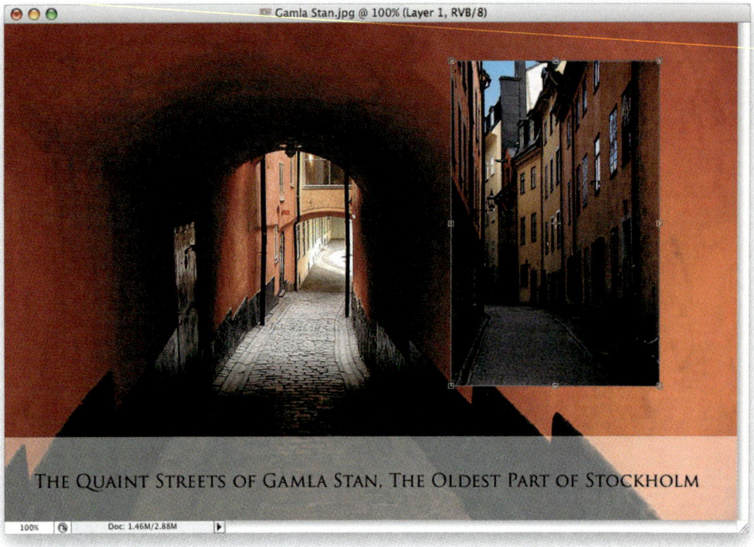

SCOTT KELBY

ASTUCE Si vous redimensionnez une photo dont vous ne pouvez pas atteindre certaines poignées quand la fonction Transformation manuelle est active, appuyez sur Cmd+0 (PC : Ctrl+0). La zone de travail s'élargit de manière à rendre visibles les poignées inaccessibles. Ce raccourci ne fonctionne que si la fonction Transformation manuelle est active, et si vous appuyez bien sur Cmd+0 (zéro) et non pas sur Cmd+O (lettre O).

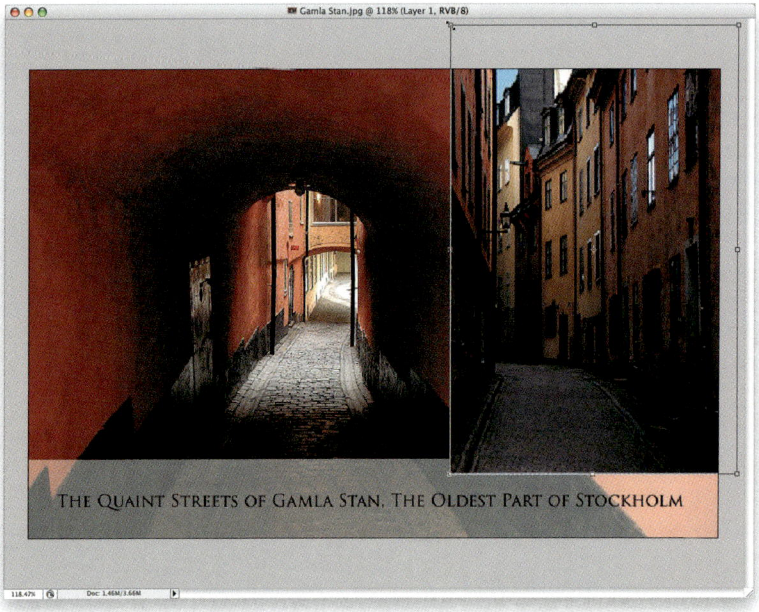

SCOTT KELBY

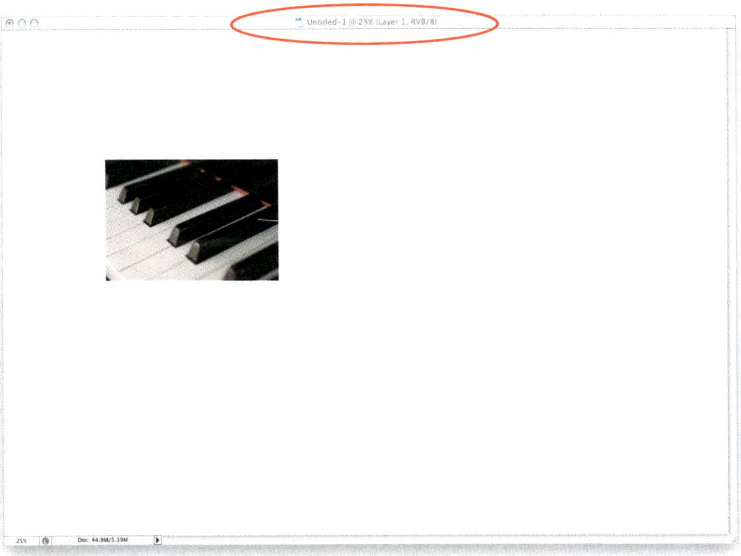

Problème de redimensionnement quand vous glissez une image d'un document dans un autre

C'est une opération rarement réalisée par le commun des mortels. Il s'agit d'ouvrir deux documents dans Photoshop et de les placer l'un à côté de l'autre. Un des documents est une photo en 72 ppp, et l'autre un document vierge en 300 ppp. Pourquoi, lorsque vous glissez-déposez la photo dans le document vierge, apparaît-elle si petite ? Tout simplement à cause de la différence de résolution. Si vous regardez la barre de titre du document de la photo du piano, vous constatez qu'elle s'affiche à 100 %, c'est-à-dire sa taille réelle. En revanche, si vous regardez le document en 300 ppp, vous constatez qu'il ne s'affiche qu'à 25 %... CQFD !

Redresser des photos

Lorsque vous photographiez sans trépied, un grand nombre de vos photos ne seront pas tout à fait droites. Il est très facile de les redresser.

Étape 1

Ouvrez la photo à redresser. Ensuite, dans la palette d'outils, activez l'outil Règle qui est groupé avec la pipette. Cliquez sur la pipette et, sans relâcher le bouton de la souris, glissez le pointeur jusqu'à l'outil Règle. Relâchez le bouton de la souris.

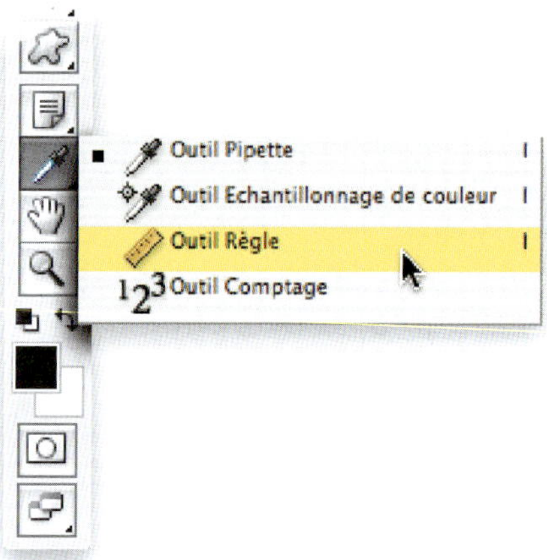

Étape 2

Dans la photo, essayez de trouver un élément qui devrait être droit, comme le sommet de la montagne située à droite sur la photo ci-contre. Cliquez et faites glisser horizontalement l'outil Règle. Au fur et à mesure que vous suivez cette ligne montagneuse, regardez l'angle dans la palette Informations et dans la barre d'options. Sachez que Photoshop mémorise cette mesure angulaire.

SCOTT KELBY

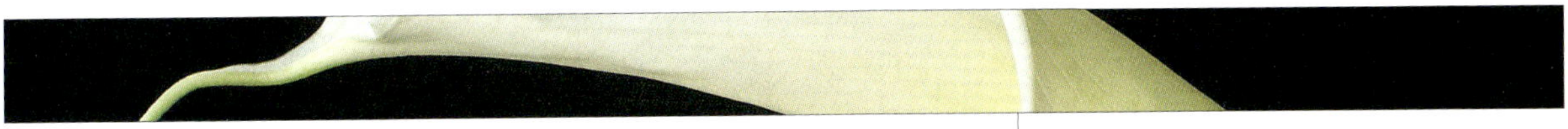

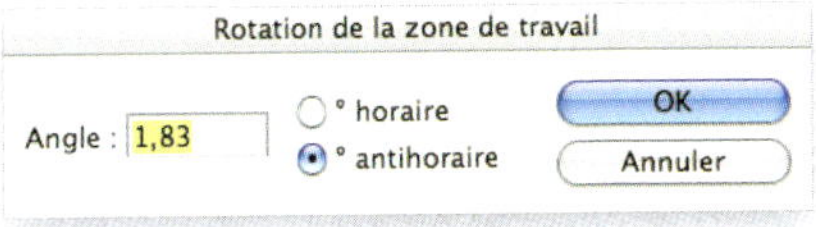

Étape 3

Dans le menu Image, cliquez sur Rotation de la zone de travail > Paramétrée. Photoshop affiche l'angle dans le champ éponyme de la boîte de dialogue Rotation de la zone de travail. Cette valeur correspond à ce que détermine l'outil Règle. Photoshop indique même dans quelle direction doit se faire la rotation pour compenser l'angle, c'est-à-dire horaire ou antihoraire.

Étape 4

Cliquez sur OK. L'image est redressée, mais bien mal cadrée !

Étape 5

Une fois l'image redressée, vous devez la recadrer pour supprimer les espaces blancs provoqués par la rotation. Appuyez sur C pour activer l'outil Recadrage, et définissez un recadrage à la limite des zones blanches. Validez en appuyant sur Entrée.

Astuce Lorsque vous utilisez l'outil Règle, la ligne créée reste affichée jusqu'à ce que vous redressiez l'image. Si vous désirez effacer cette ligne pour annuler ou refaire une mesure, cliquez simplement sur le bouton Effacer de la barre d'options.

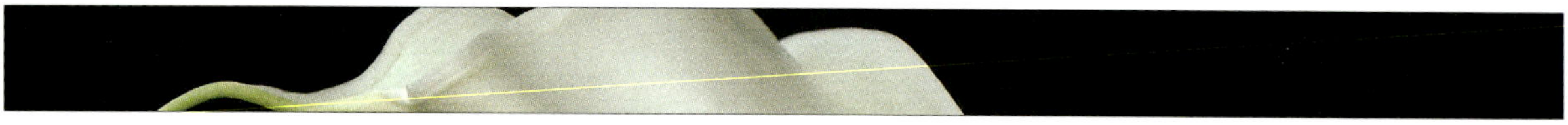

Recadrage et rotation automatiques

De nombreux utilisateurs ont des centaines de photos argentiques qui s'abîment dans des cartons à chaussures. Il faudrait les numériser pour les conserver *ad vitam aeternam*. Le problème est que la numérisation photo par photo est fastidieuse. Avec Photoshop, vous pouvez scanner plusieurs photos simultanément et les recadrer et les redresser en une seule opération.

Étape 1

Placez autant de photos que peut en contenir raisonnablement la vitre de votre scanner. Lancez la numérisation. L'ensemble des images s'affiche sur un document de grande taille comme ci-contre.

SCOTT KELBY

Étape 2

Ouvrez le menu Fichier, et choisissez Automatisation > Rogner et désincliner les photos.

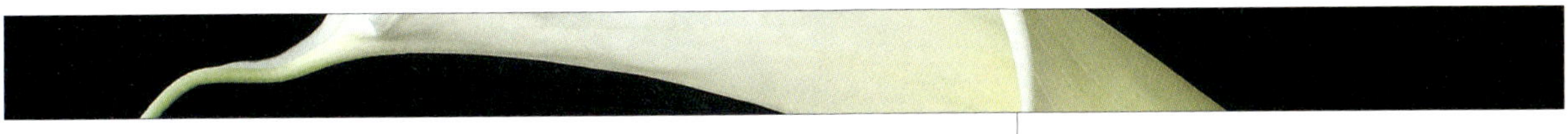

Étape 3

Aucune boîte de dialogue n'apparaît. Photoshop détecte les contours des images, les recadre et les redresse. Chaque photo est ensuite collée dans une image indépendante du document numérisé.

ASTUCE Si vous avez numérisé un grand nombre de photos, et que vous ne souhaitiez recadrer et placer que certaines d'entre elles dans des documents séparés, créez une sélection autour de ces images avec n'importe quel outil de... sélection. Pour ajouter une sélection, il suffit de maintenir la touche Maj enfoncée. Pour que cette astuce fonctionne, votre sélection doit être contiguë.

Étape 4

Cette automatisation fonctionne aussi sur une image seule, comme celle affichée ci-contre.

SCOTT KELBY

Étape 5

Lorsque vous exécutez la commande Rogner et désincliner les photos, Photoshop va créer une copie redressée de l'image comme ci-contre. Cette automatisation ne peut pas être parfaite. Toutefois, pour vous approcher de cette perfection, vous devez numériser des groupes de photos présentant des qualités tonales assez proches. Plus il y a de variations de couleurs, plus le redressement correct des images est complexe.

Photo Scott Kelby | Exposition : 1/8 s | Focale : 125 mm | Ouverture : $f/2{,}8$

Faire bonne impression

Imprimer et gérer les couleurs étape par étape

Dans la précédente version de ce livre, ce chapitre s'appelait simplement « Gestion de la couleur », alors qu'il est en réalité davantage orienté sur l'impression. Ce qui importe à un utilisateur comme vous et moi est d'obtenir sur papier exactement ce qu'il voit à l'écran. Pour cela, il faut que Photoshop soit capable de bien gérer les couleurs. Ah ! Finalement mon ancien titre n'était pas si mal. Pourquoi avoir voulu le changer ? Certainement pour répondre à cette incessante question : « Pourquoi mon imprimante ne représente-t-elle pas les couleurs exactement comme je les vois sur mon écran ? » Ne vous torturez plus l'esprit car Adobe a largement amélioré cet aspect des choses dans CS3.

Adéquation entre l'appareil et l'espace de couleur de Photoshop

La gestion des couleurs est un domaine sur lequel des livres entiers ont été écrits. Dans ce chapitre, nous allons simplement l'aborder pour que votre imprimante jet d'encre imprime le mieux possible les couleurs représentées à l'écran.

Étape 1

Pour qu'il y ait une cohérence entre les couleurs de l'appareil photo numérique et celles de Photoshop, ces deux maillons de la chaîne graphique doivent parler le même langage. Pour cette raison, si vous photographiez en JPEG, en TIFF ou en RAW + JPEG, je conseille de changer l'espace de couleur sRGB par défaut de votre matériel pour lui assigner Adobe RGB (1998). C'est l'espace idéal pour tous ceux qui impriment sur un périphérique jet d'encre. Maintenant, si vous ne photographiez qu'en RAW, vous pouvez ignorer cette étape car vous assignerez l'espace de couleur depuis Camera Raw. Je vais prendre l'exemple de mon Nikon D200. Pour commencer, j'appuie sur le bouton Menu situé derrière l'appareil.

Nikon D200

SCOTT KELBY

Étape 2

Quand son contenu apparaît, je fais tourner le sélecteur de manière à activer le menu Prise de vue. Ensuite, je choisis Espace couleur (Color Space sur cette illustration) en appuyant sur la flèche de droite.

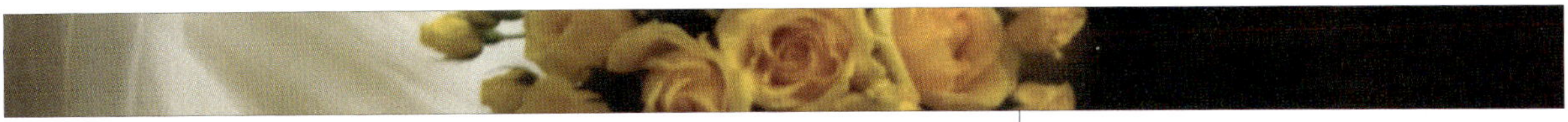

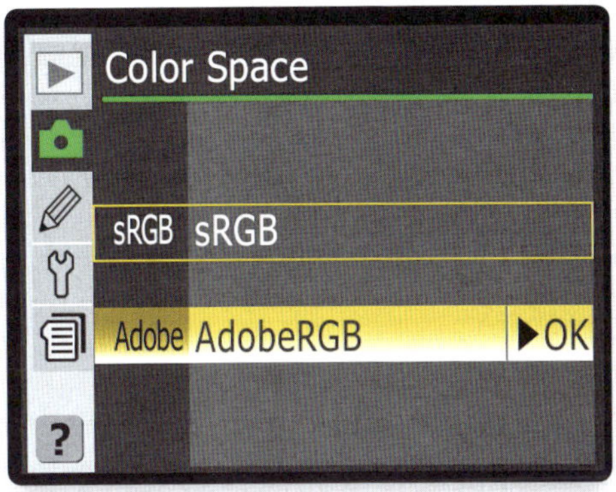

Étape 3

Cette action ouvre le menu Espace couleur (Color Space). En appuyant sur la flèche Bas, sélectionnez Adobe RGB. Ensuite, appuyez sur la touche droite pour valider votre choix.

Étape 4

Désormais, dans le menu Prise de vue (Shooting), vous voyez la mention Adobe à droite de la rubrique Espace couleur (Color Space). Vous venez de mener à bien la première phase d'une opération qui nous conduit vers la cohérence colorimétrique de l'impression.

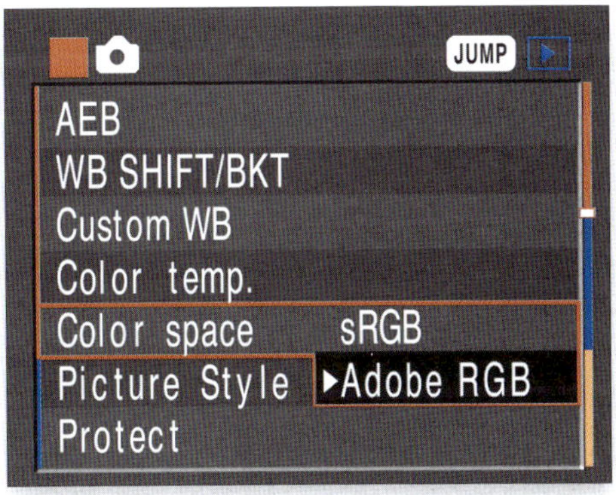

Configurer d'autres appareils

La méthode de réglage est sensiblement la même sur d'autres appareils reflex numériques, comme le très populaire Canon D30. Seul le nom des menus et l'emplacement de la rubrique Espace de couleur (ou autre appellation dans ce genre) diffèrent. Dans tous les cas de figure, choisissez Adobe RGB. Ah oui ! Il se peut que sur certains appareils vous lisiez Adobe RVB. C'est la même chose que Adobe RGB. N'hésitez pas à vous reporter au manuel d'utilisation de votre appareil.

Configurer Photoshop pour Adobe RVB (1998)

La cohérence de cette chaîne « graphique » passe maintenant par Photoshop. Vous devez abandonner l'espace sRGB par défaut pour choisir celui qui offre des couleurs bien plus riches ; je veux parler de Adobe RGB (1998).

Étape 1

Avant d'aller plus loin dans cette procédure, je rappelle que vous devez modifier l'espace de couleur de Photoshop si et seulement si vous imprimez avec une imprimante jet d'encre. Si vous envoyez vos photos à un laboratoire de tirage numérique, vous conserverez probablement l'espace sRGB. Dans ce cas, votre appareil photo numérique et Photoshop devront être configurés sur cet espace colorimétrique. Maintenant que vous avez compris cette différence, ouvrez le menu édition et choisissez Couleurs.

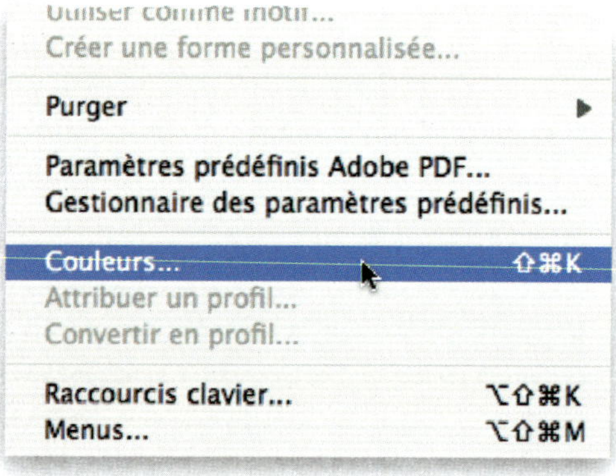

Étape 2

La boîte de dialogue éponyme apparaît. Par défaut, le menu local Paramètres affiche Utilisation générale pour l'Europe 2. La généralité ne fait pas bon ménage avec les photographes professionnels. Dans la section Espaces de travail, vous constatez que l'espace de couleur RVB est défini sur sRGB. Comme vous n'êtes pas tombé de la dernière pluie, vous allez modifier cela.

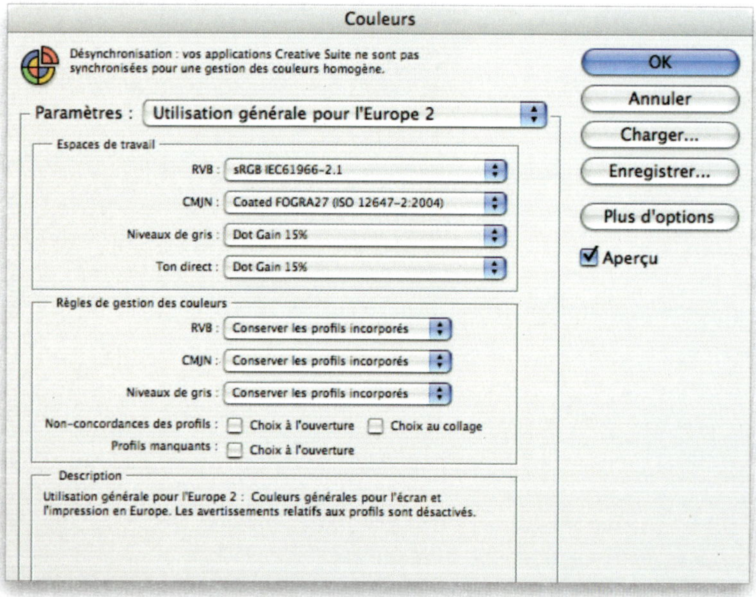

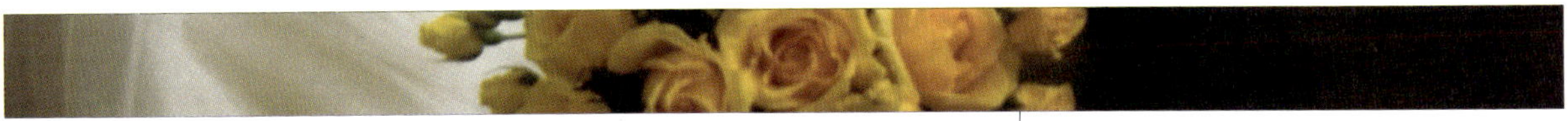

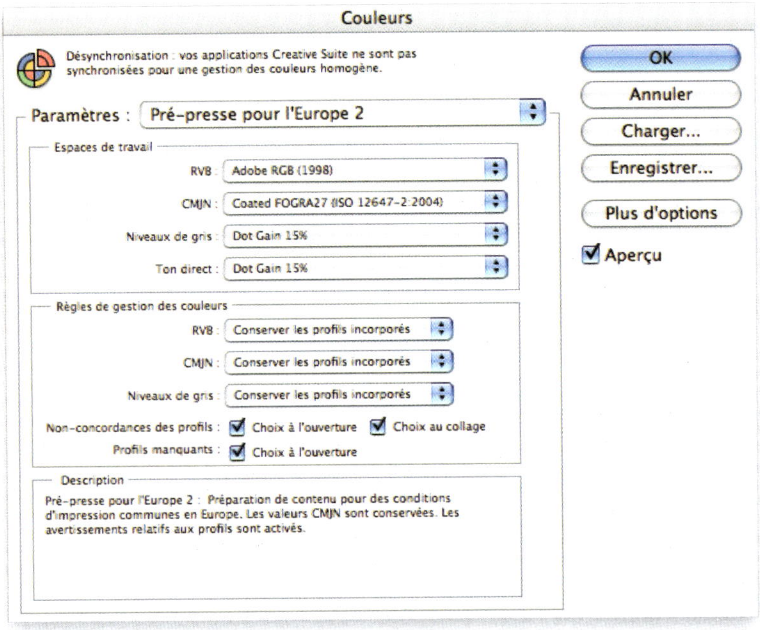

Étape 3

Pour travailler dans un espace qui se rapproche de celui des photographes professionnels, ouvrez le menu local Paramètres et choisissez Pré-presse pour l'Europe 2. Peu importe que vous destiniez vos fichiers à une impression professionnelle sur presse. En effet, Adobe RGB (1998) est un espace de couleur tout à fait approprié aux impressions jet d'encre. De plus, si vous choisissez ce paramètre prédéfini, des boîtes de dialogue d'avertissement s'afficheront chaque fois que vous tenterez d'ouvrir un fichier image dont le profil intégré ne correspond pas à l'espace de couleur de Photoshop.

Astuce Si vous utilisez Adobe Photoshop Lightroom pour imprimer, je vous conseille de travailler dans l'espace de couleur RVB ProPhoto RGB. Il s'agit de l'espace de couleur natif de Lightroom. Ainsi, lorsque vous exporterez un fichier depuis Lightroom vers Photoshop, pour y effectuer des modifications, et qu'ensuite vous l'enregistrerez dans Lightroom, vous ne quitterez jamais l'espace de couleur ProPhoto RGB.

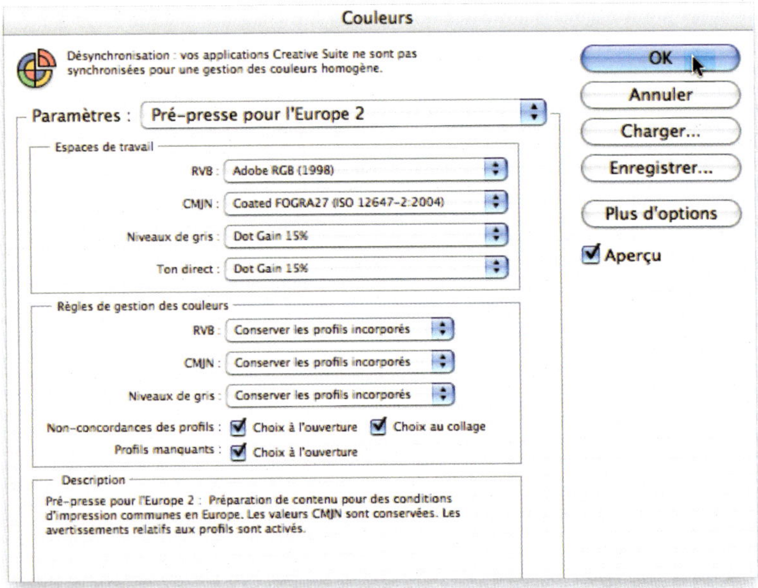

Étape 4

Avant de cliquer sur OK, et simplement pour le plaisir, ouvrez le menu local Paramètres et choisissez Web/Internet pour l'Europe. Vous constatez que l'espace de travail RVB rebascule vers sRGB. Ceci s'explique par le fait que cet espace particulier s'adapte très bien à la conception Web. Comme nous sommes des photographes, revenons à Pré-presse pour l'Europe 2. Cliquez sur OK. Cette fois, Photoshop est configuré pour travailler dans l'espace de couleur RVB de type Adobe RGB (1998). Toutefois, comme des messages d'avertissement risquent de s'afficher régulièrement à l'ouverture de vos images, passez à l'étape suivante.

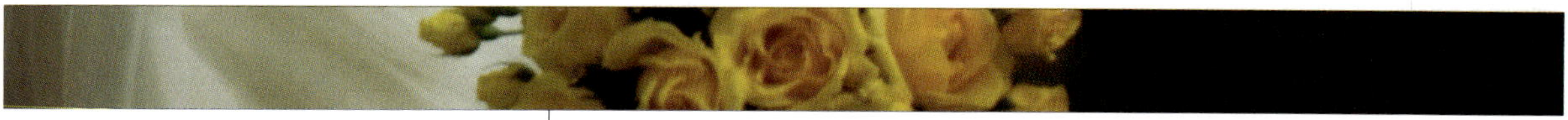

Étape 5

Supposons que vous choisissez d'ouvrir une photo au format JPEG. Si l'appareil photo numérique qui a pris ce cliché est configuré sur adobe RGB (1998) au même titre que Photoshop, aucun message ne s'affiche. Comme il y a concordance des deux espaces de couleur, l'image apparaît instantanément dans Photoshop. En revanche, si vous tentez d'ouvrir une photo JPEG prise dans l'espace de couleur sRGB, la boîte de dialogue Non-concordance des profils incorporés s'ouvre. Elle vous demande quel espace de couleur utiliser. Je conseille l'option Convertir les couleurs du document selon l'espace de travail.

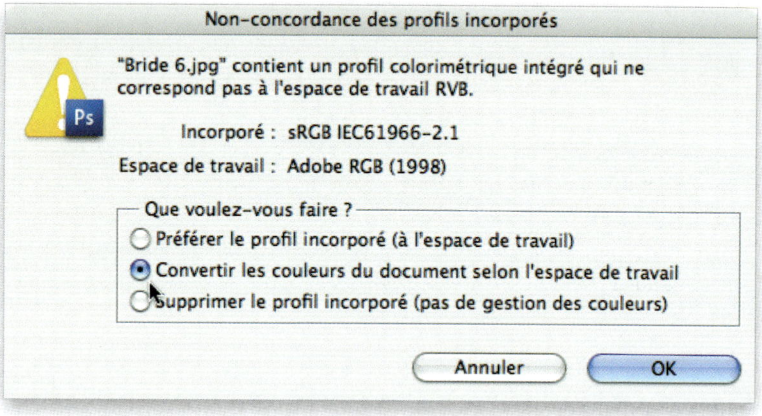

Étape 6

Si vous souhaitez que Photoshop procède automatiquement à cette conversion sans afficher le message d'avertissement, ouvrez de nouveau la boîte de dialogue Couleurs dans la section Règle de gestion des couleurs. Ouvrez le menu local RVB et choisissez l'option Conversion en RVB. Ensuite, décochez la case Non-concordance des profils. À partir de cet instant, toute photo de type sRGB sera automatiquement convertie dans l'espace de couleur Adobe RGB (1998).

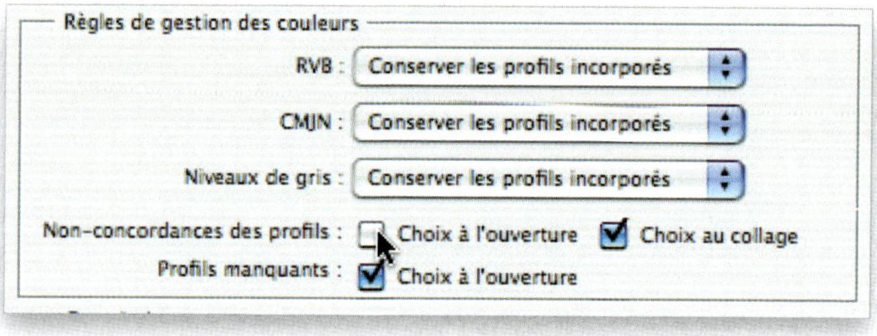

Étape 7

Que se passe-t-il si vous ouvrez dans Photoshop une photo qui n'a pas de profil incorporé ? Commencez par ouvrir cette photo. Ensuite, ouvrez le menu Édition et choisissez Attribuer un profil. Dans la boîte de dialogue qui apparaît, activez l'option Profil et choisissez, dans le menu local adjacent, Adobe RGB (1998).

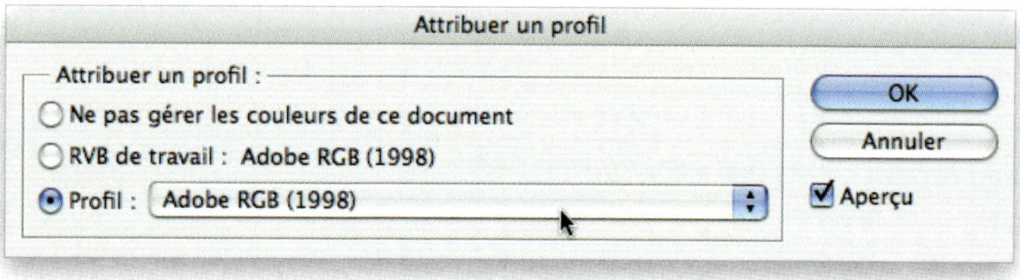

Étalonner votre moniteur

La chaîne graphique est quelque chose de très complexe. Pour que l'image affichée sur votre écran s'imprime le mieux possible sur votre périphérique jet d'encre, vous devez impérativement étalonner votre moniteur. Cet étalonnage est probablement le point le plus sensible de la procédure générale de calibration de la chaîne graphique. Vous avez deux possibilités : (1) investir dans un matériel disposant d'une sonde qui va calibrer très précisément votre écran ; ou (2) utiliser les programmes intégrés à Photoshop ou à votre système d'exploitation. Commençons par étudier la technique la moins onéreuse.

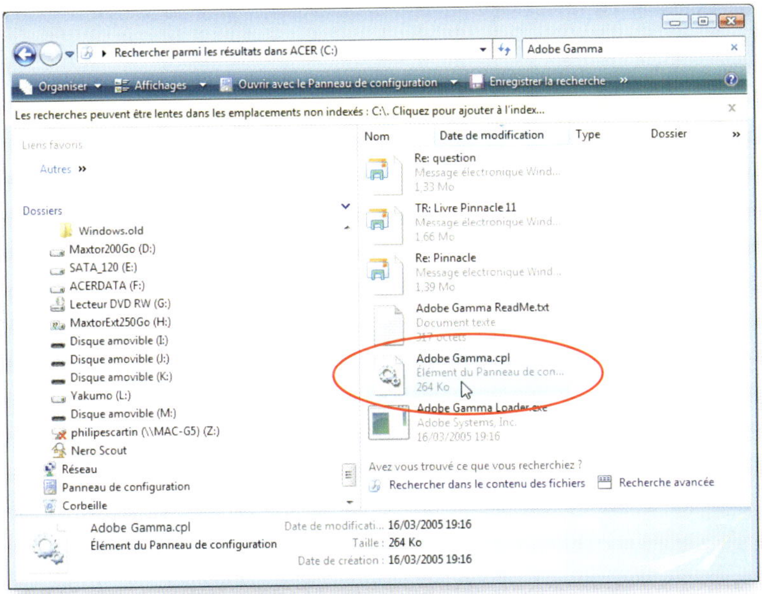

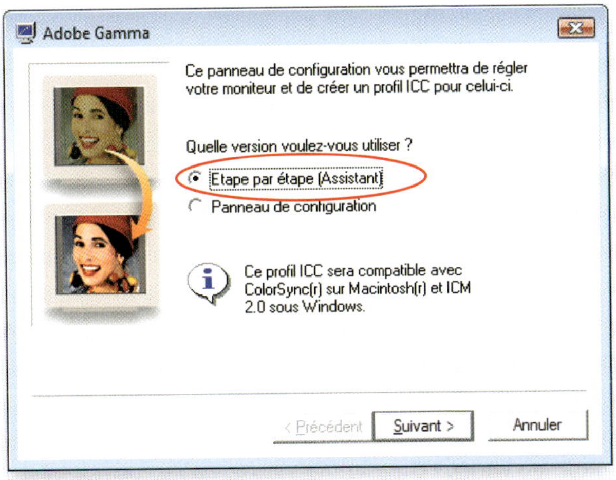

Calibration sans frais

La calibration du moniteur avec les outils du système d'exploitation ne se déroule pas de la même manière sur un Macintosh et sur un PC. Envisageons l'hypothèse du PC fonctionnant sous Windows Vista… c'est la galère. Vous allez utiliser l'application Adobe Gamma. Pour cela, commencez par ouvrir une fenêtre de l'Explorateur Windows. Ensuite, affichez le contenu de votre disque système C: et cliquez sur C:\Program Files\Common Files\Adobe\Calibration. Sur les PC français, vous ne trouverez pas Program Files. Dans ce cas, faites un clic droit sur l'icône de votre disque C:. Dans le menu contextuel, choisissez Rechercher et tapez Adobe Gamma. Dans la liste des fichiers trouvés, double-cliquez sur Adobe Gamma.cpl. Sous Windows XP, les choses sont plus simples car il suffit d'ouvrir le panneau de configuration.

Étape 1 (PC)

Vous ouvrez ainsi la boîte de dialogue Adobe Gamma. Activez l'option Étape par étape, et cliquez sur Suivant.

Étape 2 (PC)

Il est possible qu'au branchement de votre écran un profil ait été installé. L'utiliser permet de gagner du temps car ce profil répond seul à quelques questions de l'assistant. Cliquez sur le bouton Charger et sélectionnez le profil en question. Si ce n'est pas le cas, donnez une description au profil et cliquez sur Suivant.

Étape 3 (PC)

Commencez par régler le contraste et la luminosité, puis cliquez sur Suivant. Laissez les luminophores par défaut, sauf si vous connaissez leur nature, et cliquez sur Suivant. Pour régler les couleurs, décochez la case Afficher la courbe gamma. Ensuite, faites glisser les curseurs des trois couleurs RVB selon les indications de l'assistant.

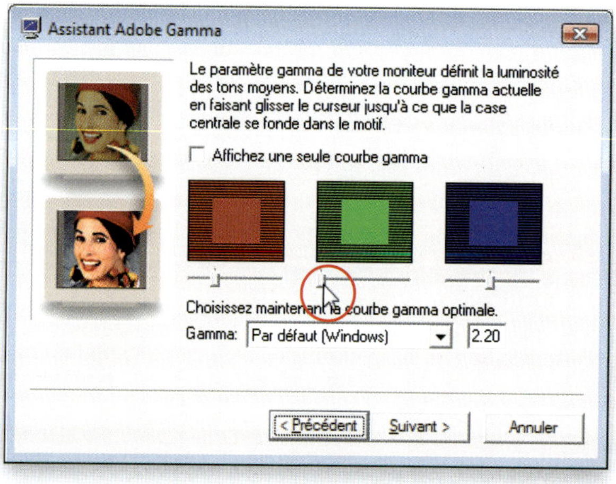

Étape 4 (PC)

À la fin de cette procédure empirique, comparez votre écran avant et après calibration. Vous en avez fini (je l'espère pour vous) avec l'étalonnage gratuit de votre PC sous Windows Vista.

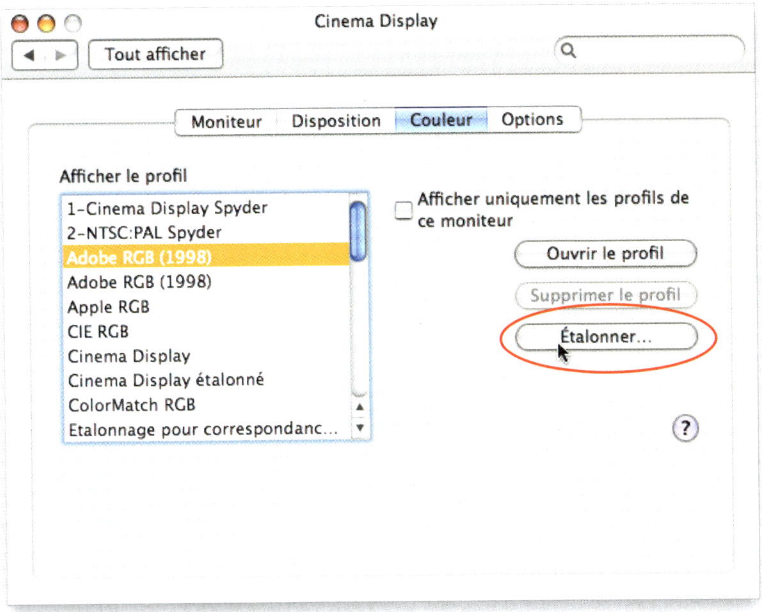

Étape 1 (Mac)

Sur Mac, vous utilisez le système d'étalonnage Apple. Pour cela, ouvrez les préférences système et cliquez sur Moniteurs. Dans la boîte de dialogue correspondant à l'écran raccordé à votre Mac, cliquez sur le bouton Couleur, puis sur Étalonner.

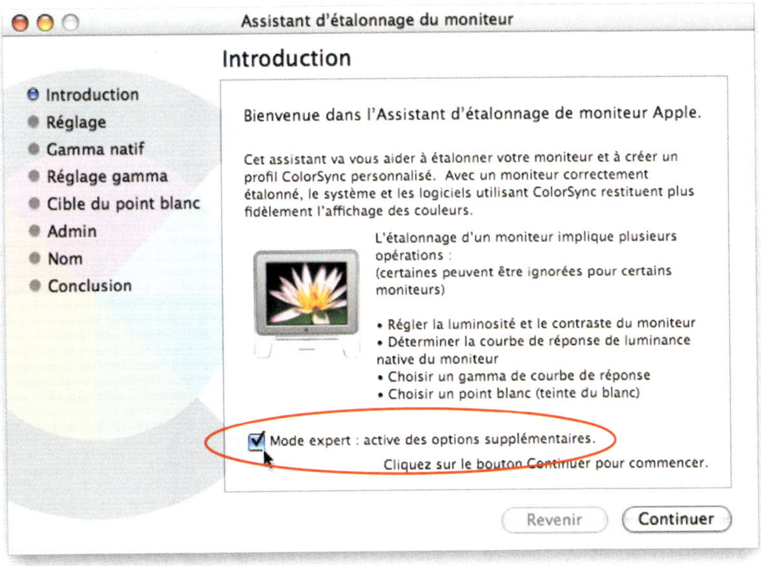

Étape 2 (Mac)

Dans l'assistant d'étalonnage qui apparaît, cochez la case Mode expert même si vous n'en êtes pas un (expert !). Cliquez sur Continuer.

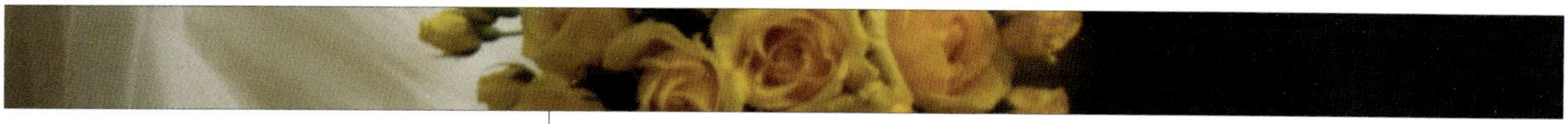

Étape 3 (Mac)

Toute la première partie de l'étalonnage consiste à régler des curseurs afin que la pomme du logo Apple corresponde bien au carré dans lequel elle apparaît. Contentez-vous de suivre les instructions et de faire confiance à votre œil. Après chaque réglage cliquez sur Continuer.

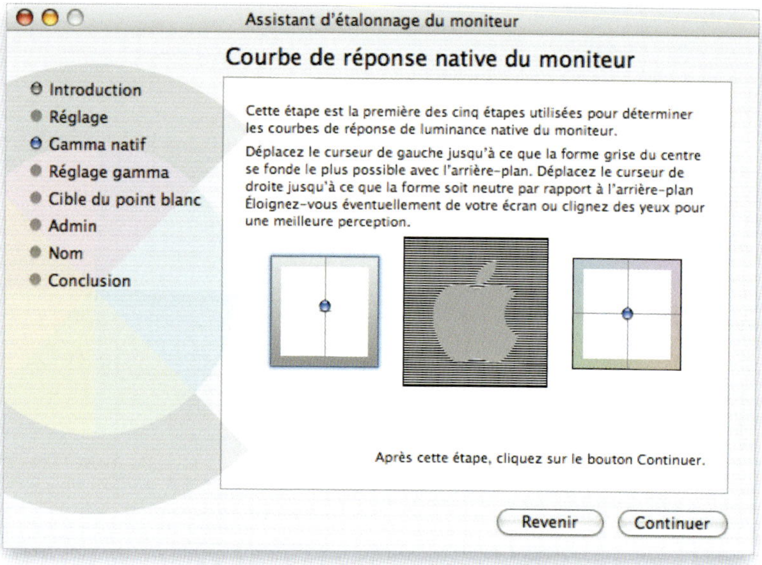

Étape 4 (Mac)

Vous survivrez à ces cinq étapes parfois pénibles. Le reste de la procédure pourrait être conduite par un enfant de cinq ans. Dans la fenêtre Sélection d'un réglage gamma, les photographes choisiront PC 2,2 car il crée un contraste plus riche. Une fois le curseur à cette position, cliquez sur Continuer.

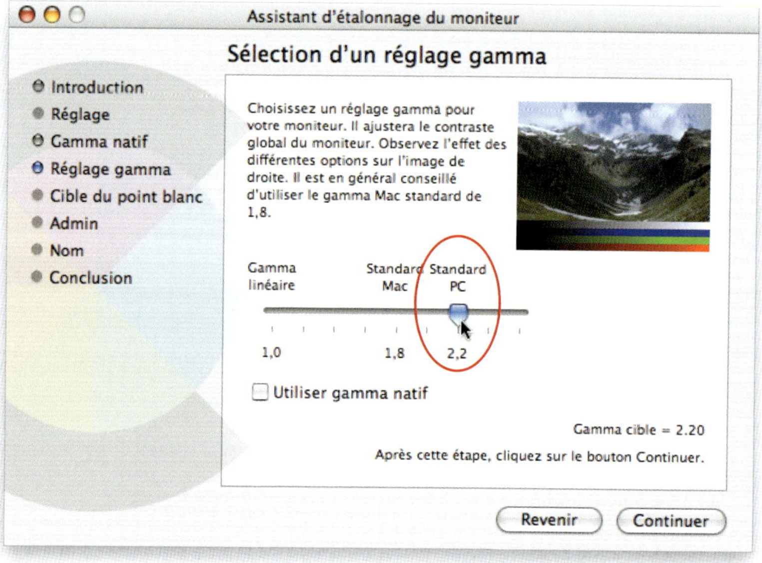

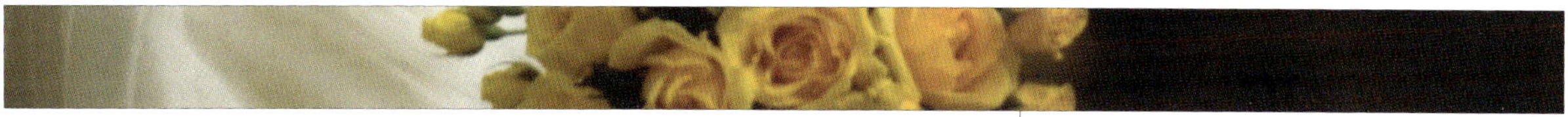

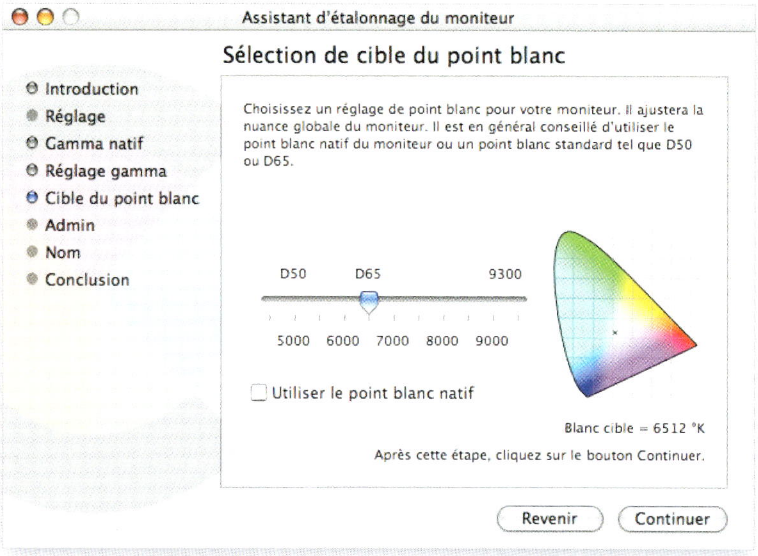

Étape 5 (Mac)

Définissez le point blanc. J'utilise D65 qui correspond à peu près à 6 500 kelvins. Pourquoi ? Car il délivre un point blanc sans dominante jaune. Une fois le curseur à cette position, cliquez sur Continuer. L'assistant vous demande si ce profil peut être utilisé par les autres personnes qui accèdent à cet ordinateur. Je ne peux pas répondre à votre place.

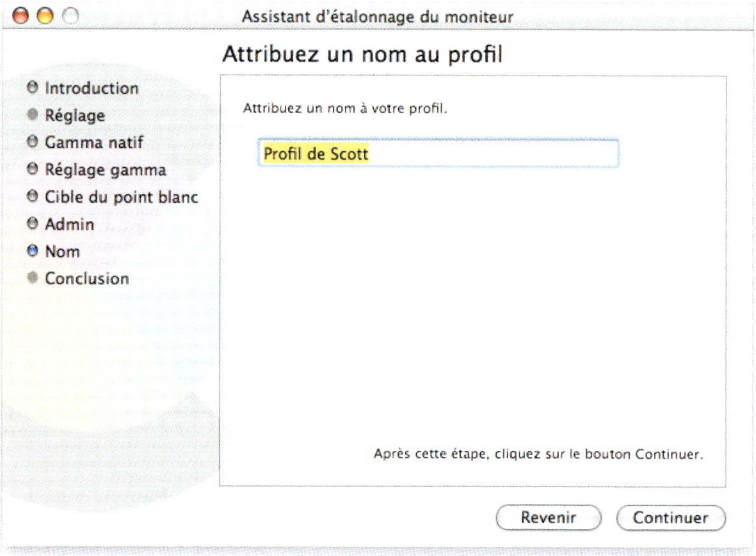

Étape 6 (Mac)

Cliquez sur Continuer. Donnez un nom au profil et cliquez sur Continuer. Si vous commettez des erreurs au cours de cet étalonnage, n'hésitez pas à cliquer sur le bouton Revenir pour modifier les paramètres d'une étape spécifique. Maintenant, cliquez sur Continuer, puis sur Terminé. Photoshop utilisera ce nouveau profil !

Étape 4

Au bout de 20 secondes, cliquez sur la flèche Droite, asseyez-vous et reposez-vous. Le logiciel effectue une série de tests avec des rectangles gris et blancs, puis avec diverses couleurs. Vous assistez à un véritable feu d'artifice numérique.

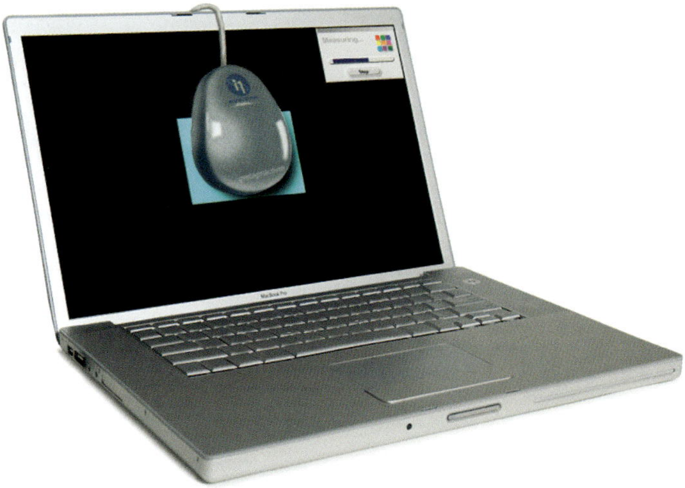

SCOTT KELBY

Étape 5

Cette procédure prend environ sept minutes. Une fois terminée, elle permet de comparer le rendu des couleurs avant et après l'étalonnage. Vous risquez d'être surpris par la teinte bleue ou rouge prise par votre écran. Cliquez sur le bouton Finish Calibration. Voilà ! L'écran est calibré, mais encore faut-il que l'imprimante le soit aussi car pour le moment vous n'avez que précisé les couleurs affichées à l'écran.

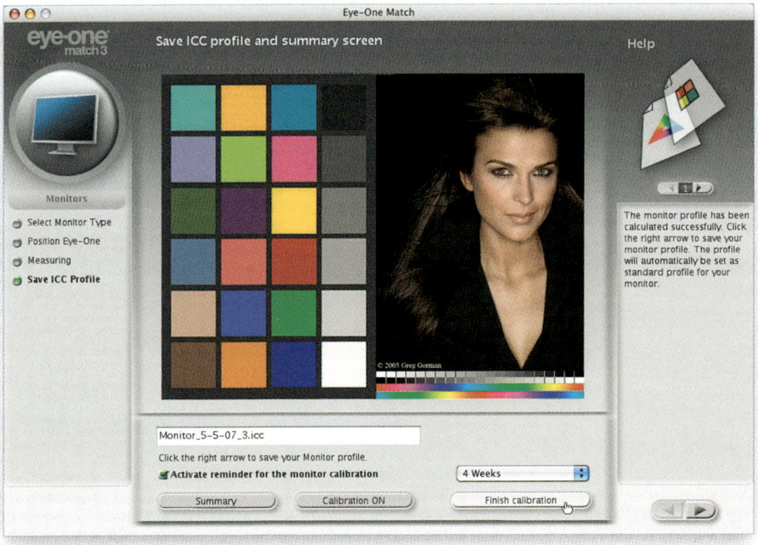

Les autres secrets pour une impression fidèle

L'achat d'une imprimante, suivi de l'installation de son pilote d'impression, permet à Photoshop de savoir sur quel type de périphérique vous imprimez vos photos. Cependant, avec Photoshop, il est impossible d'obtenir des impressions qui soient aussi fidèles que l'image affichée à l'écran si vous n'utilisez pas le bon profil de papier. Heureusement, la plupart des constructeurs d'imprimantes jet d'encre mettent ces profils à votre disposition sur leur site Web. L'utilisation du bon profil fait-il vraiment la différence ? Installez lesdits profils, achetez les papiers correspondants, faites des tests, et vous comprendrez votre douleur quand vous n'utilisez pas le bon profil.

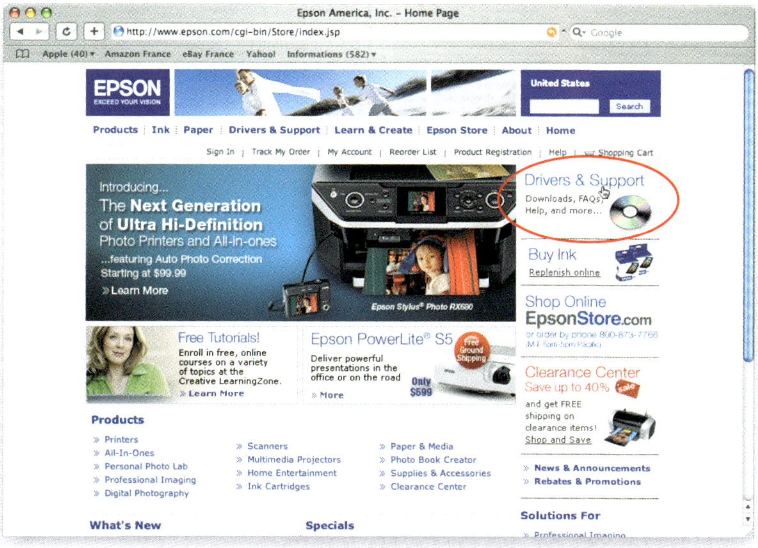

Étape 1

La première chose à faire est de visiter le site Web du fabricant de votre imprimante pour y trouver les fameux profils. Personnellement, j'utilise deux imprimantes Epson – Stylus Photo R2400 et Stylus Pro 3800 – avec lesquelles j'utilise le papier Epson. Or, après avoir installé les pilotes d'impression, je me suis aperçu qu'aucun profil de papier Epson n'avait été installé. Je suis donc allé sur le site Web américain de la marque japonaise, puis j'ai cliqué sur le lien Drivers & Support.

NOTE Même si vous n'utilisez pas une imprimante Epson, poursuivez votre lecture. Vous comprendrez pourquoi dans quelques instants.

Étape 6

Dans la section Photo Papers, je clique sur le type de papier Red River que j'utilise, c'est-à-dire Ultra Pro Satin. Le téléchargement commence.

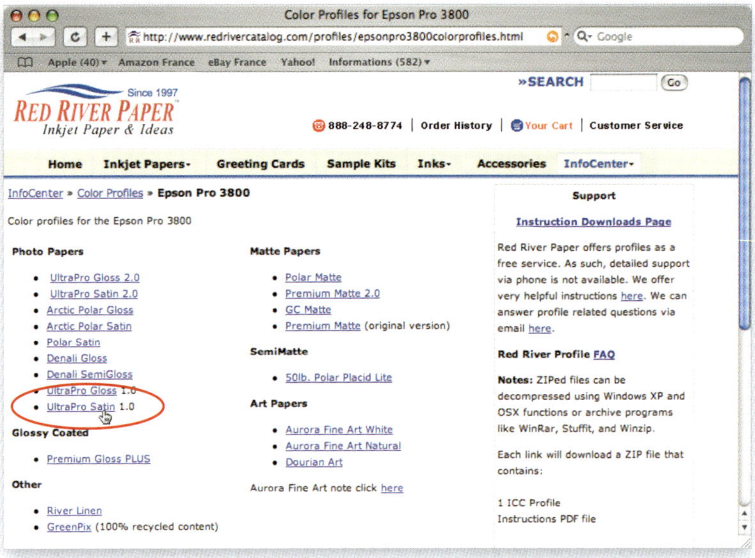

Étape 7

Contrairement à Epson, les profils Red River n'ont pas d'installeur. Vous devez donc procéder manuellement à leur installation. Sous Windows Vista, vous devez dézipper le fichier téléchargé. Ensuite, ouvrez le dossier du profil, faites un clic droit sur le fichier .icc et, dans le menu contextuel, choisissez Installer un profil. (Si vous utilisez Windows XP, vous devez copier le fichier .icc dans C:\Windows\system32\spool\drivers\color.) Sur Mac, ouvrez le dossier Bibliothèque de votre disque dur, puis le dossier Color Sync. Glissez-déposez le fichier du profil dans le dossier Profiles. Inutile de redémarrer Photoshop CS3. Le contenu de ses profils est immédiatement mis à jour.

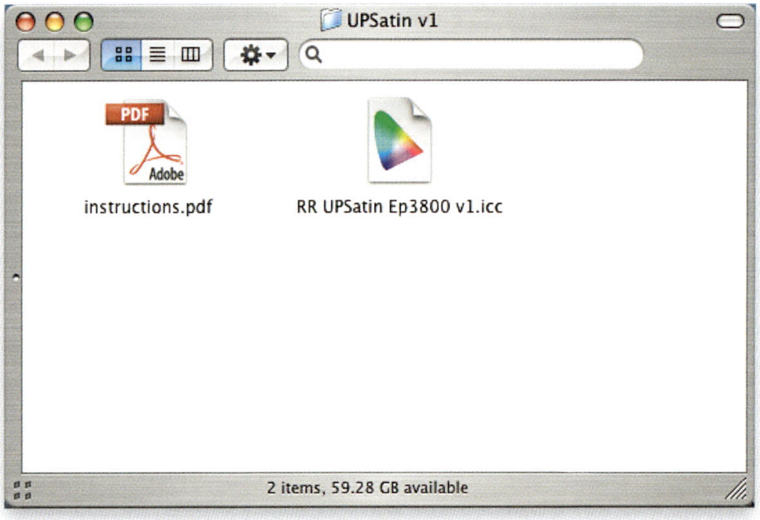

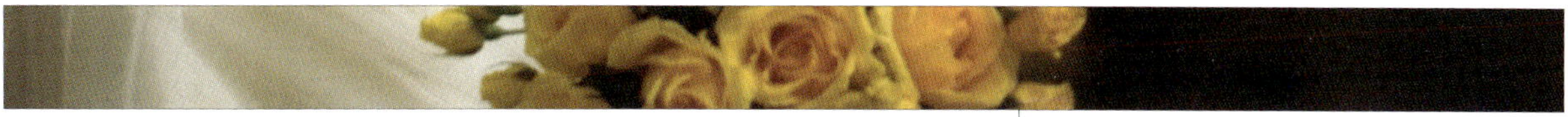

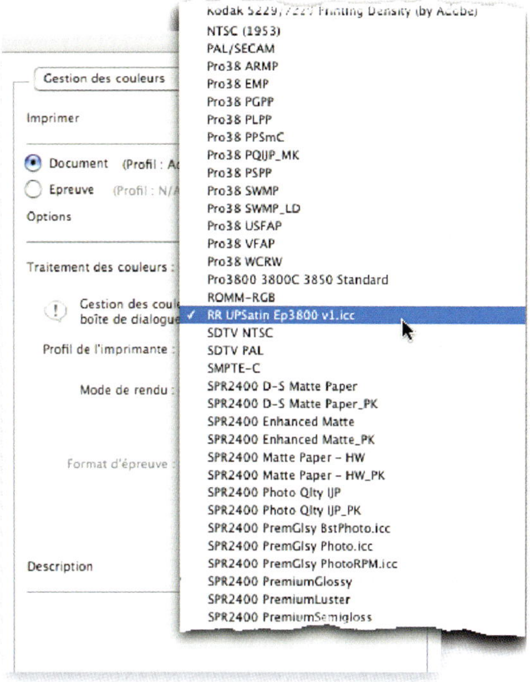

Étape 8

Pour voir si les profils sont bien présents dans Photoshop, ouvrez le menu Fichier et cliquez sur Imprimer. Dans le menu local Profil de l'imprimante, vous trouvez le profil de papier Red River que vous venez d'installer. Dans mon cas, il s'agit du profil RR UPSatin Ep3800v1.icc. Vous en saurez davantage sur l'utilisation de ces profils dans la suite de ce chapitre.

Astuce Vous pouvez également payer une société spécialisée pour qu'elle crée des profils personnalisés. Vous imprimez une page test que vous envoyez à cette société. Avec une technologie de mesure spectrale très coûteuse, elle mesure les couleurs et crée un profil personnalisé. Ce profil ne fonctionne que pour cette imprimante particulière qui utilise telle encre et tel papier spécifiques. Il est possible de créer des profils personnalisés soi-même. Pour cela, il faut investir dans un package comme la série des i1Photo de X-Rite. Vous pouvez faire des profils à volonté chaque fois que vous changez de papier ou d'encre. L'inconvénient de ce principe est que l'investissement de départ est substantiel.

Imprimer

Bon ! Vous avez un appareil photo numérique calibré sur Adobe RGB (1998) ; vous avez étalonné manuellement ou matériellement votre écran ; vous avez configuré l'espace de couleur de Photoshop sur Adobe RGB (1998) ; toute photo qui n'intègre pas le profil Adobe RGB se le verra attribuer automatiquement ; vous venez de télécharger et d'installer les profils de papier de votre imprimante. Qu'attendez-vous pour imprimer ?

Étape 1

Dans le menu Fichier de Photoshop, cliquez sur Imprimer. Avec Photoshop CS3, l'aperçu avant impression vous est imposé. Qui s'en plaindra ?!

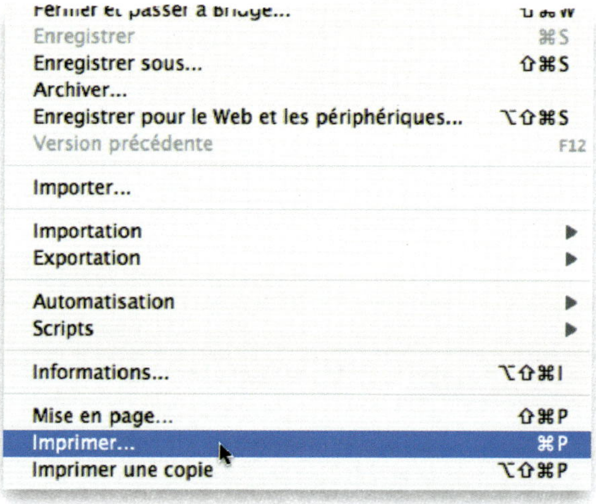

Étape 2

Dans le menu local Imprimante, sélectionnez le périphérique d'impression que vous utilisez. Ensuite, cliquez sur le bouton Mise en page. Dans la liste Format pour, choisissez l'imprimante employée de manière à n'afficher que les tailles de papier qu'elle prend en charge. (Sur PC, il se peut que le fait de cliquer sur le bouton Mise en page ouvre le pilote d'impression.) Choisissez votre papier comme le fameux 16 × 20 pouces que vous venez d'installer de chez Red River. Laissez l'échelle à 100 %, définissez si besoin l'orientation du chargement du papier et cliquez sur OK.

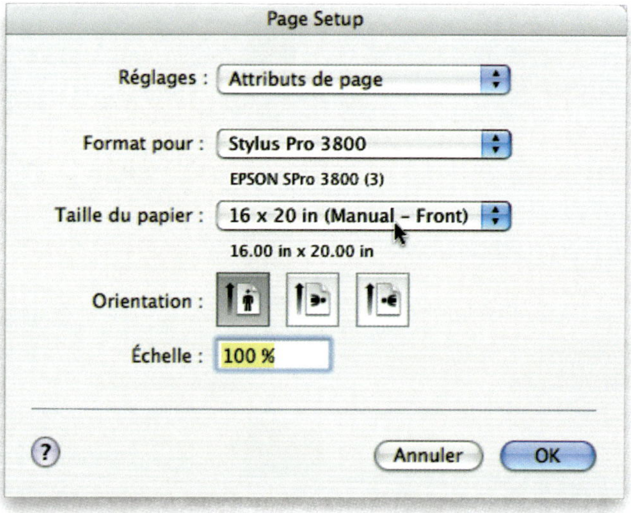

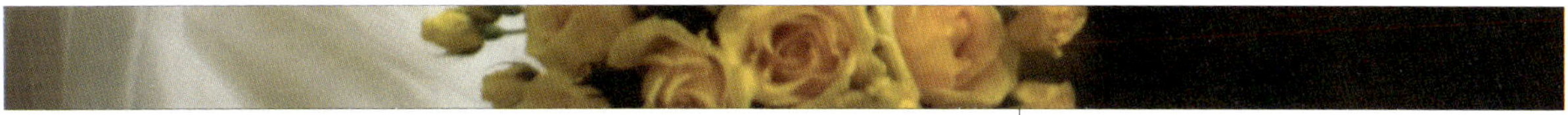

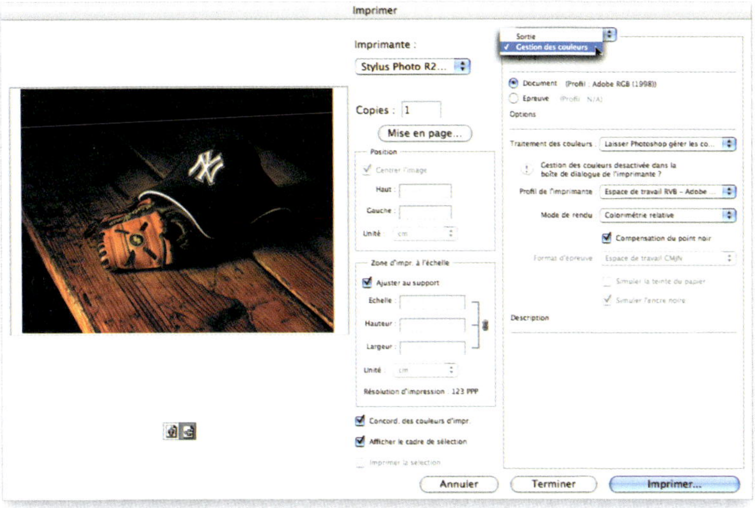

SCOTT KELBY

Étape 3

Dans le menu local situé en haut à droite de la boîte de dialogue Imprimer, sélectionnez Gestion des couleurs. Ensuite, dans la liste Imprimante, choisissez la vôtre.

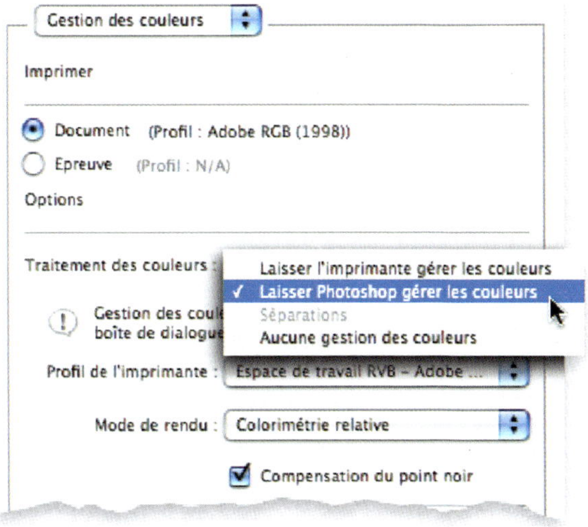

Étape 4

Dans le menu local Traitement des couleurs, choisissez Laisser Photoshop gérer les couleurs. Ainsi, vous pourrez utiliser le profil téléchargé pour votre imprimante et le papier utilisé. Ceci permet d'obtenir l'impression la plus précise possible. C'est le truc ! Par défaut, ce paramètre est réglé sur une gestion des couleurs laissée à la charge de l'imprimante. Vous ne choisirez cette solution que si vous ne disposez pas de profil pour un papier particulier. Bien entendu, ce n'est pas le meilleur choix. Mais, à défaut de profil de papier, vous devez vous y résoudre. L'imprimante s'en sortira mieux que si vous assignez n'importe quel profil.

Étape 5

Une fois que vous avez indiqué que le traitement des couleurs serait pris en charge par Photoshop, vous devez sélectionner le profil de l'imprimante. Comme je vais imprimer sur une Stylus Pro 3800 Epson avec un papier Epson Premium Luster, je choisis ce profil dans le menu local Profil de l'imprimante. Ceci permet d'obtenir une optimisation des couleurs pour cette imprimante et ce papier particulier.

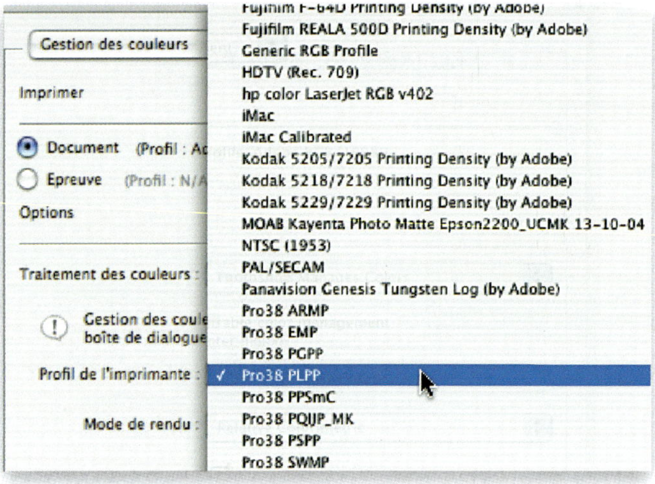

Étape 6

Vous devez ensuite choisir le mode de rendu. Je conseille Colorimétrie relative (par défaut) ou Perception. Pourquoi ? Le mode de rendu choisi dépend de quelques essais à réaliser avec votre imprimante. Pour ma part, la Stylus Pro 3800 donne le meilleur d'elle-même avec la colorimétrie relative. Donc, comparez les deux modes de rendus sur une même impression.

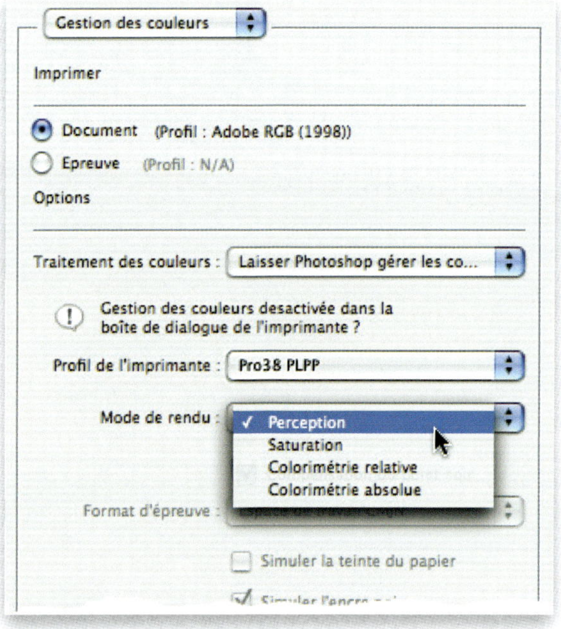

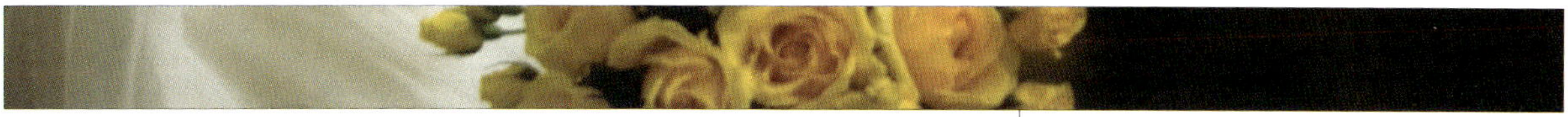

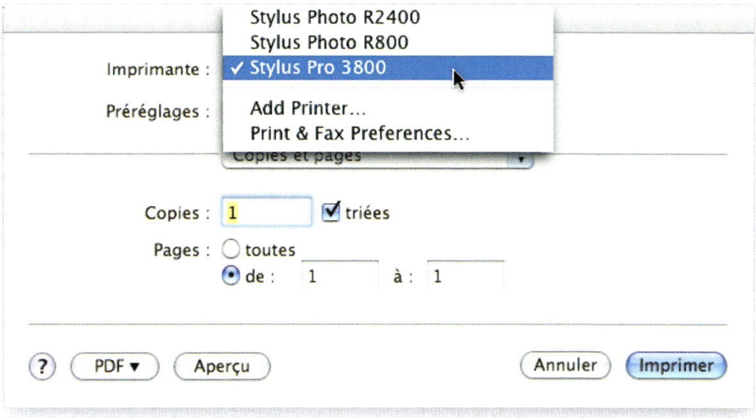

Étape 7

Avant de cliquer sur le bouton Imprimer, vérifiez que la case Compensation du point noir est cochée. Cette option permet de conserver la majorité des détails dans les tons foncés de votre photo. Maintenant, cliquez sur Imprimer. Une nouvelle boîte de dialogue apparaît. Dans le menu local Imprimante, choisissez la vôtre. Sur PC, vous accédez à la boîte de dialogue Imprimer où vous sélectionnez votre imprimante parmi des icônes. Ensuite, cliquez sur Préférences pour définir les options de votre pilote d'impression.

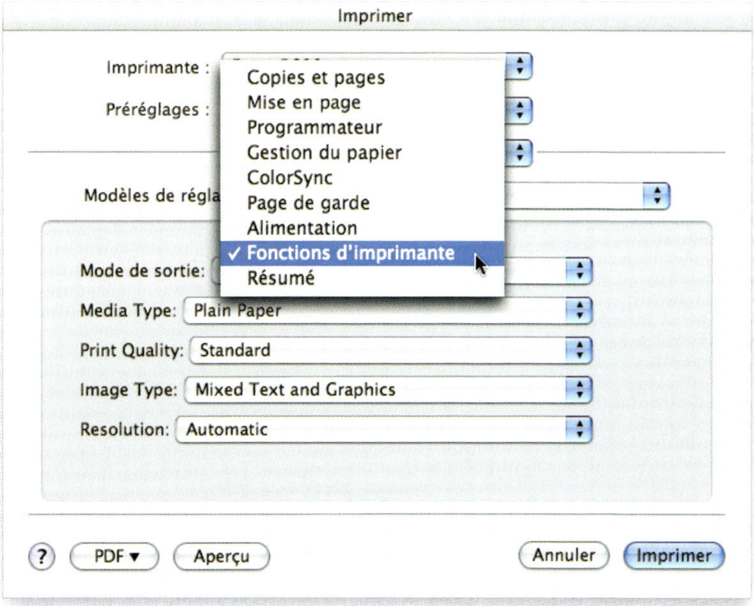

Étape 8

Cliquez sur la liste affichant Copies et pages. Choisissez Fonctions d'imprimante de manière à configurer la meilleure qualité d'impression.

Attention Le contenu de la liste Copies & pages dépend de votre imprimante. Vous devez donc regarder toutes les options de cette liste pour savoir à quel niveau intervenir afin d'obtenir l'impression la plus juste. Sur PC, le fait de cliquer sur le bouton Préférences donne accès au pilote d'impression de votre périphérique. Divers onglets permettent de choisir des qualités différentes et de sélectionner le bon papier.

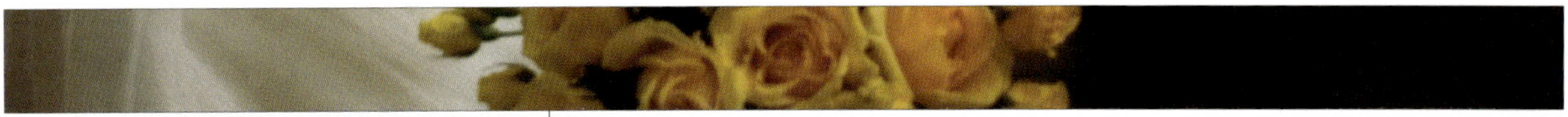

Étape 9

Sélectionnez le type de papier dans le menu local Media type. Comme j'imprime sur un papier Premium Luster Photo, je sélectionne cette option.

NOTE Le papier Premium Luster Photo est mon préféré pour les impression couleur et noir et blanc. Vient ensuite le Velvet Fine Art, que j'utilise lorsque je souhaite un rendu qui simule un peu l'aquarelle. Sur ce papier, vos photos paraissent plus douces. Testez-le sur des images de fleurs, de paysage et de nature en général. En revanche, lorsque vous désirez des photos bien nettes, oubliez ce papier.

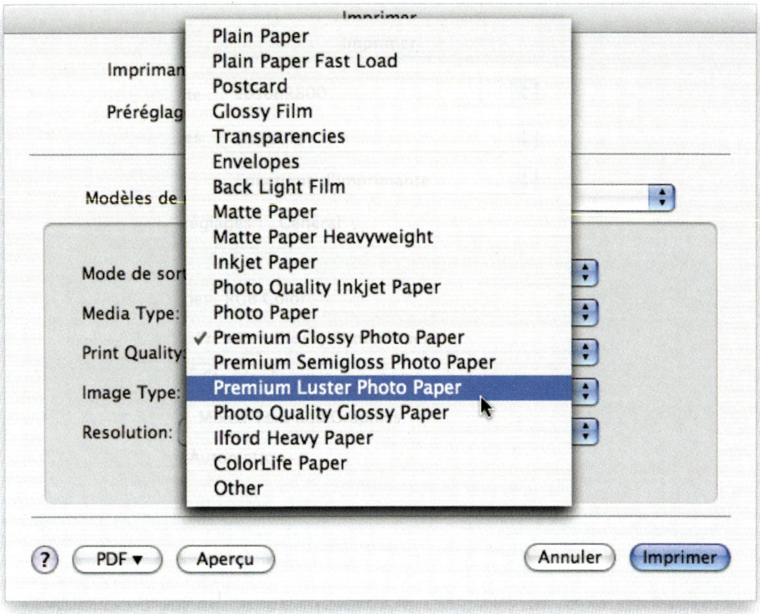

Étape 10

Dans la section Mode, activez l'option des paramètres avancés. Choisissez ensuite la qualité d'impression. Comme je souhaite la meilleure sortie possible, je serais tenté de sélectionner Super-Photo – 2880 dpi. Mais voilà, des tests m'ont montré que le temps passé, la qualité et la consommation d'encre n'étaient pas proportionnellement meilleurs que le résultat obtenu avec SuperFine 1440 dpi. Là encore, il faudra faire des tests et noter vos réglages sur chaque feuille ainsi imprimée de manière à les réitérer dès que vous utiliserez tel ou tel type de papier.

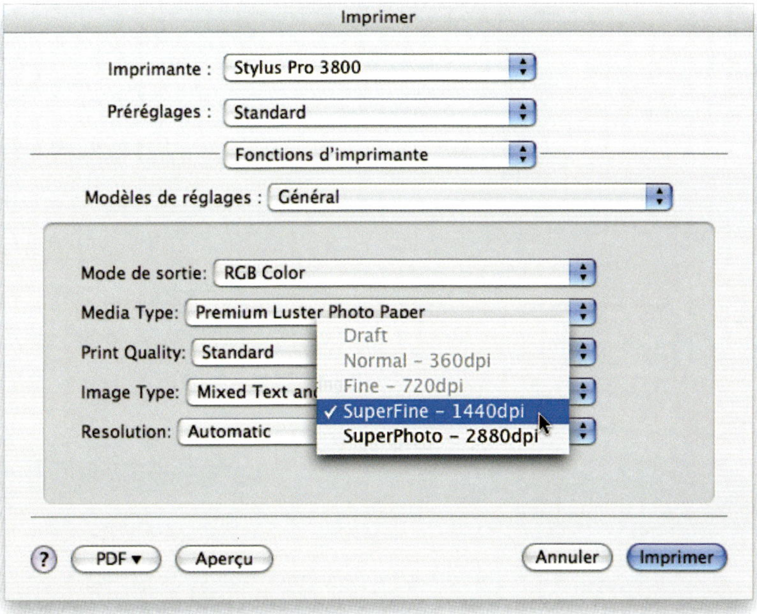

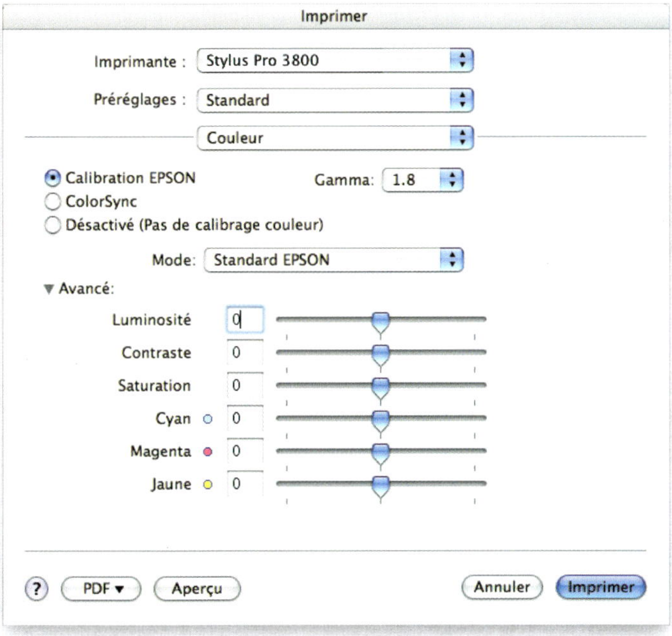

Étape 11

Désactiver la gestion des couleurs est un point sensible. Lorsque vous choisissez Couleur, des options supplémentaires apparaissent. Ignorez tout cela pour la simple et bonne raison que ce n'est pas l'imprimante qui va gérer les couleurs mais Photoshop. Donc, activez l'option Désactivé (Pas de calibrage des couleurs).

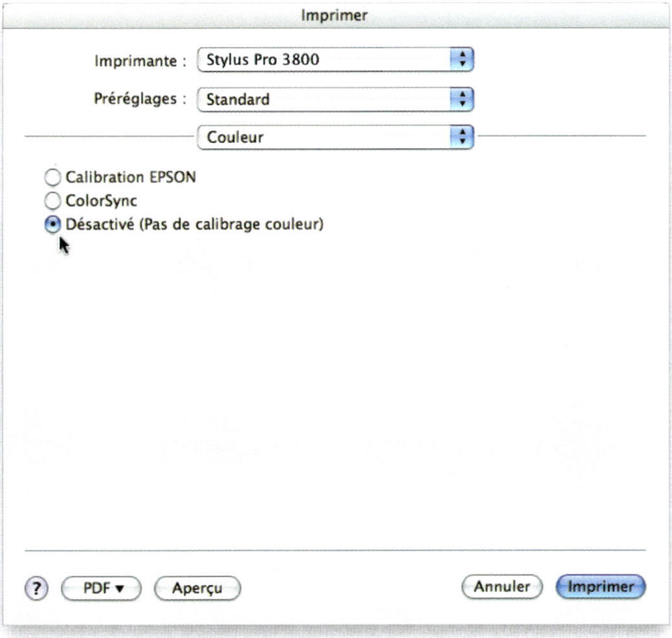

Étape 12

Dès que vous désactivez le calibrage des couleurs, toute tentation disparaît de votre vue. Photoshop va prendre en charge cette gestion. Ceci est normal puisque c'est tout de même dans ce programme que vous avez corrigé votre image et indiqué que Photoshop gérerait les couleurs. N'entrez pas en contradiction avec votre choix en faisant intervenir un paramètre supplémentaire qu'est le pilote de l'imprimante.

Attention Lorsque vous imprimez avec une imprimante jet d'encre, ne convertissez jamais vos photos en CMJN. C'est pourtant très tentant quand on sait que les encres principales des imprimantes sont le cyan, le magenta, le jaune et le noir… (CMJN, tiens tiens…) Si vous procédez à cette conversion, l'imprimante tentera de tout reconvertir en RVB au moment d'imprimer… catastrophe assurée.

Photo Scott Kelby | Exposition : 1/20 s | Focale : 220 mm | Ouverture : ƒ/4,0

Couleur locale

Les secrets de la correction des couleurs

« Couleur locale » est un bien joli titre qui veut bien dire ce qu'il veut dire. Là où nous sommes, et là où sont les autres, les couleurs chatoyantes ont toutes une identité qu'il faut savoir préserver. Avec les qualités et les défauts du numérique, il faut savoir parfois intervenir sur les couleurs pour les corriger du mieux qu'on le peut. Photoshop a progressé de version en version. Vous disposez désormais de quelques outils et fonctions très puissants qui donnent un contrôle quasi absolu sur la couleur.

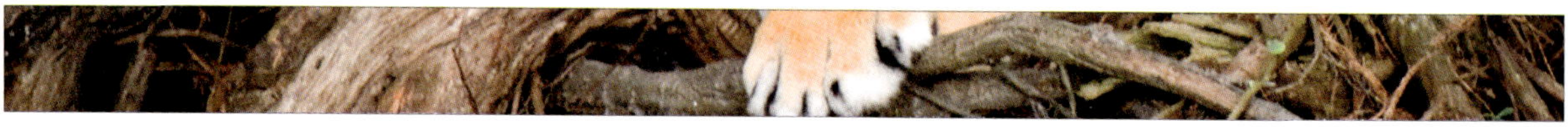

Deux choses à faire avant de corriger quoi que ce soit

Pour obtenir un résultat précis dans la correction des couleurs, vous devez régler l'outil Pipette. Ensuite, vous devez définir un gris neutre derrière vos images pour être certain que l'arrière-plan n'affecte pas votre perception des couleurs. Ces deux réglages sont déterminants.

Étape 1

Dans la palette Outils, cliquez sur la pipette (ou appuyez sur la lettre I). Regardez la barre d'options. Dans le menu local Taille, vous constatez que plusieurs types de prélèvements sont possibles. Choisissez un des paramètres Moyenne lorsque vous travaillez sur des images en haute résolution. Ainsi, Photoshop échantillonnera une zone plus large, donc plus représentative des pixels qu'elle contient.

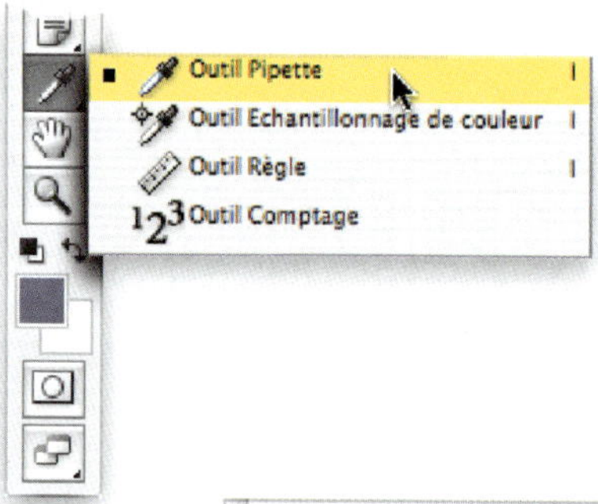

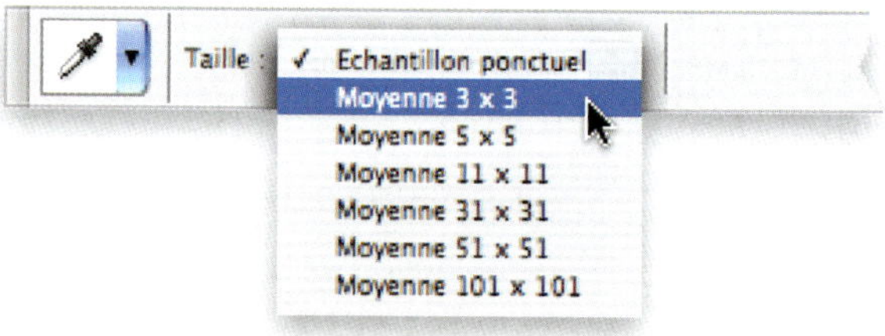

Étape 2

Lorsque vous travaillez dans Photoshop, il est conseillé d'afficher un arrière-plan uni. Toutefois, cet arrière-plan ne doit pas perturber votre appréciation des couleurs. Donc, appuyez sur la lettre F. L'image apparaît sur un gris moyen. Pour choisir un autre type d'affichage du document, appuyez plusieurs fois sur F.

SCOTT KELBY

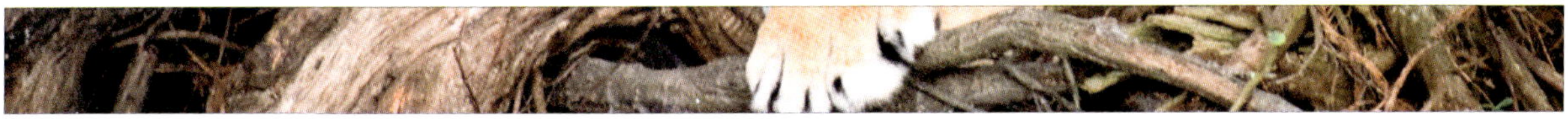

Correction des couleurs des photos numériques

Aussi puissante que puisse être la technologie numérique, il y a une chose que les appareils photo ne savent pas encore faire à la perfection : reproduire la précision des couleurs. Il est rare qu'un appareil photo numérique n'introduise pas une couleur dominante dans chacune de ses images. En règle générale, il s'agit du rouge. Mais certains appareils introduisent du bleu. Peu importe ! La seule chose qui vous intéresse est de savoir que votre appareil photo numérique génère systématiquement une couleur dominante plus ou moins visible en fonction des clichés. Voici comment régler ce problème.

SCOTT KELBY

Étape 1

Ouvrez une photo RVB dont vous désirez corriger les couleurs. (La photo ci-contre ne paraît pas si mauvaise que cela. Toutefois, vous verrez que dans la procédure de correction des couleurs, la majorité des photos qui paraissent acceptables peuvent être considérablement améliorées.)

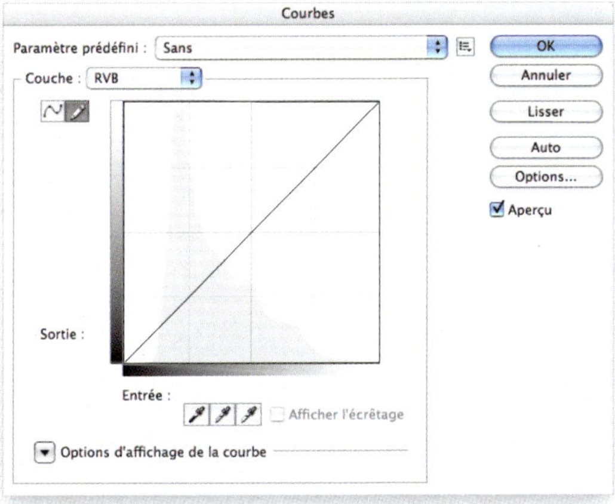

Étape 2

Ouvrez le menu Image, puis choisissez Réglages > Courbes, ou appuyez sur Cmd+M (PC : Ctrl+M). L'outil Courbes est particulièrement apprécié des professionnels de la photographie, car il donne un contrôle immense sur la correction des couleurs. Au premier abord, la boîte de dialogue Courbes est impressionnante. Toutefois, les techniques que vous allez apprendre ici ne nécessitent aucune connaissance préalable de cet outil.

Étape 3

Pour corriger correctement les couleurs, vous devez procéder à quelques réglages dans la boîte de dialogue Courbes. Commencez par cibler une couleur représentative des tons foncés. Double-cliquez sur la pipette noire.

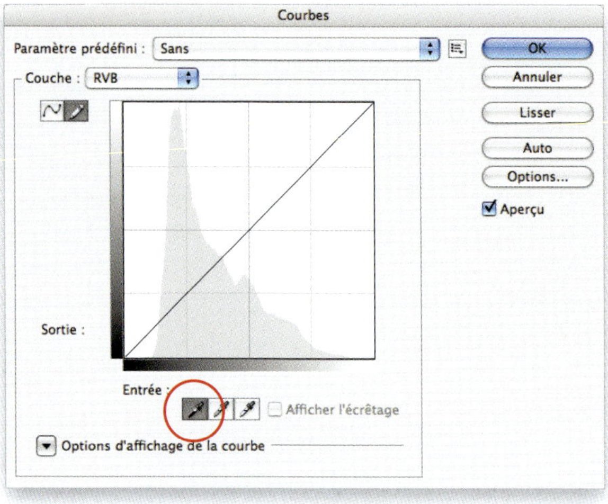

Étape 4

Cette action ouvre la boîte de dialogue Couleurs des tons foncés cible. Vous allez entrer ici de nouvelles valeurs RVB, qui vont faciliter la suppression de n'importe quelle couleur dominante introduite par un appareil photo numérique. Pour modifier ces valeurs, il suffit de cliquer successivement sur chacun des champs R, V et B :

Pour R, tapez 10.

Pour V, tapez 10.

Pour B, tapez 10.

Cliquez sur OK pour enregistrer ces valeurs comme couleurs des tons foncés cible. En indiquant la même valeur dans les trois champs RVB, vous êtes certain que les tons foncés ne seront pas submergés par une quantité trop importante d'une même couleur. Le fait de saisir la valeur 10 permet d'assurer des foncés encore très sombres, tout en préservant les détails lorsque vous imprimez vos photos.

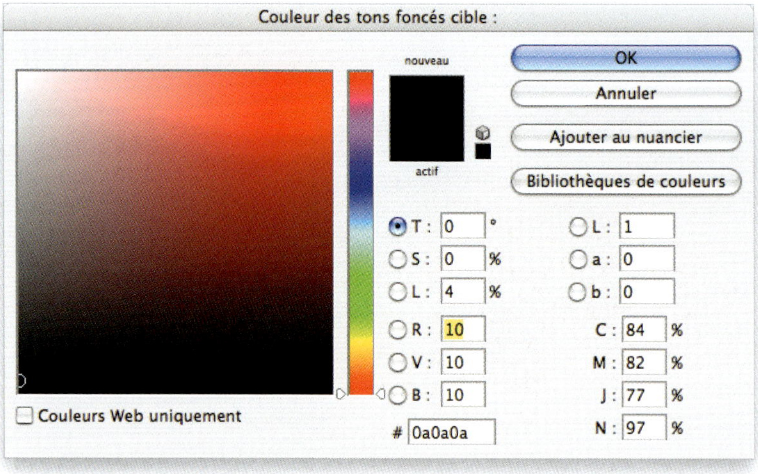

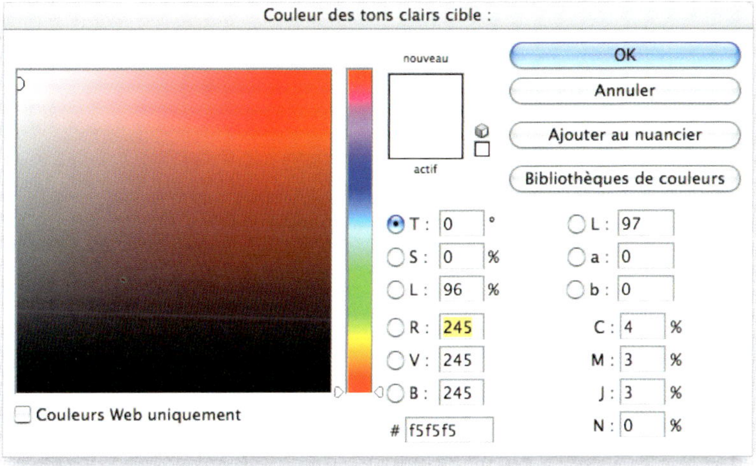

Étape 5

Vous devez maintenant effectuer la même chose pour les tons clairs. Dans la boîte de dialogue Courbes, double-cliquez sur la pipette blanche (celle de droite). Dans la boîte de dialogue Couleurs des tons clairs cible, entrez la valeur 245 dans chacun des champs RVB. Pour passer d'un champ à l'autre, appuyez simplement sur la touche Tab. Cliquez sur OK pour valider ces nouvelles valeurs des tons clairs cible.

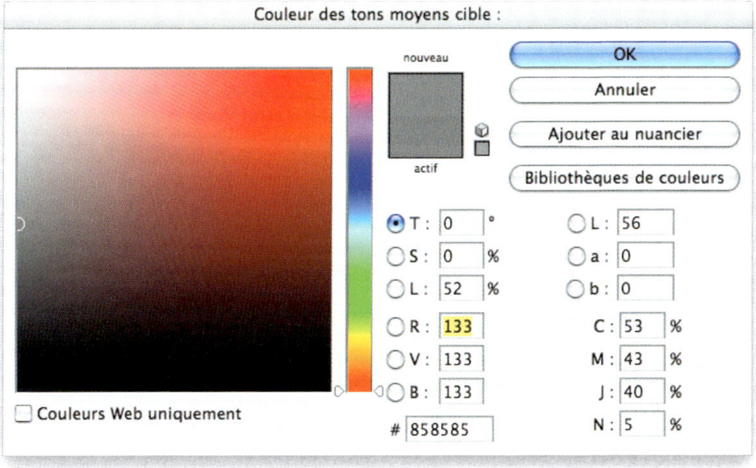

Étape 6

Enfin, intéressez-vous aux tons moyens. Double-cliquez sur la pipette du point gris située au centre. Vous allez définir la couleur des tons moyens cible. Dans chacun des champs RVB, tapez la valeur 133. Cliquez sur OK pour valider cette nouvelle couleur des tons moyens cible. Vous venez de faire la plus dure partie du travail.

Continued

Étape 7

Cliquez sur le bouton OK de la boîte de dialogue Courbes. Un message vous demande de confirmer l'enregistrement des nouvelles couleurs cible comme valeurs par défaut. Comme vous n'avez pas fait tout ce travail pour rien, cliquez sur Oui. Dorénavant, vous n'avez plus besoin d'entrer ces valeurs chaque fois que vous corrigez une photo. Donc, la prochaine fois que vous corrigerez la couleur d'une photo, inutile de répéter cette procédure.

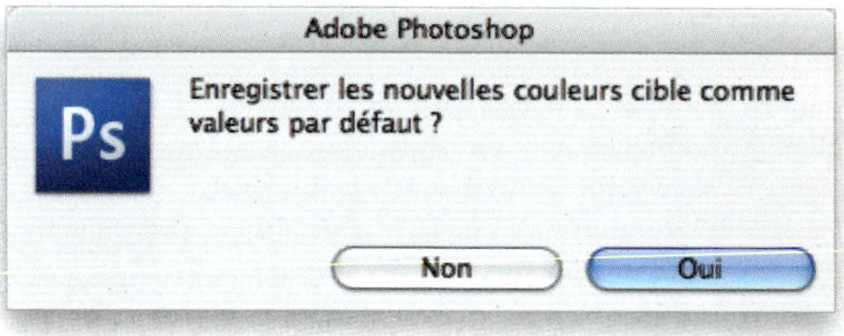

Étape 8

Maintenant, vous allez utiliser ces mêmes pipettes de la boîte de dialogue Courbes pour vos travaux de correction de la couleur. Voici comment les employer :
(1) Sur votre photo, identifiez un élément dont la couleur devrait être le noir. Si vous ne parvenez pas à localiser le noir en question, choisissez la zone la plus foncée de votre image. Avec la pipette de définition du point noir (pipette des tons foncés), vous allez cliquer sur cette zone pour indiquer à Photoshop que cette portion de l'image doit être considérée comme étant noire.
(2) Sur la photo, identifiez un élément qui devrait être blanc. Si vous ne parvenez pas à trouver cette couleur supposée blanche, choisissez la zone la plus claire de votre photo. Avec la pipette de définition du point blanc (pipette des tons clairs), vous allez cliquer sur cette zone pour indiquer à Photoshop que cette portion de l'image doit être considérée comme étant blanche.
(3) Sur la photo, identifiez un élément qui devrait être gris moyen. Cliquez dessus avec la pipette de définition du point gris (pipette des tons moyens).

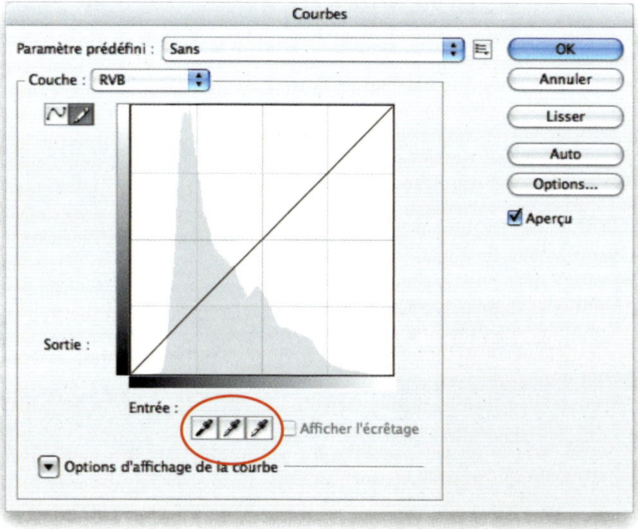

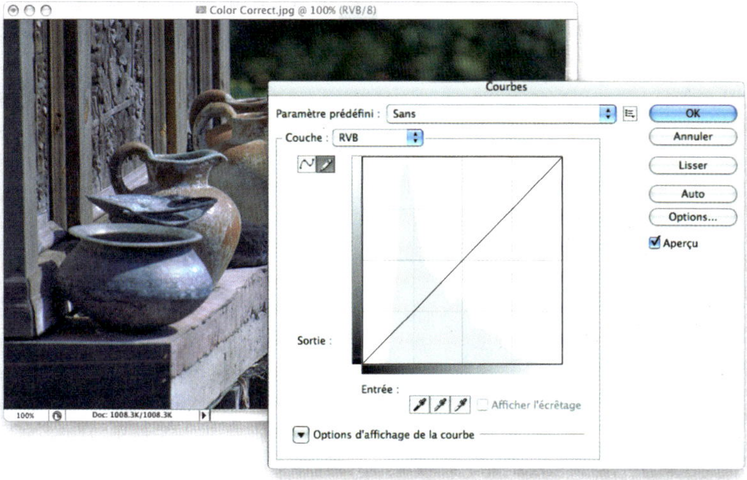

Étape 9

Commençons par définir les tons foncés. Appuyez sur Cmd+M (PC : Ctrl+M) pour ouvrir la boîte de dialogue Courbes. Vous devez trouver dans l'image un élément supposé être noir. Sur notre photo, l'ombre située sous les pichets fera parfaitement l'affaire. Si vous ne parvenez pas à identifier un tel élément, Photoshop peut vous montrer exactement où se situent les parties les plus sombres de la photo.

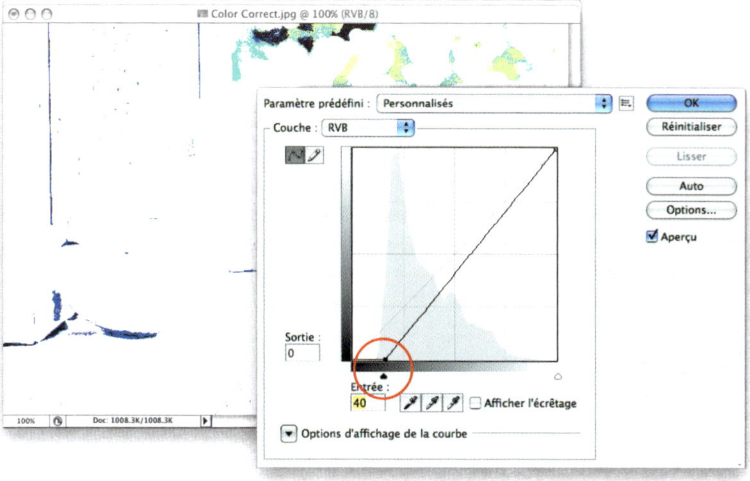

Étape 10

À la base de la courbe, vous trouverez deux curseurs. Appuyez sur la touche Option (PC : Alt) et faites glisser le curseur noir (celui de gauche) vers la droite. L'image devient blanche et affiche peu à peu des couleurs. Elles identifient les zones les plus foncées de la photo. Photoshop vous indique exactement les endroits où vous pouvez cliquer avec la pipette. (Ici, sous le premier pot.)

Étape 11

Maintenant que vous savez où se situe votre zone sombre, relâchez la touche Option (PC : Alt). Replacez le curseur noir à sa position d'origine. Ensuite, avec la pipette du point noir, cliquez à la base du premier pot. Cette zone devient un ton foncé neutre, et la couleur dominante initiale disparaît.

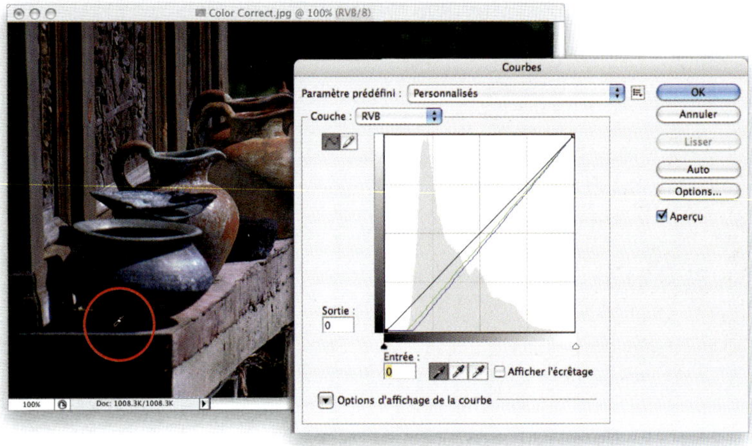

Astuce Dès que vous cliquez sur la zone, trois nouvelles lignes apparaissent sur la courbe. Elles montrent comment les couches Rouge, Vert et Bleu sont affectées. Si la présence de ces lignes vous perturbe, masquez-les. Pour cela, cliquez sur le bouton Options d'affichage de la courbe. Dans la section Afficher, décochez Incrustations de courbe.

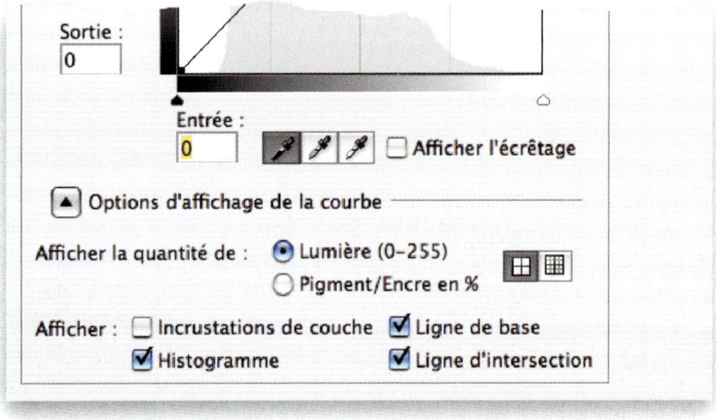

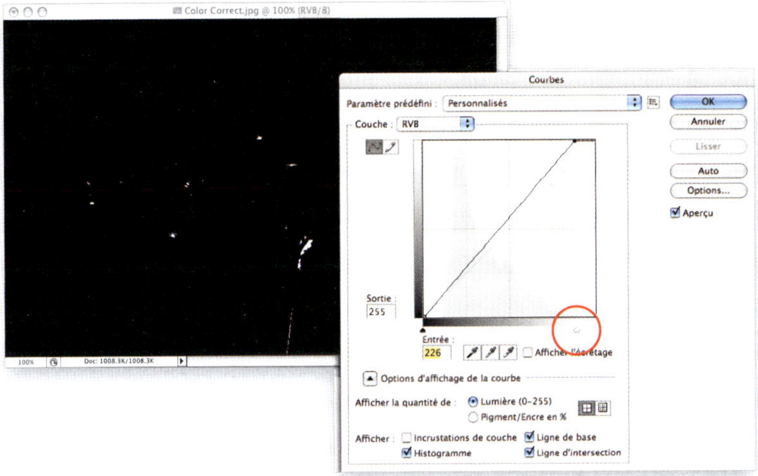

Étape 12

Maintenant, vous devez faire la même chose pour les tons clairs. Agissez sur le curseur blanc pour que Photoshop vous montre où ils sont présents dans l'image. Donc, appuyez sur Option (PC : Alt) et faites glisser le curseur blanc vers la gauche. L'image devient noire. Plus vous déplacez le curseur, plus des zones blanches se dégagent. Les premières à apparaître sont les plus claires de la photo.

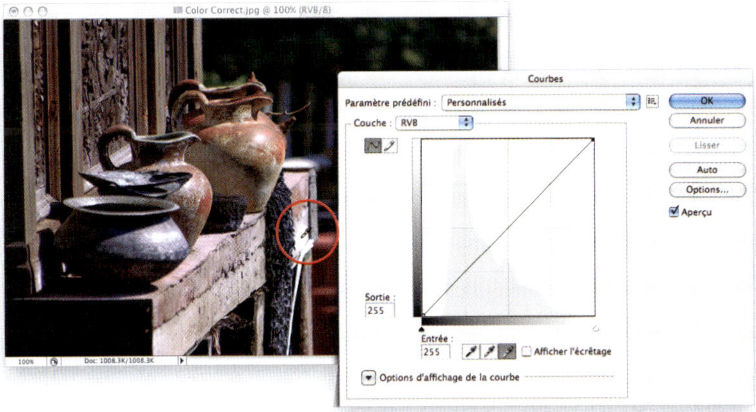

Étape 13

Maintenant que vous avez identifié les tons clairs, relâchez la touche Option (PC : Alt) et replacez le curseur blanc à sa position d'origine. Activez la pipette du point blanc (pipette des tons clairs) et cliquez sur une portion blanche de la zone cerclée en rouge sur l'illustration ci-contre. Vous éliminez ainsi toute couleur dominante dans les tons clairs.

Étape 14

Maintenant, identifiez un gris neutre. La tâche est plus complexe car toutes les photos n'en présentent pas. Le problème est que l'outil Courbes ne permet pas de prévisualiser les tons moyens comme les tons foncés et clairs. Pour l'instant, ne vous occupez pas de cette complexité relative. Sur notre image, cliquez sur le bord du gros vase situé à l'arrière-plan et qui est légèrement flou. Il neutralise les tons moyens, supprimant ainsi la couleur dominante rougeâtre qui subsistait dans ces tons moyens.

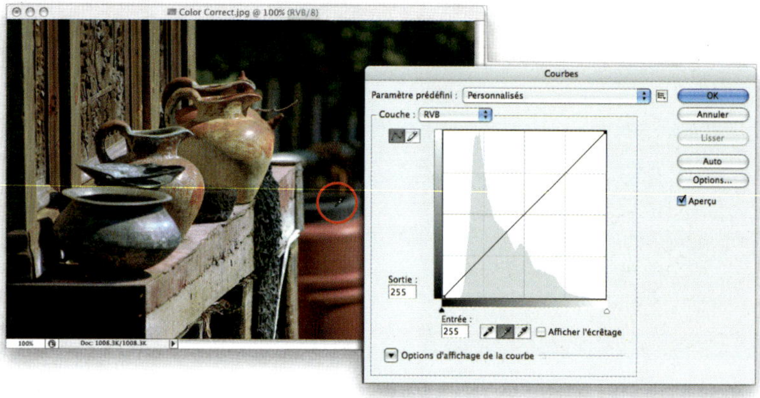

Étape 15

Avant de cliquer sur OK, agissez directement sur la courbe pour améliorer le contraste global de l'image. C'est d'ailleurs la meilleure manière de procéder à ce réglage : (1) cliquez au centre de la courbe pour y ajouter un point ; (2) ensuite, cliquez au-dessus et à droite du centre, c'est-à-dire à l'intersection supérieure ; (3) ajoutez, en procédant de la même manière, un point au niveau de l'intersection inférieure (voir ci-contre).

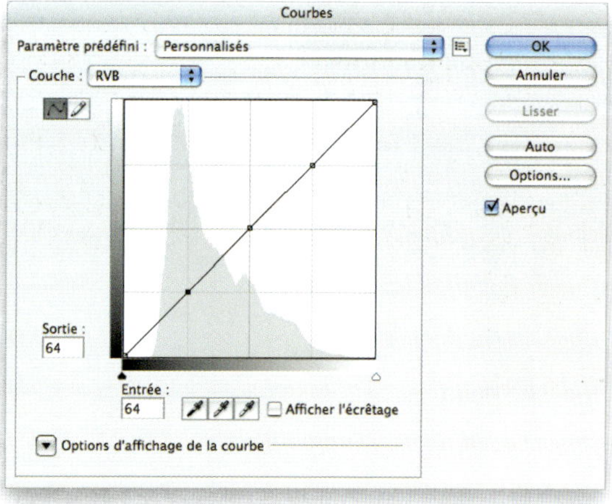

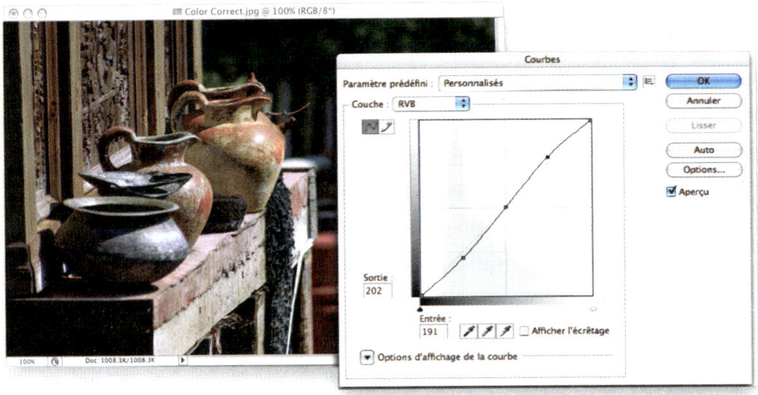

Étape 16

Comme le point inférieur est sélectionné, appuyez huit ou neuf fois sur la flèche Bas. Cette action augmente le contraste des tons foncés. Ensuite, cliquez sur le point situé tout en haut afin de le sélectionner. Appuyez huit ou neuf fois sur la touche Haut pour augmenter le contraste des tons clairs. Maintenant, vous pouvez cliquer sur OK. Le travail est terminé !

Avant

Après

Correction des couleurs instantanée par glisser-déposer

Voici une technique qui vous fera gagner un temps précieux en corrigeant tout un groupe de photos en une seule opération. Cette méthode est idéale pour les photos prises lors d'une même session en studio, et qui *de facto* présentent un problème d'éclairage identique.

Étape 1

Voici une première astuce : si vous opérez depuis Bridge, vous n'aurez pas besoin d'ouvrir les images une à une. Appuyez sur Cmd (PC : Ctrl) et cliquez uniquement sur les photos à traiter de manière identique. Pour sélectionner des photos qui se suivent, cliquez sur la première, appuyez sur Maj et cliquez sur la dernière. Ensuite, double-cliquez sur l'une d'elles pour que l'ensemble des images s'ouvre dans Photoshop.

SCOTT KELBY

Étape 2

Cliquez sur le bouton Créer un calque de réglage en bas de la palette Calques. Sélectionnez Courbes. L'avantage de corriger une photo avec un calque de réglage est que vos corrections sont non destructives. Vous pouvez toujours modifier les paramètres du calque de réglage. C'est un confort de travail incroyable.

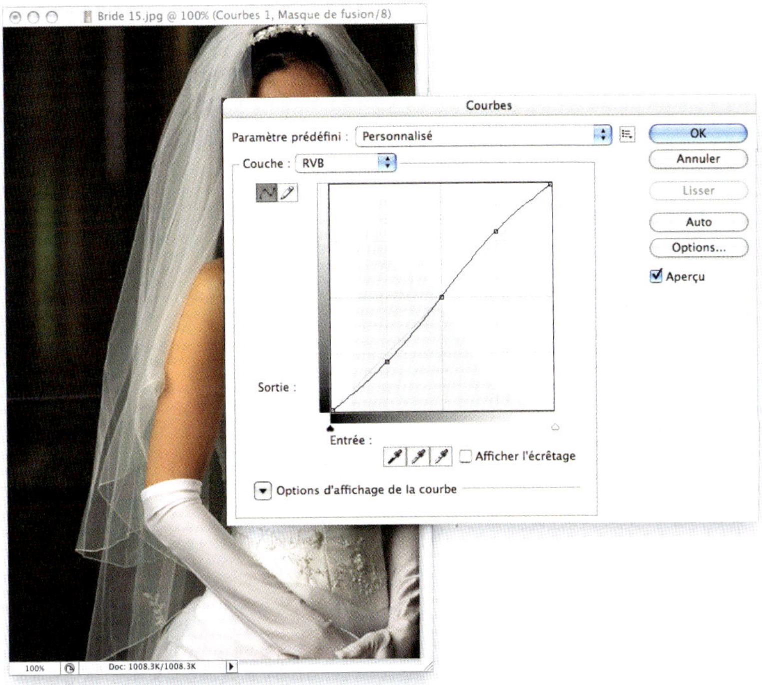

Étape 3

Lorsque vous choisissez le calque de réglage Courbes, la boîte de dialogue éponyme apparaît. Allez-y ! Corrigez la première image que vous avez ouverte. Utilisez pour cela les pipettes des points noir, gris et blanc. Lorsque la correction vous paraît correcte, cliquez sur OK.

ASTUCE Sachez que la version CS3 de Photoshop améliore énormément le réglage Luminosité/Contraste qui, jusqu'à présent, était vraiment inutile. Ceci tient au fait que ce réglage ne conserve plus forcément la luminosité existante. Les détails sont mieux préservés dans les tons clairs et foncés, un peu comme le fait une courbe en S. Pour retrouver l'inutilité du réglage Luminosité/Contraste, cochez sa case Utiliser la luminosité existante. Est-ce vraiment nécessaire ?

Étape 4

Dans la palette Calques, un calque Courbes 1 fait son apparition au-dessus du calque Arrière-plan. Ce calque peut être manipulé comme n'importe quel autre type de calque. C'est ainsi que votre réglage va pouvoir s'appliquer si rapidement et automatiquement aux autres photos ouvertes.

Étape 3

Appuyez sur Cmd+M (PC : Ctrl+M) pour ouvrir la boîte de dialogue Courbes. Activez la pipette du point noir et cliquez sur le carré noir. Vous venez de déterminer les tons foncés. Ensuite, activez la pipette du point gris et cliquez sur le carré gris foncé. Voilà, les tons moyens sont définis.

Étape 4

Enfin, activez la pipette du point blanc et cliquez sur le carré blanc. Grâce à ce nuancier, vous savez exactement quelle partie de l'image est blanche, noire ou grise. Il est très facile de rééquilibrer la balance des blancs de la photo. Maintenant que cette image est corrigée, vous pouvez modifier les autres en appliquant très rapidement ce réglage de la boîte de dialogue Courbes. Ouvrez chaque image et appuyez sur Cmd+Option+M (PC : Ctrl+Alt+M) pour appliquer le même réglage de courbe à toutes les photos. Vous pourriez aussi créer un calque de réglage Courbes et l'appliquer sur chaque image, comme expliqué dans la précédente section.

L'incroyable astuce de Dave pour localiser un gris neutre

Je vous ai déjà dit que trouver un gris neutre dans une image peut être complexe. Mais, Dave Cross est passé par là, découvrant en chemin une astuce incroyable que je suis fier de vous faire partager.

SCOTT KELBY

Étape 1

Ouvrez une photo couleur et cliquez sur l'icône Créer un calque de la palette Calques. Ensuite, cliquez sur édition > Remplir. Dans la boîte de dialogue éponyme, ouvrez le menu local Avec et choisissez 50 % gris.

Étape 2

Lorsque vous cliquez sur OK, le calque se remplit d'un gris moyen dont la valeur est 50 %. Il remplit le calque 1 précédemment créé. Dans la palette Calques, appliquez à ce calque le mode de fusion Différence. L'image est temporairement inutilisable en l'état !

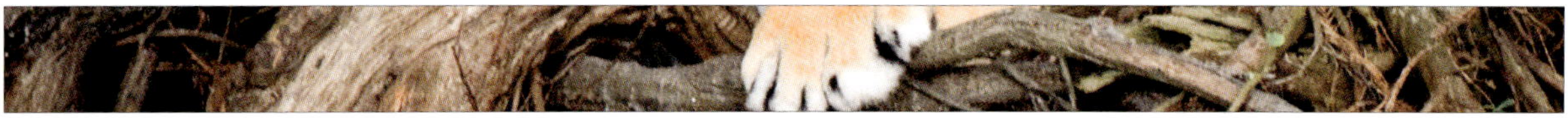

Ajuster les valeurs RVB des tons chair

Que faire si malgré le bon réglage des tons clairs, moyens et foncés, avec l'outil Courbes, les tons chair de vos images restent trop rouges ? Essayez l'astuce suivante :

Étape 1

Ouvrez une photo que vous avez corrigée avec la technique des courbes. Si l'ensemble de l'image est trop rouge, passez directement à l'étape 3. Sinon, isolez le visage à l'aide de l'outil Lasso. Pour ajouter d'autres éléments du corps, comme l'épaule, appuyez sur Maj et ajoutez ces parties de l'image à la sélection en cours. Pour supprimer des zones sélectionnées par erreur, appuyez sur Option (PC : Alt), afin de les soustraire à la sélection.

Étape 2

Dans le menu Sélection, choisissez Modifier > Contour progressif. Dans le champ Rayon, tapez 3, et cliquez sur OK. Vous adoucissez ainsi les bords de la sélection pour rendre vos modifications plus progressives.

ASTUCE Pour travailler plus confortablement, masquez le contour de la sélection en appuyant sur Cmd+H (PC : Ctrl+H).

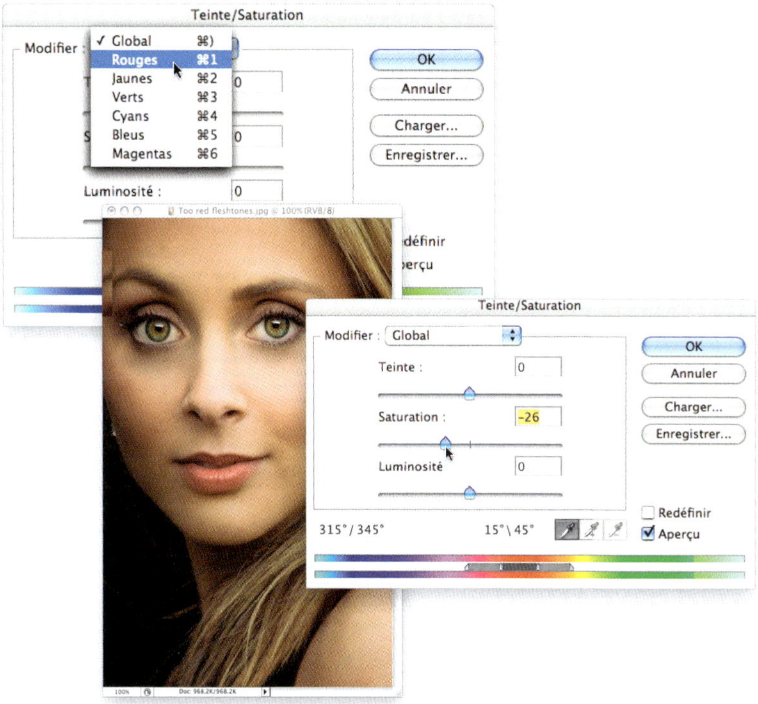

Étape 3

Dans le menu Image, choisissez Réglages > Teinte/Saturation. Ouvrez le menu local Modifier, et choisissez-y Rouges. Ainsi, vous n'agissez que sur les teintes rouges de l'image.

Étape 4

Réduisez le paramètre Saturation jusqu'à ce que les tons chair paraissent naturels. Faites glisser le curseur en question vers la gauche. Dès que l'image vous semble bonne, cliquez sur OK. Ensuite, appuyez sur Cmd+D (PC : Ctrl+D) pour désélectionner les zones de l'image.

Avant

Après

Corriger rapidement la couleur dans une zone de l'image

Cette technique est particulièrement efficace sur les photos prises en extérieur. Elle permet d'améliorer la couleur dans une zone spécifique de l'image, comme le ciel ou l'eau. Donc, voici comment rendre bleu un ciel initialement gris.

Étape 1

Ouvrez l'image contenant la zone dont vous désirez modifier la couleur. Ici, le ciel gris va devenir bleu. Dans la palette Calques, cliquez sur le bouton Créer un calque de réglage, et choisissez Balance des couleurs. Un nouveau calque apparaît dans la palette. Pour voir intégralement son nom, vous devez agrandir cette palette Calques.

SCOTT KELBY

Étape 2

Dans la boîte de dialogue Balance des couleurs, faites glisser le premier curseur vers Cyan pour ajouter du bleu dans le ciel. Ensuite, faites glisser le dernier curseur vers Bleu. Dès que le ciel vous semble correct, cliquez sur OK. Mais, le problème est que toute la photo est bleutée.

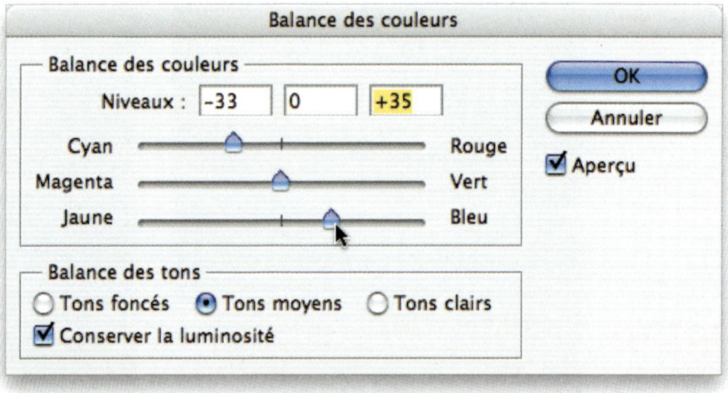

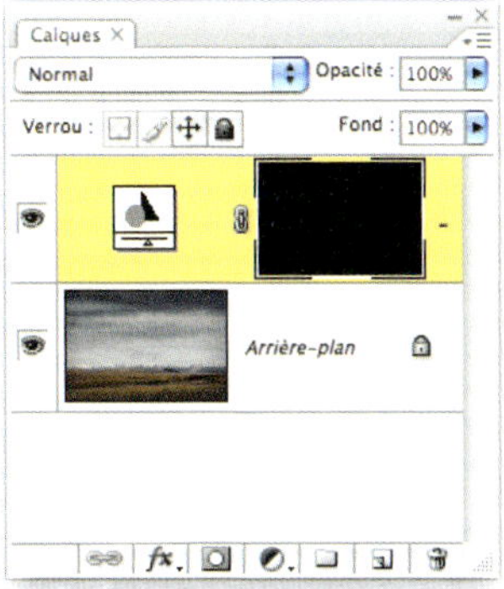

Étape 3

Appuyez sur Cmd+I (PC : Ctrl+I) pour inverser le contenu du masque de fusion du calque de remplissage. Il passe du blanc au noir. L'image reprend son apparence initiale.

Étape 4

Pour retrouver le bleu du ciel, activez l'outil Pinceau. Basculez la couleur de premier plan de la palette Outils sur blanc. Ensuite, dans la barre d'options, ouvrez le menu local Forme, et choisissez une forme adoucie de grande taille. Peignez sur le ciel. Il retrouve sa coloration bleutée. Si vous peignez accidentellement sur le paysage, appuyez sur X pour permuter la couleur de premier plan (noir). Ensuite, peignez sur les zones qui ne doivent pas être bleues. Comme vous noircissez le masque de fusion, vous éliminez le bleu appliqué par le masque de réglage Balance des couleurs.

Avant

Après

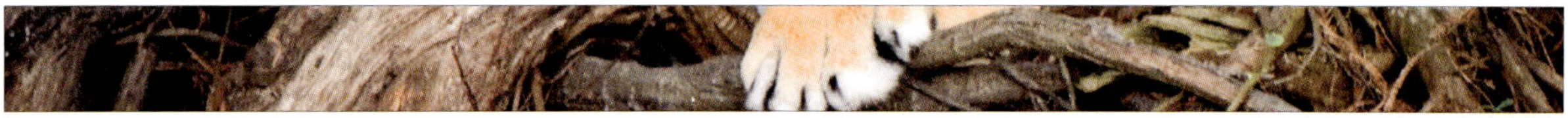

Des couleurs précises quand vous envoyez vos images par mail ou sur le Web

Les programmes de messagerie électronique et presque tous les navigateurs Web ne prennent pas en charge la gestion des couleurs. Donc, lorsque vous travaillez dans les modes de couleur Adobe RGB (1998) ou ProPhoto RGB, les si belles couleurs que vous avez mis tant de temps à corriger s'affichent de manière exécrable dans ces applications. Voici comment éviter cet écart chromatique entre ce qu'affiche Photoshop et ce qu'osent montrer les logiciels de messagerie et les navigateurs Web.

Étape 1

Pour convertir cette photo dans un espace de couleur pris en charge par les messageries électroniques et les navigateurs Web, cliquez sur Édition > Convertir en profil. La section Espace source de la boîte de dialogue indique dans quel mode colorimétrique se trouve l'image. (Ici, Adobe RGB [1998]). Dans le menu local Profil de la section Espace de destination, choisissez sRGB IEC61966-2.1, et cliquez sur OK. C'est tout !

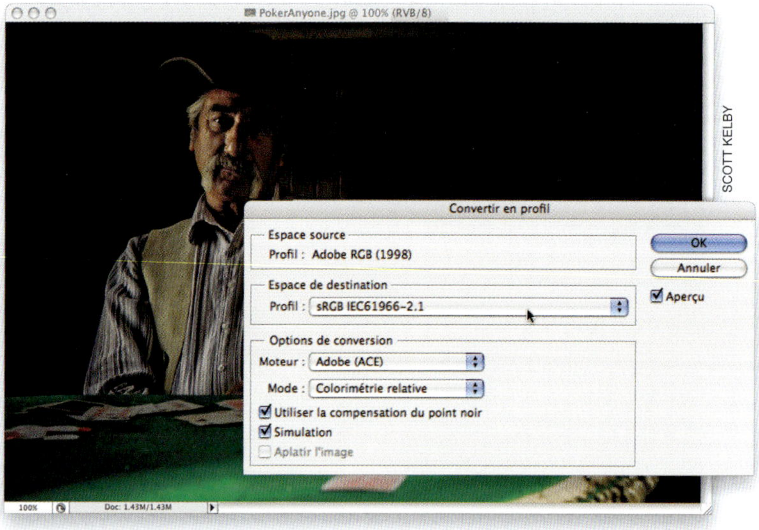

Étape 2

Comment être certain que la conversion a opéré ? Regardez la barre de titre du document. Comme Photoshop est paramétré pour utiliser le profil Adobe RGB (1998), le fait de choisir sRGB place l'image dans un espace qui ne concorde plus avec celui de Photoshop. Dans ce cas, la barre de titre affiche RVB/8*. L'astérisque indique que la photo n'est pas dans l'espace de couleur utilisé par Photoshop.

Photo Scott Kelby | Exposition : 1/400 s | Focale : 280 mm | Ouverture : $f/4{,}5$

Le monde en noir et blanc

Comment créer des noir et blanc stupéfiants

Je me souviens d'un film français fort sympathique et peu diffusé qui portait en France le titre de *La Victoire en chantant*. Ce petit film produit à faible coût dans l'Hexagone remporta à la surprise générale l'Oscar du meilleur film étranger aux États-Unis. Là-bas, il sortit sous le titre de *Black and White in Colours*. En France, *La Victoire en chantant* revit le jour en salle sous le titre de *Noirs et Blancs en couleurs*. Comme il ne marcha pas mieux malgré son excellence, les producteurs et les distributeurs lui redonnèrent son titre original. Tout cela pour vous dire que je ne peux pas titrer mon chapitre Noirs et blancs en couleurs, puisque c'est justement l'inverse que nous allons faire. Lorsque vous convertissez une image couleur en noir et blanc, vous la transformez infographiquement en niveaux de gris. Mais, ce n'est pas parce que l'image bascule dans ce mode que vous obtiendrez de magnifiques photos en noir et blanc. Si vous vous contentez d'exécuter la commande Niveaux de gris du menu Image > Mode, vous risquez bien des désagréments. Ne faites jamais cela ! Tout au long de ce chapitre, vous allez découvrir des techniques qui permettent de produire des images en niveaux de gris, pardon en noir et blanc, des plus stupéfiantes, dignes de réalisations produites en studio.

La méthode de la couche de luminosité

Cette première méthode est en partie faite pour vous prouver l'inefficacité d'une conversion en noir et blanc *via* la commande Niveaux de gris du menu Mode. Depuis les premiers pas de Photoshop, je n'ai eu d'autres convictions que d'utiliser la couche de luminosité des images pour créer des noir et blanc très étonnants. Continuons ensemble dans ce sens.

Étape 1

Ouvrez la photo que vous désirez convertir en noir et blanc. Dupliquez-la *via* Image > Dupliquer. Ensuite, convertissez cette copie *via* Image > Mode > Niveaux de gris. Vous disposez ainsi d'une référence de ce qu'il ne faut jamais faire, comme je l'ai affirmé en introduction de ce chapitre.

SCOTT KELBY

Étape 2

Ensuite, activez le document original de l'image. Allez de nouveau dans le menu Mode, et choisissez cette fois Couleurs Lab.

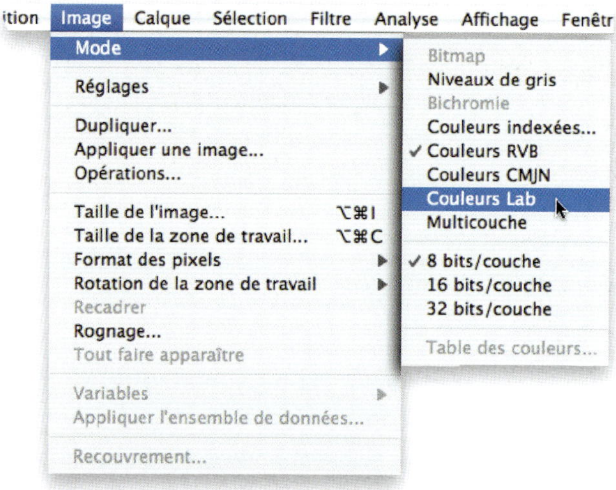

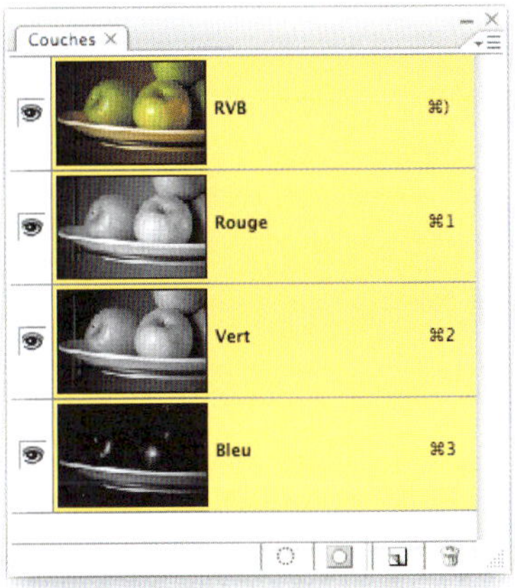

Image RVB standard

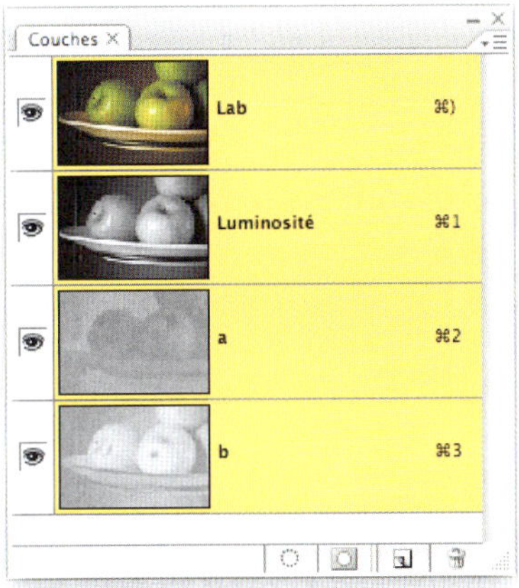

Image Lab

Étape 3

Ouvrez la palette Couches. Vous constatez que l'image n'est plus composée des traditionnelles couches RVB, mais d'une couche Luminosité a et b. C'est cette couche Luminosité qui nous intéresse ici, car elle ne contient aucune donnée chromatique. Ces informations de couleurs se trouvent en effet dans les deux couches a et b.

Étape 4

Dans la palette Couches, cliquez sur la couche Luminosité. Vous ne voyez plus que le contenu de cette couche dans votre document. Elle manque de contraste, inconvénient auquel nous allons remédier en quelques secondes.

Étape 5

Ouvrez le menu Image. Choisissez Mode > Niveaux de gris. Photoshop affiche un message demandant si vous désirez supprimer les couches a et b. Cliquez sur OK. La palette Couches n'affiche plus qu'une seule couche : Gris.

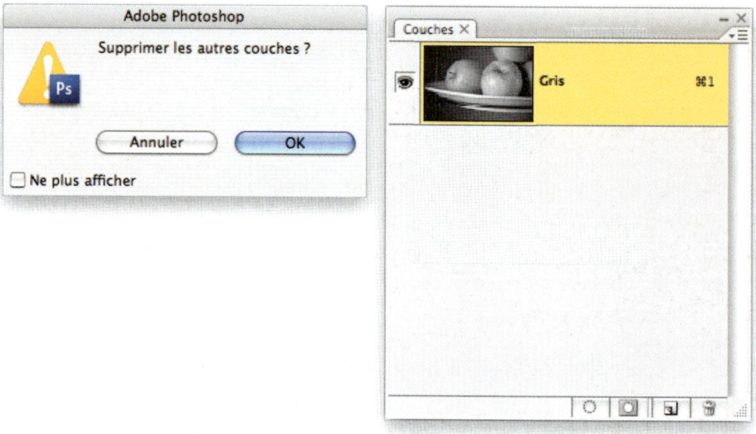

Étape 6

Objectivement, cette image est trop claire. Pour y remédier, cliquez sur le calque Arrière-plan de la palette Calques, et appuyez sur Cmd+J (PC : Ctrl+J) pour le dupliquer. Appliquez au nouveau calque 1 le mode de fusion Produit. Mince ! Cette fois, l'image est trop sombre !

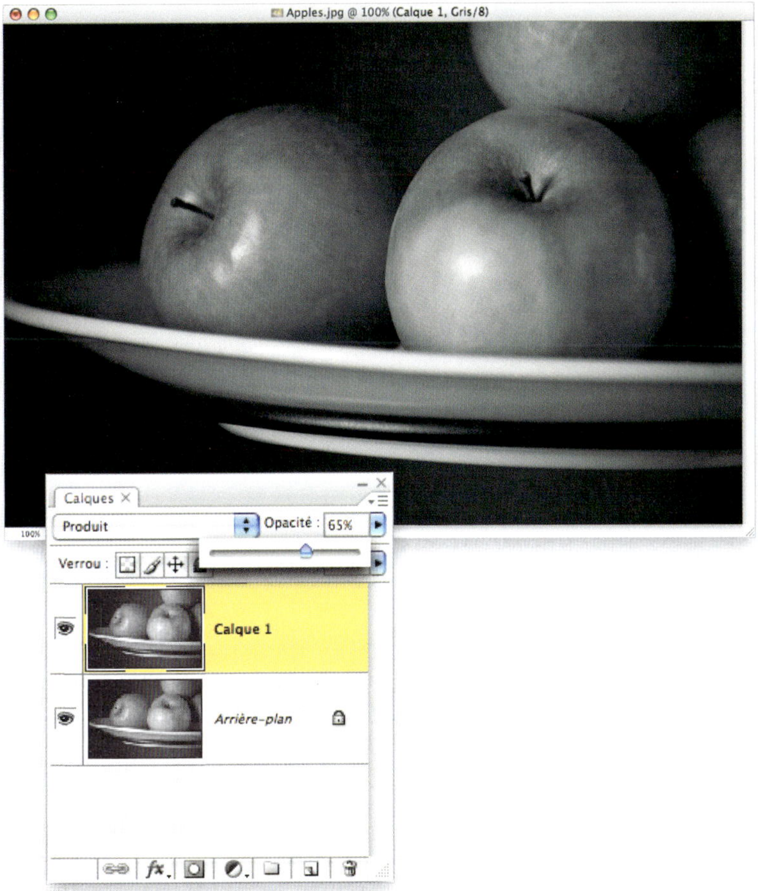

Étape 7

Voici l'astuce qui règle tous les problèmes (ou presque). Réduisez l'opacité du calque jusqu'à ce que l'image vous paraisse correctement contrastée. Ici, une valeur d'opacité de 65 % semble tout à fait correcte. Les tons foncés sont très riches. Ceci est normal puisque vous n'avez agi que sur la couche de luminosité qui n'intègre aucune valeur chromatique. Cette méthode de conversion Lab est bien plus efficace qu'une simple, pour ne pas dire « bête », conversion en niveaux de gris.

Conversion en niveaux de gris

Conversion via *la couche Lab Luminosité*

Utiliser la conversion Noir et blanc de CS3

Le mélangeur de couches était devenu très populaire dans la conversion des images en noir et blanc. En effet, il donnait un contrôle absolu sur la quantité de couleurs de chaque couche RVB. Désormais, CS3 intègre un outil appelé Noir et blanc qui reprend et améliore les grands principes du mélangeur de couches. Essayez-le et vous m'en direz des nouvelles.

Étape 1

Ouvrez l'image à convertir en noir et blanc. Ensuite, dans la palette Calques, créez un calque de réglage de type Noir et blanc. L'intérêt d'appliquer un noir et blanc sous forme de calque de réglage est que vous ne supprimez pas définitivement les données chromatiques de l'image. Vous pouvez en plus jouer sur l'opacité de ce calque, modifier ses réglages à tout moment, et même le désactiver ou le supprimer pour retrouver votre image en couleurs.

Étape 2

L'image est convertie en niveaux de gris dès l'ouverture de la boîte de dialogue Noir et blanc. Le résultat est décevant, mais les multiples paramètres présents vont permettre de créer un noir et blanc d'une grande précision. Vous allez agir sur les divers curseurs afin d'obtenir le noir et blanc que vous désirez. N'ayez pas peur de dépasser les 100 % ! En effet, les valeurs actuellement affichées par la boîte de dialogue sont timides. Si vous additionnez les pourcentages deux par deux, vous constatez que vous ne dépassez jamais les 100 %. Ceci explique la médiocrité actuelle de l'image.

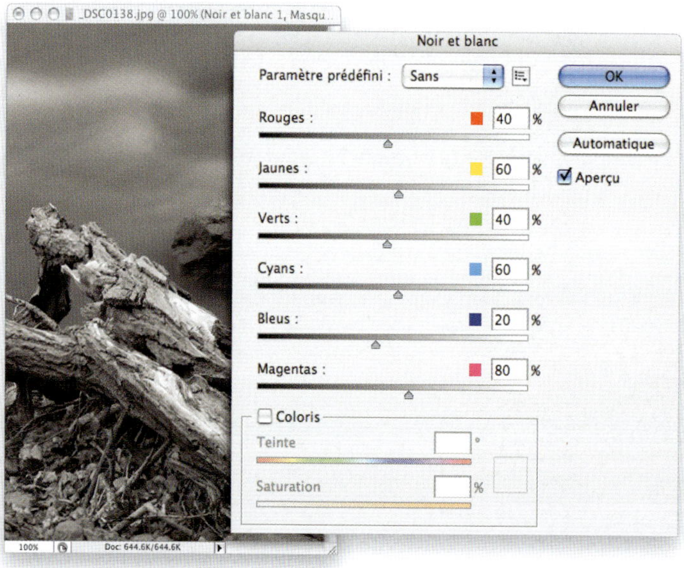

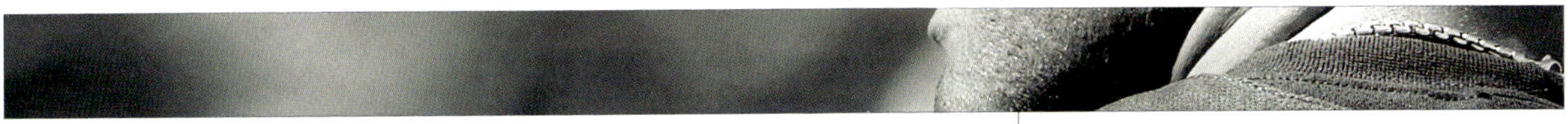

Étape 3

Cette boîte de dialogue contient des paramètres prédéfinis créés par Adobe. Testez-les ! Le résultat obtenu n'est pas transcendant. La seule vraie utilité des paramètres prédéfinis est de pouvoir y sauvegarder vos réglages personnels. Si une combinaison de valeurs produit le noir et blanc qui vous convient, sauvegardez-les en cliquant sur le petit carré situé à droite du menu local Paramètre prédéfini. Là, choisissez Enregistrer le paramètre prédéfini. Donnez-lui un nom, et vous le retrouverez dans le menu local.

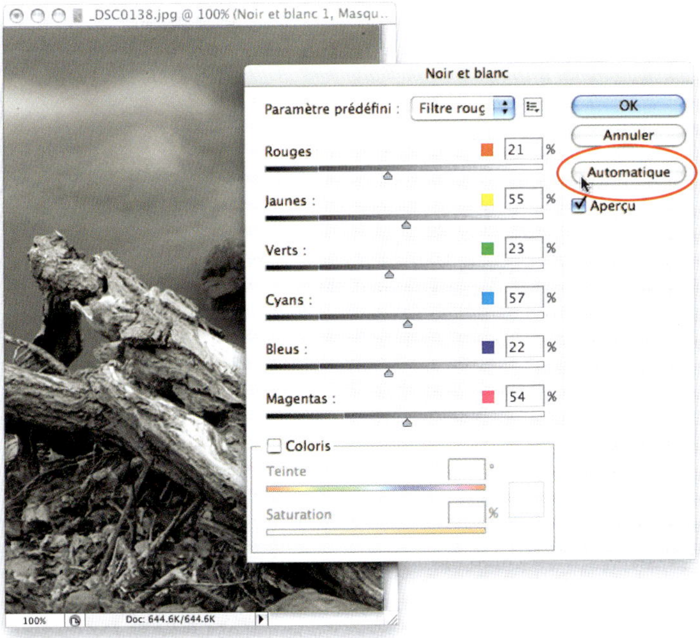

Étape 4

Une fois que vous avez testé les paramètres prédéfinis, choisissez Sans. Vous disposez aussi du bouton Automatique qui effectue une conversion bien plus pertinente que celle proposée par défaut à l'ouverture de la boîte de dialogue. Malgré tout, cette conversion automatique ne saurait satisfaire quelqu'un qui a un sens esthétique aussi développé que le vôtre.

Étape 5

Comme la photo est en noir et blanc, il est compliqué de savoir sur quelles couleurs agir pour parfaire ces niveaux de gris. C'était le très gros problème du mélangeur de couches. En revanche, dans la boîte de dialogue Noir et blanc, vous pouvez décocher la case Aperçu. Le problème est qu'il faudra à un moment ou à un autre la cocher de nouveau pour apprécier l'impact du déplacement des curseurs. Voici donc une bien meilleure technique : placez le pointeur de la souris sur la zone de l'image que vous désirez régler. Cliquez et, sans relâcher le bouton de la souris, faites glisser le curseur vers la gauche pour assombrir la zone, et vers la droite pour l'éclaircir. Vous constatez un déplacement simultané des curseurs dans la boîte de dialogue en fonction des couleurs concernées pour votre nouveau réglage.

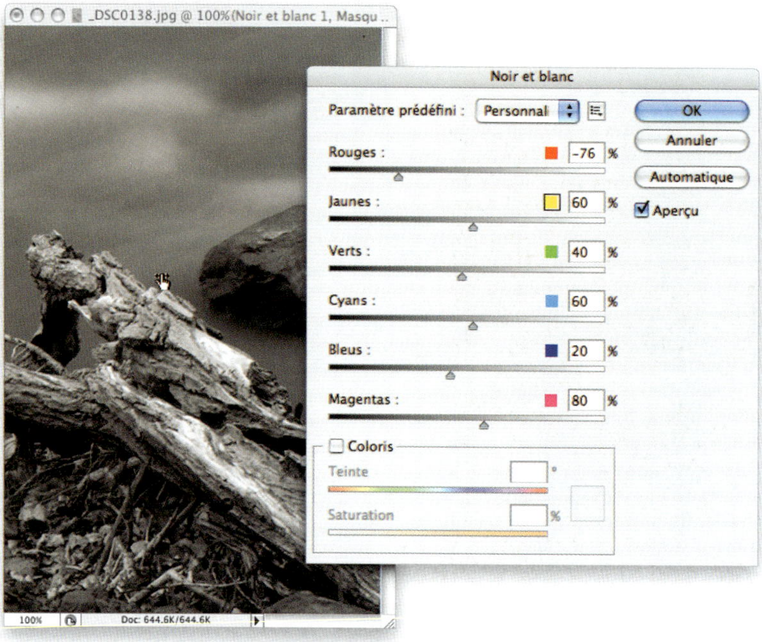

Étape 6

Bon, mais que faire ? Vous pouvez effectuer une première correction en réglant les zones selon la méthode décrite à l'étape 5. Ensuite, intervenez sur chaque curseur pour peaufiner la conversion en noir et blanc. Vous êtes seul juge de la qualité de votre noir et blanc. N'oubliez pas que vous pouvez allégrement dépasser les 100 %, et ceci que la valeur soit négative ou positive.

Étape 7

Les avantages sur le mélangeur de couches sont : (1) la sauvegarde de vos réglages, (2) le bouton de conversion Automatique, (3) trois curseurs supplémentaires et (4) le réglage des zones directement sur l'image. Le dernier avantage est la possibilité de créer des effets bichromiques absolument splendides. Cochez la case Coloris. Ensuite, faites glisser le curseur Teinte pour définir la couleur de la bichromie. Enfin, ajustez l'intensité de cette couleur en agissant sur le curseur Saturation. Bien que le module Noir et blanc ne soit pas pour moi la meilleure méthode de conversion en niveaux de gris, j'avoue qu'elle est supérieure à ce que nous proposait le mélangeur de couches.

Conversion en niveaux de gris standard

Nouvelle conversion Noir et blanc de CS3

La technique préférée de Scott

Il arrive que vous découvriez certaines techniques alors que vous cherchiez à faire tout à fait autre chose. C'est le cas de celle que je vous présente maintenant. Elle est facile, rapide, prévisible, et crée des noir et blanc fabuleux.

Étape 1

Ouvrez la photo couleur à convertir en noir et blanc. Ici j'utilise un portrait de mon ami Vincent Versace. Commencez par appuyer sur D pour rétablir les couleurs de premier et d'arrière-plan par défaut. Créez alors un nouveau calque de réglage de type Courbe de transfert de dégradé.

Étape 2

La boîte de dialogue éponyme apparaît. Cliquez sur OK, et c'est fini ! Non ! Ce serait tout de même trop simple et pas suffisamment efficace. Déjà, vous partez avec une première conversion bien meilleure que si vous passez par Mode > Niveaux de gris. Mais vous allez constater que, en quelques étapes simples, votre noir et blanc va prendre une dimension insoupçonnée.

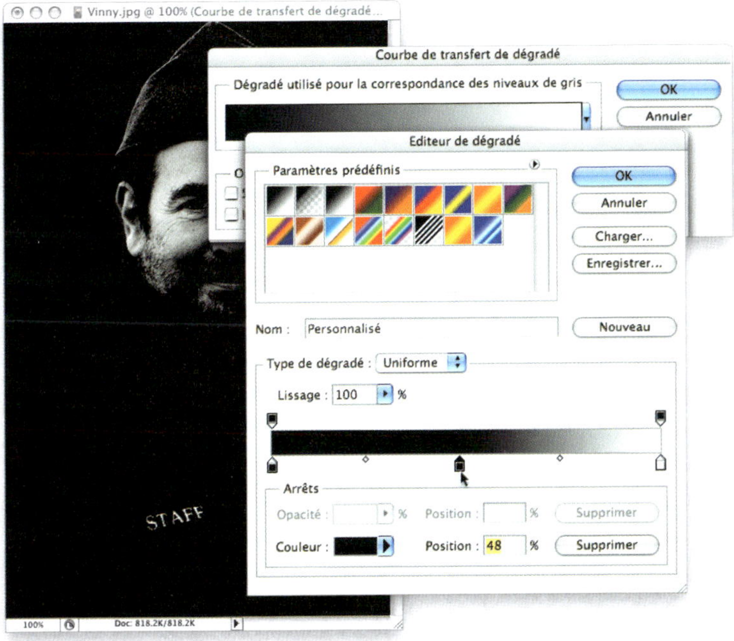

Étape 3

Si vous avez cliqué sur OK dans l'emportement de votre admiration sans limite pour ce noir et blanc obtenu en un clic de souris, je vous conseille de double-cliquer sur le calque de réglage afin d'ouvrir sa boîte de dialogue. Ensuite, cliquez directement sur le dégradé (noir vers blanc) pour afficher l'éditeur de dégradé. Puis, cliquez directement en dessous et au centre du dégradé affiché. Vous ajoutez ainsi une étape au dégradé par défaut, ce qui a pour effet d'assombrir considérablement l'image. Ceci est temporaire.

Étape 4

Double-cliquez sur ce nouvel indicateur de couleur. Vous accédez à la boîte de dialogue Étape de dégradé. Dans le nuancier, faites glisser le pointeur de la souris le long de la colonne allant du noir au blanc. De temps à autre, relâchez le bouton de la souris pour constater l'impact de vos réglages sur l'image. Dans mon exemple, je rends l'image plus claire en fixant les valeurs RVB sur 133. Dès que vous êtes satisfait de votre réglage, cliquez sur OK. Avec cette technique, vous pouvez aller encore plus loin.

Continued

Étape 5

Revenu dans l'éditeur de dégradé, vous pouvez glisser l'étape centrale pour ajuster les tons moyens de l'image (comme ci-contre). Ainsi, pour assombrir la photo, faites glisser cette étape vers la droite, et pour l'éclaircir vers la gauche. Je sais, cela n'est pas très logique. Attention, car Photoshop n'actualise pas le contenu de l'image en temps réel. Vous devez relâcher le bouton de la souris pour apprécier l'impact du déplacement de l'étape sur le noir et blanc de votre photo. Dès que vous êtes satisfait, cliquez sur les deux boutons OK qui s'offrent à vous, afin d'entériner votre conversion en noir et blanc.

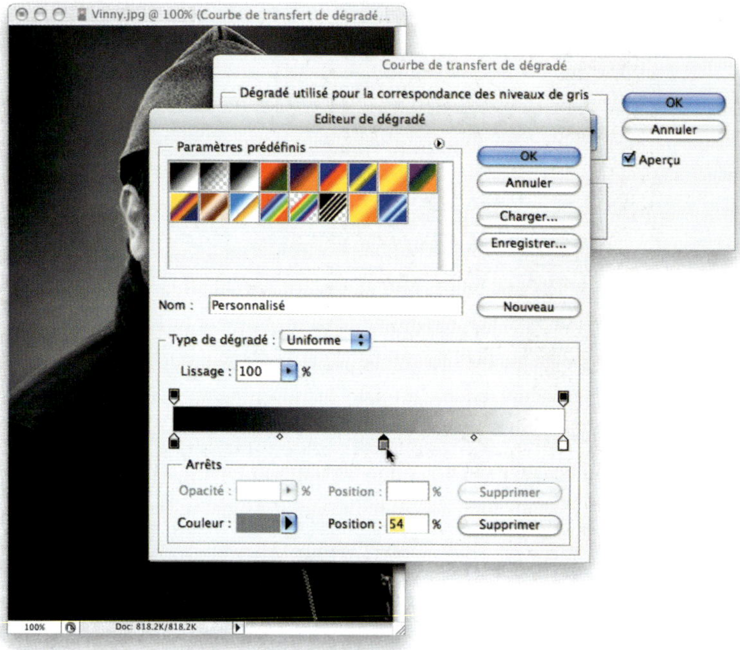

Étape 6

Voici une des deux variantes possibles de cette technique : activez le calque de réglage dans la palette Calques, et fixez son opacité à 80 %. Vous obtenez un subtil mélange de noir et blanc et de couleurs. Maintenant que vous avez vu ce que vous pouviez faire, fixez de nouveau l'opacité à 100 % pour tester la seconde variante.

Étape 7

Dans la palette Calques, activez le calque Arrière-plan. Supprimez ses informations chromatiques en appuyant sur Cmd+Maj+U (PC : Ctrl+Maj+U). Le noir et blanc devient plus intense car, en désaturant le calque Arrière-plan, vous avez supprimé les dernières données chromatiques qui perturbaient la conversion. Pour comparer les niveaux de gris avec et sans les informations de couleur du calque Arrière-plan, appuyez sur Cmd+Z. Enfin, si cette variante ne vous plaît pas, réintroduisez la couleur en appuyant sur Cmd+Z quand vous affichez l'image désaturée.

Conversion en niveaux de gris standard

Conversion avec la méthode préférée de Scott

La méthode Opérations

S'il y a bien une boîte de dialogue que les utilisateurs ferment aussitôt après l'avoir ouverte, c'est la boîte de dialogue Opérations. Elle est incompréhensible. Mais comme je suis supérieurement intelligent, je me fais foi de vous en apprendre le fonctionnement pour convertir des images couleur en noir et blanc.

Étape 1

Ouvrez l'image couleur à convertir en noir et blanc. Ensuite, cliquez sur Image > Opérations. L'objectif est de choisir les deux meilleures couches en niveaux de gris de votre image et de les mélanger pour créer un contraste saisissant. Par exemple, vous avez une couche de l'image qui est trop sombre, et une autre trop claire. En combinant les deux, vous obtenez l'image parfaite (ou presque).

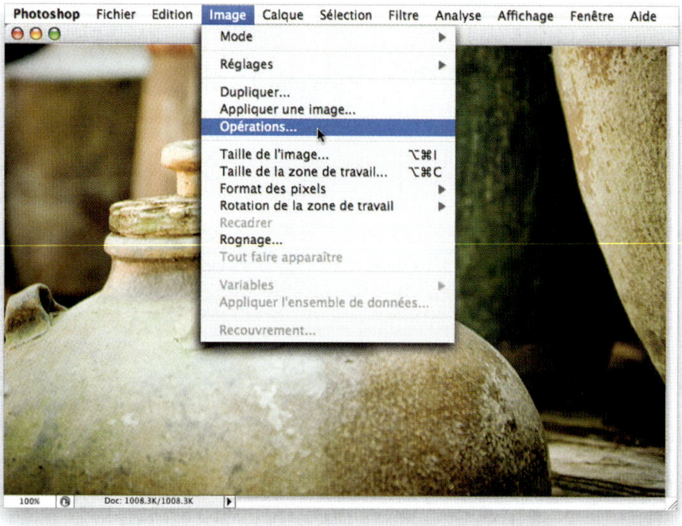

SCOTT KELBY

Étape 2

Dès que la boîte de dialogue Opérations apparaît, l'image est convertie en noir et blanc. Par défaut, elle ne retient que la couche Rouge. Le mode opératoire est Produit (en fait il s'agit d'un mode de fusion). À partir de là vous devez : (a) localiser les deux couches qui vont si bien ensemble (tiens, ça me rappelle une chanson), puis (b) choisir un mode de fusion qui rendra l'image plus foncée (Produit) ou plus claire (Superposition).

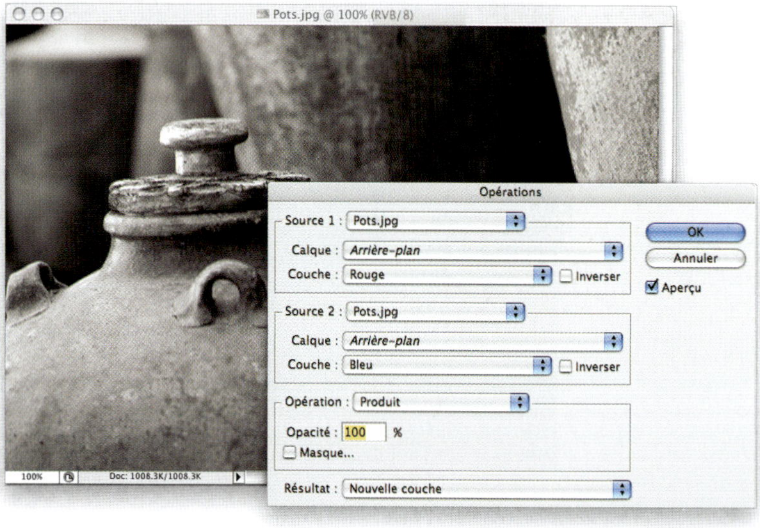

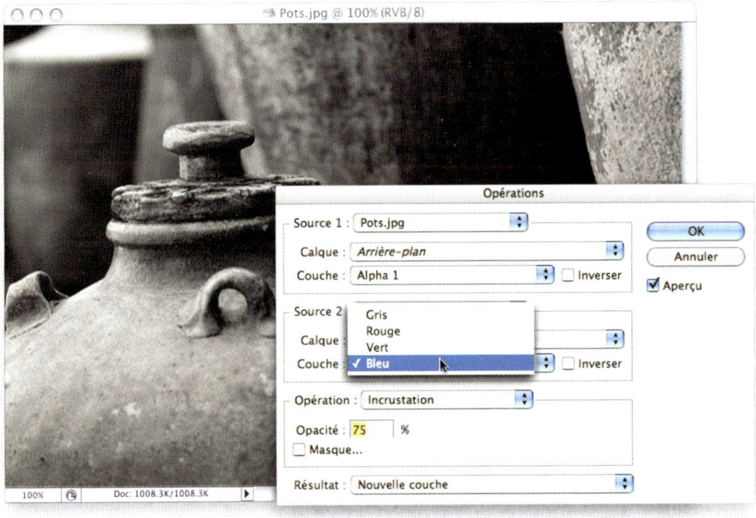

Étape 3

Essayez de trouver la meilleure combinaison de couches. Dans la section Source 2, ouvrez le menu local Couche, et choisissez Vert. Appréciez le mélange obtenu avec la couche Rouge. Ensuite, faites de même mais avec la couche Bleu. Dans ce cas, c'est le meilleur mélange que vous puissiez obtenir. Cliquez sur OK. C'est fini !

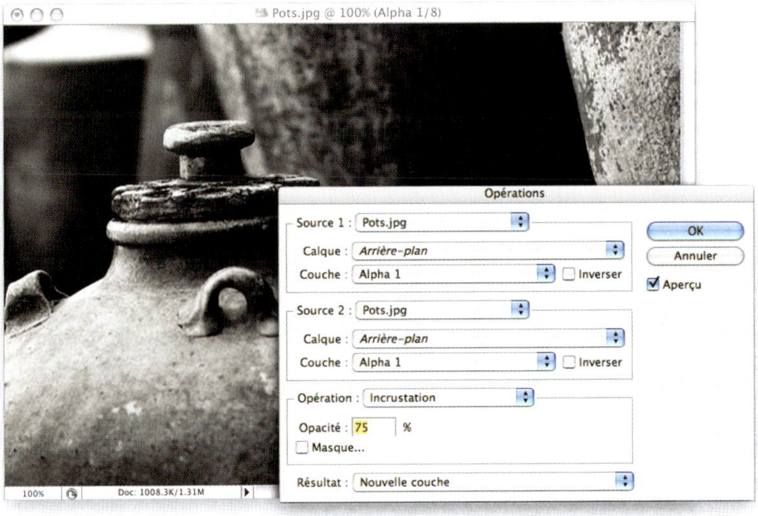

Étape 4

Vous pouvez rendre la photo encore plus sombre et plus intense. Ouvrez de nouveau la boîte de dialogue Opérations. Cette fois, la couche Alpha 1 est mélangée avec elle-même. Appliquez le mode opératoire Incrustation, et fixez l'opacité à 75 %. Cliquez sur OK. Enfin, allez dans le menu Image, et cliquez sur Mode > Niveaux de gris. La conversion est terminée.

Conversion en niveaux de gris standard

Conversion en noir et blanc avec le mode Opérations

Le noir et blanc dans Camera Raw

Suite à quelques cours donnés à Santa Fe, il m'a fallu expliquer à des étudiants comment effectuer une conversion en noir et blanc depuis Camera Raw. Pourquoi ? Tout simplement parce que l'ensemble des élèves disposait uniquement d'images au format RAW. Bien entendu, vous savez qu'avec CS3 les fichiers JPEG et TIFF peuvent aussi être modifiés dans Camera Raw. Voyons comment les choses se déroulent dans ce module.

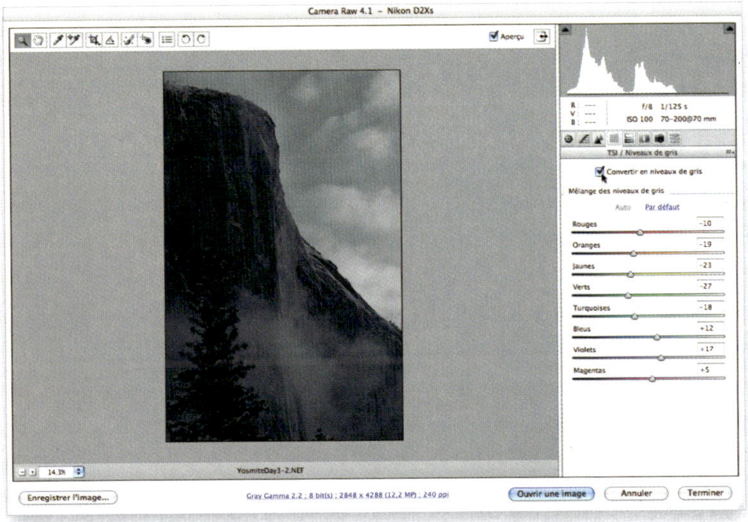

SCOTT KELBY

Étape 1

Ouvrez une photo RAW à convertir en noir et blanc. Cliquez sur le bouton TSL/Niveaux de gris, et cochez l'option Convertir en niveaux de gris. La conversion est correcte, mais en agissant sur trois curseurs vous allez la rendre quasiment parfaite.

NOTE Si vous ne photographiez pas au format RAW, vous pouvez quand même ouvrir des photos JPEG ou TIFF dans Camera Raw. Invoquez la commande Ouvrir du menu Fichier. Dans la boîte de dialogue qui apparaît, sélectionnez le fichier puis choisissez Camera Raw dans le menu local Format. (Sur PC, tout se déroule de la même manière, sauf que vous devez exécuter la commande Ouvrir sous, et choisir le format dans la liste également intitulée Ouvrir sous.)

Étape 2

Revenez dans le volet Réglages de base, et faites glisser le curseur Exposition vers la droite mais sans écrêter les tons clairs. Pour contrôler cela, activez le triangle situé dans le coin supérieur droit de l'histogramme. Ainsi, dès que vous écrêtez des tons clairs, ils s'affichent en rouge. Une fois l'exposition réglée, faites glisser le curseur Récupération pour restaurer les tons clairs écrêtés.

Étape 3

Maintenant, agissez sur le curseur Noirs pour rendre les tons foncés plus denses. Évitez là aussi d'écrêter les tons foncés car vous perdriez les détails qu'ils contiennent. N'oubliez jamais que l'écrêtement n'est pas forcément une mauvaise chose à partir du moment où vous ne perdez pas des détails importants de l'image.

Étape 4

Pour donner davantage d'éclat à votre image, ouvrez le panneau Courbe des tonalités. Cliquez sur l'onglet De points. Dans le menu local Courbe, choisissez Contraste fort. Vous pouvez améliorer légèrement la courbe obtenue. Cliquez sur le deuxième point en partant du haut et appuyez plusieurs fois sur la flèche Haut pour rehausser les tons clairs. L'ensemble de l'image semble alors plus contrasté. Vous pouvez obtenir un contraste plus profond en agissant identiquement sur le deuxième point en partant du bas. Faites toutefois attention à ne pas délaver les tons clairs. Voilà ! Cliquez sur Ouvrir une image.

Conversion en niveaux de gris standard de Camera Raw

Conversion en noir et blanc avec contraste fort de Camera Raw

Photo Scott Kelby | Exposition : 1/160 s | Focale : 17 mm | Ouverture : $f/2.8$

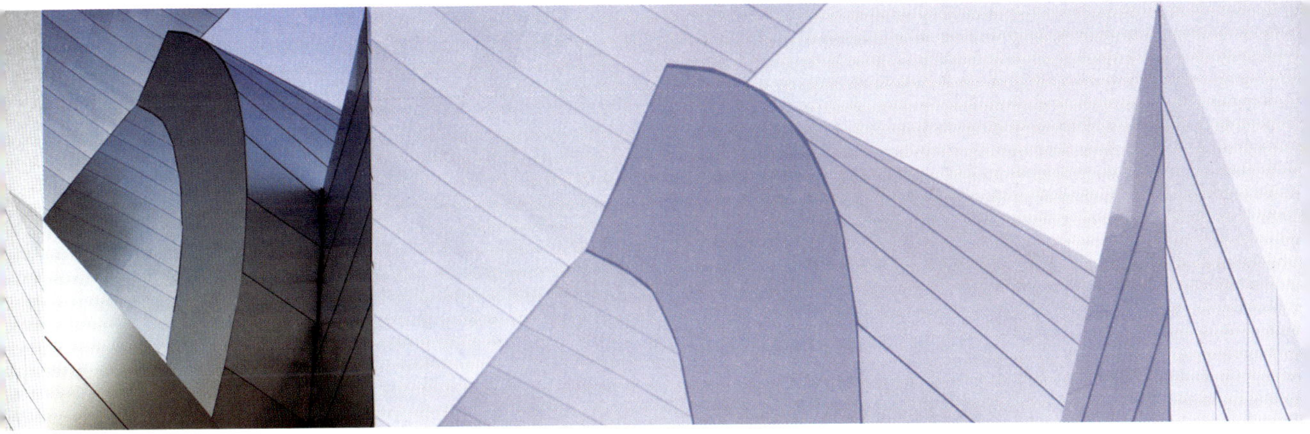

99 problèmes

Gérer les problèmes fréquents des images numériques

Bien sûr que vous les achetez ces 99 problèmes, pour la simple et bonne raison que 99 c'est moins que 100 ! Sincèrement, dans le commerce, ne laisseriez-vous pas de côté un article coûtant 100 euros, alors que vous céderiez à la tentation s'il n'en coûtait que 99 ?… 1 euro d'écart n'est-il pas une raison supplémentaire de payer moins cher ? Alors, pourquoi en serait-il autrement avec les problèmes ? En écrivant ce chapitre, je me suis dit : « Scott, mon vieux, si tu leur dis qu'il y a 100 problèmes, ils ne liront pas cette partie du livre, tandis que si tu leur dis qu'il y en a 99, c'est peut-être cela qui fera de ton ouvrage un best-seller. » Et voilà ! Vous êtes tombé dans le panneau car je sais que vous lisez, en ce moment même, cette introduction d'un chapitre qui va vous sortir de bien des difficultés.

Corriger la couleur des prises de vue en intérieur

Vous pouvez faire des photos en extérieur absolument parfaites mais, dès que vous les faites en intérieur, le rendu des couleurs est catastrophique. La balance des blancs automatique de votre appareil photo numérique est incapable de s'adapter à certaines conditions d'éclairage. Il arrive trop souvent que la balance des blancs automatique génère une photo à dominante jaune. Inutile de passer par la fonction Courbes pour corriger ce problème, car Camera Raw le fait aussi bien, et plus facilement.

Étape 1

Voici une photo d'intérieur éclairée avec des lampes au tungstène. Ce cliché est au format RAW. Donc, si vous l'ouvrez depuis Bridge ou depuis Photoshop, elle s'affiche dans l'interface de Camera Raw. Comme nous le verrons à l'étape 4, vous pouvez également ouvrir dans Camera Raw des images au format JPEG.

SCOTT KELBY

Étape 2

Comme vous savez que l'éclairage est de type tungstène, il est très facile d'appliquer ce réglage depuis le menu local Balance des blancs de Camera Raw. (Ceci étant expliqué, vous saurez qu'à l'avenir il faudra régler la balance des blancs de votre appareil photo sur Tungstène pour éviter de corriger l'image dans Camera Raw.)

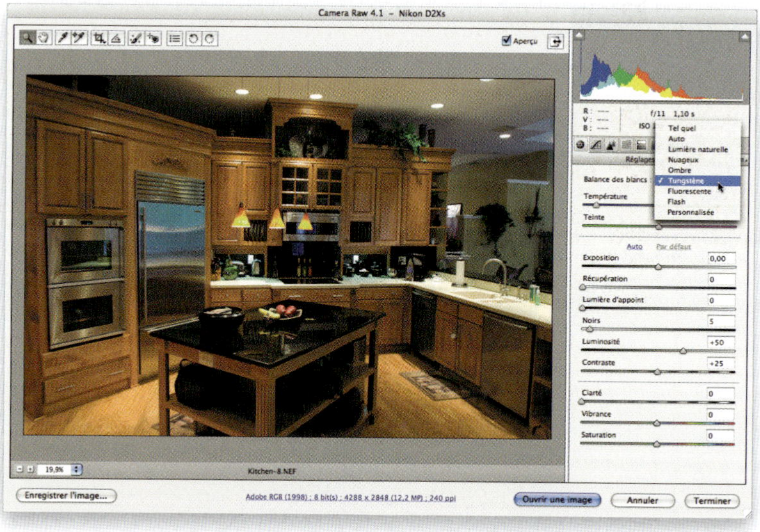

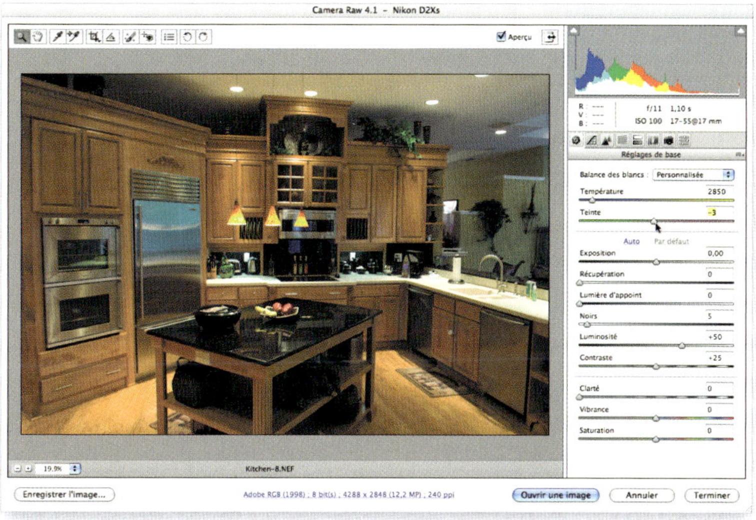

Étape 3

Une fois que vous avez choisi Tungstène, jetez un œil sur le plafond en haut à droite. Vous allez faire disparaître sa légère dominante rouge en agissant sur le paramètre Teinte. Faites glisser son curseur vers la gauche. Si jamais le préréglage Tungstène de la balance des blancs de Camera Raw ne donne pas le résultat attendu, appliquez Tel quel, et agissez simplement sur le curseur Température. Faites-le glisser vers la gauche jusqu'à ce que la dominante jaune disparaisse.

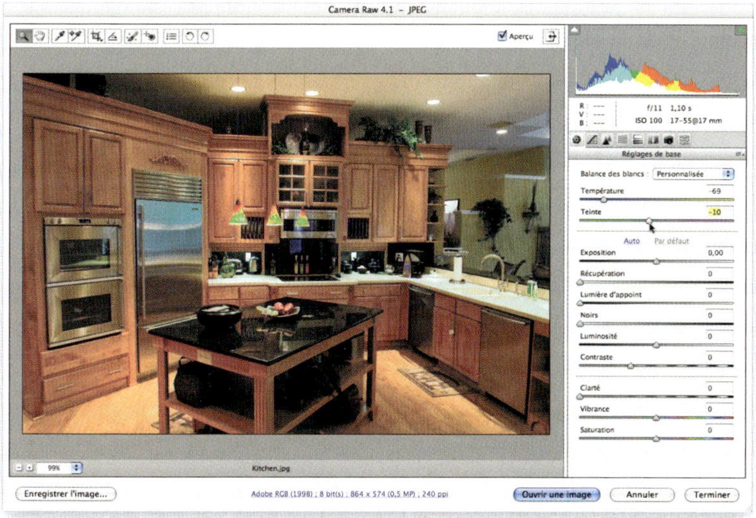

Étape 4

Si vous photographiez en JPEG, choisissez Camera Raw dans le menu local Format de la boîte de dialogue Ouvrir (PC : Ouvrir sous). L'image s'ouvre, comme ci-contre, dans Camera Raw. Cette fois, le menu local Balance des blancs ne propose pas le préréglage Tungstène. Vous devez donc agir sur le curseur Température en le faisant glisser vers la gauche jusqu'à ce que la dominante jaune disparaisse. Si des nuances de rouge apparaissent, glissez le curseur Teinte légèrement vers la gauche.

Avant

Après (réglage de la balance des blancs dans Camera Raw)

JPEG (après réglage de la balance des blancs dans Camera Raw)

Quand votre sujet est à contre-jour

Tout le monde, un jour ou l'autre, a photographié des sujets en contre-jour. Cela tient au fait que notre œil compense l'absence de lumière, alors que notre appareil photo numérique ne le fait pas. Dans ce genre de circonstance, lorsque vous ouvrez votre image dans Photoshop, le premier plan est généralement trop sombre pour permettre d'exploiter le cliché. C'est là que le réglage Tons foncés/Tons clairs va faire des miracles, avec en plus une petite astuce CS3 qui le rend non destructif et modifiable à volonté.

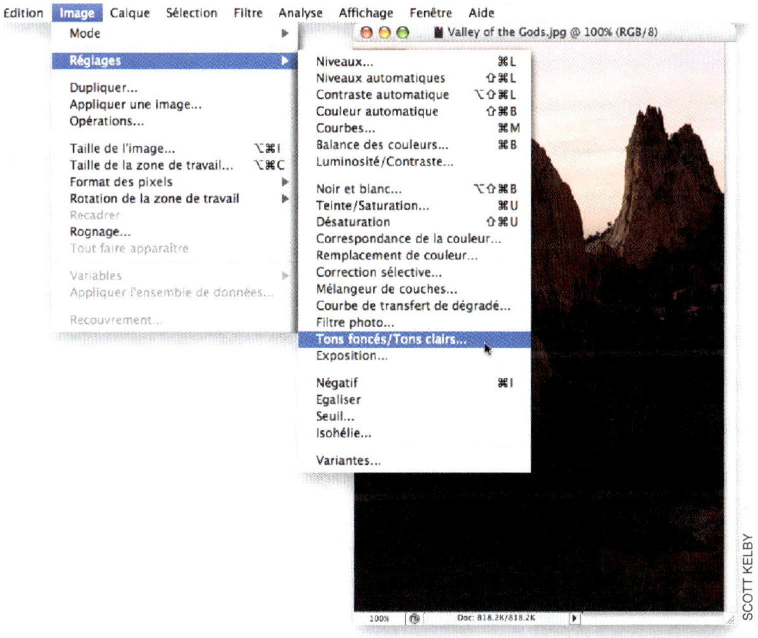

Étape 1

Ouvrez une photo présentant des zones claires et foncées. Sur l'image ci-contre, la lumière provient de derrière les rochers. Par conséquent, ils sont sombres, circonstance typique qui produit ce que l'on appelle un contre-jour. Pour rééquilibrer ce cliché, invoquez le réglage Tons foncés/Tons clairs.

Étape 2

Le réglage Tons foncés/Tons clairs suppose que vous avez des problèmes avec les tons foncés. Donc, dès que vous l'invoquez, l'image est rééquilibrée, en ce sens que les ombres sont débouchées. C'est bien, mais c'est trop. Vous constatez que l'image manque de profondeur. Pour effectuer des ajustements plus précis, cochez la case Afficher plus d'options.

Étape 3

Vous accédez à de nombreux paramètres supplémentaires. Pour redonner un aspect naturel à la photo, j'applique une formule assez simple. Tout d'abord, je fixe le réglage Facteur entre 25 et 35 %. Ensuite, je règle le paramètre Rayon de la section Tons foncés entre 160 et 190, ce qui estompe l'effet produit.

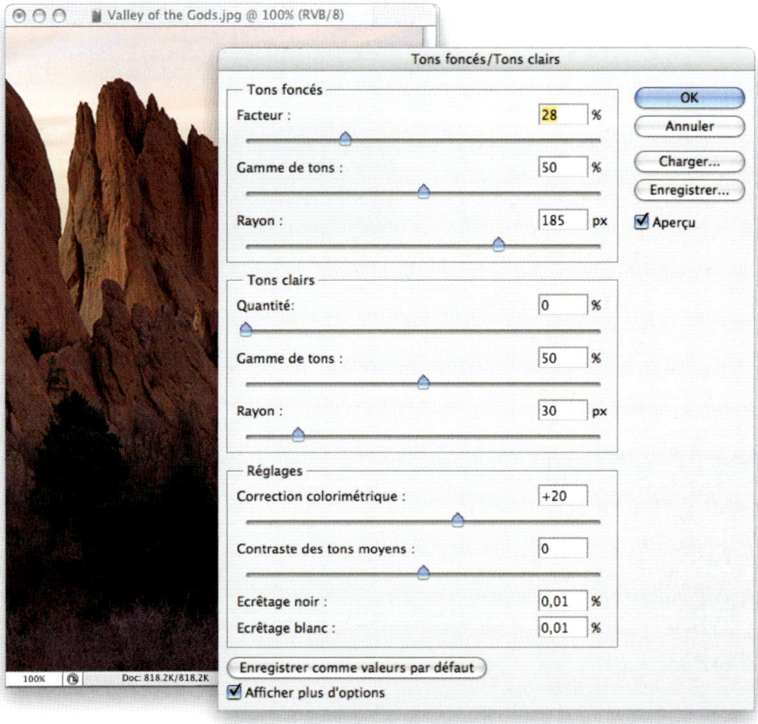

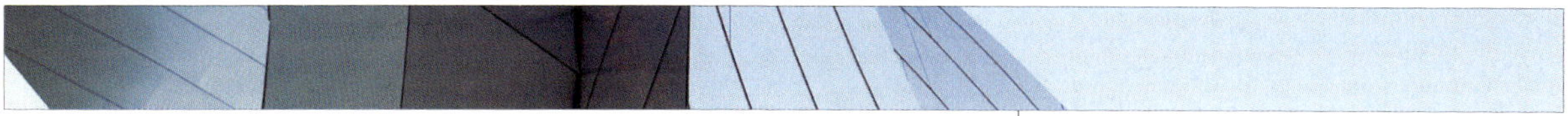

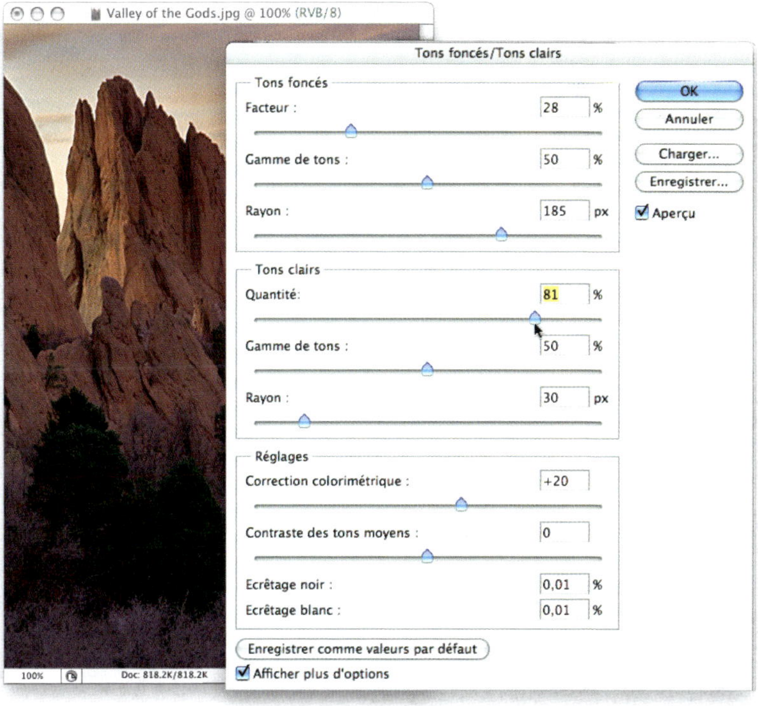

Étape 4

Maintenant que les ombres sont débouchées, intervenez sur les tons clairs. Pour assombrir légèrement les tons clairs du ciel, faites glisser vers la droite le curseur Quantité de la section Tons clairs. Si vous améliorez ainsi les tons clairs, vous introduisez un autre problème : l'apparition d'un halo sur les bords des rochers. Heureusement, ceci est simple à éliminer.

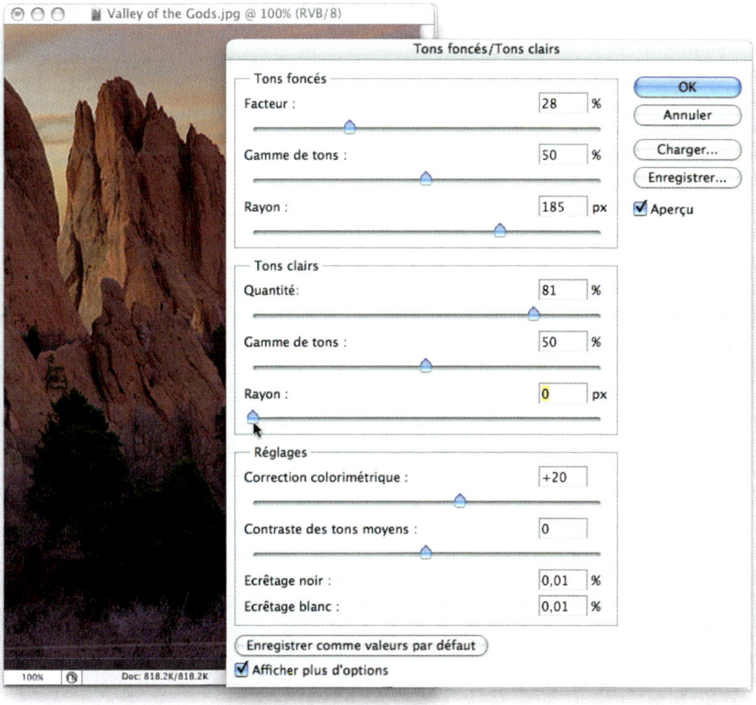

Étape 5

Dans la section Tons clairs, faites glisser le curseur Rayon complètement à gauche. Avant de poursuivre, comprenez bien le fonctionnement des curseurs Gamme de tons, Rayon et Réglages : si vous réglez les tons foncés, réduire la valeur du paramètre Gamme de tons affecte une plage plus importante de tons foncés. Si vous l'augmentez, vous allez inclure une partie des tons moyens dans vos modifications. Le fonctionnement de ce paramètre est identique pour les tons clairs. Le rayon détermine le nombre de pixels affectés par les réglages. Donc, pour altérer une plage de pixels plus importante, augmentez la valeur du rayon. Si vous augmentez les détails des tons foncés, vous risquez de saturer les couleurs. Si c'est le cas, réduisez la valeur du paramètre Correction colorimétrique. Vous pouvez aussi régler le contraste des tons moyens en agissant sur le curseur éponyme.

Étape 6

Cliquez sur OK pour appliquer vos réglages. Ensuite, appuyez sur Cmd+L (PC : Ctrl+L) pour ouvrir la boîte de dialogue Niveaux. Elle permet d'augmenter le contraste et de saturer légèrement la couleur. Glissez le curseur des tons clairs vers la gauche pour augmenter la luminosité des tons clairs. Ensuite, glissez le curseur des tons foncés vers la droite pour les assombrir un peu plus. Dès que votre image ressemble à celle représentée ci-contre, cliquez sur OK.

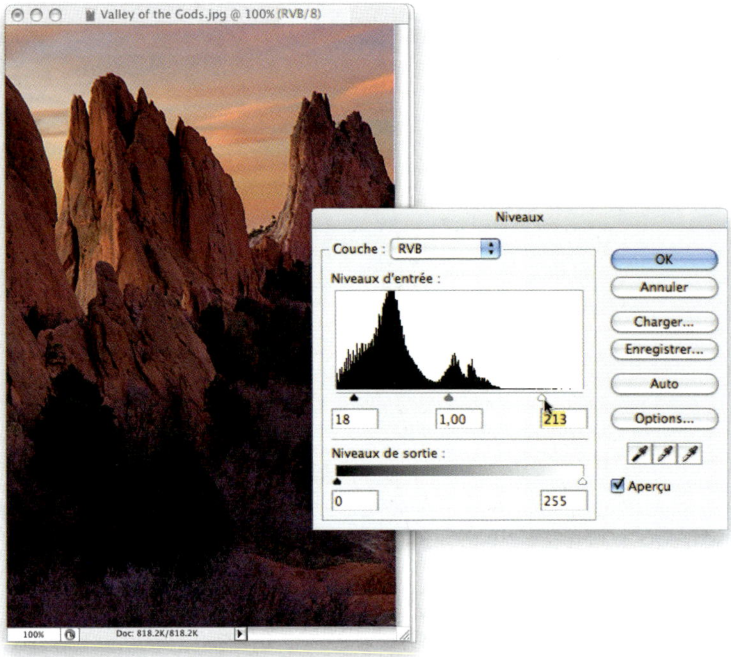

Avant

Après (débouchage des tons foncés, restauration des tons clairs et quelques réglages de niveaux)

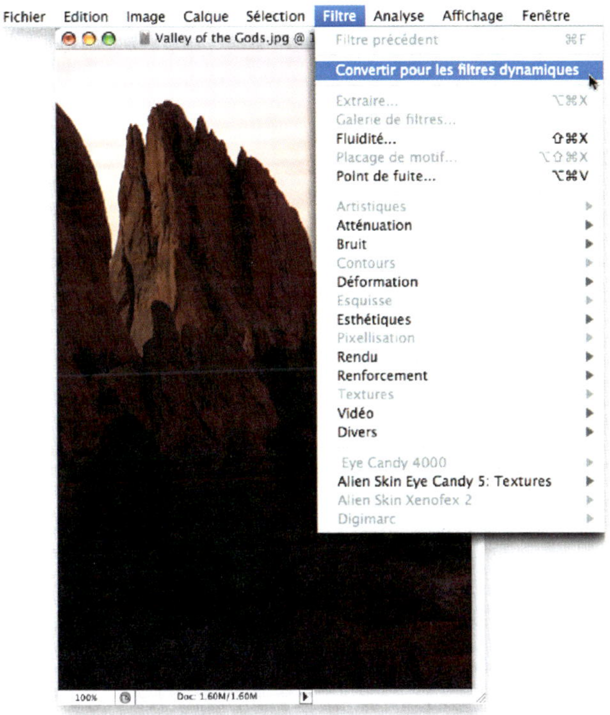

Étape 7

Je vous ai parlé d'une astuce CS3 au sujet de la correction des images en contre-jour. Elle ne fonctionne que si vous travaillez sur des images 16 bits. Donc si votre image est en 8 bits, allez dans le menu Image, choisissez Mode > 16 bits/couche. Ensuite, ouvrez le menu Filtre et choisissez Convertir pour les filtres dynamiques. Votre photo devient un objet dynamique.

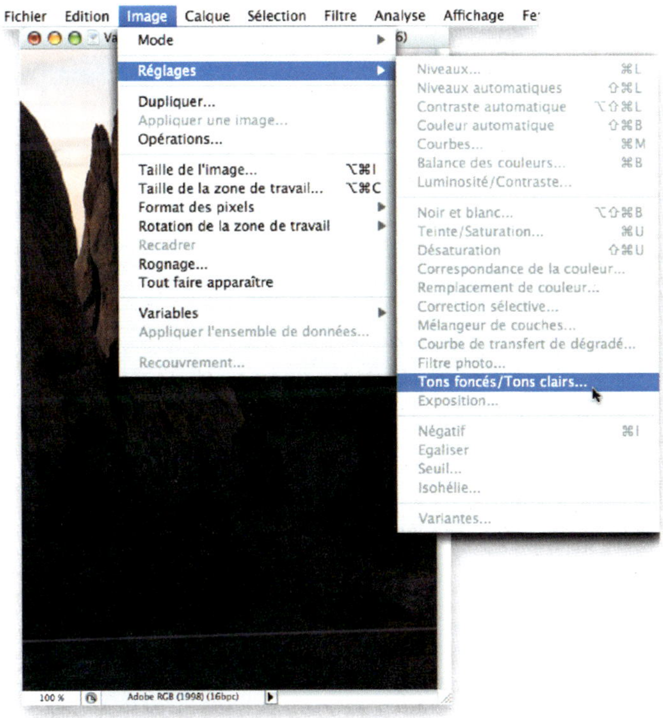

Étape 8

Maintenant, allez dans le menu Image. Cliquez sur Réglages. Seul Tons foncés/Tons clairs est accessible. Cliquez dessus, effectuez vos réglages et cliquez sur OK. Là, tout va devenir différent.

Étape 9

Si vous affichez la palette Calques, vous constatez que Tons foncés/Tons clairs est appliqué sous forme d'un filtre dynamique. Ce filtre dispose d'un masque de fusion. Vous pouvez donc peindre sur les zones de l'image que vous désirez soustraire à l'application du filtre. Mais il y a encore mieux. Si vous double-cliquez sur Tons foncés/Tons clairs, vous ouvrez la boîte de dialogue éponyme et pouvez réaliser de nouveaux réglages. Pour comparer l'image avec et sans ce filtre, il suffit de cliquer sur son icône de visibilité (œil).

Étape 10

Si vous double-cliquez sur la petite icône située à droite de Tons foncés/Tons clairs, vous ouvrez la boîte de dialogue Options de fusion. Vous définissez le mode de fusion du calque et son opacité. Dans mon exemple, je choisis le mode de fusion Obscurcir, dont je réduis l'impact en fixant son opacité à 60 %.

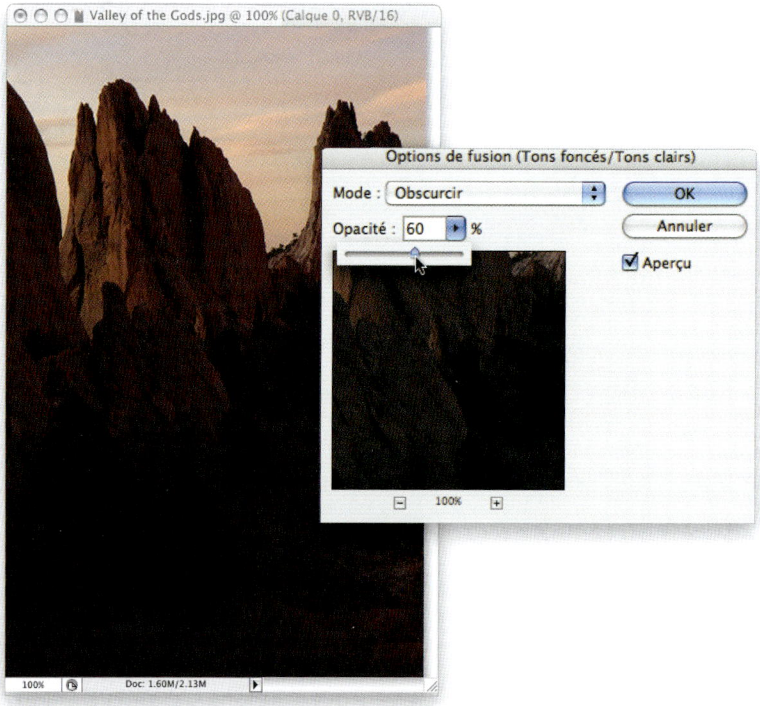

Étape 11

Un filtre dynamique fonctionne comme un calque de réglage. Il est non destructif. Si vous décidez de supprimer le filtre dynamique Tons foncés/Tons clairs, glissez-déposez son calque dans la corbeille de la palette Calques.

15 secondes pour corriger des photos sous ou surexposées

Voici une technique de correction des tonalités destinée aux récalcitrants. Comme cette méthode ne demande aucune connaissance des niveaux et des courbes, elle est très populaire auprès des photographes que les manipulations Photoshop ennuient.

Étape 1

Commençons par corriger une image trop sombre, donc sous-exposée. Cette photo a été prise devant un mur totalement blanc. Cela vous donne une idée de la sous-exposition ! La première étape consiste à dupliquer le calque Arrière-plan en appuyant sur Cmd+J (PC : Ctrl+J).

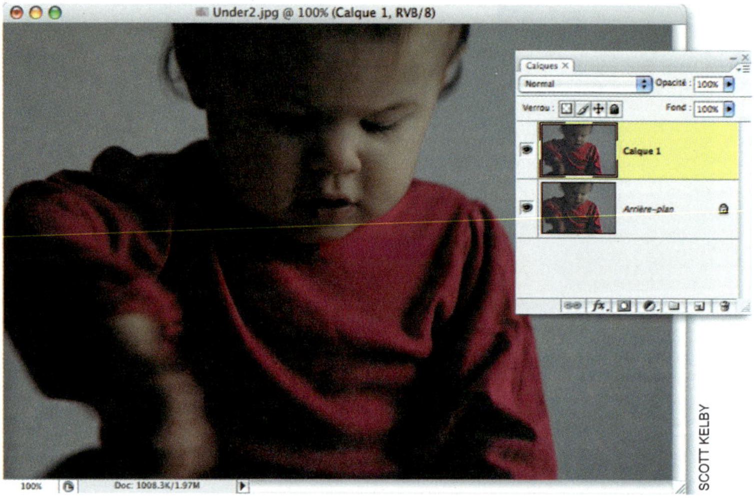

Étape 2

Appliquez au calque 1 le mode de fusion Superposition. La photo se retrouve intégralement éclaircie.

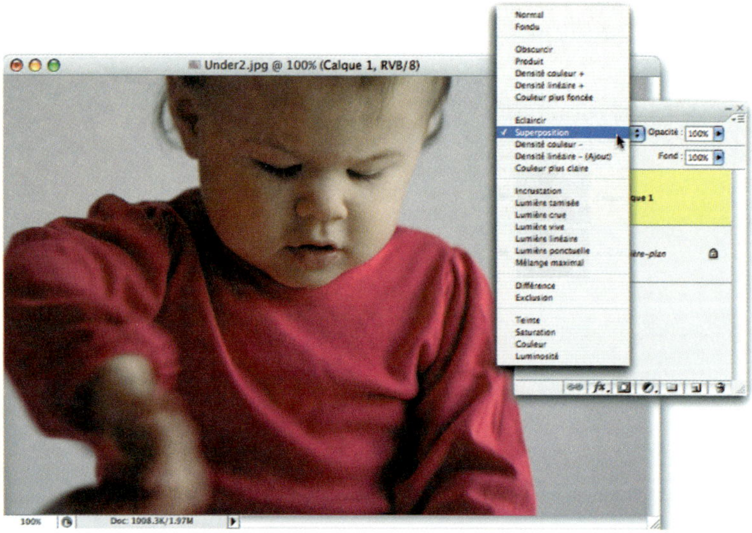

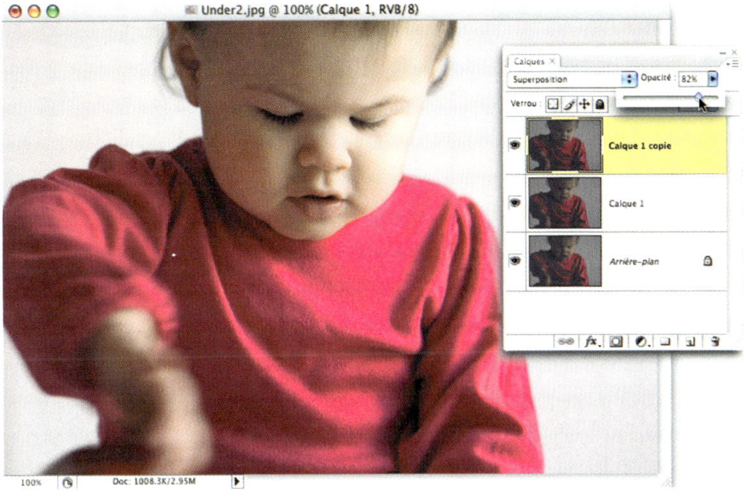

Étape 3

Si la photo paraît encore trop sombre, appuyez de nouveau sur Cmd+J (PC : Ctrl+J) pour dupliquer le calque 1. Comme il conserve le mode de fusion Superposition, la photo risque cette fois d'être légèrement surexposée. Facile ! Réduisez son opacité jusqu'à ce que vous obteniez l'exposition parfaite. Dès que la photo vous semble bonne, aplatissez les calques.

Avant

Après (utilisation de deux calques avec mode de fusion Superposition)

Étape 4

Maintenant, attaquons-nous à une image surexposée. Le principe est le même que pour une sous-exposition. Seul le mode de fusion change. Commencez par dupliquer le calque Arrière-plan.

SCOTT KELBY

Étape 5

Au lieu d'appliquer le mode de fusion Superposition, appliquez Produit qui assombrit l'image. Répétez la procédure ci-dessus. Dupliquez le calque 1. Ici, la photo ne demande aucun réglage supplémentaire. Vous venez d'apprendre deux méthodes de correction tonale qui ne demandent pas plus de quinze secondes chacune. Ces techniques sont particulièrement utiles pour redonner vie à d'anciennes photos argentiques scannées.

Avant

Après (utilisation de deux calques avec mode de fusion Produit)

Densité – et Densité +

Les outils Densité – et Densité + ne sont pas vraiment conçus pour les photographes numériques. Ils servent davantage aux graphistes et aux retoucheurs qui veulent agir sur la densité de certaines parties des images. Voici pourquoi il est possible de densifier sans utiliser ces outils.

Étape 1

Sur cette photo, la lumière ne tombe pas là où je le souhaiterais. Il faut assombrir les portions les plus claires (comme le ciel et la zone claire située à droite du bâtiment) et éclaircir les plus foncées, c'est-à-dire celles à gauche du centre.

SCOTT KELBY

Étape 2

Dans le menu local de la palette Calques, choisissez Nouveau calque. Ceci ouvre la boîte de dialogue éponyme. Sélectionnez-y le mode de fusion Incrustation, et cochez l'option Couleur neutre pour le mode Incrustation (50 % gris). Cette option va produire un calque gris. Cliquez sur OK.

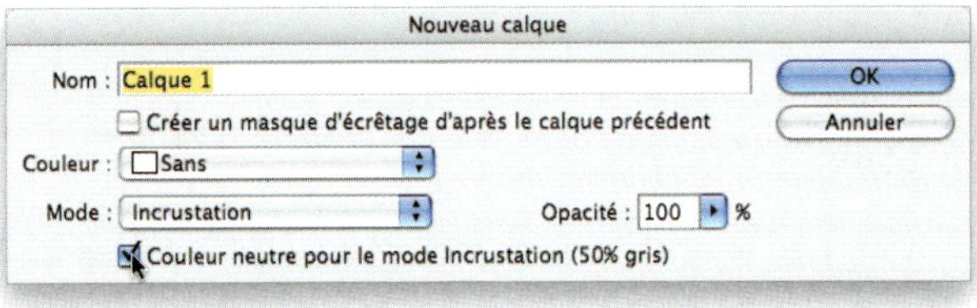

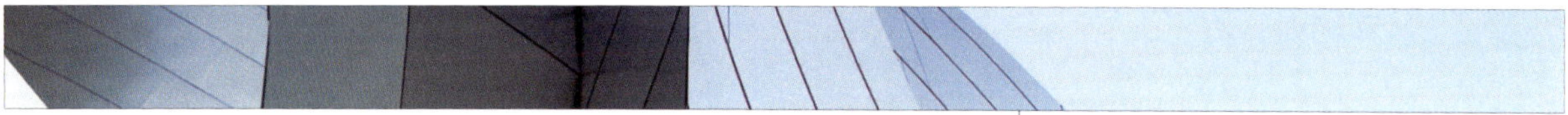

Étape 3

Un nouveau calque apparaît rempli d'un gris neutre, et qui s'incruste sur le calque Arrière-plan. L'image ne subit aucune modification, car incruster du gris à 50 % rend cette couleur complètement transparente.

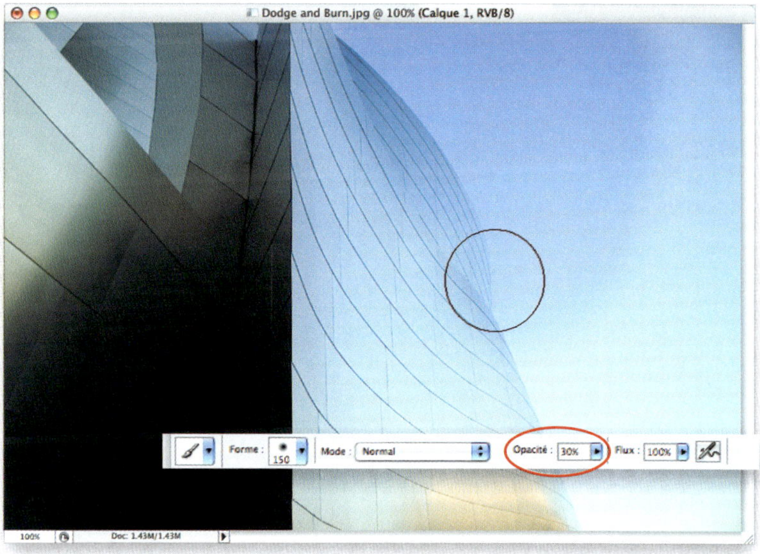

Étape 4

Appuyez sur B pour activer l'outil Pinceau. Dans la barre d'options, définissez une forme moyenne aux bords adoucis. Fixez son opacité à 30 %. Ensuite, appuyez sur D pour faire du noir la couleur de premier plan. Peignez sur les zones à obscurcir. Ici, il s'agit de la partie du ciel et du bord droit de l'immeuble. Des coups de pinceau apparaissent sur la vignette du calque 1.

Étape 5

Si l'assombrissement est insuffisant, il suffit de repasser le pinceau sur la zone concernée. Par exemple, j'ai passé le pinceau deux fois sur le ciel et trois fois sur le bord droit du bâtiment. J'ai également passé l'outil deux fois sur le côté supérieur gauche de l'immeuble.

Note Si l'assombrissement est trop intense, réduisez l'opacité de l'outil à 20 % dans la barre d'options.

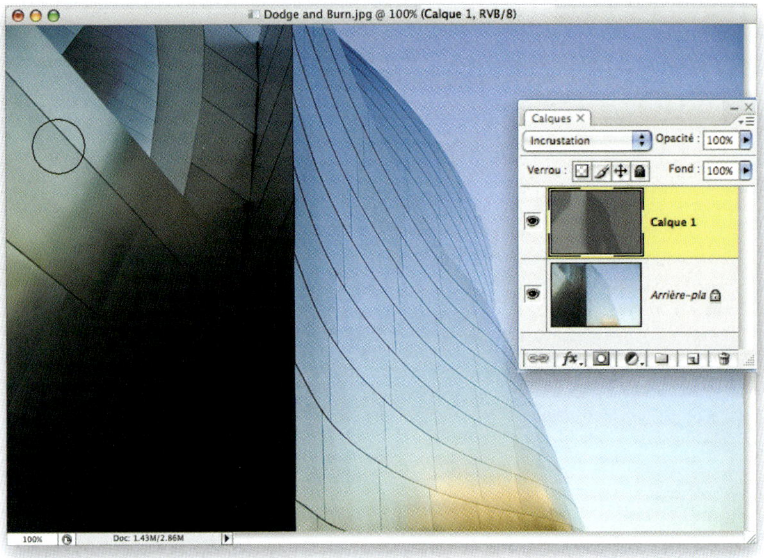

Étape 6

Maintenant, appuyez sur X pour faire du blanc la couleur de premier plan. Peignez les zones sombres que vous souhaitez éclaircir. Dans la palette Calques, des zones gris clair, voire blanches, apparaissent sur le calque 1.

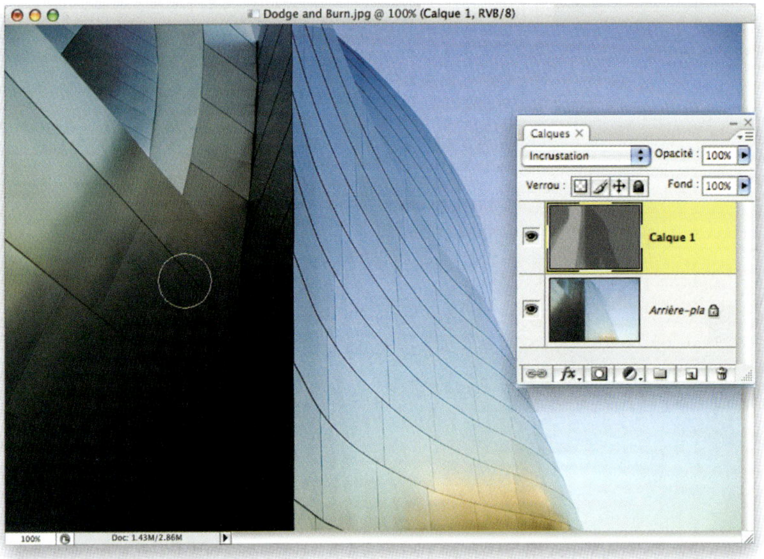

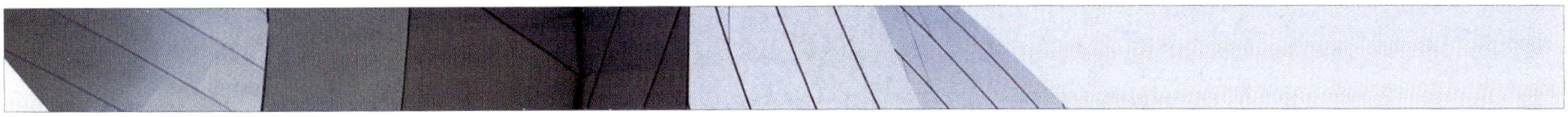

Avant (le ciel, le côté droit de l'immeuble et le côté supérieur gauche sont trop clairs ; les ombres du côté gauche sont trop foncées)

Après (le ciel, le côté droit de l'immeuble et le côté supérieur gauche sont éclaircis ; les ombres du côté gauche sont débouchées)

Suppression instantanée des yeux rouges

Lorsque je vois un flash directement monté sur un appareil photo numérique, je me dis : « Tiens, voilà une machine à yeux rouges ! » Si vous êtes un professionnel, vous ne serez probablement jamais confronté à ce problème car vous utilisez des flashs dont vous dirigez l'éclair. Toutefois, même si vous êtes un pro, lorsque vous utilisez l'appareil compact de votre belle-mère, je crains que vous ne produisiez des portraits avec des yeux de lapin albinos.

Étape 1

Ouvrez une photo où le sujet a les yeux rouges.

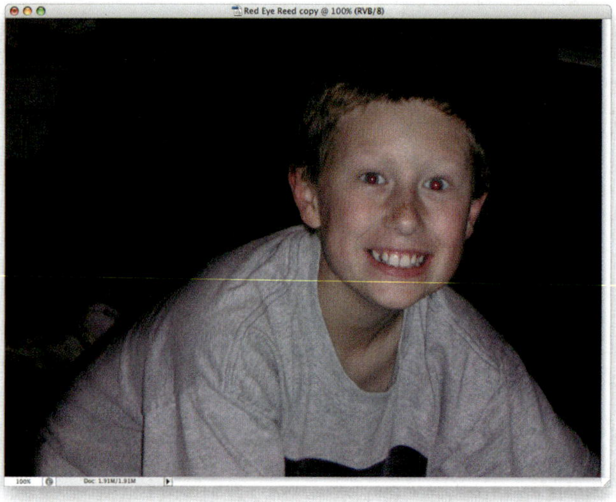

LARRY BECKER

Étape 2

Appuyez sur Z pour activer l'outil Zoom, et tracez un rectangle de sélection au niveau des yeux. Cette portion s'affiche dans la fenêtre du document. Ensuite, dans la palette Outils, activez l'outil Œil rouge qui est groupé avec l'outil Correcteur de tons directs.

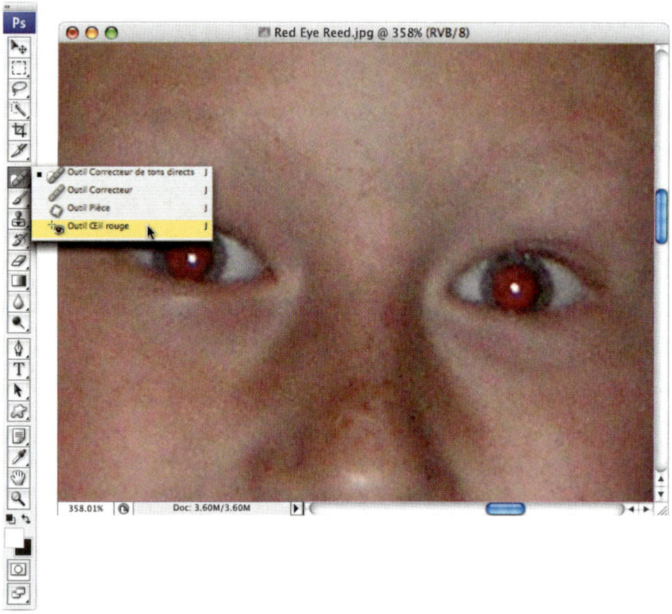

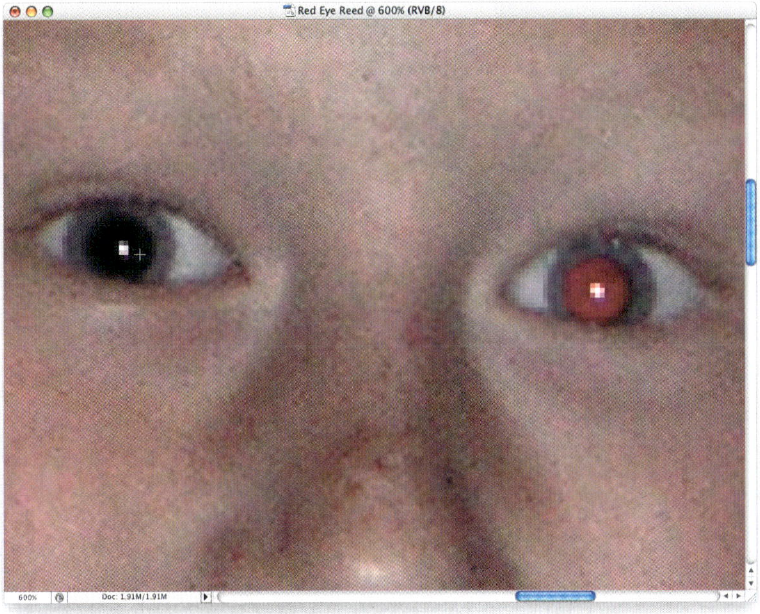

Étape 3

Cliquez sur la zone rouge de l'œil, et le tour est joué. Cet outil est une sorte de baguette magique des yeux rouges. Il repère la zone contenant du rouge et la remplace par le noir de la pupille. Que faire si le résultat ne vous convient pas ? Agissez sur les paramètres Taille de la pupille et Taux d'obscurcissement de la barre d'options.

Étape 4

Le paramètre Taille de la pupille correspond à la tolérance de la baguette magique. Plus sa valeur est élevée et plus il sélectionne de couleurs. Donc, si toute la couleur rouge ne disparaît pas, augmentez la valeur de ce réglage. Le paramètre Taux d'obscurcissement détermine la quantité de noir qui va assombrir la pupille rouge. Plus vous désirez que la pupille soit sombre et plus vous devez augmenter la valeur de ce réglage. Pour corriger les deux yeux, eh bien cliquez sur chacun d'eux ! Appuyez sur Cmd+0 (PC : Ctrl+0) pour que l'image s'affiche intégralement dans la fenêtre du document.

Éliminer les reflets sur les lunettes

C'est le problème pour lequel on me pose le plus de questions. Le fait est qu'il est très difficile à résoudre. Vous pourriez être tenté de passer beaucoup de temps à cloner des parties absentes de reflets. Toutefois, si vous êtes un photographe avisé, vous aurez l'idée de prendre une photo du sujet avec et sans lunettes, en faisant en sorte que le modèle ne bouge pas trop entre les deux prises de vue. Après, voici comment procéder.

Étape 1

Lisez bien l'intro de cette section, sinon vous ne comprendrez pas l'étape 2. Maintenant ouvrez la photo (ici mon ami Matt Kloskowski), que j'ai prise dans un restaurant new-yorkais.

SCOTT KELBY

Étape 2

Comme il y avait des reflets sur ses lunettes, je lui ai demandé de les enlever pour que je fasse une photo identique sans lunettes. Ensuite, ouvrez les deux photos dans Photoshop. Activez l'outil Déplacement (V), appuyez sur Maj et faites glisser la version sans lunettes sur celle avec lunettes.

SCOTT KELBY

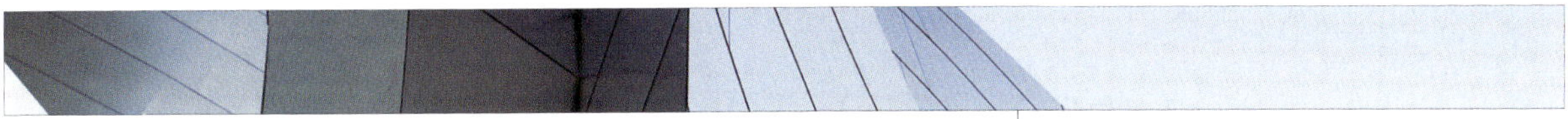

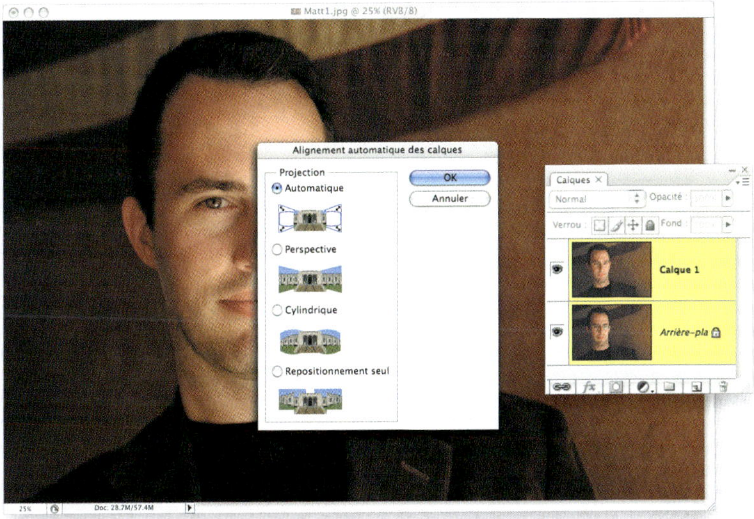

Étape 3

Maintenir la touche Maj enfoncée pendant l'opération de glisser-déposer permet d'aligner correctement les deux calques. Cependant, il est rare, surtout après avoir enlevé des lunettes, et encore plus si vous photographiez au poing, que le modèle soit exactement dans la même position. Pour rectifier cela, activez le calque Arrière-plan de la palette Calques. Ensuite, maintenez la touche Cmd (PC : Ctrl) enfoncée et cliquez sur le calque 1. Les deux calques sont sélectionnés. Ouvrez le menu Édition, et choisissez Alignement automatique des calques. Quand la boîte de dialogue apparaît, laissez l'option automatique par défaut et cliquez sur OK.

Étape 4

Une barre de progression apparaît. Attendez que Photoshop calcule l'alignement. Maintenant, masquez le calque 1 par un clic sur son icône de visibilité (œil) et cliquez sur le calque 0. L'image avec les lunettes apparaît dans le document.

Étape 5

Vous devez sélectionner l'intérieur des verres. Utilisez l'outil de sélection avec lequel vous êtes le plus à l'aise. Toutefois, pour un travail comme celui-ci, je conseille l'outil Plume. Appuyez sur P. Dans la barre d'options de l'outil Plume, cliquez sur la deuxième icône nommée Tracés. Cliquez sur la partie inférieure d'un verre, puis cliquez au niveau de l'angle arrondi gauche. Ne relâchez pas le bouton de la souris. Tirez de manière à créer des poignées qui vont permettre d'incurver le tracé comme ci-contre. Continuez à appliquer cette technique jusqu'à ce que l'intégralité des lunettes soit sélectionnée.

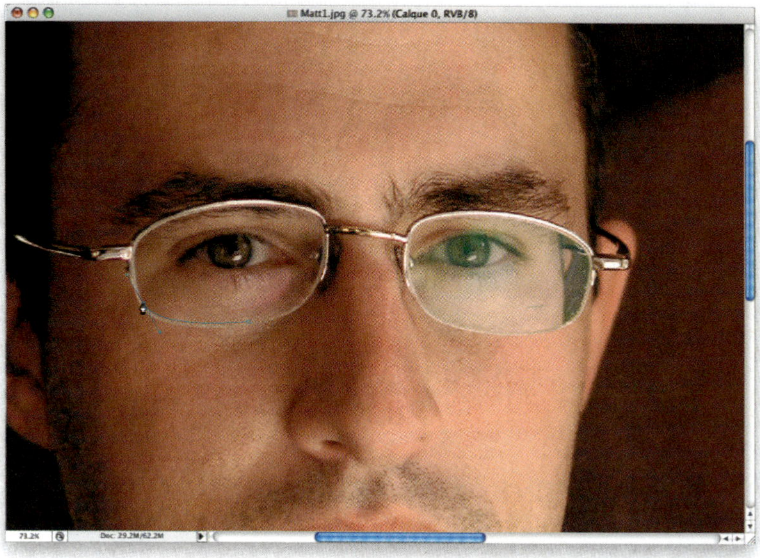

Étape 6

Par petits points successifs vous finissez par entourer tout le verre des lunettes. Lorsque l'outil arrive sur le point de départ, un petit cercle apparaît. Il indique que vous pouvez fermer le tracé. Cliquez, et c'est fait ! Faites la même chose avec l'autre verre. Une fois les deux tracés terminés, appuyez sur Cmd+Entrée (PC : Ctrl+Entrée) pour transformer les tracés en sélections.

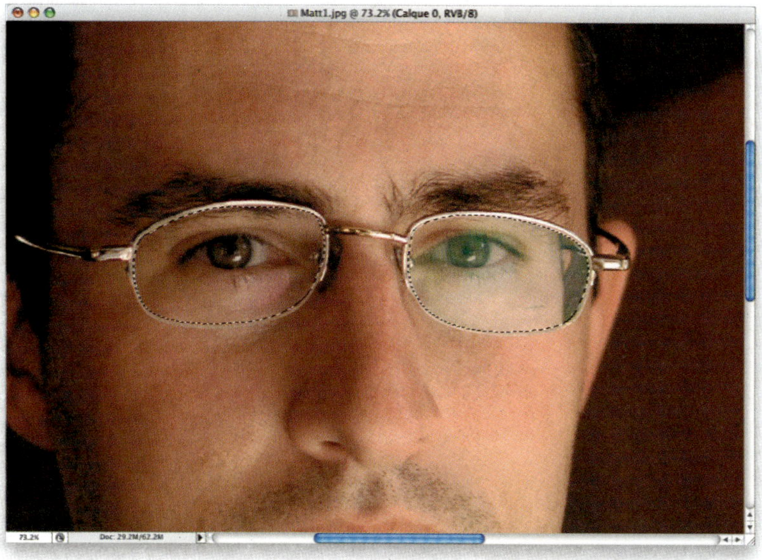

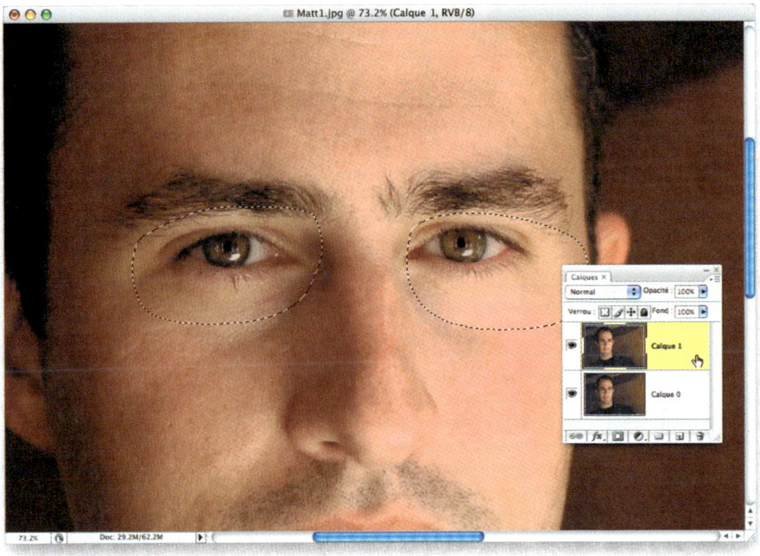

Étape 7

Une fois la sélection en place, activez la visibilité du calque 1 et cliquez dessus. Le calque 1 est actif dans la palette Calques.

Étape 8

Pour supprimer les reflets, cliquez sur l'icône Ajouter un masque de fusion de la palette Calques. Plus de problème de reflets ! Cela règle aussi le problème de la petitesse des yeux à cause de l'épaisseur des verres, et l'effet de décalage sur le bord du visage. Comparez les deux photos avant et après sur la page suivante.

Avant (les reflets sont plus visibles sur le verre droit, et le bord du visage est décalé)

Après (disparition des reflets et du décalage)

Le secret de CS3 pour corriger les photos de groupe

Les photos de groupe sont toujours compliquées, car il y a au moins une personne qui n'est pas attentive. Ou bien, vous déclenchez au moment où quelqu'un a les yeux fermés, pendant que d'autres font une tête d'enterrement. Il est possible de remplacer le visage d'untel ou d'untel pris sur une autre pose, mais cela représente un énorme travail. Désormais, vous pouvez compter sur la fonction Fusion automatique des calques.

SCOTT KELBY

Étape 1

Voici une photo du groupe Big Electric Cat. Il s'agit d'un cliché test qui m'a permis de vérifier l'éclairage (deux flashs sans fil Nikon SB-800). L'homme en tee-shirt bleu clair est un ami du batteur. Il s'est placé là à ma demande le temps de la photo. Le gros problème de ce cliché est le bassiste (Felix) qui n'est pas tourné en direction de l'appareil, et le regard du guitariste (Tony) qui se perd bien au-delà de mon objectif.

SCOTT KELBY

Étape 2

Lorsque vous photographiez un groupe, prenez autant de clichés que possible. Sur la photo ci-contre, Felix et Tony sont en bonne position. L'idée est de ne retenir que ces deux personnes de cette photo, donc de conserver les deux autres hommes du cliché précédent.

Étape 3

Commencez par placer les deux photos dans le même document. Activez l'outil Déplacement et maintenez la touche Maj enfoncée. Chaque photo apparaît sur son propre calque. Convertissez le calque Arrière-plan en calque standard. Pour cela, double-cliquez dessus. Cliquez ensuite sur le bouton OK de la boîte de dialogue Nouveau calque.

ASTUCE Dans cet exemple, les photos s'alignent superbement bien car j'ai travaillé avec un trépied. Si vous photographiez au poing, il sera nécessaire d'invoquer la commande Alignement automatique des calques du menu Édition.

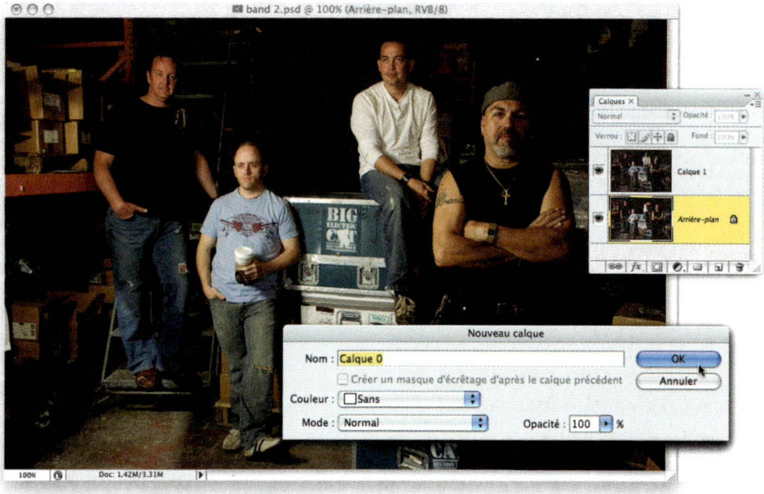

Étape 4

Les deux prochaines étapes ne peuvent pas être plus simples. Tout d'abord, dans la palette Calques, masquez le calque 0 en cliquant sur l'icône de son œil. Ensuite, cliquez sur le calque 1. Appuyez sur M pour activer l'outil Rectangle de sélection. Tracez un cadre de sélection qui englobe la première moitié de l'image (côté gauche). Appuyez sur Retour arrière pour supprimer le contenu de cette sélection. Vous ne conservez alors que la partie du calque qui vous intéresse. Appuyez sur Cmd+D (PC : Ctrl+D) pour désélectionner l'image.

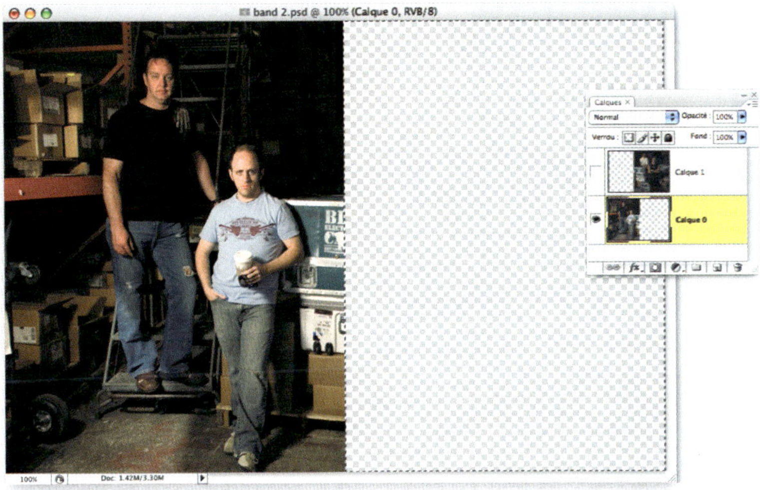

Étape 5

Maintenant, cliquez sur l'icône de visibilité (œil) du calque 1. Cliquez sur le calque 0, et créez un cadre de sélection afin d'éliminer sa moitié droite. Appuyez sur Retour arrière, puis désélectionnez l'image. Il faut impérativement que les deux calques se chevauchent, sinon CS3 sera incapable de les fusionner correctement. Donc, faites en sorte que les deux calques se chevauchent d'environ 20 %.

Étape 6

Dans la palette Calques, rendez les deux calques visibles. Du fait de leur chevauchement, la séparation entre les deux parties de l'image est mauvaise. CS3 va régler ce problème avec maestria en quelques secondes.

Étape 7

Dans la palette Calques, sélectionnez les deux calques en appuyant sur Cmd (PC : Ctrl) et en cliquant sur chacun d'eux. Ensuite, dans le menu Édition, choisissez Fusion automatique des calques. En moins de temps qu'il ne faut pour le dire, CS3 crée une image sans raccord visible. Il ne reste plus qu'à aplatir les calques *via* la commande éponyme du menu Calque.

Avant (les deux hommes de droite posent mal)

Après (fusion sans raccord visible de chacune des bonnes parties des deux photos)

Corriger les taches ou la poussière du capteur sur plusieurs photos

Il suffit d'un objectif sale ou d'une poussière sur le capteur pour qu'une série de clichés présente exactement le même défaut au même endroit. Lorsque vous vous apercevez du problème, il est trop tard ! 240 photos ont été prises. Malheur ! En corrigeant une photo, vous allez réussir à en corriger 239 autres (ou plus) automatiquement.

SCOTT KELBY

Étape 1

Pour supprimer une tache, vous devez ouvrir l'image dans Camera Raw. Il peut s'agir dans CS3 d'un fichier RAW, JPEG ou TIFF. Sur cette photo, il y a une tache. Comme elle fait partie d'une série prise en Caroline du Nord, je suis certain de la retrouver sur tous mes clichés. Pour traiter l'ensemble des photos tachées, vous devez travailler dans la version Bridge de Camera Raw. Donc, dans Camera Raw, sélectionnez toutes les images en question. Ensuite, appuyez sur Cmd+R pour les ouvrir dans Camera RAW de Bridge. La première photo sélectionnée apparaît dans l'aperçu et les autres dans le film fixe.

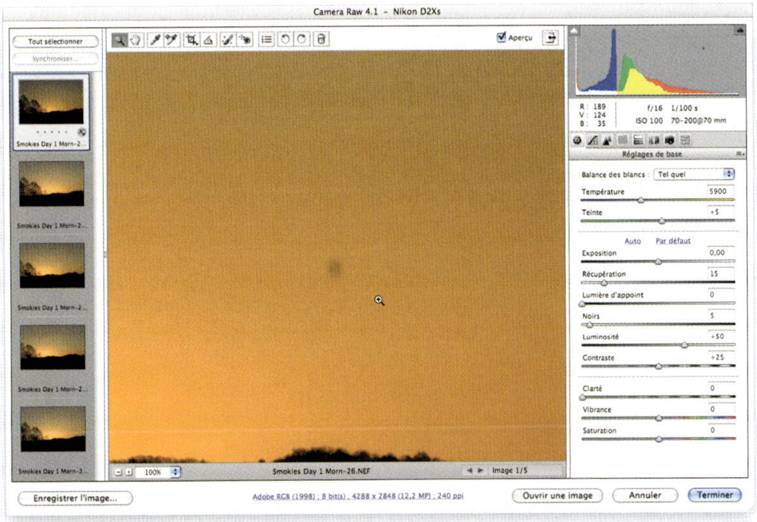

Étape 2

Activez l'outil Zoom (Z) et tracez un cadre de sélection autour de la tache pour agrandir cette zone dans l'aperçu.

Étape 3

Vous devez corriger cette première image. Activez l'outil Retouche (B). Ensuite, cliquez au centre de la tache et glissez le curseur vers l'extérieur afin de tracer un cercle englobant le défaut (voir ci-contre).

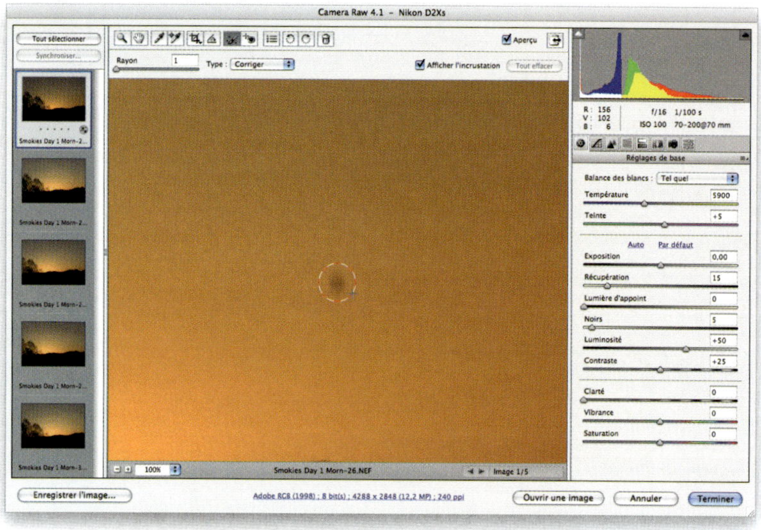

Étape 4

Lorsque vous relâchez le bouton de la souris, un cercle blanc-vert apparaît dans la section de l'image échantillonnée pour faire disparaître cette tache. Si nécessaire, ciblez une autre zone de destination en glissant ce cercle blanc-vert. Dès que la retouche vous semble correcte, ne touchez plus à rien.

NOTE Vous pouvez modifier manuellement le cercle de destination en glissant le curseur Rayon. Dans la liste Type, vous pouvez aussi choisir le mode de correction Dupliquer.

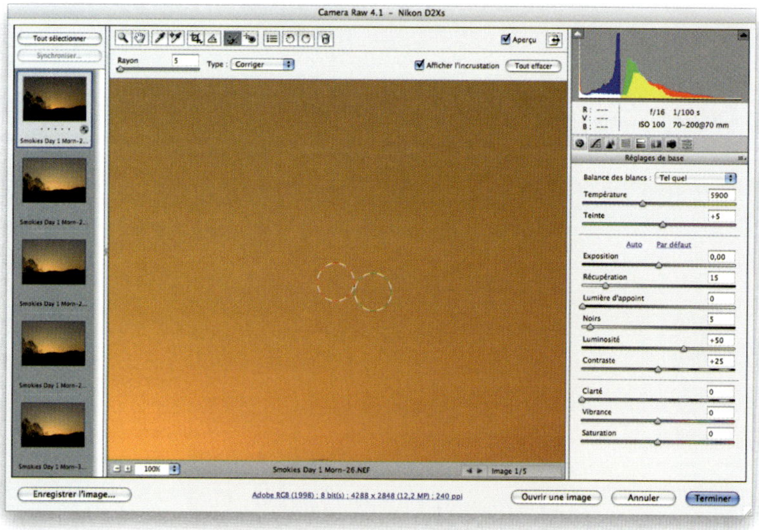

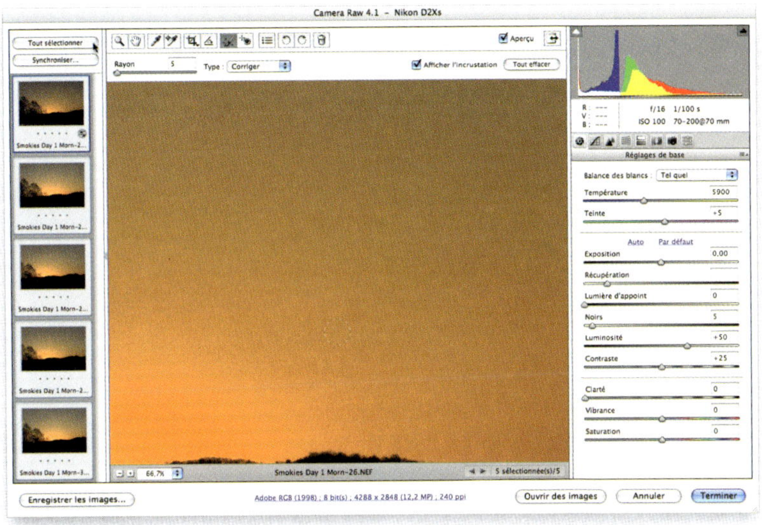

Étape 5

Comment faire si l'image comprend plusieurs taches ? Recommencez l'opération ! Une fois toutes les taches supprimées, il faut appliquer la correction à toutes les autres images. Cliquez sur le bouton Tout sélectionner du film fixe. (Les vignettes des images passent en surbrillance.) La photo sur laquelle vous venez d'intervenir affiche un cadre bleu.

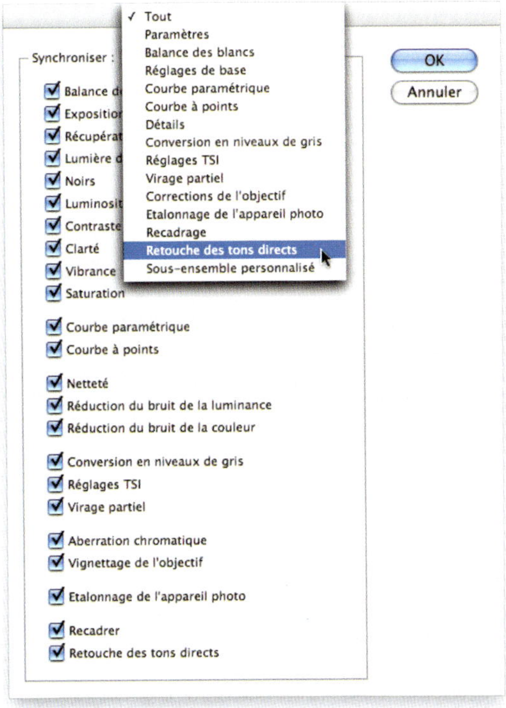

Étape 6

Vous n'avez plus qu'à cliquer sur le bouton Synchroniser. Dans la boîte de dialogue éponyme, ouvrez le menu Synchroniser, et choisissez Retouche des tons directs.

Étape 7

Cette action désactive toutes les autres corrections. Ce choix est important dans la mesure où il vous évitera d'appliquer d'autres corrections qui n'intéressent que la photo sur laquelle vous venez d'intervenir. Vous êtes ainsi certain de ne supprimer que les taches. Cliquez sur OK.

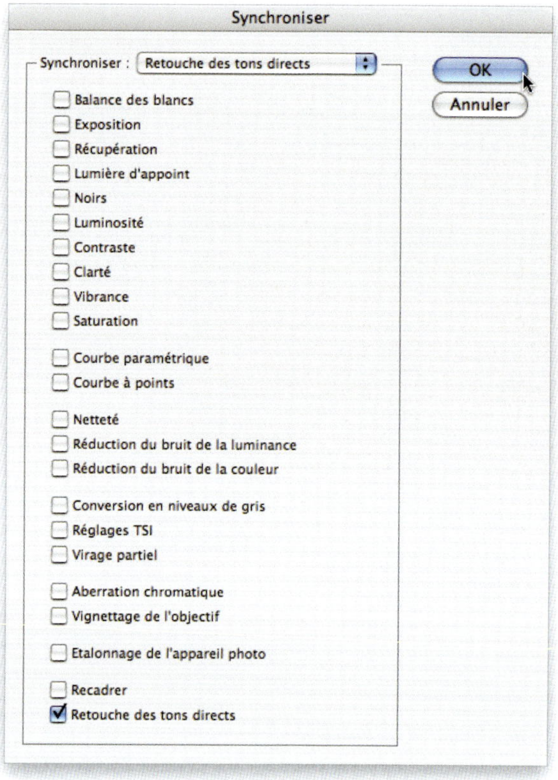

Étape 8

Pour vérifier que la modification a bien eu lieu, cliquez sur n'importe quelle vignette du film fixe. Dans l'aperçu central, vous voyez que les deux cercles de l'outil Retouche sont exactement à la même place que sur la première image corrigée. Cliquez sur Terminer pour fermer Camera Raw. Les modifications sont stockées avec vos fichiers. Si vous cliquez sur Ouvrir des images, 240 photos vont s'afficher dans Photoshop. Finalement, c'est peut-être ce que vous souhaitez.

Photo Scott Kelby | Exposition : 1/250 s | Focale : 135 mm | Ouverture : $f/16,0$

Faces

Retoucher des portraits

Cette fois ça y est ! J'en ai trouvé un ! *Faces*, le titre d'un film exceptionnel de John Cassavetes qui analyse, décortique la vie sentimentale des quadragénaires, avec cette exceptionnelle actrice qu'est Geena Rowlands. Ce sont véritablement des visages que nous donne ce film, mais aussi la face cachée de notre personnalité désabusée qui, au milieu de sa vie, repositionne ses sensations, ses influences et ses possessions. Il y a comme un lifting à opérer pour parvenir à cette maturité sentimentale mille fois déjouée par les pièges de la vie. La retouche des portraits dans Photoshop, c'est un peu la même chose. On se fait, on se défait, on se refait. Les conséquences sont moindres puisqu'elles n'impliquent que des images, et quelles images, des photos.

ASTUCE Pour obtenir un meilleur résultat, utilisez une forme dont la taille est légèrement supérieure au défaut que vous souhaitez supprimer. Pour augmenter la taille, appuyez sur la touche $ de votre clavier, et pour la réduire, sur la touche ^. L'échantillonnage peut se faire à proximité de la tache, dans une autre partie du visage, voire dans des tons foncés. L'essentiel est de cibler la même texture de peau.

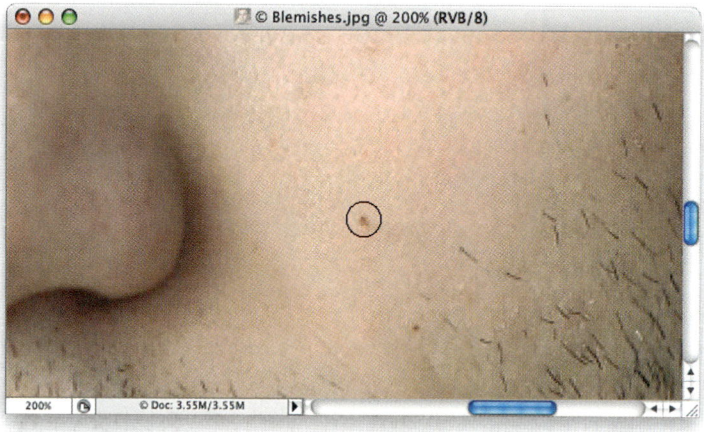

Avant

Après

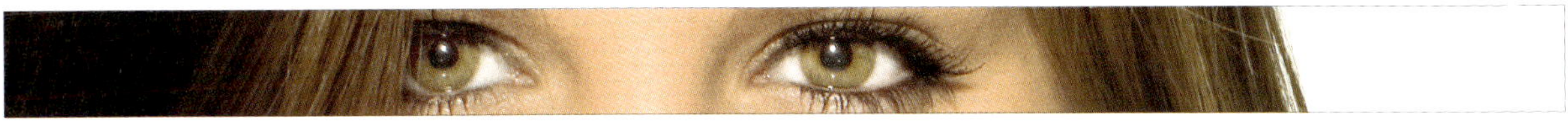

Réduire un double menton

Voici une autre technique qui ne demande pas beaucoup de temps. Elle permet d'amoindrir le double menton d'une personne. Là encore, l'effet doit être subtil pour garder au visage son harmonie et son réalisme.

©ISTOCKPHOTO/JEFF CLEVELAND

Étape 1

Ouvrez la photo à retoucher. Avec l'outil Lasso (L), tracez une sélection qui englobe la partie inférieure du visage, mâchoires y compris comme ci-contre. C'est une des rares fois où vous n'avez pas besoin d'appliquer un contour progressif à la sélection.

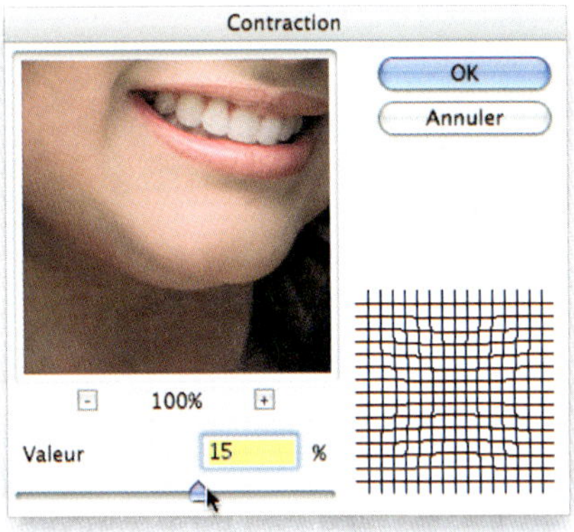

Étape 2

Dans le menu Filtre, choisissez Déformation > Contraction. Dans le champ Valeur, tapez 15 ou bien faites glisser le curseur. La zone d'aperçu permet d'apprécier l'impact de votre modification. Pour comparer « avant » et « après », cliquez sur l'aperçu et ne relâchez pas le bouton de la souris. Vous voyez avant la correction. Relâchez le bouton de la souris, et vous voyez après la correction.

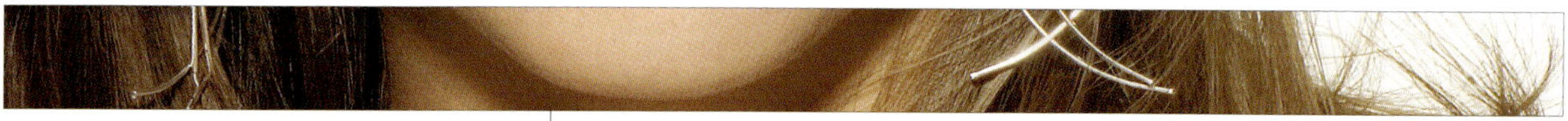

Étape 3

Cliquez sur OK. Le filtre Contraction s'applique uniquement sur la zone sélectionnée. Si une seule application est insuffisante, appuyez sur Cmd+F (PC : Ctrl+F) pour réappliquer ce filtre avec le même réglage.

ASTUCE L'inconvénient d'appliquer deux ou trois fois ce filtre est que le menton du sujet devient un peu pointu. Si cela arrive, ouvrez le menu Filtre, et choisissez Fluidité. Dans la boîte de dialogue éponyme, choisissez le premier outil et passez-le légèrement sur le menton pour lui redonner sa forme d'origine.

Avant

Après

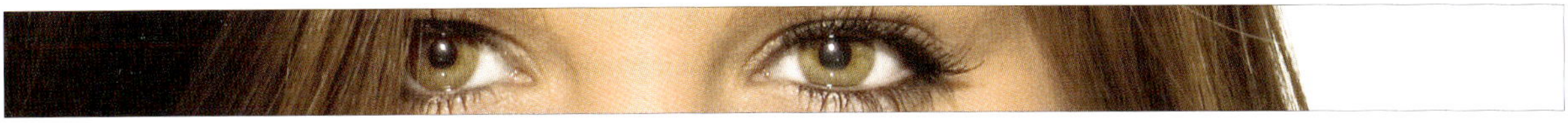

Supprimer les cernes

Voici ma technique préférée pour supprimer les cernes qui apparaissent bien souvent sous les yeux de personnes fatiguées.

©ISTOCKPHOTO/ROBERTA OSBORNE

Étape 1

Ouvrez le portrait présentant des cernes. Zoomer sur la zone à retoucher sera probablement une aide supplémentaire. Sur la photo ci-contre, les deux yeux sont cernés. Ce n'est pas très grave mais comme cela peut être corrigé en une minute, pourquoi s'en priver ?!

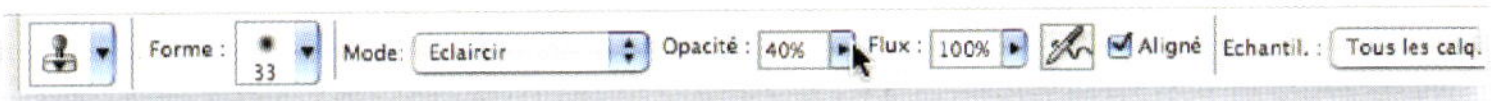

Étape 2

Appuyez sur S pour activer le tampon de duplication. Dans sa barre d'options, fixez l'opacité à 40 %. Ensuite, dans la liste Mode, choisissez Éclaircir.

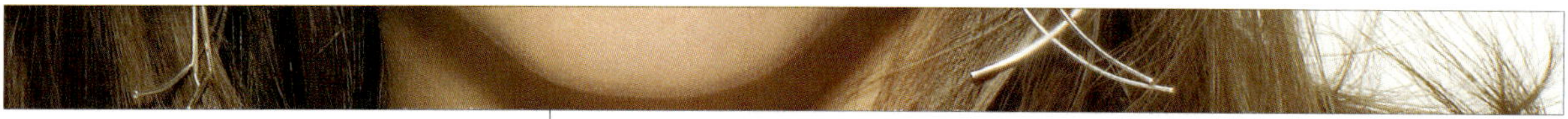

Étape 3

Maintenez la touche Option enfoncée (PC : Alt) et cliquez sur une zone située à proximité des cernes. Si les joues ne sont pas trop roses, cliquez sur cette zone. Maintenant, passez l'outil Tampon de duplication sur les cernes. N'hésitez pas redéfinir la taille de la forme et sa valeur d'opacité de manière à couvrir comme il faut les cernes. Ci-après, vous pouvez comparer les deux états du visage. Il n'a pas fallu plus de 45 secondes pour parvenir à ce résultat.

Avant

Après

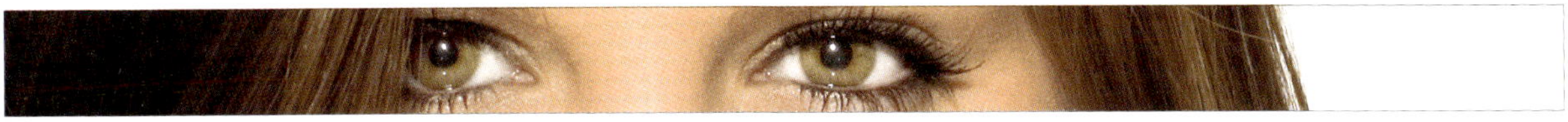

Réduire les rides

Avez-vous noté le titre de cette section ? Il s'agit de réduire et non de supprimer les rides. Soyons réaliste ! Vous n'allez pas rajeunir quelqu'un de 40 années. Dix ans suffisent bien. Lorsque vous intervenez sur les rides, partez toujours du principe que vous allez les atténuer de 40 à 70 %. Voici comment paraître plus jeune.

©ISTOCKPHOTO/PETER FINNIE

Étape 1

Ouvrez l'image à retoucher. Ensuite, dans la palette Outils, choisissez Correcteur. Appuyez sur Cmd+J (PC : Ctrl+J) pour dupliquer le calque Arrière-plan. Vous allez effectuer vos retouches sur cette copie. L'effet n'en sera que plus réaliste.

Étape 2

Placez le curseur sur une zone non ridée. Appuyez sur Option (PC : Alt) et cliquez pour échantillonner cette zone. En règle générale, j'utilise les joues du modèle.

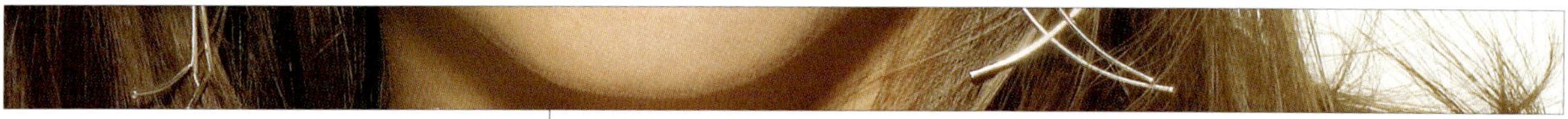

Étape 3

Passez l'outil Correcteur sur les rides à supprimer. (Ci-contre j'interviens sur les rides situées sous l'œil gauche.)

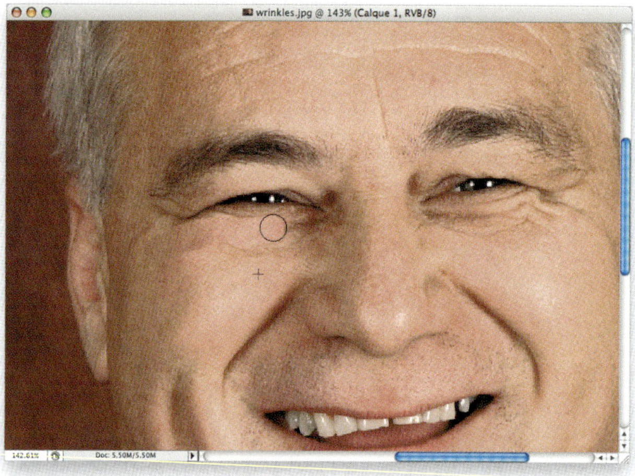

Étape 4

Dans un premier temps, ne cherchez pas à faire des retouches réalistes. Lorsque vous glissez l'outil, rien ne se passe immédiatement. En effet, un calcul est nécessaire avant que ne s'opère la magie.

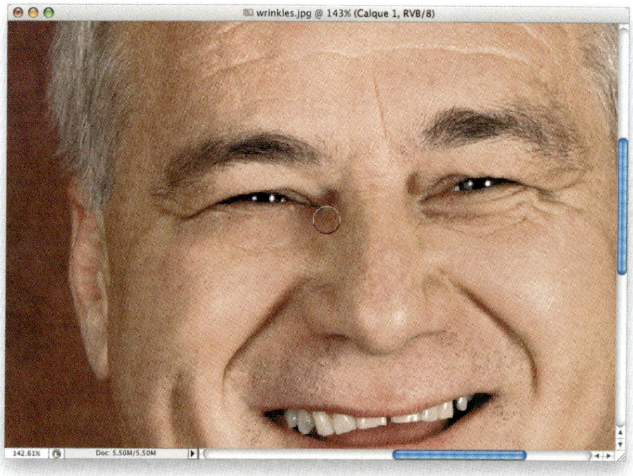

ASTUCE Pour atténuer des rides couvrant une large zone, utilisez l'outil Pièce. Tracez une sélection entourant la ride. Ensuite, placez le pointeur de la souris dans la sélection. Cliquez et faites glisser cette zone sur une partie non ridée. Relâchez le bouton de la souris. Voilà ! La correction est faite. Vous pourrez éventuellement l'affiner avec l'outil Correcteur.

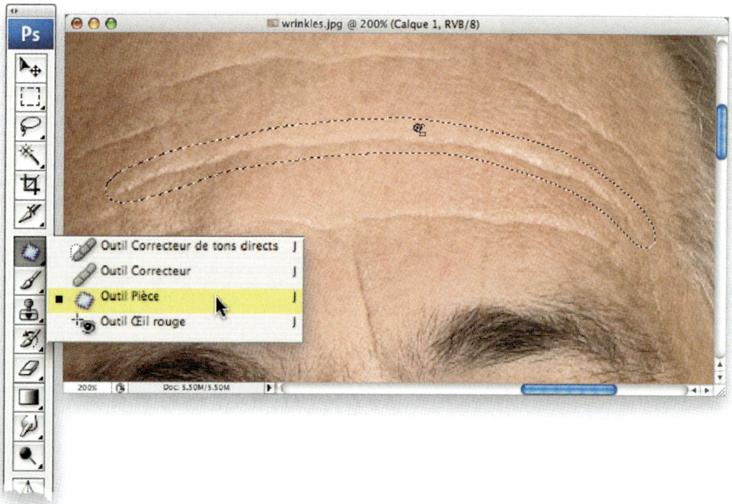

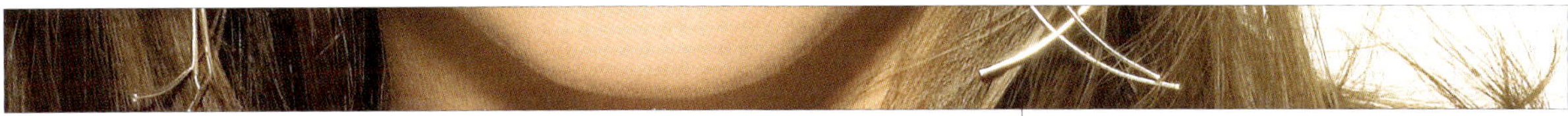

Étape 5

Une fois que vous en avez fini avec les rides sous les deux yeux, passez à celles du front. Opérez de la même manière, ou bien avec l'outil Pièce.

Étape 6

Poursuivez cette procédure jusqu'à ce que vous ayez bien réduit toutes les rides. Je n'arrête pas de parler de les réduire alors que vous constatez que vous les supprimez. Cette réduction va bientôt intervenir et rendre la retouche bien plus réaliste.

Astuce Lorsque vous n'avez que deux ou trois rides à atténuer, vous pouvez le faire directement sur le calque Arrière-plan sans le dupliquer au préalable. Retouchez avec le correcteur, puis choisissez Édition > Atténuer correcteur. Dans la boîte de dialogue Atténuer, réduisez l'opacité.

Étape 7

Dans la palette Calques, réduisez l'opacité du calque à 45 %. Cela ajoute ainsi une partie du calque Arrière-plan, celui contenant les rides d'origine. Jouez sur l'opacité de manière à réintroduire subtilement des rides. La retouche doit être réaliste. Ci-après, vous voyez comme il a été assez facile et rapide de rajeunir cet homme d'une dizaine d'années.

Avant (les rides sont très visibles sous les yeux et sur le front)

Après (les rides sont très atténuées sous les yeux et sur le front)

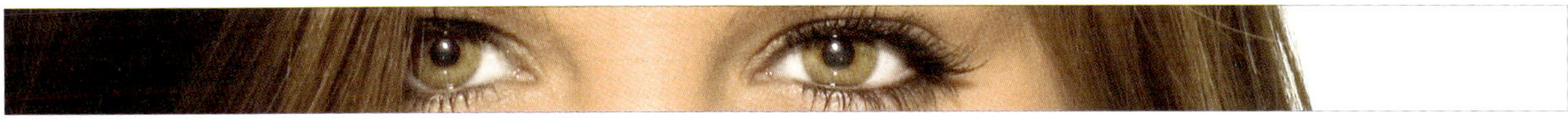

Éclat hollywoodien

Cette technique de retouche est devenue incroyablement prisée des photos promotionnelles du beau monde de Hollywood et des grands noms du R and B. Je ne suis pas certain que le nom officiel soit « éclat hollywoodien », mais comme il colle si bien à ces photos, je me dis que vous aussi pouvez avoir l'air d'une vedette sur vos portraits personnels.

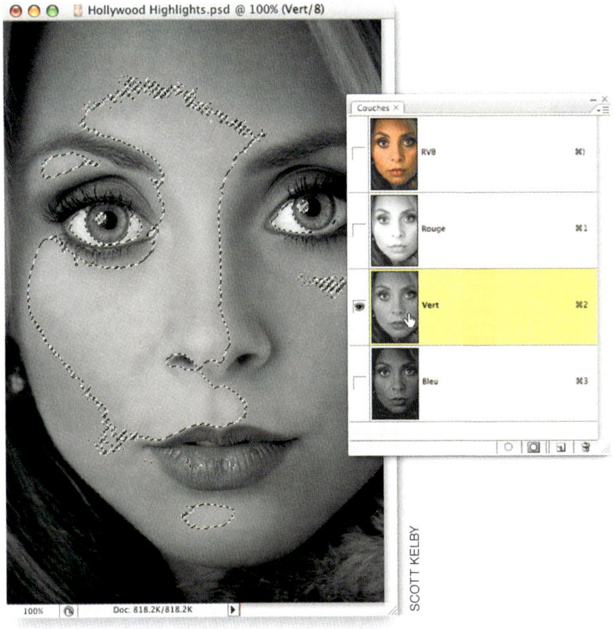

Étape 1

Ouvrez la photo à retoucher. Dans la palette Couches, analysez chaque couche RVB pour trouver celle qui présente le plus de contraste. Il suffit de cliquer sur la couche à afficher pour que votre image reflète son contenu. En matière de tons chair, il y a de grandes chances pour que la bonne couche soit la couche Vert. Une fois que vous avez identifié la couche présentant le meilleur contraste, maintenez la touche Cmd (PC : Ctrl) enfoncée et cliquez directement sur sa vignette (ici la couche Vert) pour la mémoriser comme sélection.

Étape 2

Maintenant, cliquez sur la couche composite RVB pour afficher l'image en couleurs. Activez ensuite la palette Calques. La sélection effectuée précédemment reste active sur le calque Arrière-plan.

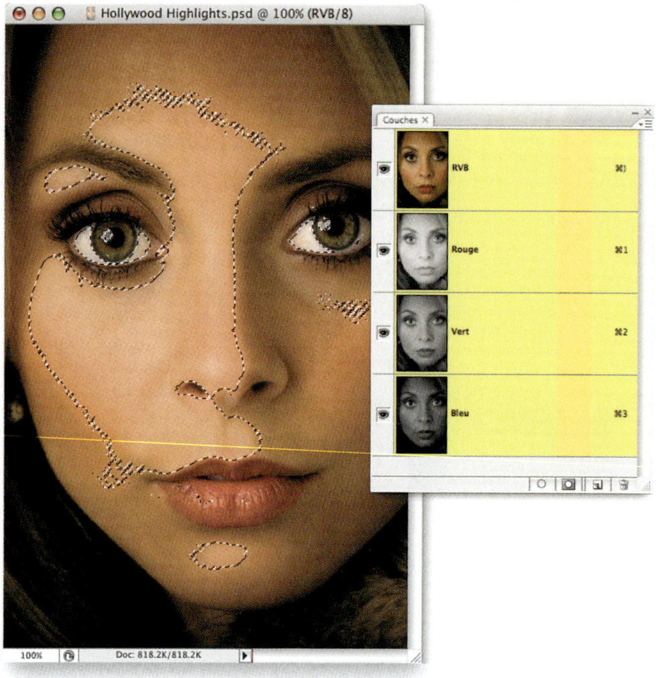

Étape 3

Appuyez sur Cmd+J (PC : Ctrl+J) pour placer la zone sélectionnée sur son propre calque. Appliquez à ce calque 1 le mode de fusion Superposition, qui a pour effet d'éclaircir l'image.

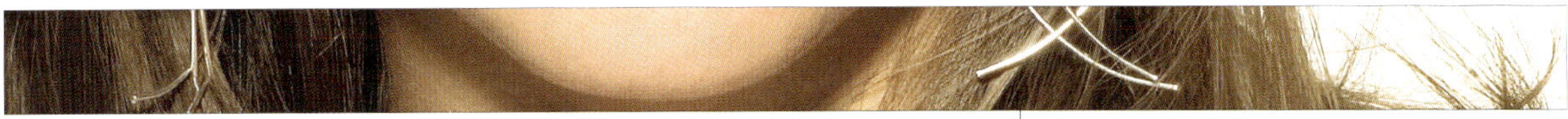

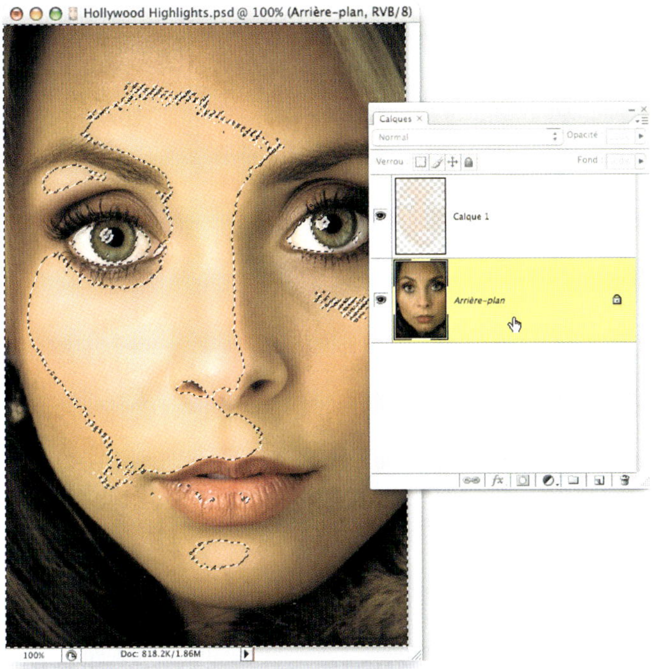

Étape 4

Maintenez la touche Cmd (PC : Ctrl) enfoncée et cliquez sur ce nouveau calque pour récupérer la sélection. Ensuite, activez le calque Arrière-plan et appuyez sur Cmd+Maj+I (PC : Ctrl+Maj+I) pour intervertir la sélection.

Étape 5

Appuyez sur Cmd+J (PC : Ctrl+J) pour placer cette sélection sur un calque séparé. Vous avez désormais trois calques : le calque 1 en mode de fusion Superposition, le calque 2 en mode de fusion Normal et le calque Arrière-plan. Appliquez au calque 2 le mode de fusion Produit (voir la prochaine étape) pour assombrir l'image.

Étape 6

Réduisez l'opacité de ce calque jusqu'à ce que les tons foncés vous semblent corrects (c'est-à-dire à la fois beaux et contrastés). Ensuite, faites de même avec le calque 1 pour obtenir un parfait équilibre avec les tons foncés. Il ne saurait y avoir de pourcentage précis puisque ces réglages dépendent de votre appréciation personnelle. Dans cet exercice, j'ai fixé l'opacité du calque 2 à 60 % et celle du calque 1 à 80. Ci-après, appréciez l'image avant et après mon intervention.

Avant

Après

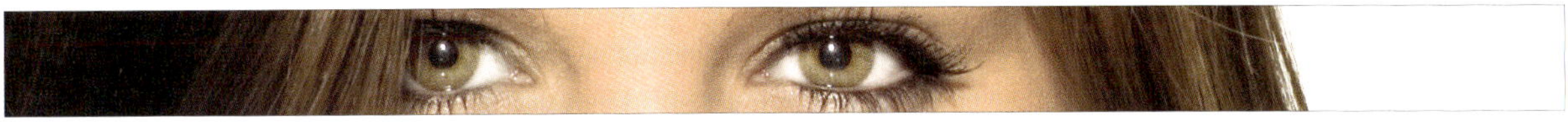

Améliorer les lèvres

Voici encore une technique qui pourrait intéresser les stars de Hollywood, et que vous pouvez utiliser conjointement avec celle étudiée dans la précédente section. Lorsque le modèle photographié présente des lèvres sans volume, voici comment les gonfler, mais sans Botox.

© ISTOCKPHOTO/LUCAS CORNWELL

Étape 1

Avec un outil de sélection, sélectionnez les lèvres (voir ci-contre). Ici le lasso magnétique fait des merveilles, car il y a un contraste frappant entre la couleur des lèvres et celle de la peau du modèle. Une fois la sélection terminée, cliquez sur Sélection > Modifier > Contour progressif. Dans la boîte de dialogue éponyme, entrez un rayon de 1 et cliquez sur OK. Ceci adoucit légèrement les bords de la sélection.

Étape 2

Appuyez sur Cmd+J (PC : Ctrl+J) pour copier les lèvres sélectionnées sur un calque séparé.

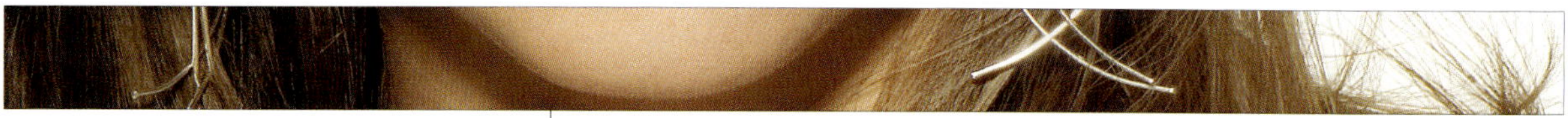

Étape 3

Pour ajouter un premier niveau de profondeur, cliquez sur Filtre > Artistique > Emballage plastique. Le filtre s'ouvre dans la galerie des filtres. Fixez le paramètre Intensité à 18 et Détail à 14. Vous ajoutez ainsi une certaine brillance aux lèvres.

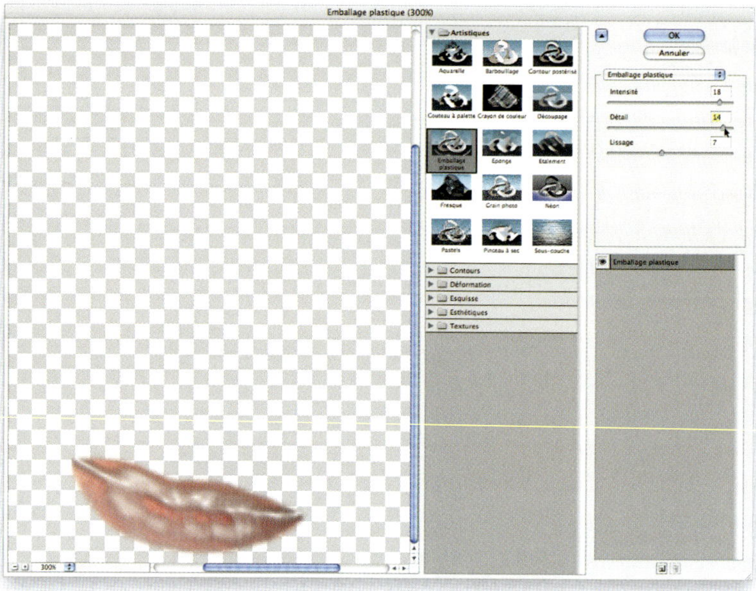

Étape 4

Dès que vous cliquez sur OK, le filtre Emballage plastique produit son effet sur le calque des lèvres. Le résultat est… moche. Remédions-y.

Astuce Lorsque l'on parle d'amélioration des lèvres, beaucoup de personnes pensent « élargissement ». Si vous souhaitez y procéder, passez par le filtre Fluidité et utilisez le cinquième outil, Dilatation. Placez le curseur sur le bord gauche de la lèvre et tirez-la légèrement vers la gauche. Faites de même avec le bord droit en le tirant légèrement vers la droite.

Étape 5

Appliquez au calque 1 le mode de fusion Lumière tamisée. L'effet Emballage plastique fusionne avec le calque Arrière-plan, rendant ainsi les couleurs plus vives et les lèvres plus détaillées. Cependant, si vous souhaitez vraiment un éclat hollywoodien, choisissez le mode de fusion Incrustation. Quel que soit le mode de fusion choisi, si l'effet est trop intense, réduisez l'opacité du calque. Ici, je l'ai fixée à 80 %.

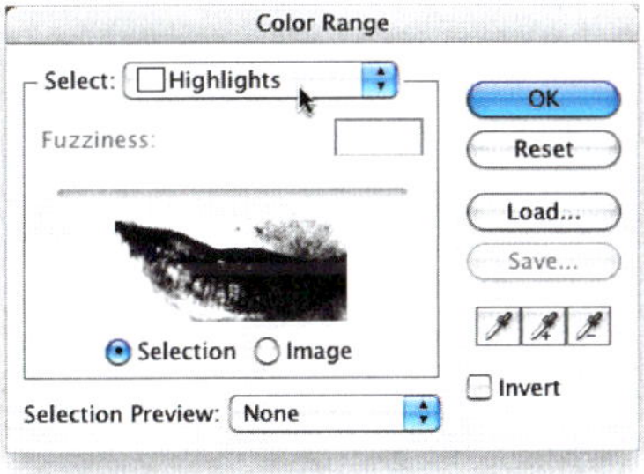

Étape 6

Si vous souhaitez ajouter encore plus de brillance, maintenez la touche Cmd (PC : Ctrl) enfoncée, puis cliquez sur la vignette du calque des lèvres pour créer une sélection. Ensuite, dans le menu Sélection, choisissez Plage de couleurs. Dans la liste Sélection de la boîte de dialogue qui apparaît, choisissez Tons clairs, puis cliquez sur OK.

Étape 7

Ceci mémorise uniquement la sélection des tons clairs des lèvres.

Étape 8

Appuyez sur Cmd+J (PC : Ctrl+J) pour placer ces tons clairs sur leur propre calque. Pour que les lèvres brillent, appliquez au nouveau calque le mode de fusion Densité couleur –. Cette fois, la partie inférieure des lèvres est trop brillante. Pour y remédier, cliquez sur l'icône Ajouter un masque de fusion. Ensuite, appuyez sur B pour activer l'outil Pinceau. Vérifiez que le noir est la couleur de premier plan, puis peignez à la base des lèvres pour supprimer le surplus de brillance (voir ci-après).

Avant

Après

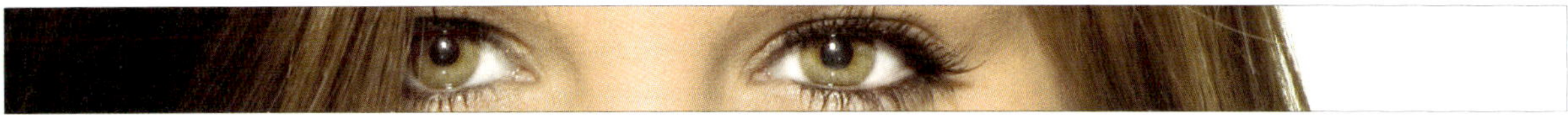

Éclaircir et blanchir les yeux

Nous allons étudier les deux méthodes qui permettent de blanchir les yeux. N'oubliez jamais que tout le monde est attiré par le regard d'un portrait. Il est donc important d'y consacrer un peu de temps.

©ISTOCKPHOTO/MATT OLSEN

Étape 1

Ouvrez la photo d'une personne dont vous désirez éclaircir le regard. Cliquez sur l'icône Créer un calque de réglage et choisissez Courbes. Dans la boîte de dialogue Courbes, n'effectuez aucun réglage et cliquez sur OK. Ceci s'explique par le fait que nous désirons éclaircir l'image mais sans dupliquer le calque Arrière-plan pour éviter de grossir notre fichier. Nous allons alors appliquer un mode de fusion au calque Courbes.

Étape 2

Appliquez au calque de réglage Courbes le mode de fusion Superposition. Toute la photo s'éclaircit.

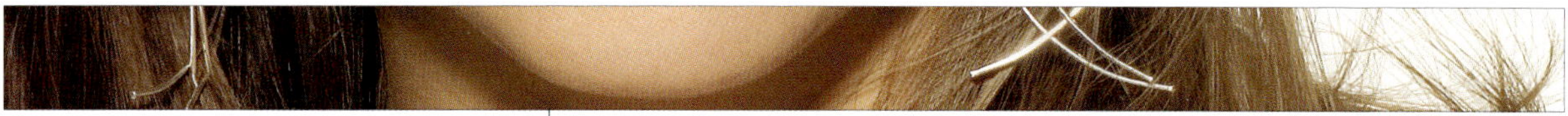

Étape 3

Appuyez sur Cmd+I (PC : Ctrl+I) pour inverser le masque de fusion du calque de réglage. L'image retrouve son aspect d'origine puisque la superposition est masquée. Appuyez sur X pour faire du blanc la couleur de premier plan. Zoomez sur les yeux et appuyez sur B pour activer l'outil Pinceau.

Étape 4

Définissez une forme de petite taille aux bords adoucis. Ensuite, peignez sur les blancs des yeux, comme ci-contre sur l'œil gauche – enfin, pour nous, car pour le modèle c'est son œil droit. Le regard s'éclaircit car vous révélez le mode de fusion Superposition du calque de réglage Courbes. Faites cette retouche sur les deux yeux. Ensuite, affichez l'image à 100 % et réduisez l'opacité du calque de réglage pour donner au regard un aspect lumineux naturel. (Normalement 70 % devrait suffire ici.) Passons maintenant à la seconde technique.

Avant

Après

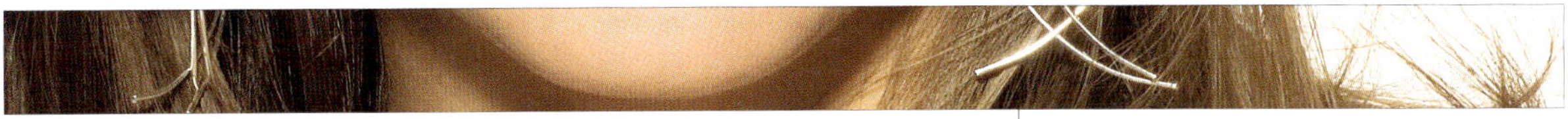

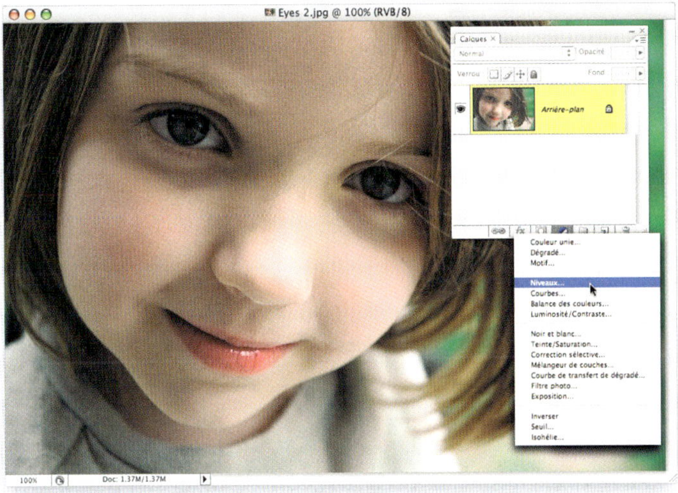

©ISTOCKPHOTO

Étape 1

Cette seconde technique commence comme la première, c'est-à-dire par la création d'un calque de réglage. Attention, cette fois, il est de type Niveaux.

Étape 2

Lorsque la boîte de dialogue Niveaux apparaît, éclaircissez toute l'image en glissant le curseur des tons clairs et des tons moyens vers la gauche. Ignorez pour le moment toutes les conséquences esthétiques que produit ce réglage sur votre image. Concentrez-vous sur les yeux. Si les yeux sont trop clairs, faites glisser le curseur noir de la section Niveaux de sortie vers la droite pour les assombrir légèrement. Vous réintroduisez une certaine saturation qui avait disparu. Dès que le regard semble correct, cliquez sur OK.

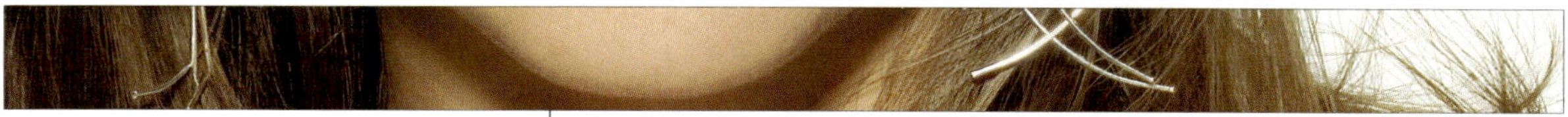

Étape 3

Maintenant, appuyez sur Cmd+I (PC : Ctrl+I) pour remplir le masque de fusion du calque de réglage avec du noir. L'image reprend son aspect initial puisque vous masquez les effets du calque. Vérifiez que le blanc est la couleur de premier plan. Ensuite appuyez sur B pour activer l'outil Pinceau. Définissez une forme de petite taille et aux bords adoucis. Ensuite, peignez sur les yeux pour révéler l'effet du calque de réglage (ici, sur l'œil de gauche).

Étape 4

Parfois un simple réglage des niveaux produit un effet dérangeant, en ce sens qu'il introduit une couleur dans les yeux. Pour jouer uniquement sur l'éclat du regard, appliquez au calque de réglage le mode de fusion Luminosité. Là encore, le réalisme prime avant toute autre chose. Donc, n'hésitez pas à réduire l'opacité du calque jusqu'à ce que le regard soit correct. Ici, une opacité entre 50 et 60 % donnera de bons résultats.

Avant

Après

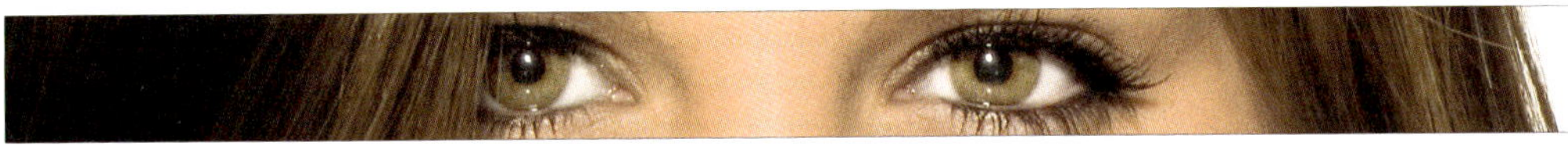

Blanchir les dents

Voici une technique qui permet de supprimer les dents jaunies. Je veux dire ici le jaune des dents, et non pas l'opération qui consiste à se les faire arracher. Un visage au sourire éclatant donne au portrait une tout autre dimension.

©ISTOCKPHOTO/FRANS DU PLESSIS

Étape 1

Ouvrez une photo où vous devez blanchir le sourire d'un modèle. Appuyez sur L pour activer l'outil Lasso, et tracez soigneusement une sélection autour des dents. Il se peut que le lasso magnétique facilite la tâche de sélection. Si vous avez besoin d'affiner cette première sélection, activez le lasso, appuyez sur Maj pour ajouter des dents à la sélection, et sur Options (PC : Ctrl) pour soustraire de la sélection des parties qui n'ont pas à être blanchies et que vous avez accidentellement sélectionnées.

Étape 2

Dans le menu Sélection, choisissez Modifier > Contour progressif. Entrez un rayon de 1 pixel et cliquez sur OK. Vous adoucissez ainsi très légèrement le contour de la sélection. Le sourire sera blanchi sans raccord visible.

Étape 3

Allez dans le menu Image et choisissez Réglages > Teinte/Saturation. Dans le menu local Modifier, choisissez Jaunes. Glissez le curseur Saturation vers la gauche de manière à réduire la couleur jaune. Ici le cas est extrême, ce qui impose une réduction importante de la saturation. Ce sera rarement le cas sur d'autres photos. Toutefois, ne réduisez pas trop la saturation sinon les dents vont devenir grises.

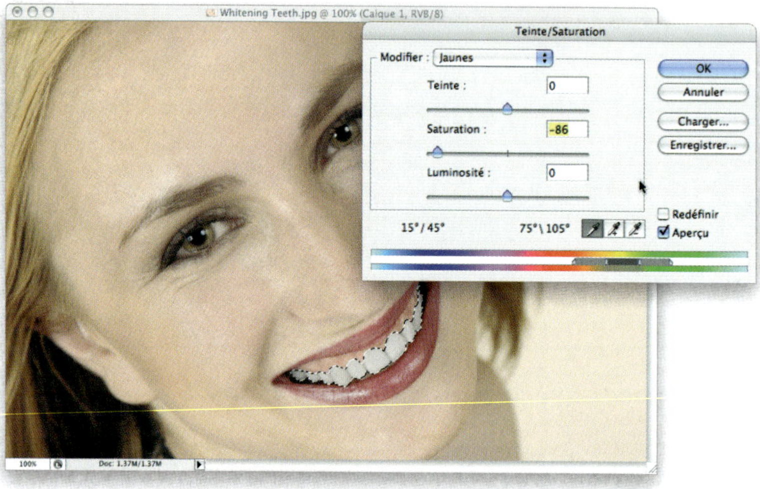

Étape 4

Maintenant que les jaunes sont très atténués, choisissez Global dans le menu local Modifier. Faites glisser le curseur Luminosité vers la droite pour blanchir et faire éclater le sourire. Faites attention à ne pas rendre la retouche trop visible. Cliquez sur OK. Ensuite, appuyez sur Cmd+D (PC : Ctrl+D) pour désélectionner les dents.
La retouche est terminée.

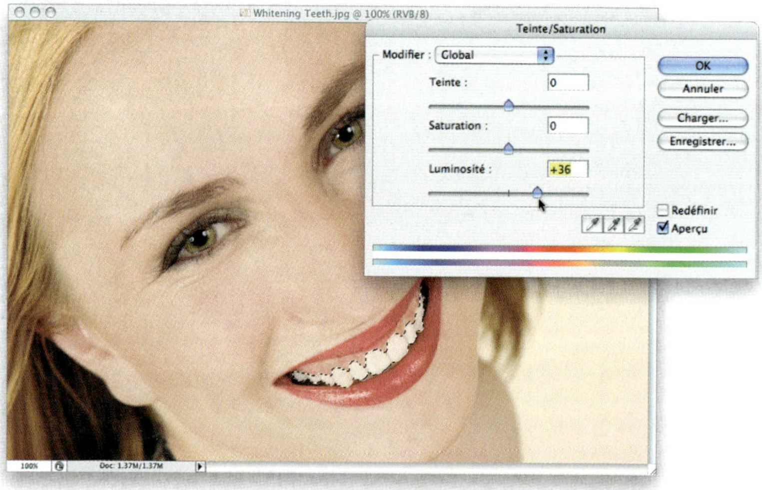

Avant

Après

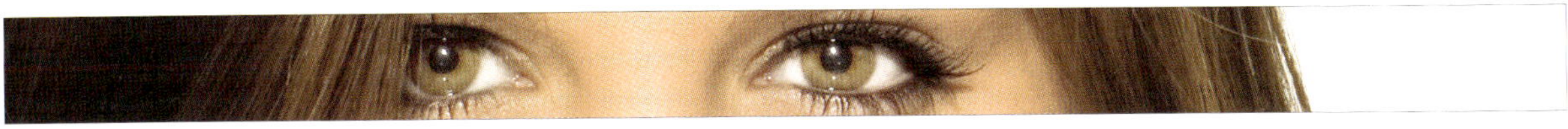

Supprimer les brillances

Les brillances qui apparaissent sur certains visages ou sur la majorité des crânes dégarnis peuvent facilement s'estomper.

©ISTOCKPHOTO/IAN MCDONNELL

Étape 1

Ouvrez l'image où le modèle présente des brillances. Appuyez sur Cmd+J (PC : Ctrl+J) pour dupliquer le calque Arrière-plan. Ensuite, appuyez sur S pour activer l'outil Tampon de duplication. Dans la barre d'options, appliquez à cet outil le mode Obscurcir, et fixez son opacité à 40 %. Ainsi, le tampon de duplication ne va affecter que les pixels les plus clairs.

Étape 2

Dans la barre d'options, cliquez sur le menu local Forme et définissez une pointe de pinceau moyenne aux bords adoucis. Ensuite, maintenez la touche Option (PC : Alt) enfoncée et cliquez sur une zone normale de la peau, proche d'une brillance. Vous venez d'échantillonner une partie de l'image sans brillance qui va servir de référence à votre correction.

Étape 3

Peignez lentement sur les brillances avec l'outil Tampon de duplication. Vous voyez alors ces zones s'estomper. La croix (signe +) montre les parties de l'image que vous échantillonnez, c'est-à-dire que vous clonez sur les brillances. Le fait que l'opacité de la forme soit réduite et que son mode de fusion soit Obscurcir modifie la tonalité sans abîmer la texture.

Étape 4

Lorsque vous vous attaquez à d'autres brillances, définissez une autre zone d'échantillonnage (Option+clic [PC : Ctrl+clic]). Par exemple, pour la brillance située sur la joue gauche, échantillonnez une partie sans brillance de cette même joue. En une minute l'image est corrigée.

Avant

Après

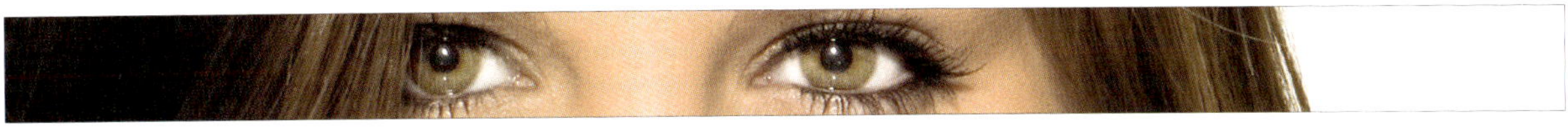

Lissage avancé de la peau

Bien que cette technique nécessite de nombreuses étapes, elle est très facile à mettre en œuvre. Vous allez lisser la peau sans pour autant lui enlever toute sa texture. Je veux ici remercier Ray 12, dont un article de l'an dernier sur RetouchPro.com m'a conduit vers la création d'un masque de texture que j'utilise désormais quotidiennement.

Étape 1

Appuyez sur Cmd+J (PC : Ctrl+J) pour dupliquer le calque Arrière-plan.

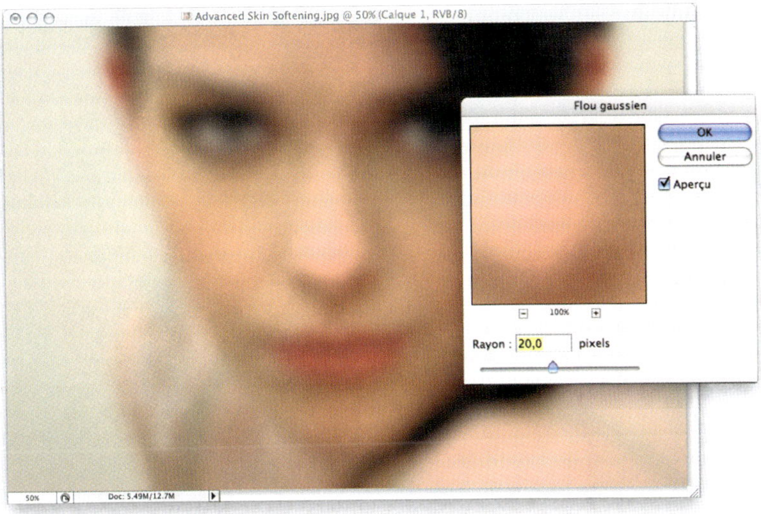

Étape 2

Dans le menu Filtre, choisissez Atténuation > Flou gaussien. Pour des images haute résolution (provenant d'appareils allant de 6 à 10 mégapixels), appliquez un rayon de 20 et cliquez sur OK. (Pour les 12 mégapixels et plus, testez un rayon de 25.) Ceci atténue considérablement le calque 1.

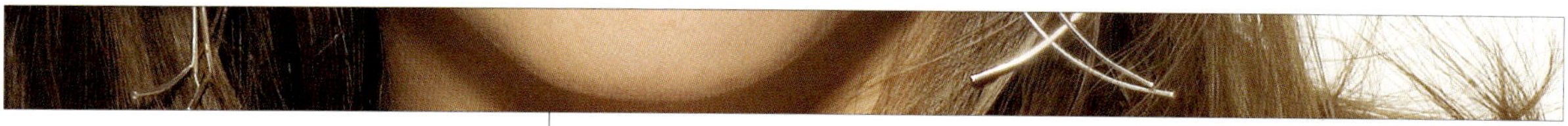

Étape 3

Dans la palette Calques, réduisez l'opacité du calque 1 à 50 %.

Étape 4

Appuyez sur Option (PC : Alt) et cliquez sur l'icône Ajouter un masque de fusion de la palette Calques. Cette action masque l'effet du calque 1. Vous voyez donc l'image à son état d'origine, c'est-à-dire le contenu du calque Arrière-plan. L'idée est de lisser la peau là où vous le désirez.

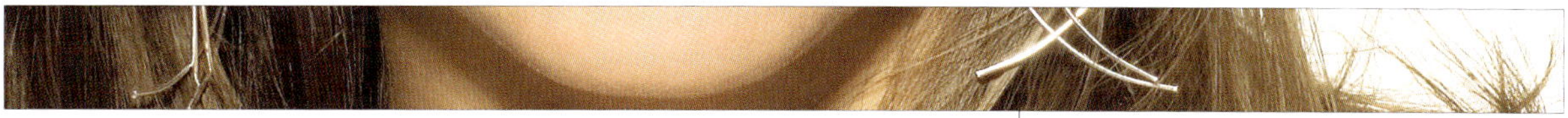

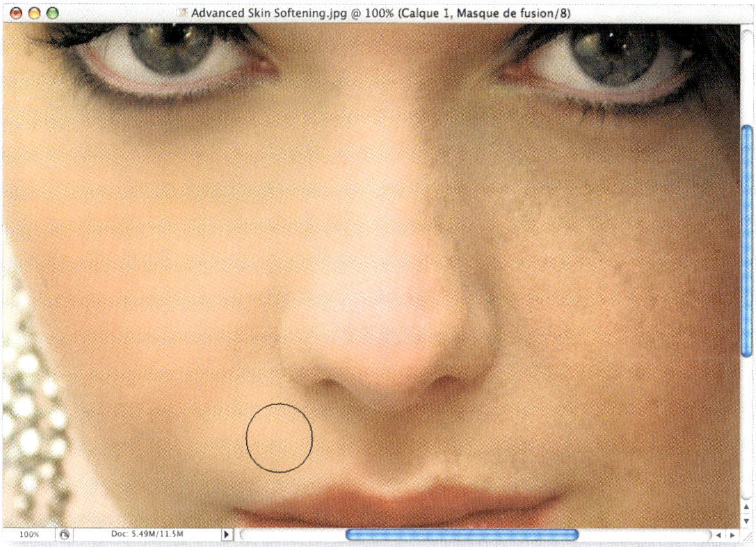

Étape 5

Activez l'outil Zoom (Z) et effectuez un zoom avant sur l'image. Ensuite, appuyez sur B pour activer l'outil Pinceau. Définissez une forme moyenne aux bords adoucis. Comme vous allez peindre en blanc sur l'image, c'est-à-dire en réalité sur le masque de fusion, vous révélez les contenus du calque 1 qui, je le rappelle, a été atténué avec un flou gaussien. Ci-contre, j'ai passé l'outil uniquement sur la partie gauche du visage.

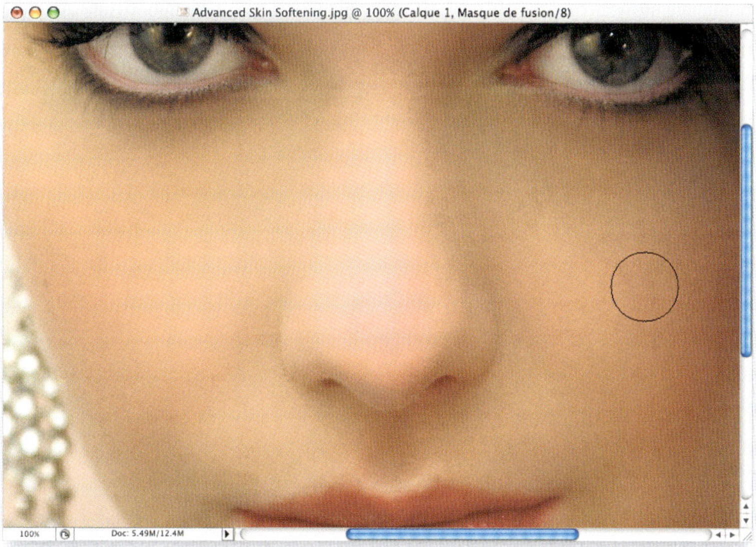

Étape 6

Peignez sur l'autre moitié du visage. Pour certaines zones, comme le nez et les sourcils, vous devrez sans doute réduire la taille de la forme.

ASTUCE Pour augmenter ou diminuer la taille d'une forme pendant que vous l'utilisez, appuyez sur les touches $ et ^. Si vous n'utilisez pas un clavier français, il s'agit en tout état de cause des deux touches à droite de la touche P.

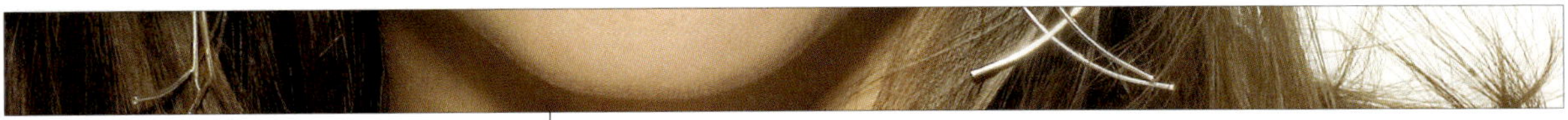

Étape 7

Zoomez en arrière pour peindre sur les parties qui n'étaient pas visibles. L'adoucissement de toutes les zones du visage donne l'impression que l'on a affaire à une poupée en porcelaine. Il faut récupérer de la texture. Réduisez l'opacité du calque 1 à 40 %. Ensuite, peignez avec du noir sur les zones qui doivent être normales, c'est-à-dire les yeux, la base du nez, la bouche, les sourcils, etc. Vous affichez pour ces zones le contenu du calque Arrière-plan.

Étape 8

Vérifiez si vous avez ou non oublié des parties à lisser. Appuyez sur Option (PC : Alt) et cliquez sur le masque de fusion du calque 1. Il s'affiche dans le document. Peignez en blanc sur toutes les parties qui doivent apparaître lissées et où vous voyez actuellement des traces noires. C'est le cas un peu partout, et surtout sur l'épaule.

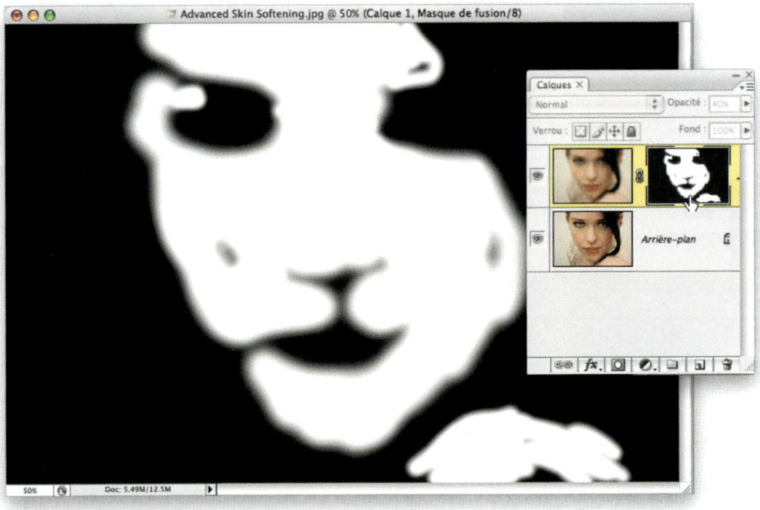

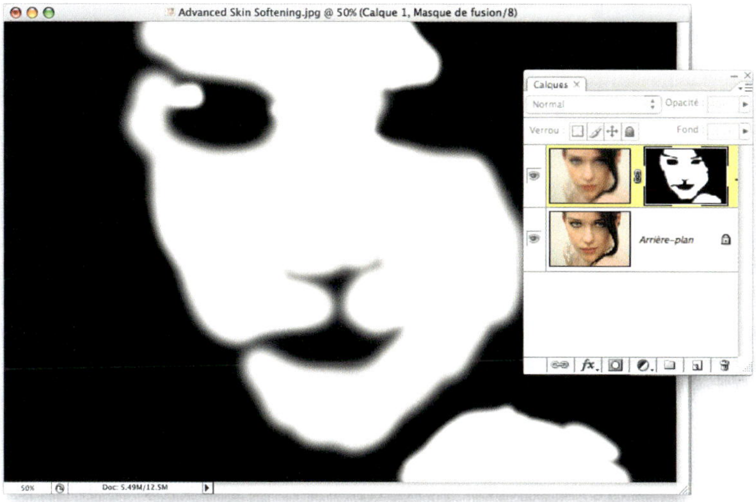

Étape 9

En quelques secondes vous peignez en blanc des zones noires du masque. Vous affichez ainsi le contenu du calque 1 dans ces parties de l'image, et non celui du calque Arrière-plan. Pour afficher l'image et non plus le masque de fusion, cliquez directement sur la vignette du calque 1, puis une fois sur la vignette du masque de fusion afin de la sélectionner.

Étape 10

Vous allez charger le contenu du masque de fusion en tant que sélection. Pour cela, appuyez sur Cmd (PC : Ctrl) et cliquez sur le masque de fusion.

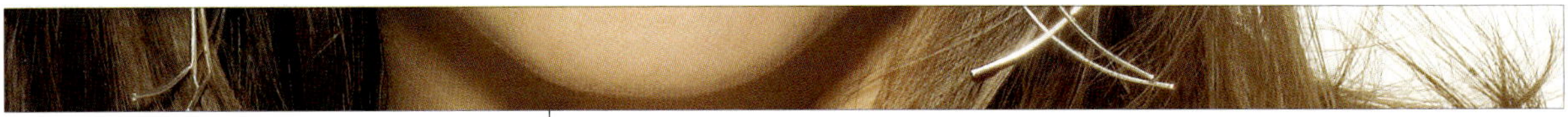

Étape 11

Maintenant, cliquez sur le calque Arrière-plan. Appuyez sur Cmd+J (PC : Ctrl+J) pour placer la sélection sur un calque séparé. Ne laissez visible que le calque 2 en cliquant sur l'icône de l'œil des deux autres calques.

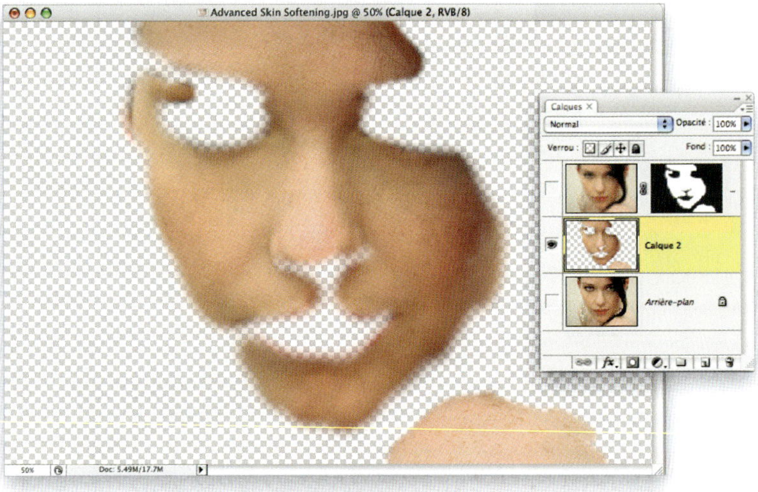

Étape 12

Vous devez supprimer la couleur de ce calque. Cliquez sur Image > Réglages > Désaturation, ou appuyez sur Cmd+Maj+U (PC : Ctrl+Maj+U).

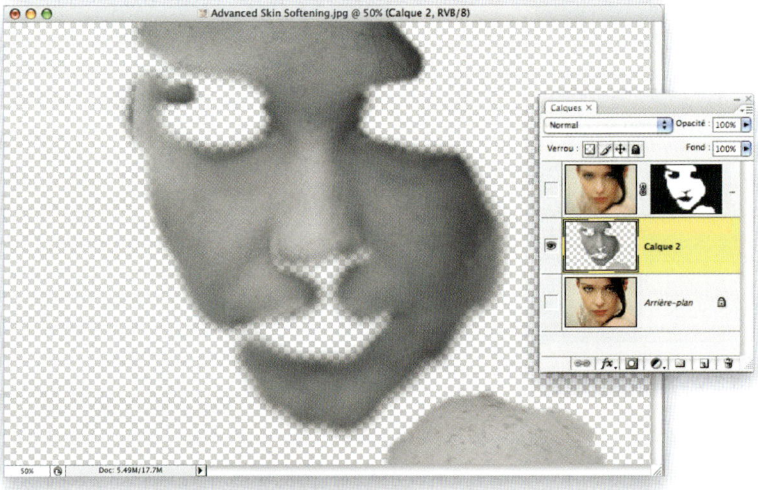

Étape 13

Vous allez restaurer la texture de la peau, les tons clairs et les tons foncés. Ouvrez le menu Filtre, et cliquez sur Divers > Passe-haut. Dans la boîte de dialogue du filtre, placez le curseur Rayon complètement à gauche. Ne cliquez pas sur OK.

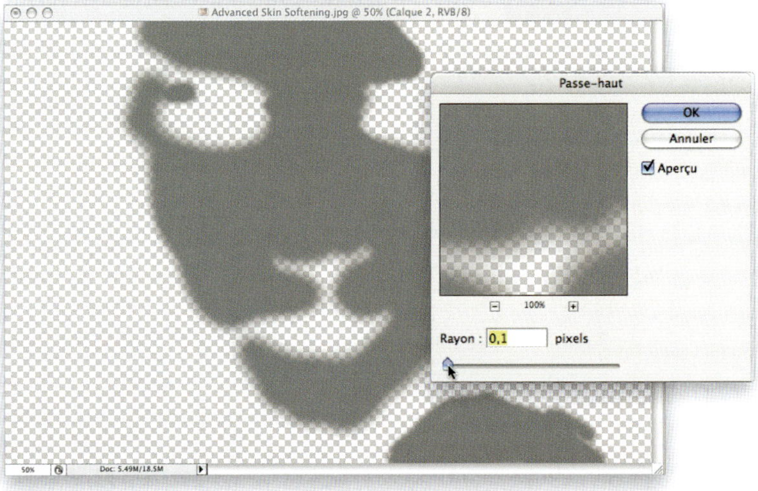

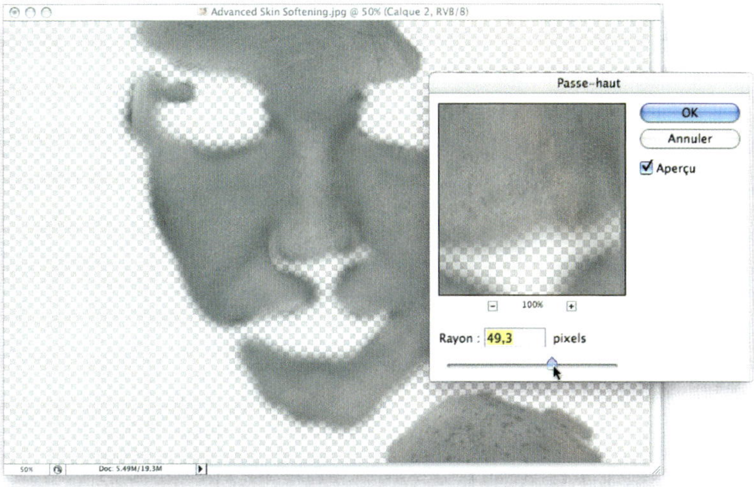

Étape 14

Maintenant, glissez le curseur Rayon vers la droite jusqu'à ce que des détails apparaissent dans les tons clairs et les tons foncés. Il n'y a pas de mesure miracle. Glissez le curseur jusqu'à ce que l'image ressemble à celle représentée ci-contre. Enfin, cliquez sur OK.

Étape 15

Affichez les deux autres calques. Faites glisser le calque 2 (contenant ce masque gris) au-dessus des autres, c'est-à-dire en haut de la palette Calques. L'image est assez spéciale, je vous l'accorde.

Étape 16

Pour restaurer la texture de la peau, il suffit d'appliquer à ce calque le mode de fusion Lumière tamisée. Comme cette fois la texture est un peu trop présente, vous allez procéder à un dernier petit réglage.

Étape 17

Vous allez définir la quantité de texture visible en réduisant l'opacité du calque. Pour cette photo, je trouve qu'une valeur de 50 % est tout à fait adaptée. Ci-après vous pouvez comparer la photo avant et après, mais aussi une variante à laquelle j'ai appliqué la technique de l'éclat hollywoodien.

Avant

Après

Après (utilisation de la technique « éclat hollywoodien »)

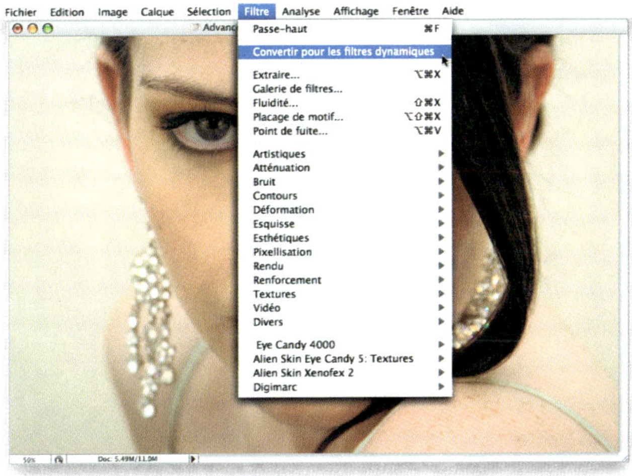

ASTUCE Dans CS3, il existe une variante. Elle évite de dupliquer le calque Arrière-plan, de flouter sa copie et de travailler sur un masque de fusion. Il suffit de convertir le calque Arrière-plan en objet dynamique pour lui appliquer un filtre dynamique. Voici les avantages :
(1) vous obtenez un fichier de taille plus modeste permettant à Photoshop de travailler bien plus rapidement ;
(2) vous pouvez modifier la valeur du flou à volonté. Voici comment procéder.

Étape 1

Ouvrez la photo. Dans le menu Filtre, choisissez Convertir pour les filtres dynamiques. Appliquez le flou gaussien avec le même rayon que précédemment. Cela ajoute un filtre dynamique de type Flou gaussien.

Étape 2

Double-cliquez sur l'icône (petits curseurs de réglage) située à droite de Flou gaussien. Dans la boîte de dialogue Options de fusion, fixez l'opacité à 50 %. Cliquez sur OK.

Étape 3

Dans la palette Calques, cliquez sur le masque de fusion du filtre dynamique et appuyez sur Cmd+I (PC : Ctrl+I) pour remplir ce masque de noir et ainsi afficher l'image sans filtre. Maintenant, peignez avec du blanc sur les zones de l'image à lisser. En d'autres termes, vous révélez le contenu du filtre dynamique sur les parties de l'image qui en ont besoin. Plus tard, vous pourrez toujours modifier l'intensité du flou en double-cliquant sur l'intitulé Flou gaussien du filtre dynamique.

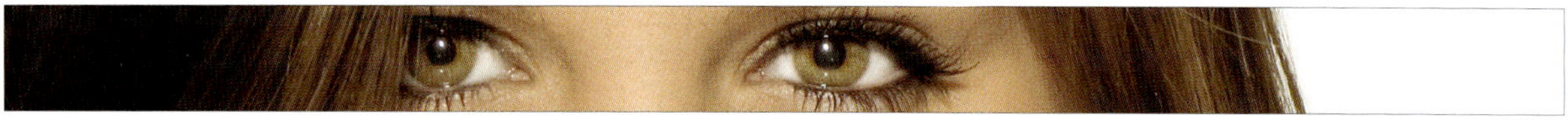

Opération nasale sans anesthésie

Je ne connais pas de méthode plus rapide, plus simple et plus efficace que celle-ci pour réduire la taille du nez d'un modèle. Bien que peu souvent utilisé, le filtre Fluidité a, en la circonstance, toute sa place dans la panoplie des outils de retouche.

Étape 1

Ouvrez la photo à retoucher. Inutile de faire un commentaire sur un appendice nasal dont se serait bien contenté Cyrano de Bergerac.

Étape 2

Cliquez sur Filtre > Fluidité. Dans la boîte de dialogue de ce filtre, activez le quatrième outil appelé Contraction.

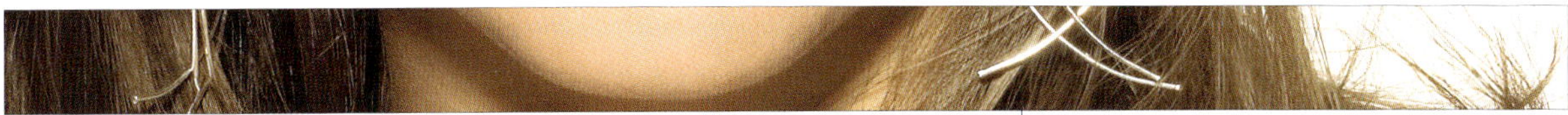

Étape 3

Placez l'outil sur le nez du sujet. Augmentez l'épaisseur de cet outil de manière à ce qu'il soit plus gros que le nez. Pour cela, il suffit d'appuyer sur la touche >. Pour réduire l'épaisseur, appuyez sur $. Si vous maintenez la touche Maj enfoncée quand vous utilisez ces raccourcis, vous augmentez ou réduisez l'épaisseur par pas de 20 points. Dès que vous obtenez la bonne taille d'outil, cliquez trois ou quatre fois. Ne faites surtout pas glisser l'outil.

Étape 4

Le nez est plus petit mais pas les narines. Donc, placez l'outil au centre de la narine gauche et cliquez deux ou trois fois. Faites de même avec la droite. En 12 clics et 22 secondes, vous venez de rectifier la taille d'un nez. Si vous commettez une erreur, annulez-la immédiatement en appuyant sur Cmd+Option+Z (PC : Ctrl+Alt+Z). Dès que nez et narines ont la bonne taille, cliquez sur OK.

Avant

Après

Mincir

Voici une technique très populaire, car elle permet à tout un chacun de perdre entre cinq et dix kilos sans faire de régime.

Étape 1

Ouvrez la photo de la personne à amincir. Appuyez sur Cmd+A (PC : Ctrl+A) pour sélectionner toute l'image. Ensuite, appuyez sur Cmd+T (PC : Ctrl+T) pour activer la fonction Transformation manuelle. Pour atteindre les poignées de cet outil, élargissez légèrement la fenêtre du document. Des portions grises de la zone de travail doivent être visibles.

©ISTOCKPHOTO/ANATOLY TIPLYASHIN

Étape 2

Cliquez sur la poignée située au centre de la ligne verticale gauche et faites-la glisser vers la gauche. Plus vous glissez et plus le visage devient fin. Regardez la valeur qui s'affiche dans le champ L de la barre d'options. 95 % est quasiment un maximum pour conserver assez de réalisme à votre retouche. Vous pouvez aller jusqu'à 7 % de réduction, mais pas au-delà.

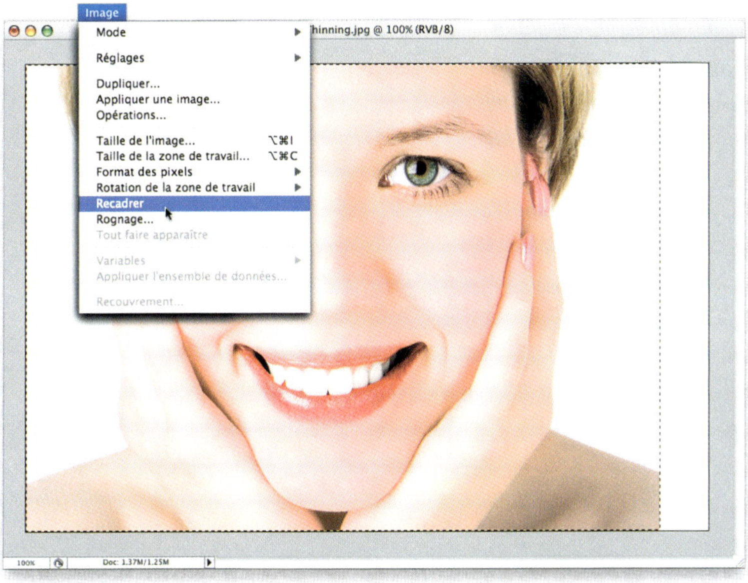

Étape 3

Dès que la personne semble naturellement plus mince, appuyez sur Entrée. Cela verrouille la transformation. Pour éliminer l'espace blanc inutile sur la droite de l'image, cliquez sur Image > Recadrer. Ensuite, appuyez sur Cmd+D (PC : Ctrl+D) pour désélectionner l'image. Les deux photos avant et après ci-dessous montrent un amincissement de 7 %.

Avant

Après

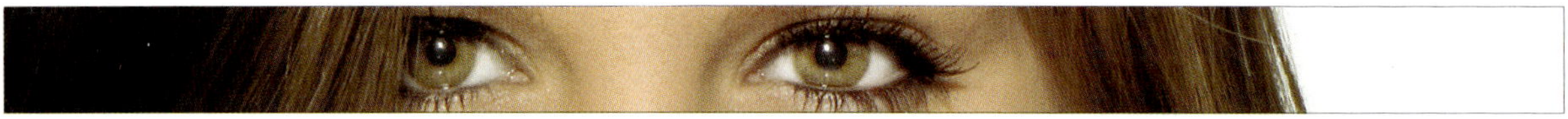

Supprimer les poignées d'amour

Voici un autre type de retouche où le filtre Fluidité fait montre de sa grande puissance. En une minute maxi, vous allez supprimer des poignées d'amour inesthétiques.

Étape 1

Ouvrez une photo où les poignées d'amour doivent disparaître. Cliquez sur Filtre > Fluidité.

©ISTOCKPHOTO/BRANISLAV OSTOJIC

Étape 2

Dans le filtre Fluidité, zoomez sur la poignée d'amour. Ensuite, activez le sixième outil, c'est-à-dire Décalage à gauche. Définissez une épaisseur moyenne en appuyant sur les touches $ et >.

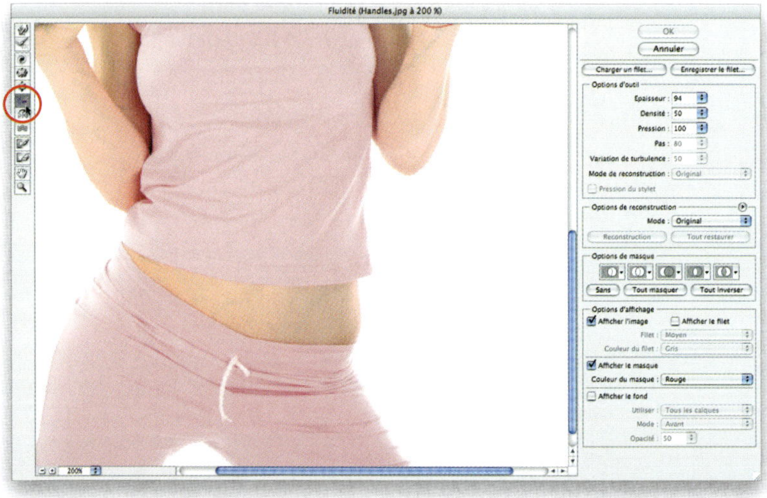

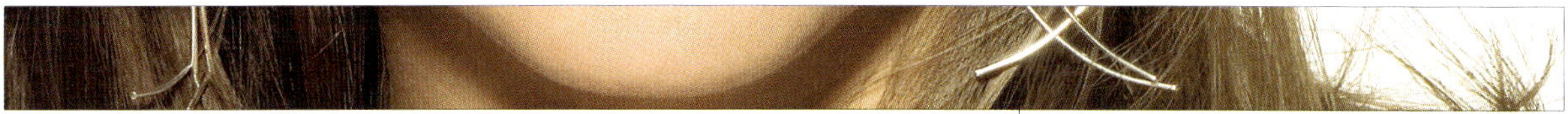

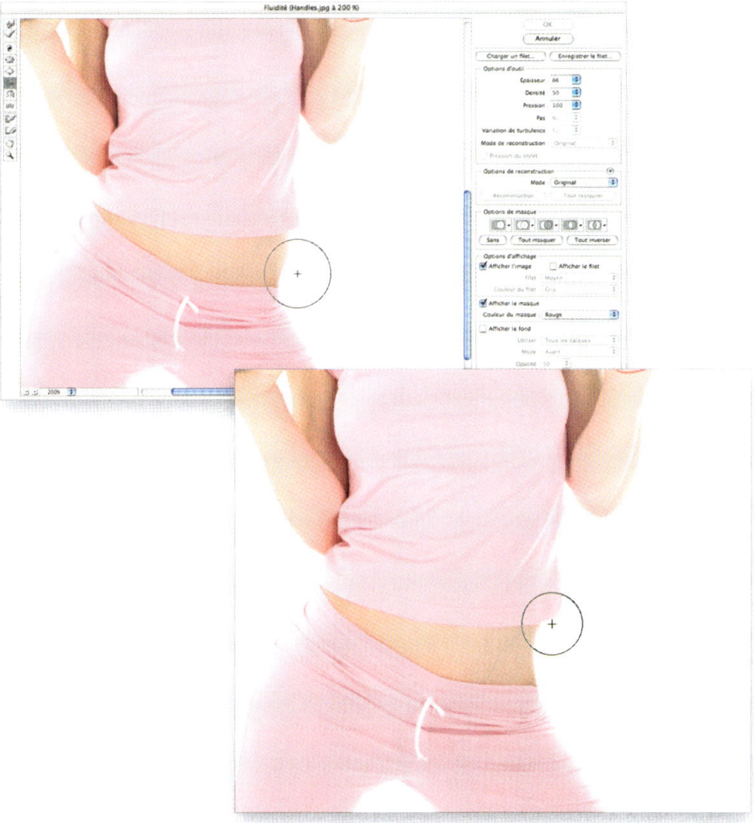

Étape 3

Maintenant, placez l'outil sous la poignée d'amour, cliquez et, sans relâcher le bouton de la souris, faites glisser l'outil vers le haut. Les pixels sont poussés vers la gauche, réduisant *de facto* la poignée d'amour. Un petit problème survient après retouche des poignées d'amour : l'estomac semble un peu flasque. Utilisez la même technique que pour le nez afin de contracter l'estomac.

Note Si vous devez supprimer une poignée d'amour sur le bord gauche, faites glisser l'outil de haut en bas et non pas de bas en haut, de façon à pousser les pixels vers la droite.

Avant

Après

Photo Scott Kelby | Exposition : 1/125 s | Focale : 70 mm | Ouverture : f/8,0

Les Specials
Les effets spéciaux

Le titre de ce chapitre est en réalité le nom d'un groupe. Lorsque j'ai fait des recherches sur iTunes Store en tapant le mot « special », ce moteur de recherche m'a trouvé un certain nombre de chansons contenant ce terme, ainsi que celui d'un groupe : The Specials. En français, l'ensemble devient assez complexe à maîtriser. Le chapitre traite des effets spéciaux photographiques, et me voici embarrassé avec un nom de groupe dont on suppose la signification mais que l'on ne peut pas traduire à la lettre. Imaginez si j'avais choisi le groupe allemand Einsturzende Neubauten, qui veut dire « Immeuble neuf en démolition » ! Cela n'a plus aucun sens. Alors voilà, j'ai opté pour les Specials... un point c'est tout ! Et puis, cela ira très bien puisque tout ce que je vais vous expliquer ici est vraiment très... spécial... Lecteurs adorés, ne me torturez plus avec le choix de mon titre ! Laissez-moi tranquille ! (Tiens, ça c'est le titre français d'une chanson de New Order, *Leave Me Alone*... J'aurais pu la choisir, mais là, alors là, il n'y aurait eu aucun rapport avec les effets spéciaux photographiques.)

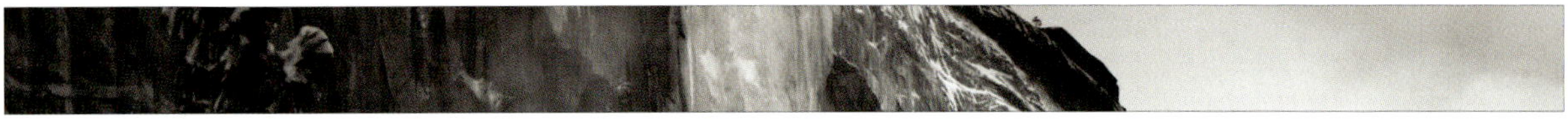

De la quadrichromie au noir et blanc des plus intense

Si vous vous êtes toujours demandé comment les professionnels parvenaient à obtenir des noir et blanc aussi profonds, vous serez surpris d'apprendre qu'il s'agit en réalité de photos quadrichromiques ou trichromiques. Trois ou quatre gris différents composent l'image. Parfois, une légère teinte marron est utilisée. Comme CS3 facilite l'application de cette technique, il n'y a vraiment pas de quoi s'en priver.

Étape 1

Ouvrez l'image sur laquelle vous désirez créer un noir et blanc profond, riche, intense (finalement j'utilise trois synonymes). La quadrichromie donne d'excellents résultats avec deux genres de photos : (1) les paysages et (2) les personnes.

©ISTOCKPHOTO/DAVID KRAMER

Étape 2

Pour créer un noir et blanc « quadrichromique » (je sais que certains ne vont pas bien comprendre ce qualificatif), vous devez convertir l'image en niveaux de gris. Bien entendu, ne passez jamais par Image > Mode > Niveaux de gris. Utilisez plutôt une des techniques étudiées au Chapitre 7, comme l'application d'une courbe de transfert de dégradé (voir ci-contre).

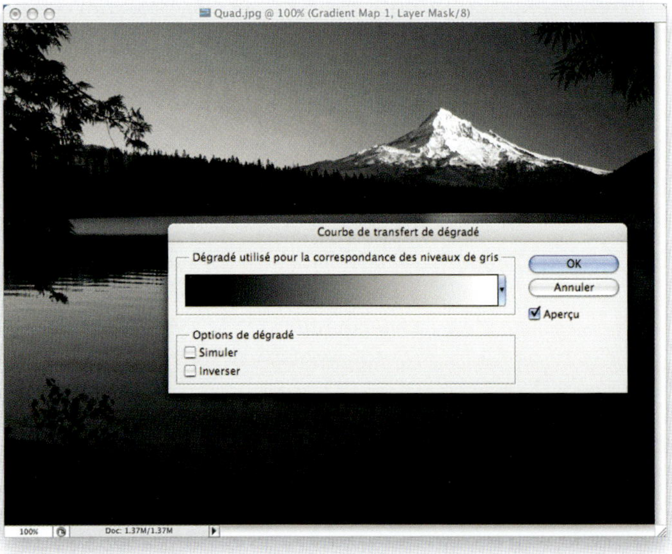

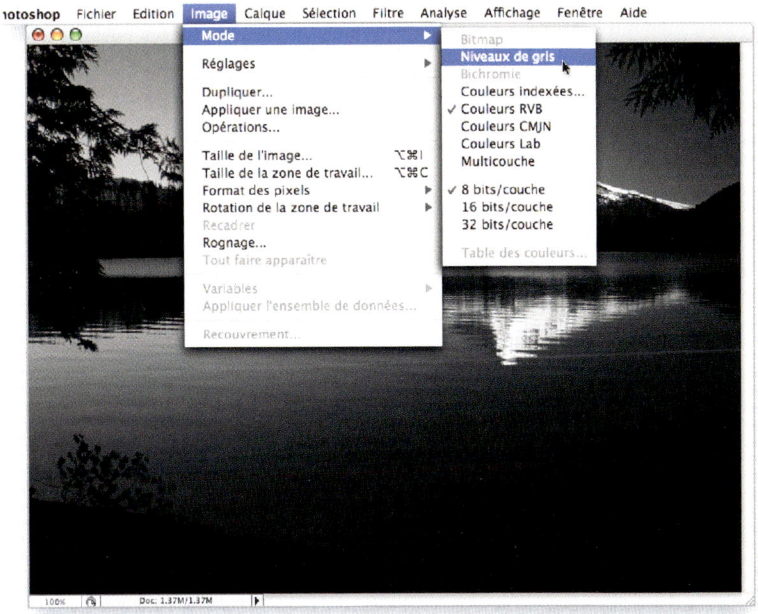

Étape 3

Maintenant que votre photo ressemble à un noir et blanc, convertissez-la en niveaux de gris *via* Image > Mode > Niveaux de gris. Cette fois, l'utilisation de ce mode est possible et recommandé puisque ce n'est pas lui qui a créé le noir et blanc. Il permet simplement de ne plus avoir qu'une seule couche : Gris. Lorsque vous travaillez sur une image composée de plusieurs calques, Photoshop demande si vous désirez les aplatir. Répondez par l'affirmative.

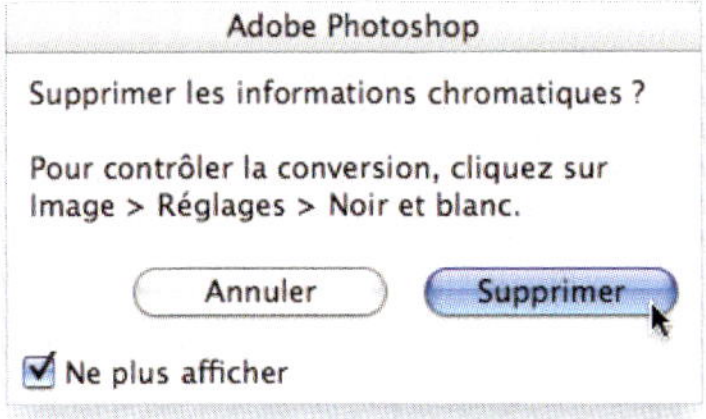

Étape 4

Lorsque vous travaillez avec une image composée d'un seul calque, l'unique message qui apparaît demande si vous désirez supprimer de l'image toutes les informations chromatiques. Comme vos couleurs sont déjà parties, il n'y a pas à hésiter : cliquez sur le bouton Supprimer. Pour que ce message n'apparaisse plus chaque fois que vous procédez à cette opération, cochez l'option Ne plus afficher.

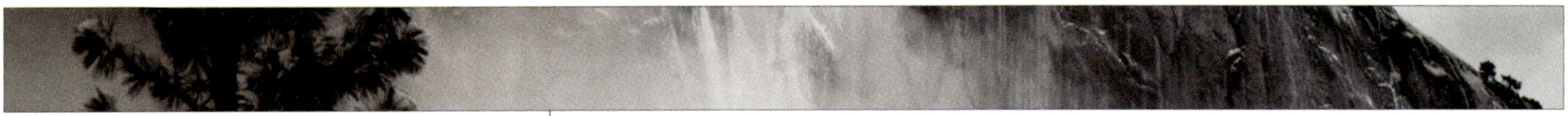

Étape 5

Une fois votre image en niveaux de gris, cliquez de nouveau sur Image > Mode. Cette fois, sélectionnez Bichromie.

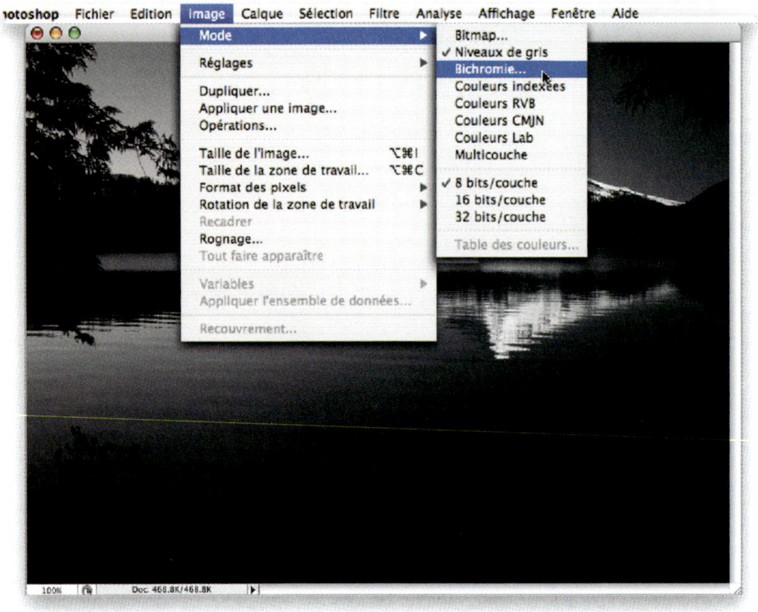

Étape 6

La boîte de dialogue éponyme s'affiche. Étonnamment, le mode par défaut est monochrome, c'est-à-dire une seule couleur, et non pas deux comme bichromie le laisserait supposer. Pour remédier à cela et vous ouvrir les portes à des réglages plus puissants, cliquez sur le menu local Type, et choisissez Quadrichrome. Ne cliquez pas encore sur OK !

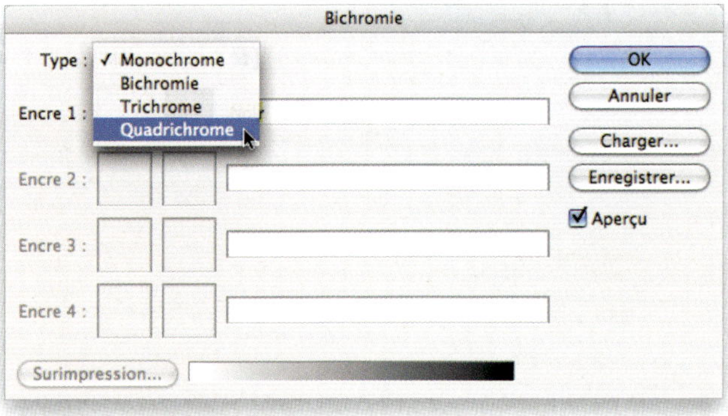

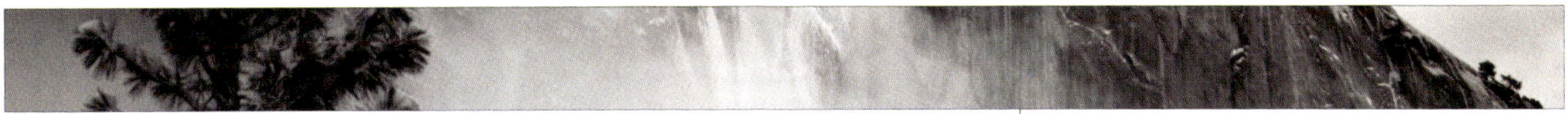

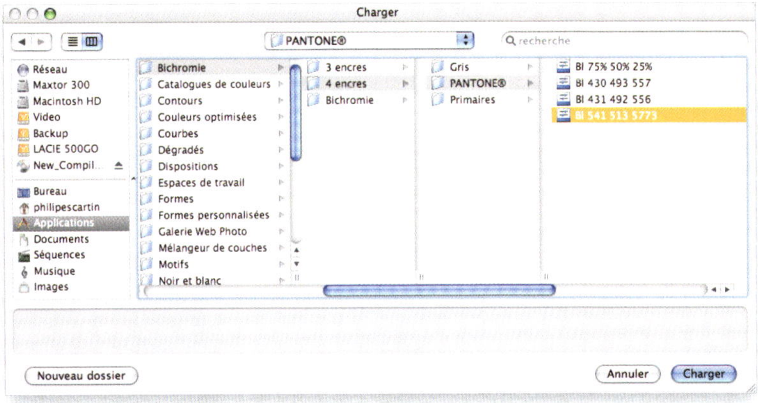

Étape 7

Maintenant, cliquez sur le bouton Charger. Dans la boîte de dialogue Charger, affichez le contenu du dossier Applications/Adobe Photoshop CS3/Paramètres prédéfinis/Bichromie/4 encres/Pantone (PC : C:\Programmes\Adobe\Adobe Photoshop CS3\Paramètres prédéfinis\Bichromie\4 encres\Pantone). Là, choisissez le quatrième nom de fichier « BL 541 513 5773 ».

Étape 8

Cliquez sur le bouton Charger. Le quadrichrome sélectionné s'applique à votre image noir et blanc. L'image est bien plus intense. Pour imprimer ou utiliser l'image dans Photoshop, vous devez revenir au menu Image > Mode. Cette fois, choisissez Couleurs RVB. Maintenant, sur les deux prochaines pages, je partage mes paramétrages préférés qui vont vous permettre de comparer leur impact sur chaque photographie.

Étape 9

Voici une technique pour la trichromie. Choisissez ce type dans la boîte de dialogue Bichrome, puis cliquez sur Charger. Parcourez le dossier Photoshop CS3. Dans les paramètres prédéfinis, choisissez le dossier 3 encres > Gris. Là, chargez le fichier « BL 409 WmGray 407 WmGray ».

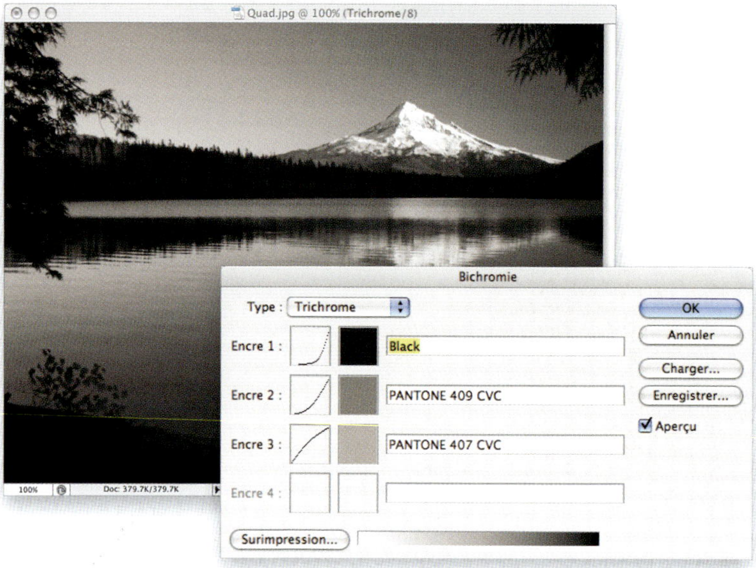

Étape 10

Voici une autre trichromie possible. Elle est un peu moins sombre, car la courbe de la troisième encre montre que vous utilisez une combinaison d'encre plus claire. Vous la trouverez dans le même dossier que précédemment sous le nom « BL WmGray 7 WmGray 2 ».

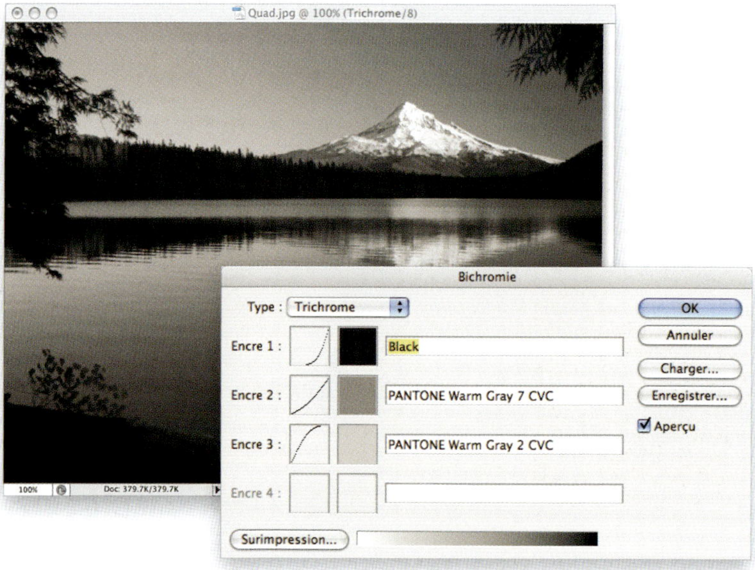

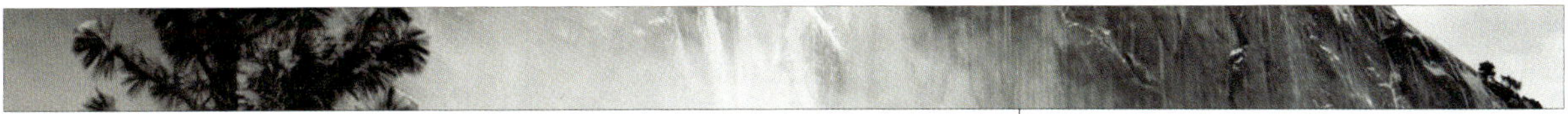

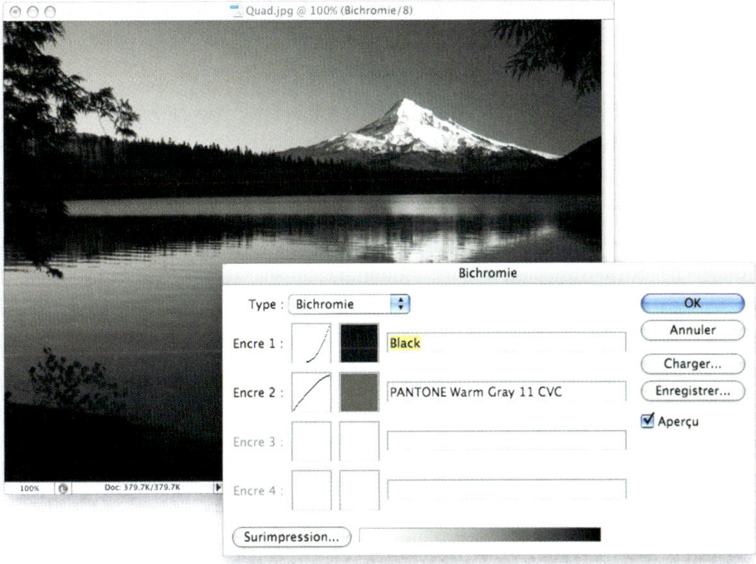

Étape 11

Voici une simple bichromie. Vous chargez le fichier « Warm Gray 11 bl 2 » qui se situe dans le dossier Bichromie > Gris/Noir.

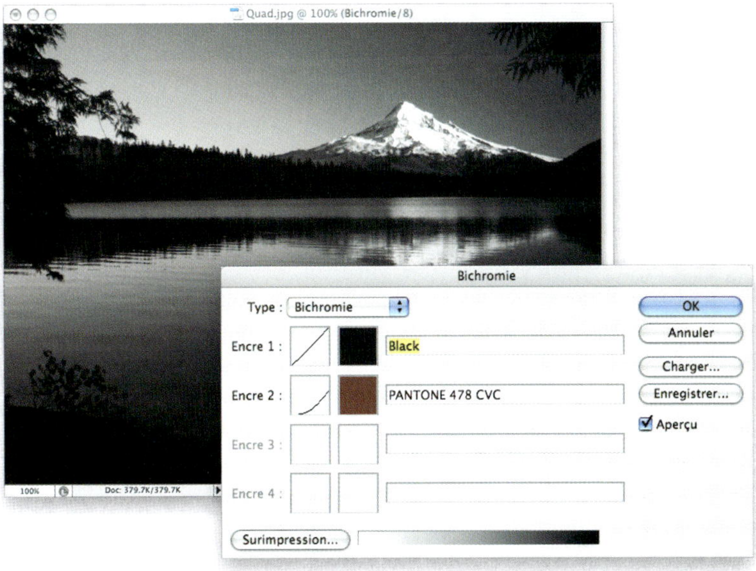

Étape 12

Un dernier exemple. Dans le dossier Bichromie, ouvrez cette fois Pantone, et choisissez « 478 brown (100 %) bl 4 ». Ce fichier ajoute un marron rougeâtre à l'image, qui produit un excellent effet sur certaines photos. À votre tour, testez des bichromes, des trichromes et des quadrichromes. Je viens simplement de vous montrer mes options préférées. Ce n'est qu'une simple indication. À vous de juger de ce qui est le mieux pour la reproduction de vos images en noir et blanc.

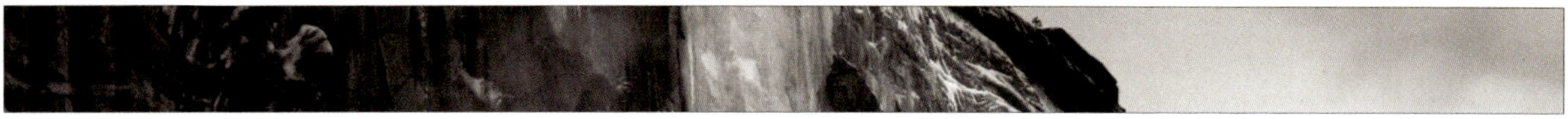

Dompter la lumière

Il arrive parfois que la lumière ne tombe pas là où vous le voudriez. Heureusement, il très facile dans CS3 de redéfinir l'éclairage et de dompter ses effets.

Étape 1

Sur la photo ci-contre, la lumière est la même sur le visage et le bouquet de la mariée. Le bouquet est même un plus clair que le visage. Par conséquent, le regard est immédiatement attiré par le bouquet au détriment du visage. Nous allons redéfinir cela en déplaçant tout simplement les niveaux. Donc, dans la palette Calques, créez un calque de réglage de type Niveaux.

Étape 2

Tous les réglages que vous allez effectuer dans la boîte de dialogue Niveaux vont altérer la totalité de l'image. Ce que nous désirons ici, c'est assombrir le bouquet de fleurs. Donc, faites glisser vers la gauche le curseur blanc de la section Niveaux de sortie. Faites glisser le curseur Tons moyens vers la droite. Toute l'image est assombrie. Cliquez sur OK. Dans quelques secondes, seul le bouquet sera plus sombre.

Étape 3

Pour réduire la saturation, appliquez au calque de réglage le mode de fusion Luminosité. Ensuite, appuyez sur Cmd+I (PC : Ctrl+I) pour inverser le masque de fusion. Il apparaît en noir, ce qui rend l'effet du calque de réglage invisible. Appuyez sur B pour activer l'outil Pinceau. Définissez le blanc comme couleur de premier plan, puis peignez partout sauf sur le visage et les cheveux. Comme le fait de peindre en blanc libère certaines zones du calque de réglage, le bouquet s'assombrit. Le visage de la mariée étant plus clair, il attire tout de suite l'attention.

Avant (le bouquet est bien plus lumineux que le visage)

Après (cette fois, le bouquet est plus sombre ; le visage attire notre regard)

Renforcer les couleurs avec le mode Lab

Pourquoi ceci n'est-il pas traité dans le chapitre consacré à la couleur ? Car il ne s'agit pas d'une correction de la couleur. L'idée est de renforcer des couleurs estompées en les rendant plus vives et plus contrastées. J'ai appris cette technique de Dan Margulis, le maître de la couleur, qui a d'ailleurs consacré tout un ouvrage à ce sujet.

Étape 1

Cette technique donne ses meilleurs résultats sur des photos dont les couleurs sont très fades. Donc, appliquez-la sur des clichés où la couleur a vraiment besoin d'être densifiée.

SCOTT KELBY

Étape 2

Ouvrez le menu Image, et choisissez Mode > Couleurs Lab. C'est un changement non destructif. Vous pouvez donc revenir au mode RVB et repasser au mode Lab autant de fois que vous le désirez sans que cela n'altère l'image.

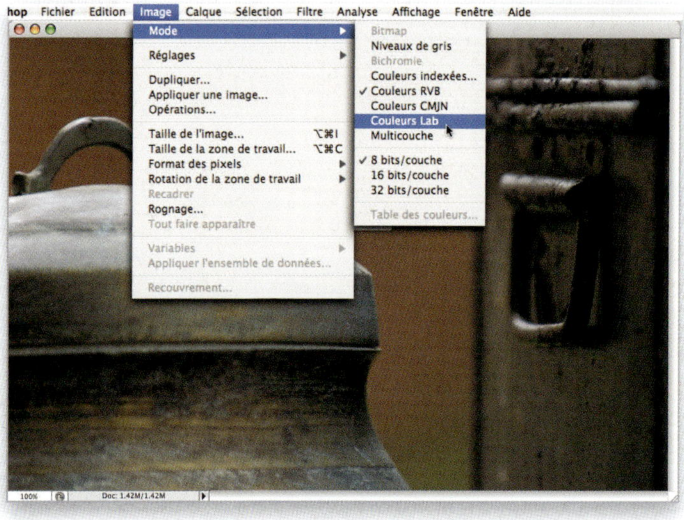

Étape 3

Inutile d'afficher les couches. Préférez plutôt le menu Image et la fonction Appliquer une image. Cette fonction permet d'appliquer un mode de fusion aux couches, chose impossible à réaliser dans la palette Couches. Dans la boîte de dialogue Appliquer une image, vous fusionnez une couche sur elle-même. Le mode de fusion par défaut est Produit. Choisissez Incrustation. Sans que vous ne fassiez rien, l'image est d'un seul coup plus intense et plus contrastée. Un peu trop même. Nous allons y remédier.

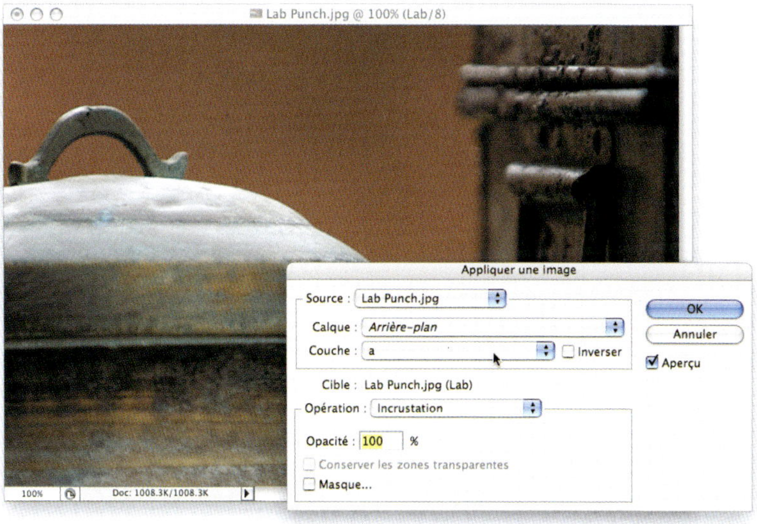

Étape 4

L'intérêt de la fonction Appliquer une image est que vous pouvez tester très facilement différentes fusions de couches. Par défaut, la fusion se fait sur la couche Lab, c'est-à-dire qu'elle implique absolument toutes les couches de ce mode. Essayez une variante. Dans le menu local Couche, choisissez « a ». Le résultat est mieux que l'original, mais bien moins pertinent qu'à l'étape 3.

Étape 5

Dans le menu local Couche, choisissez « b ». Cette couche ajoute en général du jaune et des tons chauds. Nous constatons ici que l'image est vraiment trop chaude. Poursuivons nos expériences.

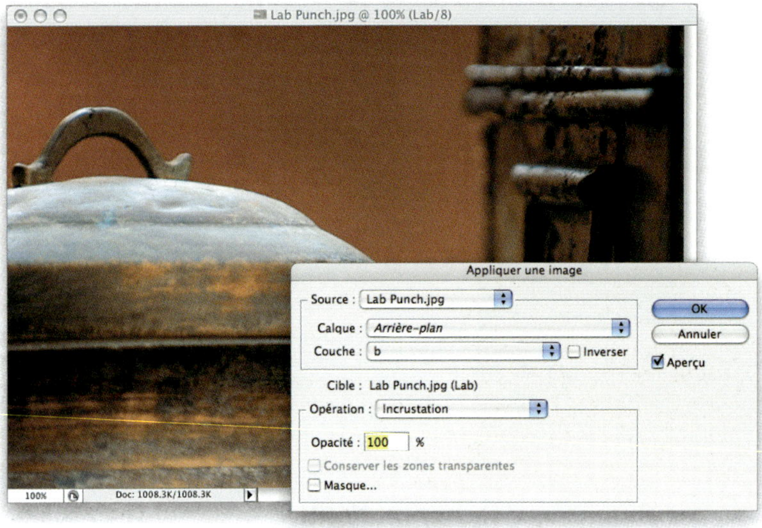

Étape 6

Personnellement, je préfère travailler avec l'ensemble des couches, c'est-à-dire avec la couche Lab. Choisissez-la dans le menu local Couche. Comme le mode de fusion Incrustation produit un effet trop intense, remplacez-le par Lumière tamisée.

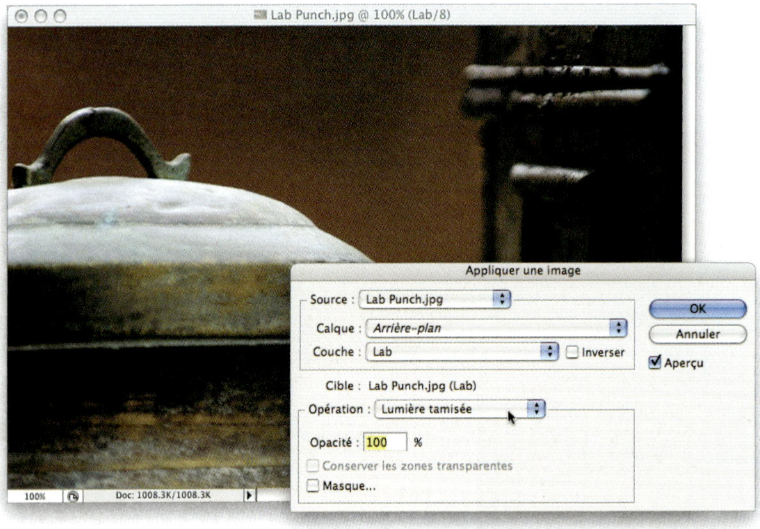

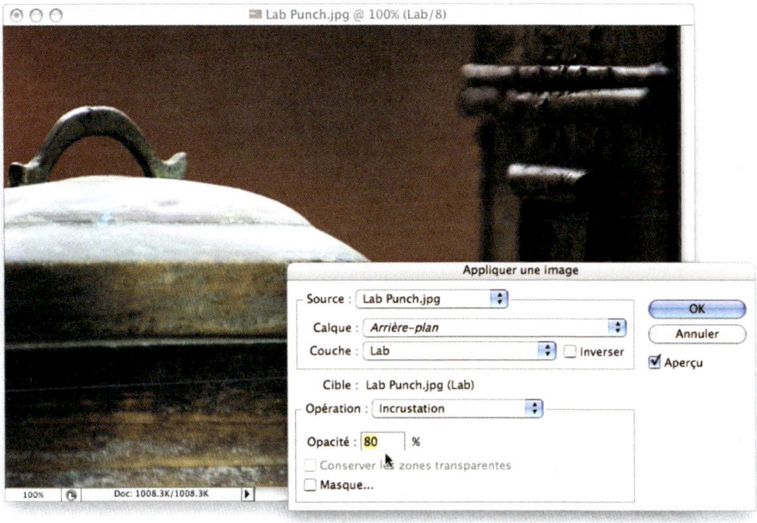

Étape 7

Il existe une autre manière d'atténuer le mode de fusion Incrustation. Il suffit de réduire son opacité. Ci-contre, j'ai de nouveau appliqué le mode Incrustation, mais en lui assignant une opacité de 80 %. La comparaison ci-après montre, à droite, l'effet obtenu avec cette dernière technique.

Astuce Appliquer une image est un candidat idéal aux scripts de Photoshop. Il est cependant important que vous puissiez tester les couches, les modes de fusion et l'opacité. Donc, cliquez sur le carré vide de la deuxième colonne située juste avant les termes Appliquer une image. Ainsi, la boîte de dialogue s'ouvrira quand vous exécuterez le script. Faites vos réglages et cliquez sur OK. Poursuivez cette action en convertissant l'image en mode Couleurs RVB.

Avant

Après

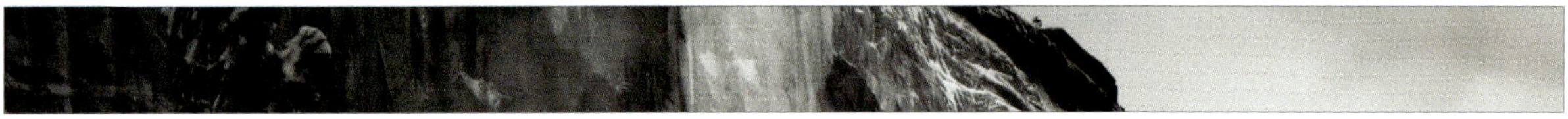

Portrait à fort contraste

Voici tout simplement la technique de retouche des portraits dans Photoshop, que vous retrouvez sur toutes les couvertures de magazine, les jaquettes de CD, les photos des vedettes du cinéma, etc. Je me demande qui ne veut pas de cet effet.

Étape 1

Ouvrez un portrait que vous désirez fortement contraster. Dupliquez le calque Arrière-plan *via* Cmd+J (PC : Ctrl+J). Ensuite, faites une copie de ce nouveau calque.

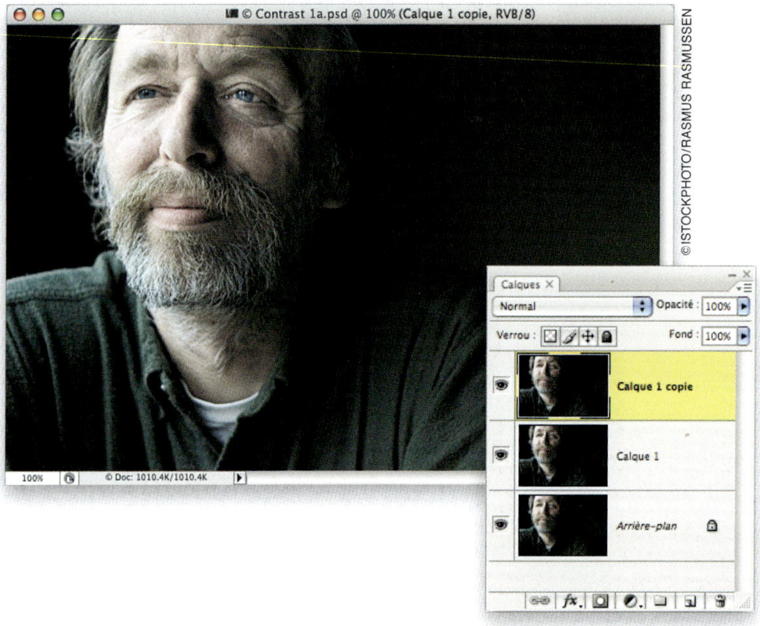

© ISTOCKPHOTO/RASMUS RASMUSSEN

Étape 2

Dans la palette Calques, activez le calque 1. Désaturez-le *via* Cmd+Maj+U (PC : Ctrl+Maj+U). Le calque perd toutes ses informations de couleur. Comme un calque couleur se trouve en haut de la palette, votre modification ne semble produire aucun effet. Toutefois, vous constatez que la vignette du calque est bien en niveaux de gris.

Étape 3

Activez le calque 1 copie. Appliquez-lui le mode de fusion Lumière tamisée. L'effet de couleur obtenu est très subtil. Cependant, si vous préférez plus de contraste, choisissez le mode de fusion Incrustation. Dans ce cas, si l'effet est trop prononcé, réduisez l'opacité du calque.

Étape 4

Bien souvent, les yeux du sujet seront un peu estompés. Ce qui suit est facultatif. Toutefois, si la personne a les yeux bleus ou verts, vous pourrez régler ce problème en quelque 15 secondes. Donc, créez un masque de fusion. Ensuite, appuyez sur B pour activer l'outil Pinceau. Définissez une petite forme aux bords adoucis. Utilisez le noir comme couleur de premier plan. Ensuite, peignez uniquement sur la pupille et l'iris des yeux, pas sur le blanc. Vous ne constatez aucun changement. Ceci est normal puisque vous révélez le contenu du calque 1 qui est en niveaux de gris. La prochaine étape règle ce problème.

Étape 5

Vous devez appliquer exactement le même masque de fusion au calque 1. Ainsi, vous afficherez le contenu du calque Arrière-plan. Maintenez la touche Option (PC : Alt) enfoncée et glissez-déposez la vignette du masque sur le calque 1. Et voilà ! Ce calque a exactement le même masque de fusion que sa copie. Les yeux retrouvent toute leur couleur d'origine.

Étape 6

Maintenant, fusionnez tous les calques *via* Calque > Aplatir l'image. Ajoutez un peu de bruit à la photo en cliquant sur Filtre > Bruit > Ajout de bruit. Dans la boîte de dialogue éponyme, sélectionnez une répartition de type Gaussienne, et activez l'option Monochromatique pour éviter d'introduire du rouge, du vert et du bleu dans l'image. Comme je travaille sur une image de faible résolution, le paramètre Quantité est fixé à 4. Sur des images en haute résolution, vous pouvez aller jusqu'à 10 ou 12 %. Comparez les deux photos avant et après retouche.

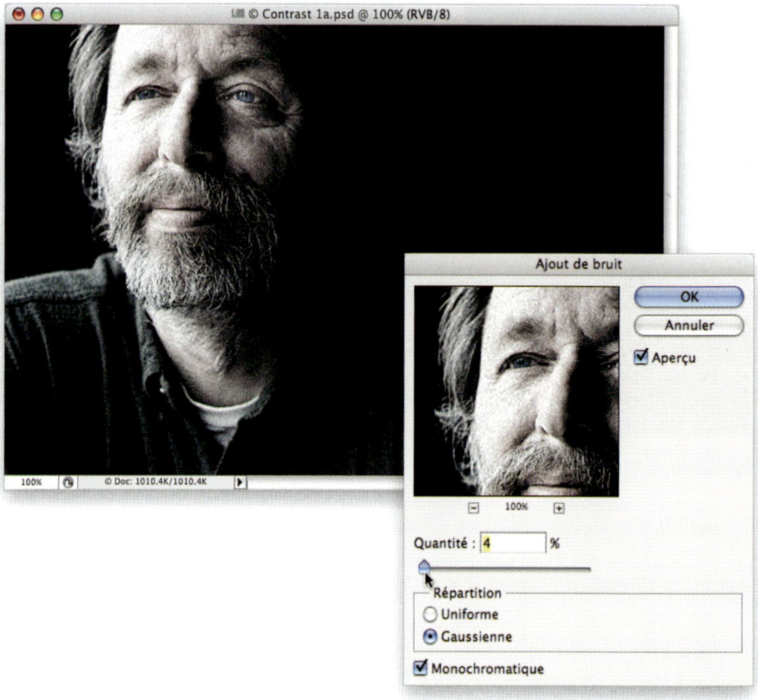

Avant

Après (appliquer l'effet et révéler les yeux)

©ISTOCKPHOTO/TYLER STALMAN

Avant

Après

Étape 7

Voici une variante de cette technique, qui permet d'obtenir un effet complètement différent. J'adore l'effet bronze de la peau. Tournez la page pour découvrir d'autres exemples.

ASTUCE Faites attention à ne pas introduire trop de bruit dans l'image. En effet, lorsque vous appliquerez le filtre Accentuation pour préparer l'impression de la photo, ce bruit sera amplifié par cette netteté.

AUTRE ASTUCE J'ai vu récemment cet effet utilisé sur une publicité pour une moto. L'effet avait été appliqué au décor. Ensuite, la moto avait été masquée de manière à la faire apparaître tout en couleur. La photo était très intéressante.

Étape 8

Voici la même technique appliquée à une photo de femme. Ici, je n'ai pas masqué les yeux car leur couleur était trop discrète. J'ai préféré réduire l'opacité de la forme à 50 % et peindre sur les lèvres du calque supérieur. J'ai ensuite copié le masque de fusion sur le calque en noir et blanc (comme pour les yeux dans la précédente procédure). Sans cette manipulation, les lèvres étaient sans vie. Avec cet effet, j'ai pu souligner le rose des lèvres et leur donner plus de vivacité dans une image aux couleurs globalement très atténuées.

Avant

©ISTOCKPHOTO/PASCAL GENEST

Après

Étape 9

Voici une nouvelle manière de rendre la peau et les cheveux couleur bronze. La différence ici est que je n'ai pas dégagé les yeux. Ils gardent ainsi leur couleur naturelle.

ASTUCE Voici deux variantes de cet effet : si l'effet est trop subtil, vous pouvez essayer le mode de fusion Incrustation. Mais avant cela, essayez de dupliquer le calque dont le mode de fusion est Lumière tamisée. Bien entendu, vous pouvez réduire l'opacité de ce calque. Une autre astuce consiste à fixer à 70 % l'opacité du calque original dont le mode de fusion est Lumière tamisée. Cela permet de restaurer certaines couleurs comme si l'image était teintée. Une dernière chose : pourquoi ne pas faire de cet effet un script ?

Avant

©ISTOCKPHOTO/PASCAL GENEST

Après

Fausse bichromie

Créer une vraie image brichrome est une gageure lorsque votre objectif est de la faire imprimer sur une presse professionnelle. En revanche, dès que vous souhaitez obtenir cet effet sur une sortie jet d'encre, la tâche est bien plus simple à réaliser. La fausse bichromie est presque aussi vraie qu'une… vraie.

©ISTOCKPHOTO/BJÖRN KINDLER

Étape 1

Ouvrez la photo RVB que vous désirez convertir en bichrome. (Je répète qu'il s'agit d'une fausse bichromie puisque nous restons sans cesse dans le mode RVB.) Le plus compliqué est de définir la couleur qui va permettre de réaliser cette bichromie. Tout ce qu'il faut, c'est en faire la couleur de premier plan de Photoshop. Voici une astuce.

©ISTOCKPHOTO/MICHAEL MARQUAND

Étape 2

Trouvez une photo qui est déjà en bichrome. Par exemple, j'ai découvert l'image ci-contre sur le site Web iStockphoto.com. J'ai simplement effectué une recherche avec le mot « duotone ». L'image étant affichée dans mon navigateur Web, j'ai basculé vers Photoshop et j'ai appuyé sur I pour activer l'outil Pipette. Alors, j'ai placé la pipette sur l'image affichée dans mon navigateur Web et j'ai prélevé la couleur que je souhaitais utiliser pour mon bichrome. (Ah ! Quel farceur ce Kelby !)

Étape 3

Ensuite, dans la palette Calques, cliquez sur l'icône Créer un calque. Remplissez-le avec la couleur de premier plan en appuyant sur Option+Retour arrière (PC : Alt+Retour arrière).

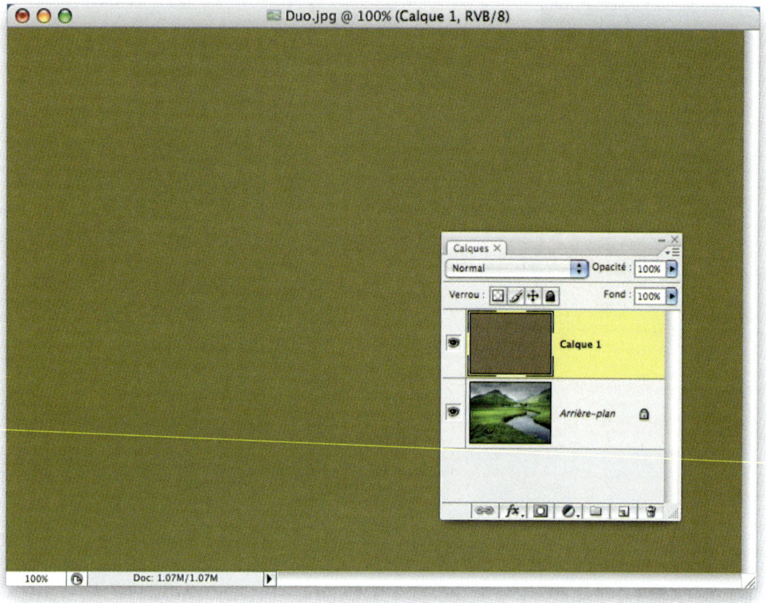

Étape 4

Comme vous êtes toujours dans la palette Calques, appliquez à ce calque le mode de fusion Couleur.

Étape 5

Si votre bichrome semble trop sombre, activez le calque Arrière-plan, puis cliquez sur Image > Réglages > Désaturation. Ceci supprime toutes les données de couleurs sans changer le mode RVB, et ce en rendant l'image plus claire. Si la couleur ne vous convient pas, sélectionnez-en une autre avec la pipette et remplissez le calque 1 avec cette nouvelle teinte.

Créer des collages photo

La technique des collages dans Photoshop pourrait très facilement couvrir plusieurs chapitres. Je vais donc me contenter ici de vous expliquer celle qui est la plus populaire, tout en restant l'une des plus puissantes. Le terme « collage » définit la création d'une seule image à partir de plusieurs autres. On parle souvent de « montage », mais les professionnels utilisent l'anglicisme *compositing*.

Étape 1

Voici trois photos que vous allez utiliser pour effectuer un collage dans Photoshop. Je choisis souvent l'une des photos comme base du montage. Ici, je sélectionne la rose, un choix qui n'engage que moi.

Étape 2

Activez le document de l'image (piano) que vous désirez coller avec la rose. Appuyez sur V pour activer l'outil Déplacement, et glissez-déposez le piano à droite de la rose. Il apparaît sur son propre calque.

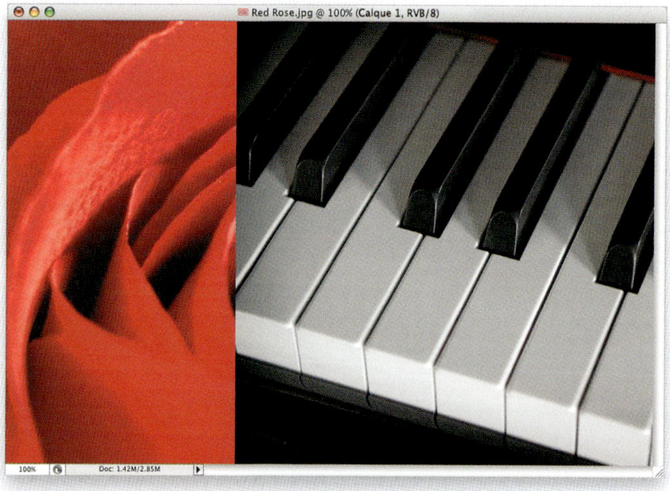

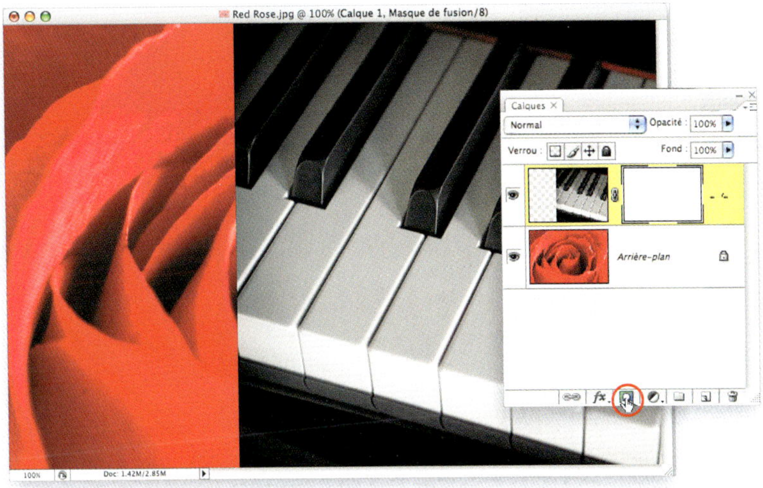

Étape 3

Cliquez sur l'icône Ajouter un masque de fusion en bas de la palette Calques. Ce masque s'applique au piano.

Étape 4

Ensuite, appuyez sur G pour activer l'outil Dégradé. Utilisez le noir comme couleur de premier plan. Pour cela, appuyez sur D. Avec cet outil, cliquez sur la photo et faites-la glisser vers la droite (voir-contre). Au départ, le dégradé est complètement transparent ; à la fin, il est complètement opaque.

Étape 5

Comme vous l'appliquez sur un masque de fusion, cela estompe la partie gauche du piano, révélant ainsi le contenu du calque Arrière-plan, c'est-à-dire la rose. Si la fusion ne vous convient pas, appuyez sur Cmd+Z (PC : Ctrl+Z) pour l'annuler et recommencez en plaçant l'outil plus ou moins dans l'image du piano et/ou en tirant plus ou moins l'outil vers la droite.

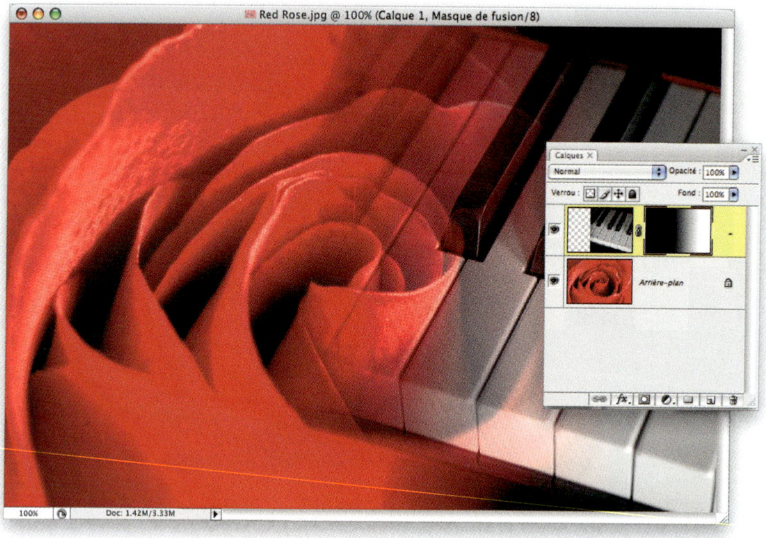

Étape 6

Ouvrez la troisième image. Il s'agit d'une rose sur fond noir. Appuyez sur V pour activer l'outil Déplacement, et glissez-déposez le contenu de son calque sur le côté gauche du montage. Repositionnez l'image pour qu'elle s'ajuste aux limites du document.

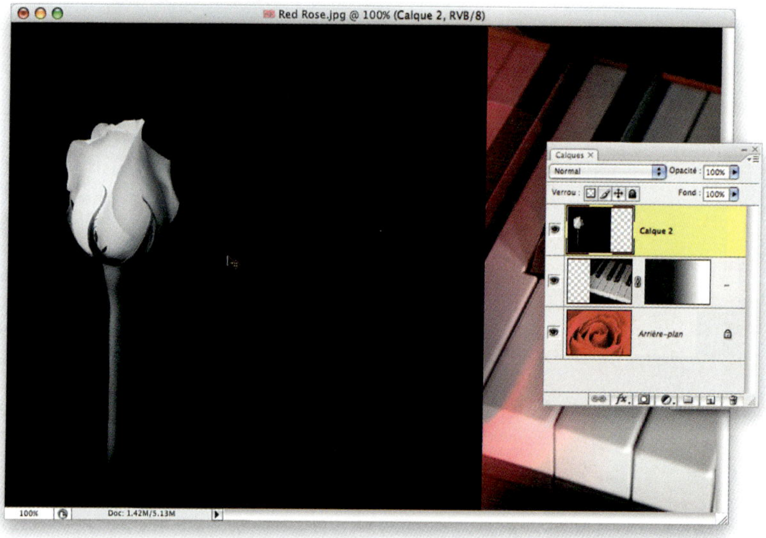

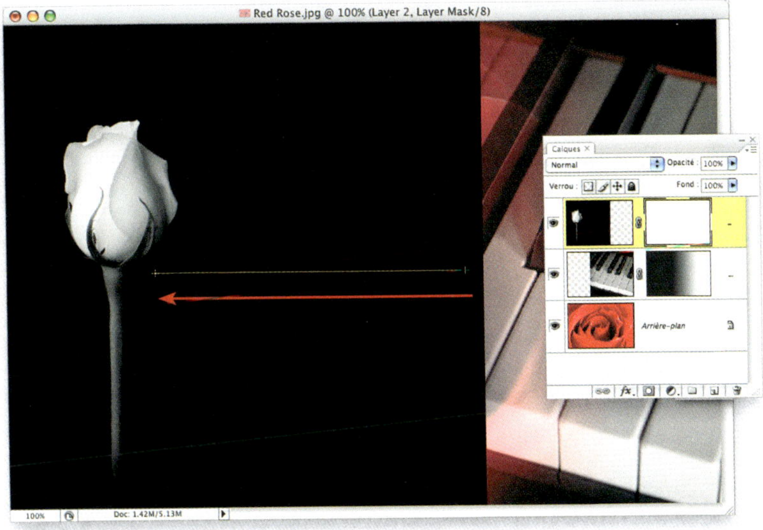

Étape 7

Cliquez sur l'icône Ajouter un masque de fusion de la palette Calques. Ensuite, activez l'outil Dégradé en appuyant sur G et tracez un dégradé de droite à gauche comme ci-contre. Arrêtez-vous à la limite de la rose.

Étape 8

Dès que vous relâchez le bouton de la souris, la rose se fond dans le montage. À partir de cet instant, vous pouvez affiner la transparence des éléments de la photo en peignant avec du noir sur le masque de fusion de certains calques. N'importe quel outil de dessin peut modifier la transparence des éléments, à partir du moment où vous l'appliquez sur le masque de fusion. Si vous commettez une erreur, appuyez sur X pour faire du blanc la couleur de premier plan et passez l'outil sur la zone à restaurer. Vous affichez ainsi de nouveau les pixels que vous aviez effacés. Ajoutez quelques mots sur ce type de montage romantique. Activez l'outil Texte (T) et écrivez avec une police comme Swash. Mélangez les types de polices pour singulariser votre texte. Une fois le texte saisi, fixez l'opacité de son calque à 45 %.

Effet infrarouge instantané

Voici mon astuce numérique pour obtenir une photo infrarouge à partir d'un cliché standard.

Étape 1

Ouvrez l'image RVB à laquelle vous souhaitez appliquer un effet infrarouge. Dans la palette Calques, cliquez sur Créer un calque de réglage. Choisissez Mélangeur de couches.

Étape 2

Dans la boîte de dialogue éponyme, cochez la case Monochrome. Ensuite, fixez Rouge à –50 %, Vert à 200 % et Bleu à –50 %. L'effet infrarouge obtenu est très discret.

NOTE Dans le menu local Paramètre prédéfini, vous trouverez un préréglage infrarouge qui, à mon sens, éclaircit beaucoup trop l'image.

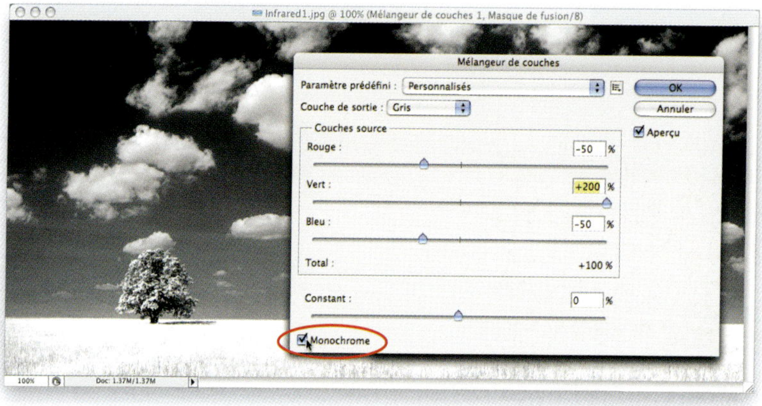

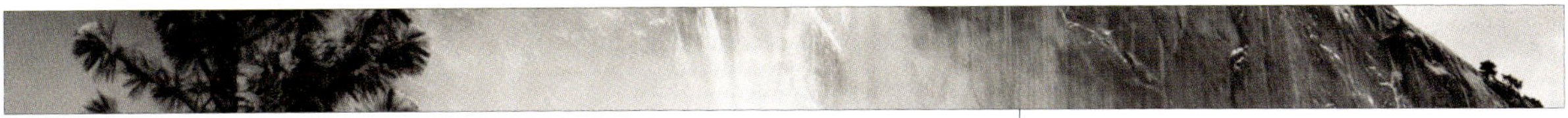

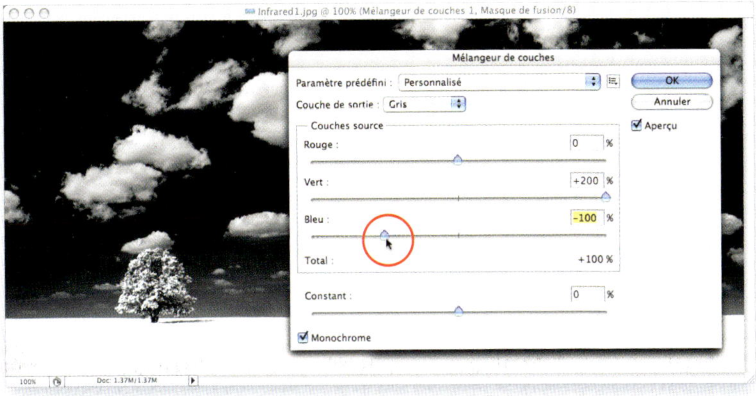

Étape 3

Les réglages que vous venez de faire ne sont qu'un point de départ. Pour rendre les blancs encore plus blancs et assombrir le ciel, positionnez le curseur Rouge sur 0 et placez le Bleu sur –100. Pour appliquer cet effet infrarouge, cliquez sur OK.

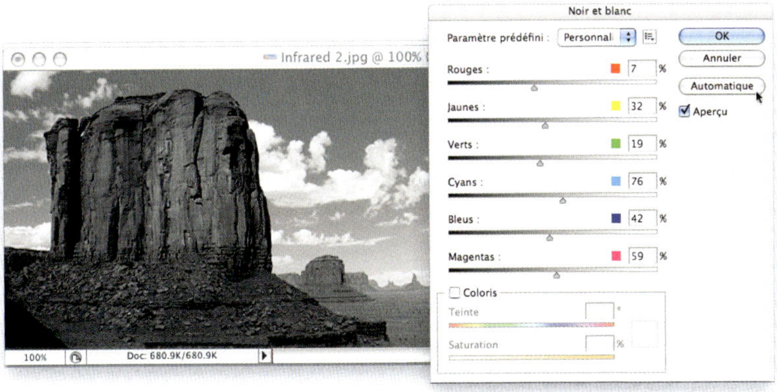

Étape 4

Voici une autre photo qui me permet de démontrer la différence entre un noir et blanc et un effet infrarouge. Créez un calque de réglage de type Noir et blanc. Dans la boîte de dialogue, cliquez sur Automatique pour effectuer une conversion noir et blanc automatique.

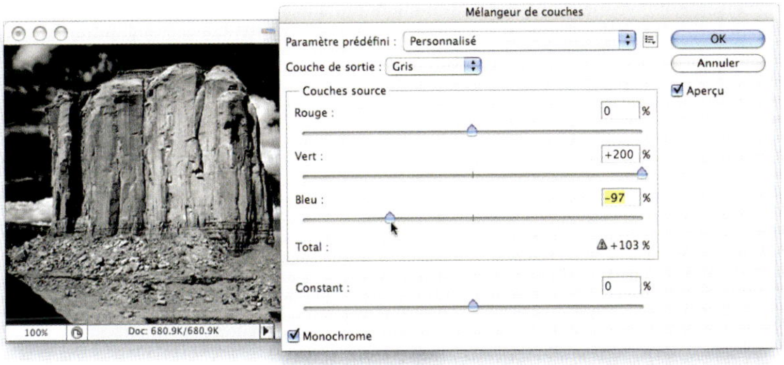

Étape 5

Cliquez sur Annuler, et créez un calque de réglage Mélangeur de couches. Appliquez les valeurs des paramètres illustrés ci-contre. Si vous désirez introduire un peu de couleur dans votre effet infrarouge, réduisez l'opacité du calque de réglage et appliquez-lui le mode de fusion Incrustation.

Simuler un filtre gris

Le filtre gris est l'un des plus utilisés par les photographes qui prennent des clichés en extérieur, et notamment quand le ciel est clair et que le reste de l'image est plus sombre. Un filtre gris réduit l'exposition du ciel, sans toucher au reste de l'image. En effet, ce type de filtre a une densité progressive. Vous pouvez simuler cet effet dans Photoshop.

Étape 1

Ouvrez la photo (de préférence un paysage), où le sol est bien exposé et le ciel trop clair. Appuyez sur D pour définir le noir comme couleur de premier plan. Dans la palette Calques, cliquez sur le bouton Créer un calque de réglage et choisissez Dégradé.

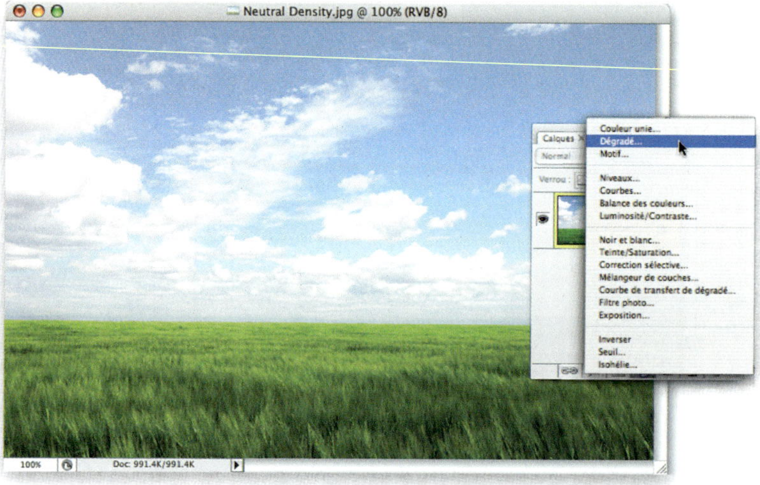

©ISTOCKPHOTO/JASON LUGO

Étape 2

Quand la boîte de dialogue Fondu en dégradé apparaît, il applique un dégradé de type Premier plan vers Transparent. Comme vous le constatez, le dégradé produit l'effet inverse de celui que vous souhaitez. Ce petit problème est facile à résoudre.

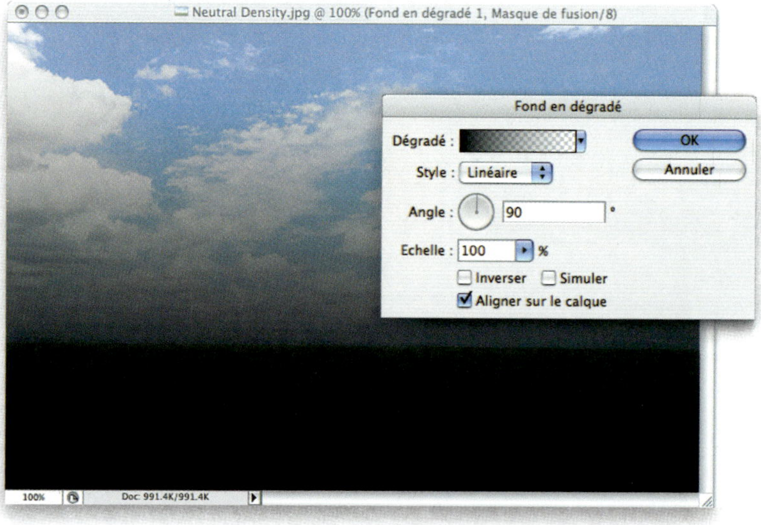

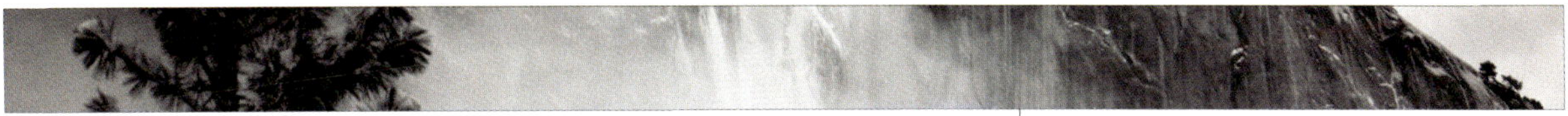

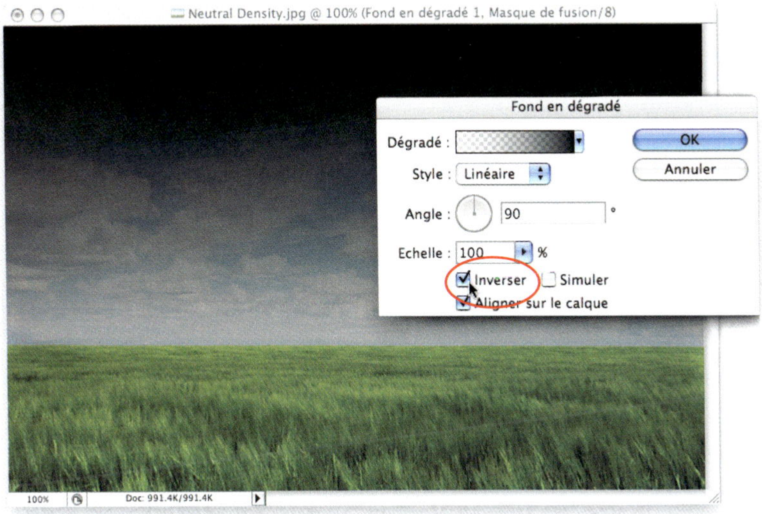

Étape 3

Cochez la case Inverser. Voilà, le ciel est sombre et le paysage normal. Le résultat n'est pas terrible. Là encore, la correction est aussi simple que rapide.

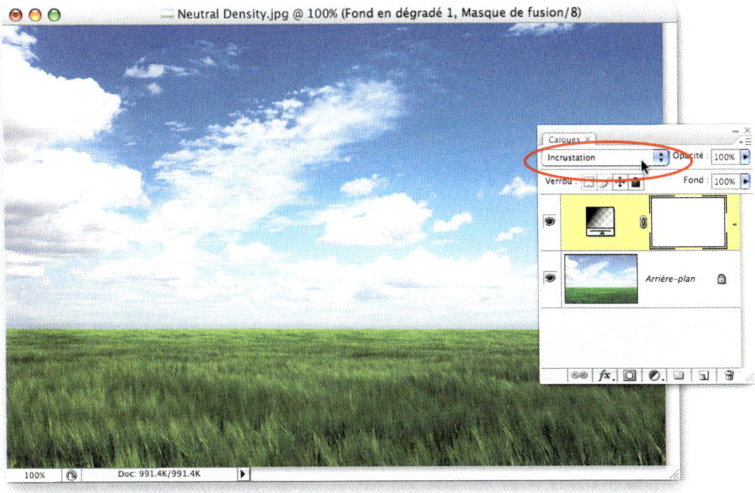

Étape 4

Pour que le dégradé se mélange bien à la photo, appliquez au calque de réglage le mode de fusion Incrustation. Ceci assombrit graduellement le ciel jusqu'à l'horizon. Comment ce calque de réglage connaît-il la position du sol ? Eh bien, il ne la connaît pas ! Le dégradé s'applique en fait sur toute la photo. À la prochaine étape, vous allez lui indiquer où se trouve le sol.

Étape 5

Dans la palette Calques, double-cliquez directement sur la vignette du calque de réglage Dégradé. Dans la boîte de dialogue Fondu en dégradé, cliquez sur le dégradé lui-même. Vous ouvrez la boîte de dialogue Éditeur de dégradé. Dans la partie inférieure de cette boîte de dialogue, vous voyez votre dégradé. À sa droite figure une étape de couleur blanche (en l'occurrence elle est transparente). C'est elle qui contrôle l'étendue du dégradé. Vous souhaitez que seul le ciel soit assombri. Par conséquent, glissez cette étape du dégradé vers le centre. Comme il n'y a pas d'aperçu dynamique (ou en temps réel si vous préférez), vous devez relâcher le bouton de la souris pour voir l'incidence de la position de cette étape sur votre effet. Lorsque la base du dégradé atteint la ligne d'horizon, cliquez sur le bouton OK de l'éditeur de dégradé.

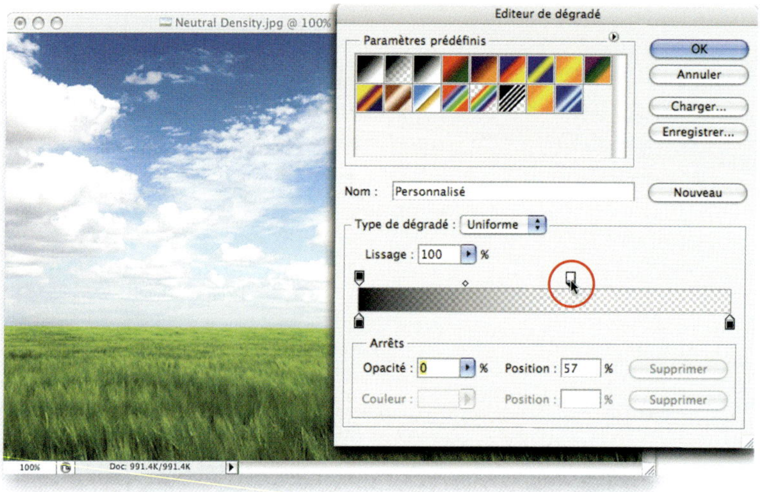

Avant (l'exposition faite sur le sol éclaircit le ciel)

Après (le sol est le même, mais le ciel est maintenant plus bleu et moins clair)

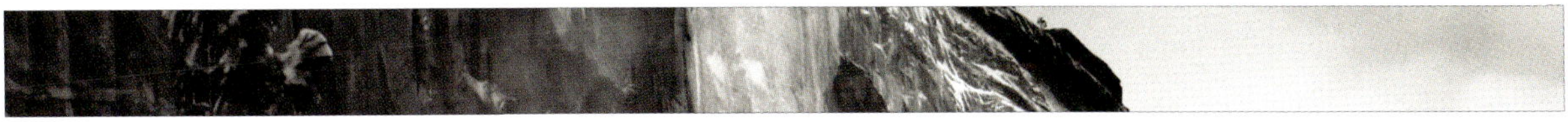

Terminer la retouche d'un portrait à la Kelby

La question que l'on me pose le plus souvent est de savoir comment je fais pour obtenir des portraits si nets tout en leur conservant une certaine douceur. Parce que j'applique une technique personnelle que je me fais une joie de partager avec vous.

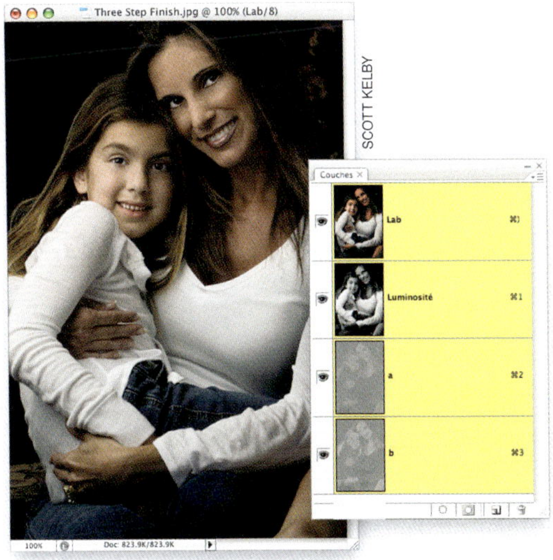

Étape 1

Une fois les corrections de couleurs et quelques retouches effectuées, vous pouvez passer à la phase finale qui consiste en trois étapes principales. La première accentue considérablement l'image car vous allez l'atténuer par la suite. J'utilise le mode Lab pour parvenir à ce résultat. Donc, cliquez sur Image > Mode > Couleurs Lab.

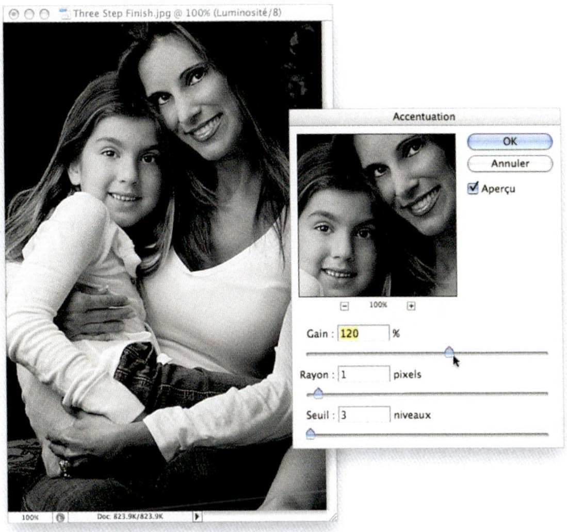

Étape 2

Dans la palette Couches, activez la couche Luminosité. Vous allez accentuer les zones contenant des détails, et non pas celles contenant la couleur. Ensuite, cliquez sur Filtre > Renforcement > Accentuation. Fixez Gain à 120 %, Rayon à 1 et Seuil à 3.

Étape 3

Dupliquez le calque Arrière-plan en appuyant sur Cmd+J (PC : Ctrl+J). Ensuite, appliquez-lui un flou gaussien d'un rayon de 20 pixels sur une image en haute résolution, et de 6 pour les photos en basse résolution. Cliquez sur OK pour appliquer le filtre.

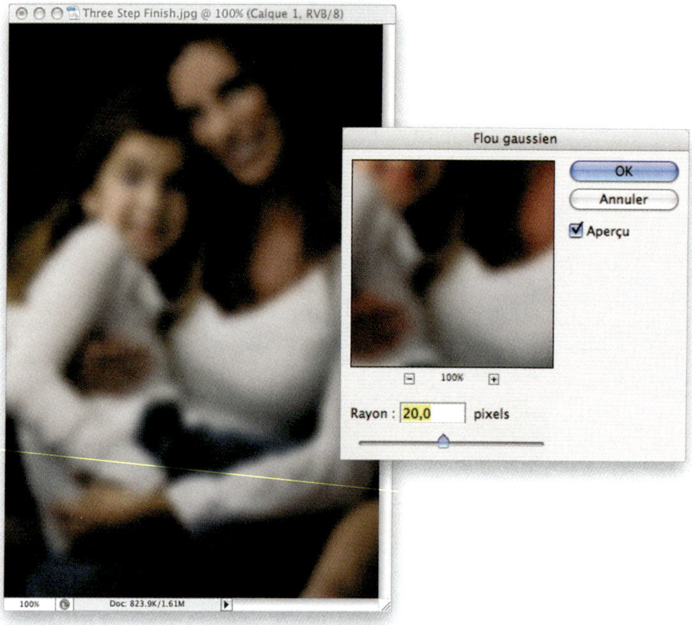

Étape 4

Maintenant, dans la palette Calques, fixez l'opacité de ce calque flou à 20 %. L'effet de halo obtenu est si subtil que vous ne perdez pas les détails de l'image.

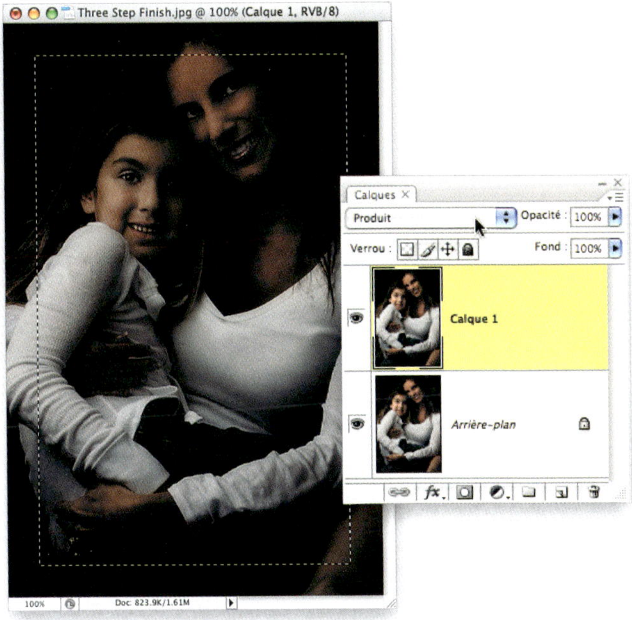

Étape 5

Appuyez sur Cmd+E (PC : Ctrl+E) pour fusionner ces deux calques et aplatir l'image. Ensuite, vous allez ajouter un vignettage. Commencez par dupliquer le calque Arrière-plan. Appliquez à cette copie le mode de fusion Produit. Ensuite, activez le rectangle de sélection (M) et tracez un cadre entre 1,5 et 3 cm du bord de l'image.

Étape 6

Vous allez adoucir les bords du rectangle de sélection. Dans la barre d'options, cliquez sur le bouton Contour améliorer. La boîte de dialogue Améliorer le contour s'affiche. Cliquez sur la première icône située sous les cinq curseurs. Vous affichez ainsi toute l'image en couleur. Faites glisser le curseur Contour progressif vers la droite, jusqu'à la valeur 200. (Si vous travaillez sur une image en basse résolution, arrêtez-vous à 100). Maintenant, appuyez sur Retour arrière.

Étape 7

Appuyez sur Cmd+D (PC : Ctrl+D) pour désélectionner l'image. Vous obtenez l'effet d'un véritable projecteur diffus qui cible les personnes. Si le contour sombre est trop proche des visages, vous pouvez les effacer avec l'outil Gomme (E). Utilisez alors une forme adoucie et passez l'outil en haut de la tête et sur les cheveux. La photo finale est représentée ci-après à droite. Il s'agit d'une routine de travail que vous pouvez parfaitement enregistrer sous forme de script.

Avant

Après (obtenu en trois étapes)

Attirer l'attention avec de la couleur

Voici un effet incroyablement populaire auprès des photographes professionnels de mariages. En gros, vous faites une copie de la photo dont vous supprimez la couleur. Vous ne réintroduisez de la couleur que là où vous le souhaitez. Cette technique est utilisable sur tout type de cliché où vous désirez mettre en évidence un élément essentiel.

Étape 1

Ouvrez l'image qui doit attirer l'œil sur un élément particulier. Comme je l'ai dit en introduction, les photos de mariage sont des candidates toutes trouvées à ce genre de manipulation. Dès que l'image est ouverte, dupliquez le calque Arrière-plan *via* Cmd+J (PC : Ctrl+J).

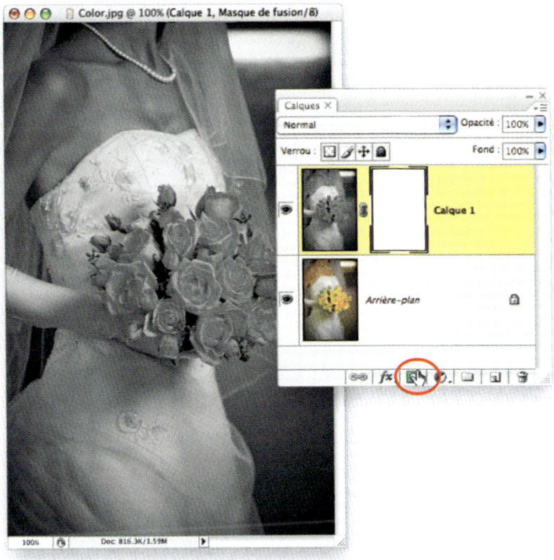

Étape 2

Appuyez sur Cmd+Maj+U (PC : Ctrl+Maj+U) pour désaturer la copie. Ensuite, cliquez sur le bouton Ajouter un masque de fusion de la palette Calques.

Étape 3

Activez l'outil Pinceau (B). Définissez une forme moyenne aux bords adoucis. Vérifiez que le noir est la couleur de premier plan de manière à effacer les pixels du calque 1, révélant ainsi ceux du calque Arrière-plan. Peignez sur les fleurs. Elles apparaissent en couleurs.

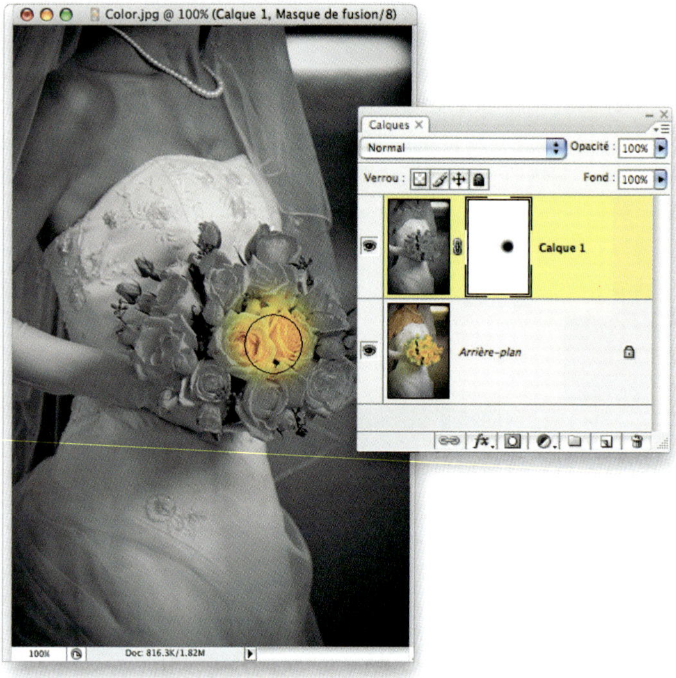

Étape 4

Tout le reste est simple. Continuez à peindre sur l'image (c'est-à-dire le masque de fusion) jusqu'à ce que le bouquet de fleurs soit entièrement en couleurs. Réduisez la taille de la forme quand vous approchez des fleurs situées sur les contours du bouquet. Pour cela, appuyez sur ^. Pour augmenter la taille, appuyez sur $. Si vous faites apparaître de la couleur là où il ne faut pas, appuyez sur X pour faire du blanc la couleur de premier plan. Passez le pinceau sur ces portions de manière à restaurer les pixels noir et blanc.

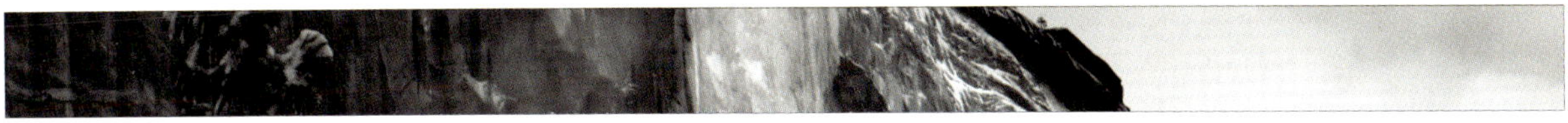

Les panoramas rendent facilement fou

Photoshop inclut une fonction qui permet de coller plusieurs photos en un seul grand panorama. Avec la version CS3, Photomerge connaît d'énormes améliorations. Ainsi, vous pourrez notamment faire vos photos appareil au poing. Photomerge alignera correctement les images sans raccord visible, et ceci même si l'exposition ou la balance des blancs n'est pas parfaite.

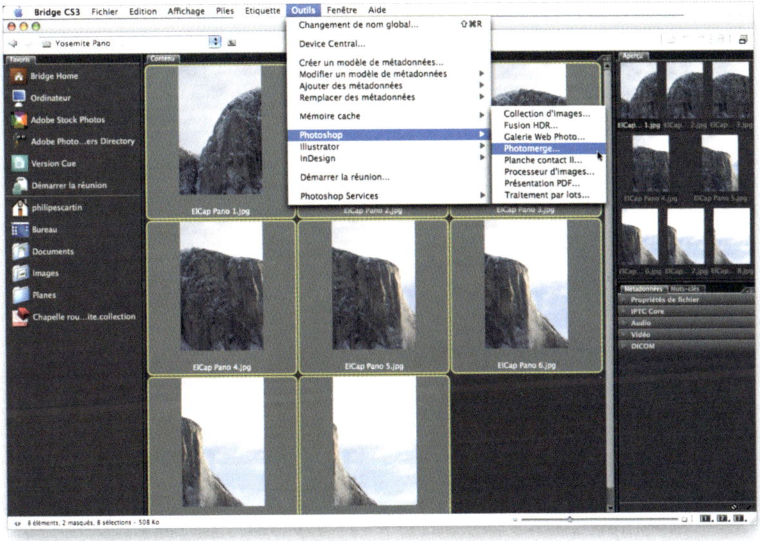

SCOTT KELBY

Étape 1

Il existe deux méthodes pour créer un panoramique : (1) vous sélectionnez vos images dans Bridge et choisissez Photoshop > Photomerge dans le menu Outils. (2) Vous ouvrez toutes vos photos dans Photoshop, puis choisissez Fichier > Automatisation > Photomerge. Aucune de ces deux méthodes a plus d'avantages (ou d'inconvénients) que l'autre.

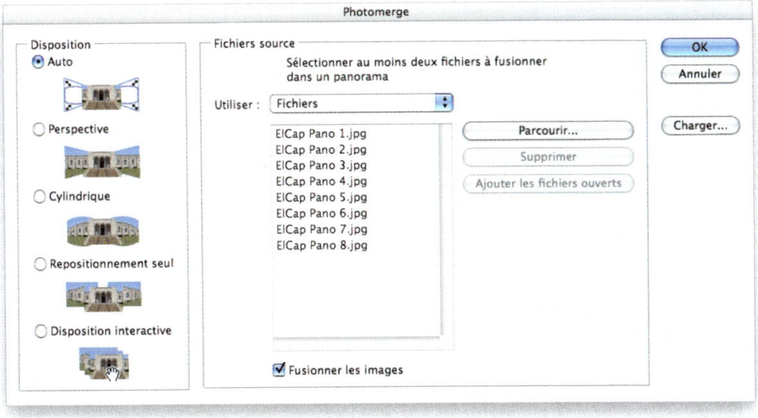

Étape 2

La boîte de dialogue Photomerge apparaît. Si vous travaillez depuis Photoshop, vous devez cliquer sur le bouton Ajouter les fichiers ouverts pour les faire apparaître dans la liste des images à fusionner. Il existe cinq méthodes de fusion possibles. Dans la liste Disposition, je vous conseille Auto.

Étape 3

Une fois que vous avez choisi Auto, cliquez sur OK. En deux ou trois minutes, vous avez votre panorama. Il n'y a pas à dire, un véritable miracle vient de se produire.

Étape 4

Pour que les photos entrant dans la composition d'un panoramique s'ajustent correctement, Photoshop doit les déplacer, les décaler, les pivoter, etc. Donc, vous devez maintenant recadrer l'image pour éliminer les portions transparentes. Appuyez sur C pour activer l'outil Recadrage. Tracez un cadre autour de la photo, en excluant les zones transparentes.

Étape 5

Lorsque vous appuyez sur Entrée, le panorama est recadré. Je vous encourage à créer des panoramas à partir d'une succession de clichés pris sans exposition automatique, ou sans toucher aux réglages de l'appareil photo numérique, et, bien entendu, sans trépied. Il y a une autre règle à ne pas oublier : faites en sorte que chaque prise de vue contienne 20 % de l'image précédente pour faciliter le travail à Photomerge.

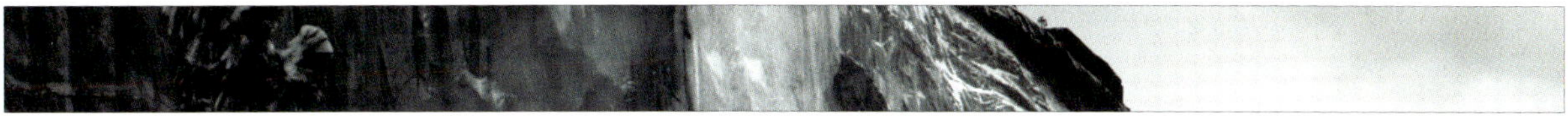

Retouche facile avec la palette Source de duplication

Une nouvelle palette de CS3 augmente les possibilités du tampon de duplication. Il s'agit de la palette Source de duplication, qui permet d'obtenir une vision en temps réel de ce que vous allez cloner avant même de commencer cette opération. Voyons comment cela fonctionne.

©ISTOCKPHOTO/NATHAN MAXFIELD

Étape 1

Dans notre hypothèse, nous souhaitons faire le portrait de deux médecins pour une brochure médicale. Il ne fut malheureusement pas possible de photographier les deux docteurs ensemble dans le même environnement. Voici donc la première photo prise, que nous utiliserons pour présenter nos deux protagonistes.

©ISTOCKPHOTO/KELLY TALELE

Étape 2

Nous avons la chance de disposer d'une photo du second docteur devant un fond blanc. La première chose à faire est d'activer l'outil Sélection rapide (Maj+W), une nouveauté de CS3.

Étape 3

Utilisez ce nouvel outil pour sélectionner l'arrière-plan blanc. Cette sélection serait difficile à réaliser avec la baguette magique, car le médecin porte une blouse blanche. Avec l'outil Sélection rapide, cliquez sur le blanc et déplacez l'outil pour sélectionner cette portion de l'image.

Étape 4

Par défaut, l'outil Sélection rapide est en mode d'ajout à la sélection. Donc, répétez l'opération ci-dessus dans les zones encore non sélectionnées de l'image. Si vous avez besoin de désélectionner une zone que vous auriez accidentellement fait entrer dans la sélection, appuyez sur Option (PC : Alt) et passez l'outil sur ces sections de l'image. Comme vous désirez conserver le docteur, vous devez inverser la sélection. Appuyez sur Cmd+Maj+I (PC : Ctrl+Maj+I).

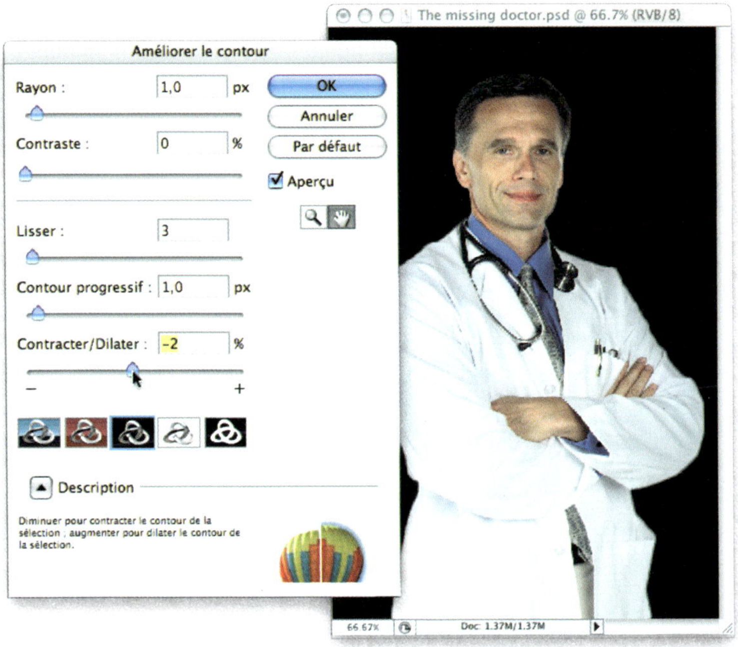

Étape 5

Ensuite, utilisez une autre fonction très performante de cet outil. Dans sa barre d'options, cliquez sur le bouton Contour améliorer. Ceci ouvre la boîte de dialogue Améliorer le contour, qui peut être utilisée dès qu'une sélection est définie dans votre image. Pour apprécier le médecin sur un fond noir, cliquez sur le troisième bouton situé sous les réglages.

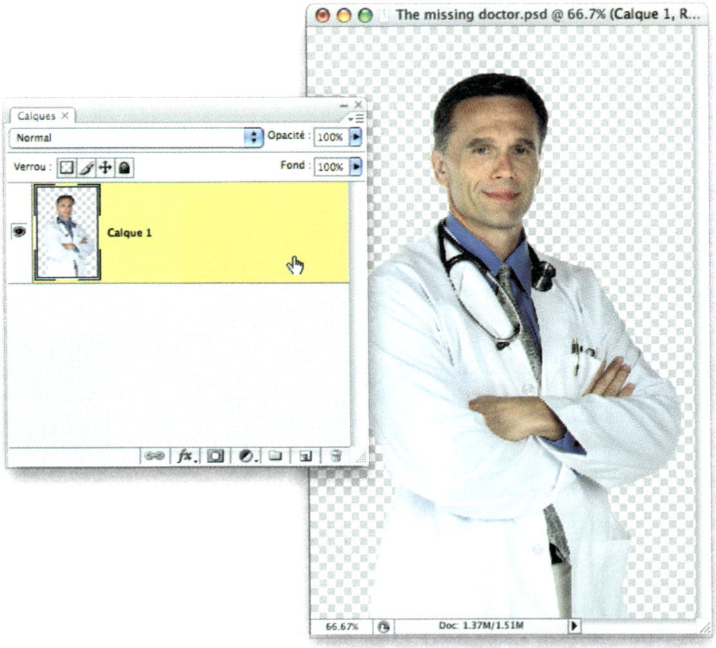

Étape 6

Pour obtenir une sélection parfaite, je l'ai contractée de 2 %. Une fois ce paramètre déterminé, j'ai cliqué sur OK. Comme le docteur doit reposer sur un fond transparent, j'appuie sur Cmd+J (PC : Ctrl+J), ce qui place la sélection, donc le médecin, sur son propre calque. Je supprime ensuite le calque Arrière-plan en le glissant sur l'icône de la corbeille dans la palette Calques.

Étape 7

Maintenant, activez l'outil Tampon de duplication (S). Dans le menu Fenêtre, choisissez Source de duplication. Appuyez sur Option (PC : Ctrl) et cliquez directement sur le nez du docteur pour échantillonner cette zone du calque.

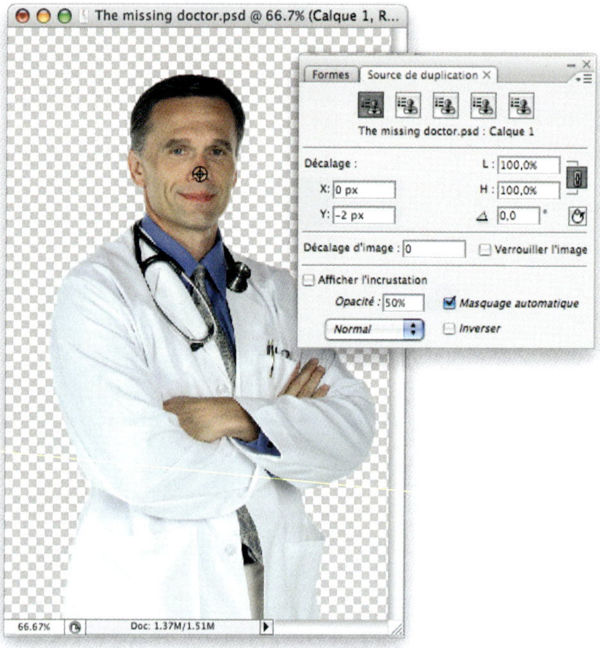

Étape 8

Dans la palette Source de duplication, cochez la case Afficher l'incrustation, puis fixez l'opacité à 50 %. C'est maintenant que l'on va s'amuser ! Placez le pointeur de la souris sur l'autre document. Le fantôme de notre toubib apparaît. Vous constatez immédiatement deux choses : (1) il est trop gros par rapport à l'autre médecin et (2) il est trop près de lui. Est-ce que vous vous rendez compte que, sans cloner un seul pixel, vous appréciez les problèmes posés par une potentielle duplication ? Créez un nouveau calque sur lequel dupliquer notre homme.

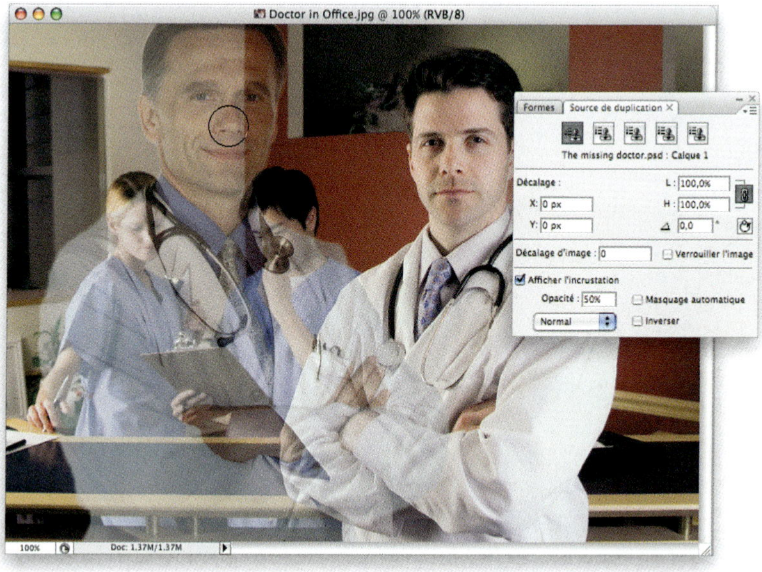

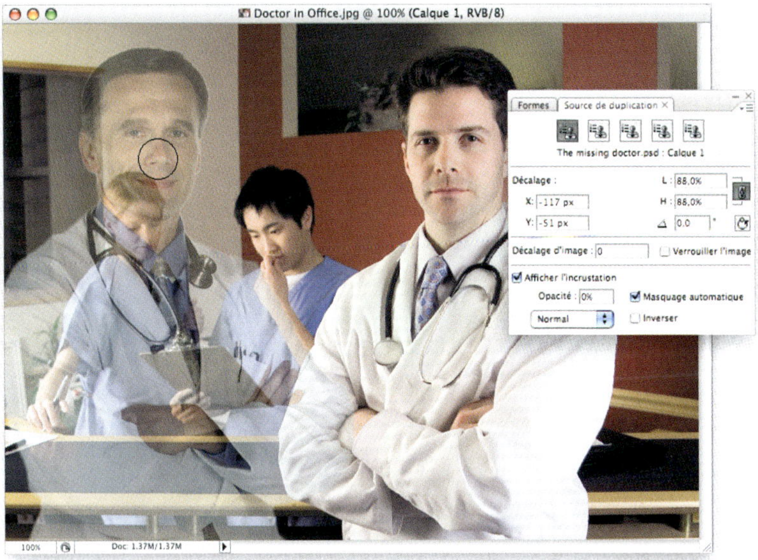

Étape 9

Heureusement, vous pouvez réduire la taille des objets directement dans la palette Source de duplication. Veillez à ce que les champs L et H (Largeur et Hauteur) soit liés de manière à conserver les proportions lors de la transformation de l'élément dupliqué. Ensuite, réduisez la valeur de la largeur. Ici, vous constatez que j'ai fixé la largeur à 88 %, ce qui a pour effet de régler la hauteur sur cette même valeur.

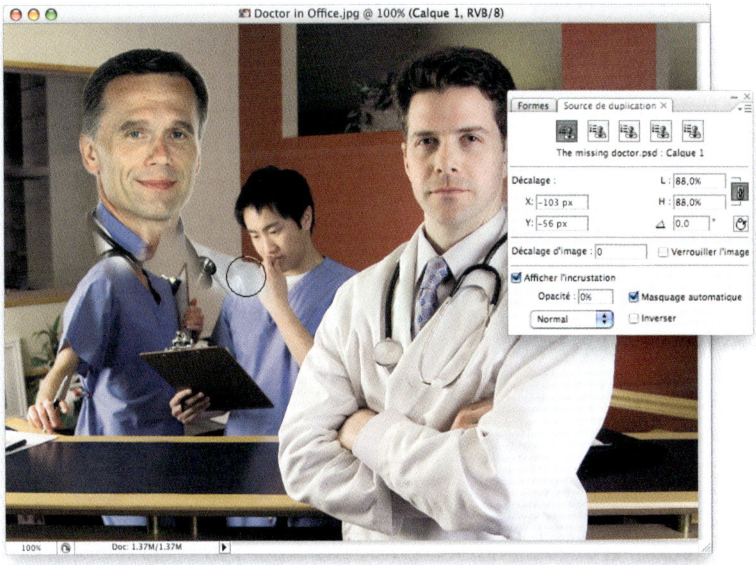

Étape 10

Maintenant que notre fantôme est en bonne position et dans une taille adaptée, cliquez pour commencer le clonage. Le docteur apparaît sous vos coups de pinceau ! Pour mieux apprécier la magie de l'effet, fixez l'opacité à 0 ou décochez l'option Afficher l'incrustation.

Attention Si vous n'obtenez pas un clonage opaque, regardez la barre d'options de l'outil Tampon de duplication. Le mode doit être Normal, et l'opacité égale à 100 %.

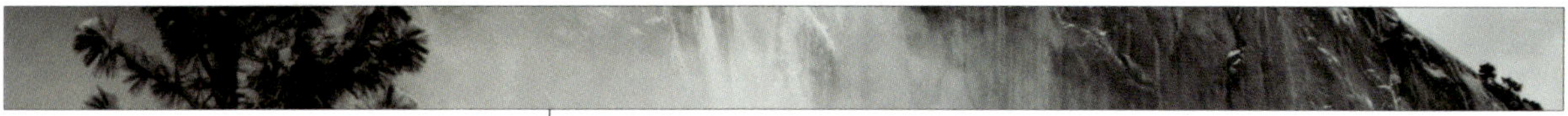

Étape 11

Continuez à cloner jusqu'à ce que le docteur apparaisse entièrement. Comme il est sur un calque transparent, vous pouvez cloner sans crainte. Pour aller plus vite, utilisez une forme de pinceau large avec une dureté maximale.

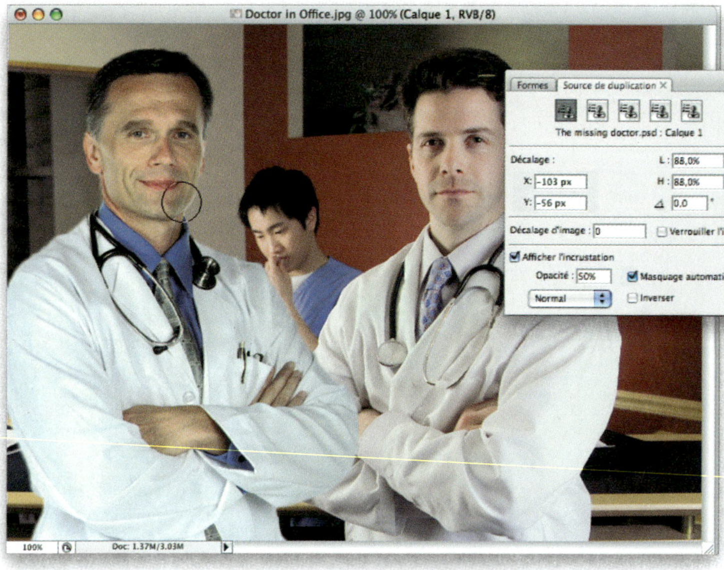

Étape 12

Vous remarquez malgré tout la présence d'une petite frange blanche autour du docteur. Nous pourrons la supprimer avec la fonction Améliorer le contour. Avant cela, il faut régler le problème de l'exposition. En l'état, le trucage est visible car les deux photos n'ont pas la même balance des blancs. Cela est simple à corriger. Appuyez sur Cmd (PC : Ctrl) et cliquez sur la vignette du calque 1 pour récupérer la sélection. Ensuite, créez un calque de réglage de type Filtre photo.

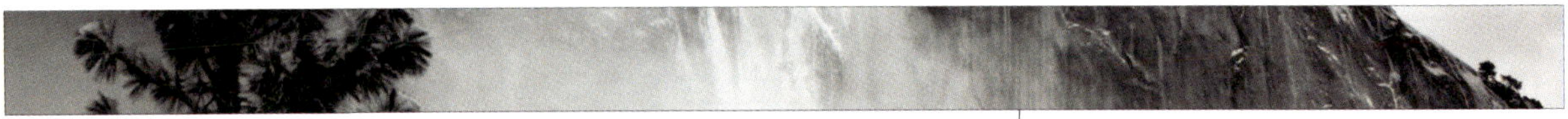

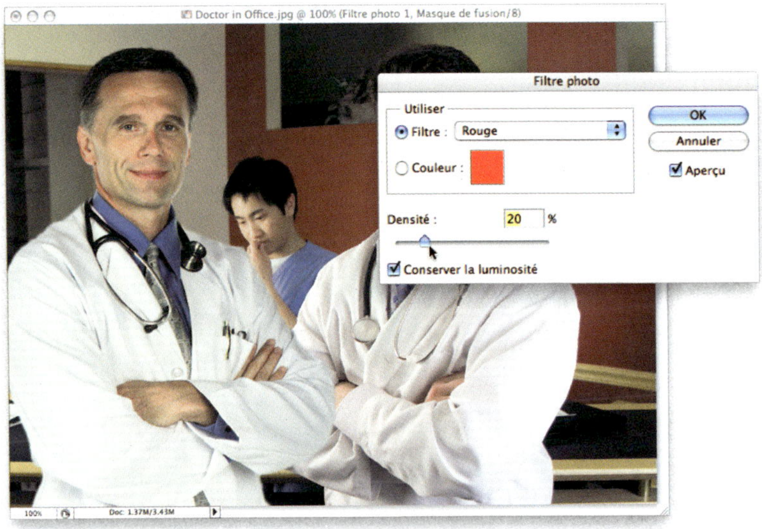

Étape 13

Dans la boîte de dialogue Filtre photo, choisissez une couleur analogue à une couleur existante dans l'image. Ici, je teste le filtre Rouge. Je réduis sa densité à 20. Après avoir cliqué sur OK, vous constatez que la balance des blancs des deux docteurs est un peu plus proche.

Étape 14

Pour donner plus de profondeur, ajoutez une ombre portée au niveau du bras du médecin cloné. Dans la palette Calques, activez le calque où se situe le docteur dupliqué. Appuyez sur Cmd+J (PC : Ctrl+J) pour le dupliquer. Appuyez sur D pour définir le noir comme couleur de premier plan. Ensuite, appuyez sur Option+Maj+ Retour arrière (PC : Alt+Maj+ Retour arrière) pour remplir le docteur avec cette couleur. Avec l'outil Déplacement (V), glissez ce calque légèrement vers la droite. Atténuez l'ombre *via* Filtre > Atténuation > Flou gaussien. Entrez un rayon de 3 et cliquez sur OK. La faiblesse de cette valeur tient au fait que l'image est en basse résolution. Pour des images en haute résolution, le rayon sera de 6 à 9 pixels.

Étape 15

Vous devez maintenant déplacer ce calque dans la palette Calques. Glissez-déposez-le sous le calque 1. Ensuite, activez l'outil Gomme (E). Définissez une forme assez large aux contours adoucis, puis éliminez le surplus d'ombre pour ne garder que celle située au niveau du coude et de l'avant-bras.

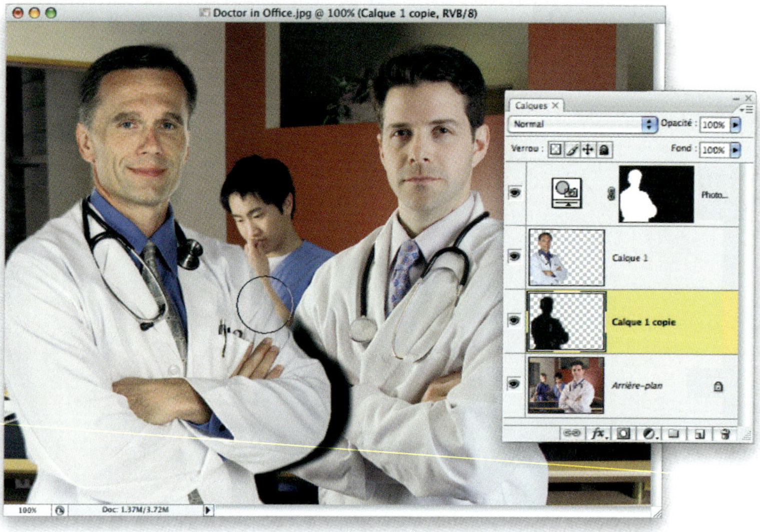

Étape 16

Enfin, réduisons l'opacité de l'ombre portée pour la rendre plus réaliste. Fixez-la entre 20 et 30 %. Terminons par la suppression de la frange blanche. Faites un Cmd+clic (PC : Ctrl+clic) sur le calque 1 pour récupérer la sélection du docteur. Activez un outil de sélection et cliquez sur le bouton Contour améliorer, de sa barre d'options. Dans la boîte de dialogue Améliorer le contour, glissez le curseur Contracter/Dilater vers la gauche jusqu'à disparition de la frange blanche. Cliquez sur OK ! Faites Cmd+J (PC : Ctrl+J), pour dupliquer la sélection contractée sur son calque, et glissez-déposez le calque 1 dans la corbeille de la palette Calques. Parfait !

Photo Scott Kelby | Exposition : 1,3 s | Focale : 24 mm | Ouverture : f/11

Propre, net et sans bavure

Les techniques d'accentuation

Voici un titre emprunté à une expression populaire qui veut bien dire ce qu'elle veut dire. Je conçois qu'il peut être difficile de comprendre ces techniques parce que souvent, en tant que profane et/ou par ignorance, vous ne voyez pas l'utilité d'accentuer vos photos. Pourquoi les rendre plus nettes alors qu'elles semblent parfaites à l'écran ? Tout au long de ce chapitre, je réponds à cette question en dévoilant des méthodes adaptées pour rendre plus ou moins nette une image plus ou moins floue. De renforcement en accentuation, vous comprendrez qu'il est rare qu'une image échappe à l'une des techniques d'accentuation de Photoshop CS3.

Les bases de la netteté

Une fois la correction colorimétrique réalisée et juste avant de fermer votre fichier, vous devez améliorer sa netteté. Personnellement, j'accentue toutes mes photos numériques pour récupérer des détails qui ont pu s'estomper pendant la retouche, mais aussi pour corriger des petits problèmes de mise au point. Voici une technique de base pour accentuer vos images.

Étape 1

Ouvrez la photo à accentuer. Le choix du facteur de zoom est essentiel dans l'amélioration de la netteté d'une image. Comme les appareils photo numériques d'aujourd'hui produisent des fichiers en haute résolution et dont les dimensions sont impressionnantes, afficher votre fichier à 50 % est tout à fait adapté à l'accentuation. Pour savoir si vous utilisez ce pourcentage, regardez soit la barre de titre du document (comme ci-contre) soit le facteur de zoom affiché dans le coin inférieur gauche de la fenêtre. Pour réduire rapidement cet affichage, appuyez sur Cmd+– (PC : Ctrl+–) jusqu'à ce que le document affiche un pourcentage de 50. Pour agrandir l'affichage appuyez sur Cmd++ (PC : Ctrl++).

SCOTT KELBY

Étape 2

Une fois l'image affichée à 50 %, choisissez Filtre > Renforcement > Accentuation.

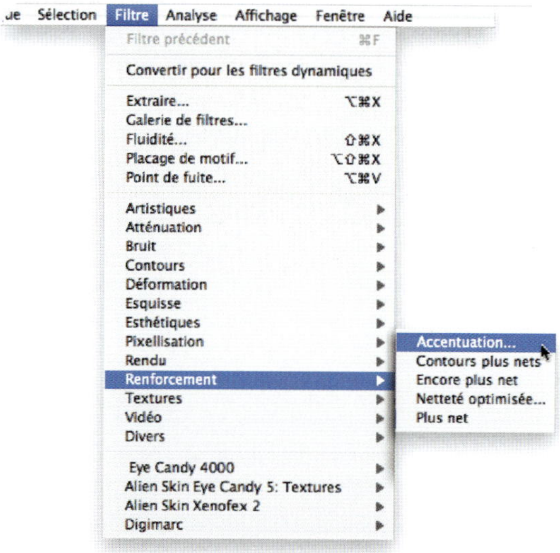

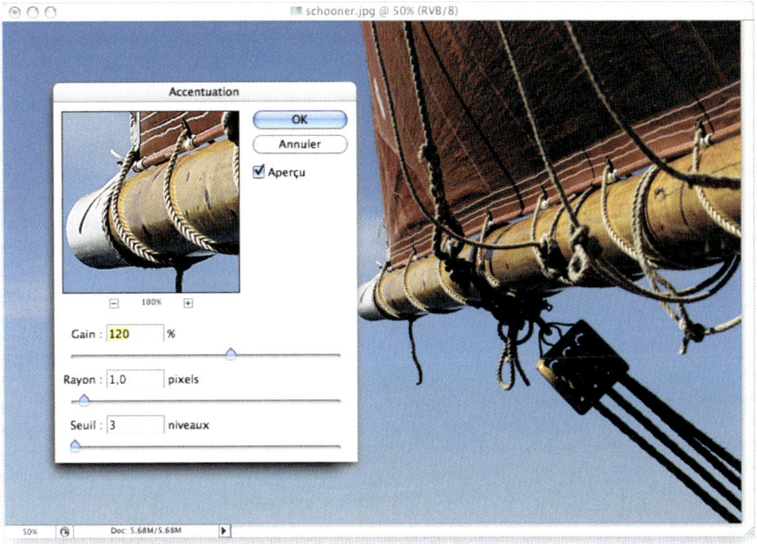

Étape 3

La boîte de dialogue Accentuation comprend trois curseurs. Le paramètre Gain détermine la netteté appliquée à l'image. Rayon détermine la quantité de pixels situés sur les contours de l'image qui sera affectée par le filtre. Enfin, Seuil détermine la plage de tolérance dans laquelle doit tomber un pixel pour être accentué. Quelles valeurs entrer ? Dans les quelques pages qui suivent, je vous donne des valeurs qui serviront de point de départ à votre accentuation selon la nature de la photo. Une fois ces chiffres saisis, cliquez sur OK. Regardez les deux images comparées ci-après.

Avant

Après

Accentuer des sujets à la douce texture

Dans ce genre de circonstances, appliquez un gain de 150 %, un rayon de 1 et un seuil de 10. Cela donne de bons résultats sur les sujets naturels comme les fleurs, les personnes, les arcs en ciel, etc. C'est un renforcement très subtil.

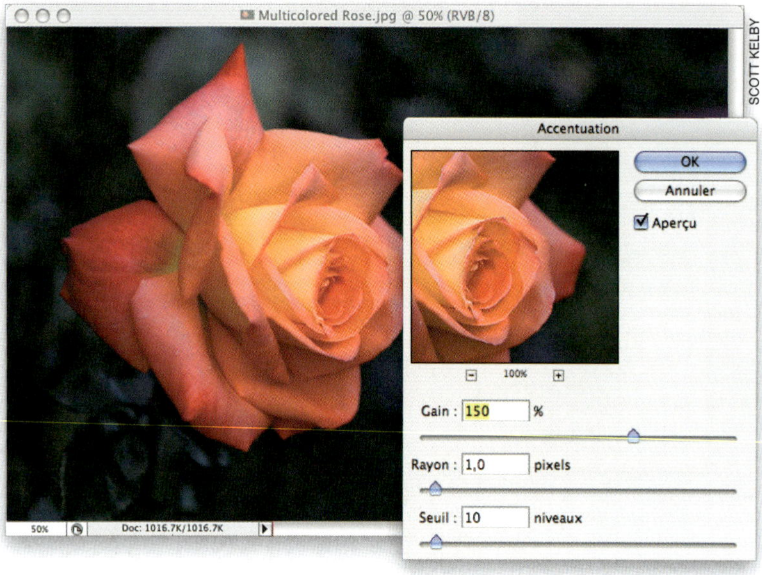

Accentuer des portraits

Si vous devez accentuer des portraits, des gros plans, entrez les paramètres suivants : Gain, 75 % ; Rayon, 2 ; Seuil, 3. Ces valeurs permettent d'obtenir un regard plus pétillant et de faire ressortir les tons clairs dans les cheveux des sujets.

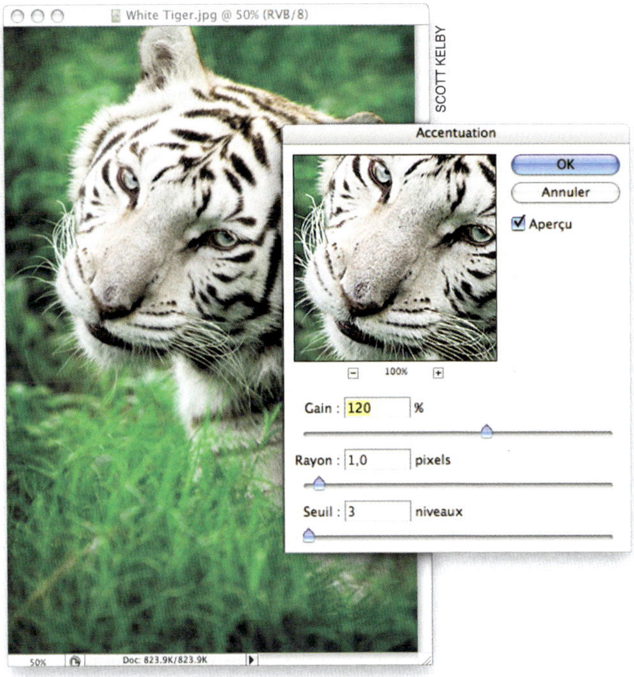

Accentuation modérée

Voici une accentuation modérée qui donne de bons résultats sur les photos de produits, les intérieurs et les extérieurs de maisons, ainsi qu'avec les paysages (ici un tigre blanc en pleine nature). Ces réglages sont idéaux quand vous désirez une accentuation vive et belle : Gain, 120 % ; Rayon, 1 ; Seuil, 3. Regardez comment les moustaches et les yeux du tigre bénéficient de ce renforcement.

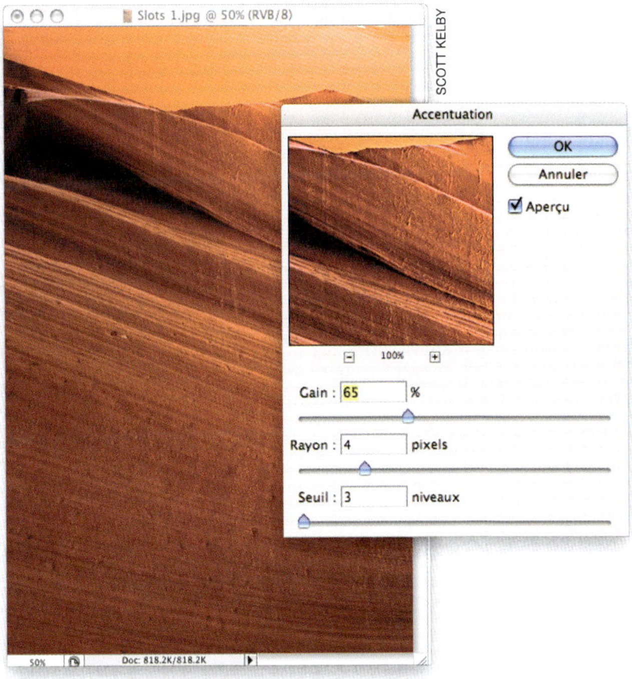

Accentuation maximale

J'applique les valeurs suivantes : Gain, 65 % ; Rayon, 4 ; Seuil, 3, dans deux situations : (1) la photo est visiblement floue et impose une accentuation importante pour lui redonner de la netteté. (2) La photo contient des contours bien définis comme c'est le cas avec des rochers, des immeubles, des pièces de monnaie, des voitures, des machines, etc. Sur cette image prise à Antelope Canyon en Arizona, l'accentuation permet de récupérer des détails dans ce mur de roche.

Accentuation universelle

Voici probablement les paramètres d'accentuation que je préfère : Gain, 85 % ; Rayon, 1 ; Seuil, 4. Je les utilise quasiment tout le temps. C'est un renforcement subtil de la netteté, qui fonctionne avec tout type de photo. Si elle n'est pas satisfaisante, appliquez-la deux fois. En règle générale, une seule fois suffit.

Accentuation pour le Web

J'utilise les valeurs suivantes : Gain, 200 % ; Rayon, 0,3 ; Seuil, 0 pour les images destinées au Web. Lorsque vous passez leur résolution de 300 ppp à 72 ppp, les photos deviennent légèrement floues. Si l'accentuation vous semble insuffisante, fixez le gain à 400.

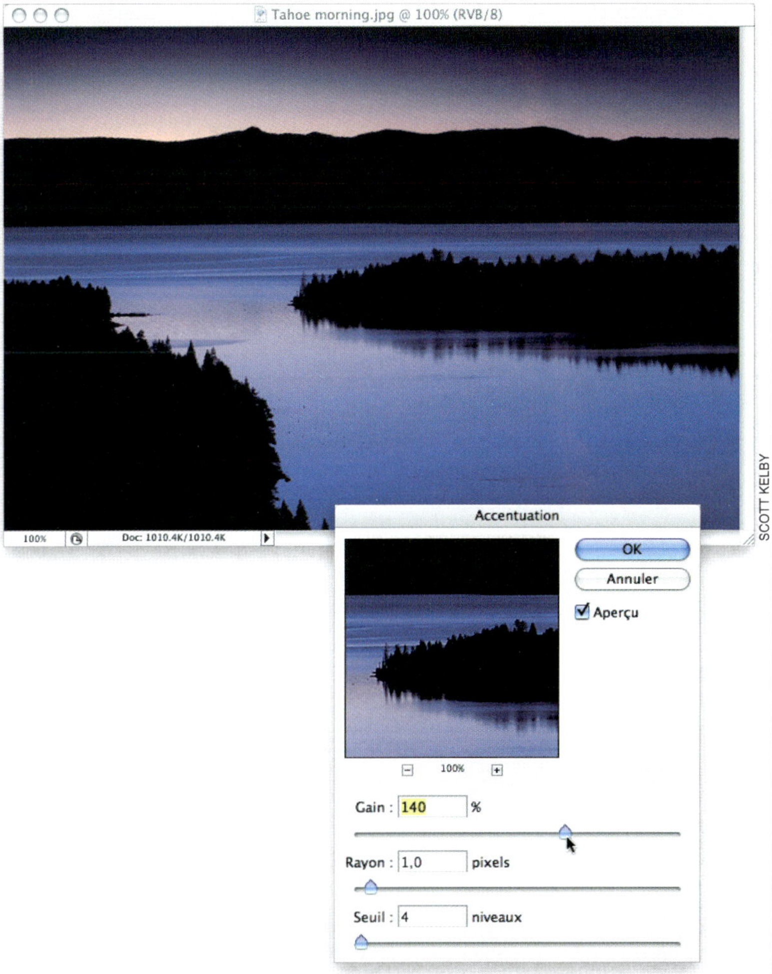

Vos paramètres personnels

Si vous devez tester des réglages d'accentuation, voici comment mieux comprendre l'incidence de chaque paramètre afin de renforcer vos images en toute connaissance de cause.

Gain

La plage de réglage typique va de 50 à 150 %. Lorsque le gain se situe en dessous de 50, l'effet est insuffisant, et au-dessus de 150 il peut produire des artefacts selon le rayon et le seuil. Il est donc raisonnable de ne jamais dépasser cette valeur.

Rayon

La plupart du temps, vous utiliserez un rayon de 1 pixel. Dans des situations extrêmes, vous avez vu que je suis allé jusqu'à 4 pixels. Certains racontent l'histoire d'un gars de Cincinnati qui serait allé jusqu'à 5, mais je me demande si ce n'est pas une légende.

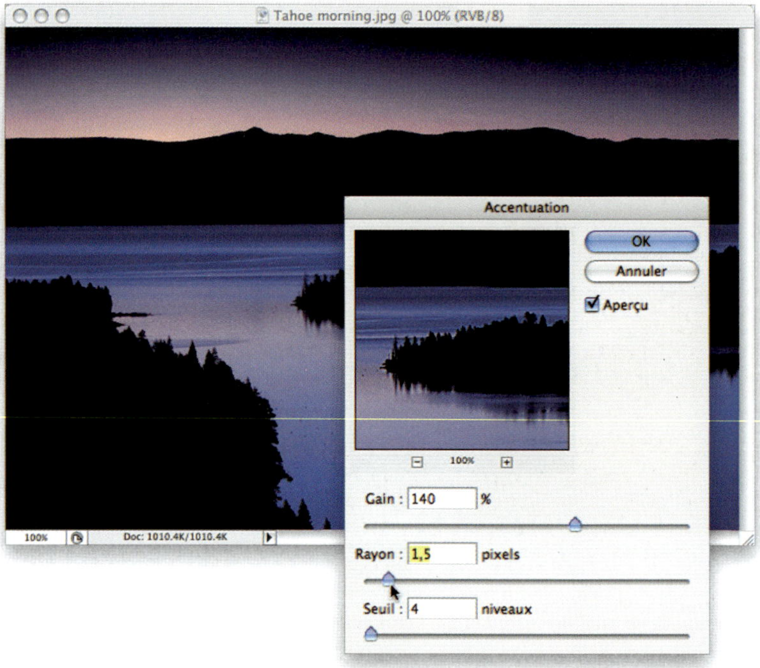

Seuil

Une plage relativement sécurisante du seuil va de 3 à 20. La valeur 3 accentue considérablement, alors que 20 donne un renforcement plus subtil. Si vous avez vraiment besoin d'augmenter l'intensité de votre netteté, vous pouvez réduire le seuil à 0. Dans ce cas, ne quittez pas des yeux votre image.

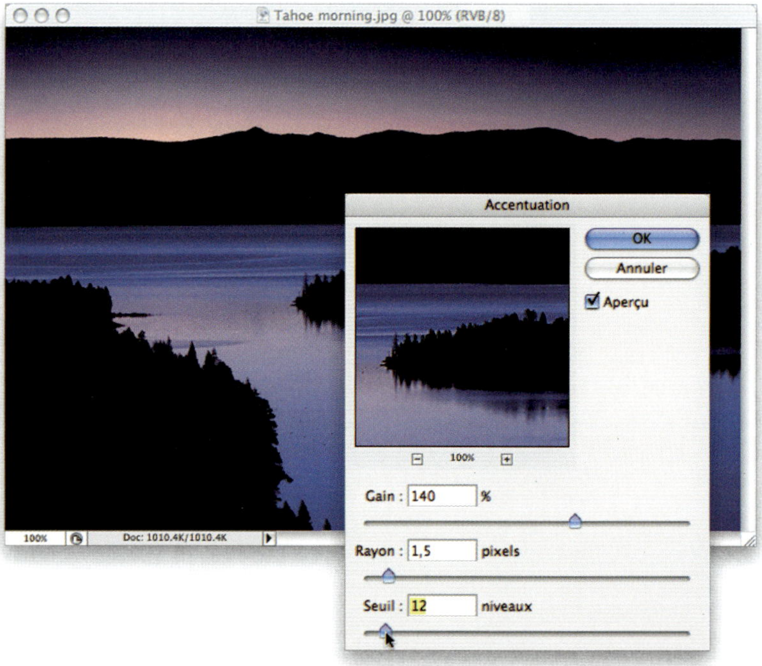

L'image finale

Pour obtenir l'image ci-contre, j'ai utilisé la technique d'accentuation modérée. Ensuite, j'ai glissé le curseur Gain vers la droite jusqu'à ce que la netteté me paraisse adaptée. Si vous ne vous sentez pas capable de définir l'accentuation de votre propre chef, partez d'un de mes exemples, puis jouez uniquement sur le paramètre Gain, c'est-à-dire que vous ne devez toucher ni au rayon ni au seuil. Ainsi, vous ne vous poserez plus de questions du genre : « Je me demande si réduire le seuil ne serait pas préférable ? » Ouf !

Accentuer en mode Lab

Cette technique est probablement la plus populaire auprès des professionnels de la photographie. Elle évite des artefacts comme l'apparition de halos de couleur, de taches ou de bruit. De ce fait, vous pouvez accentuer bien plus que vous ne le feriez avec une autre technique.

Étape 1

Ouvrez la photo RVB à accentuer. Ouvrez la palette Couches. Vous voyez les trois couches qui constituent votre image.

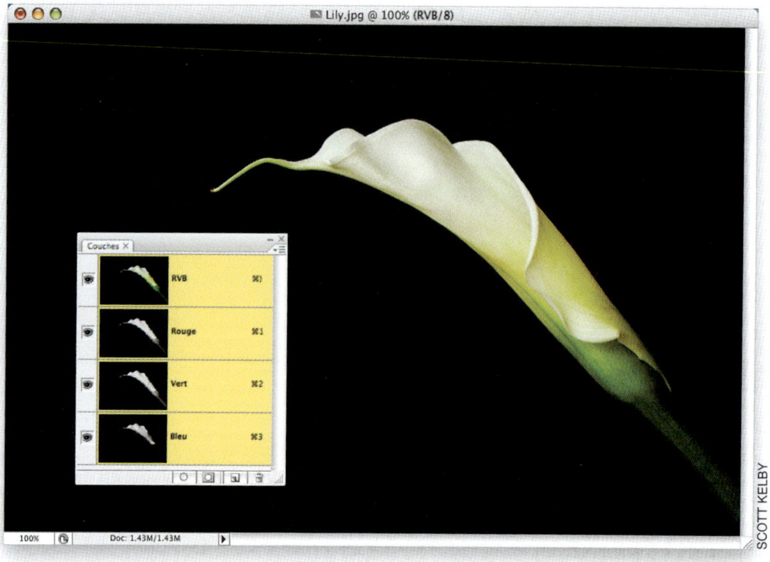

SCOTT KELBY

Étape 2

Dans le menu Image, choisissez Mode > Couleurs Lab. Dans la palette Couches, vous constatez que le contenu n'est plus le même alors que l'image n'a subi aucune modification. Désormais la photo se compose d'une couche Luminosité et de deux couches de couleurs « a » et « b ».

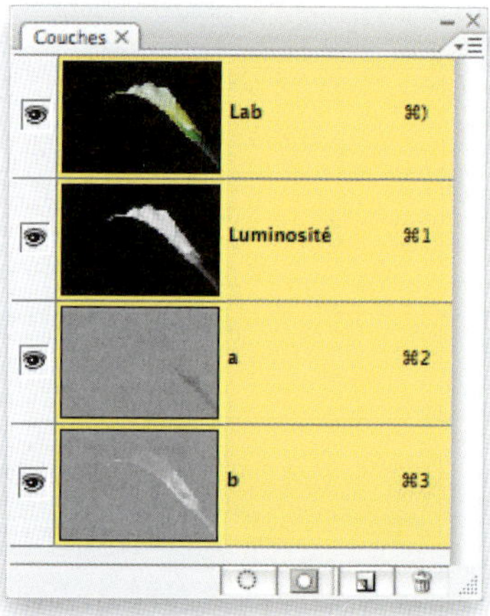

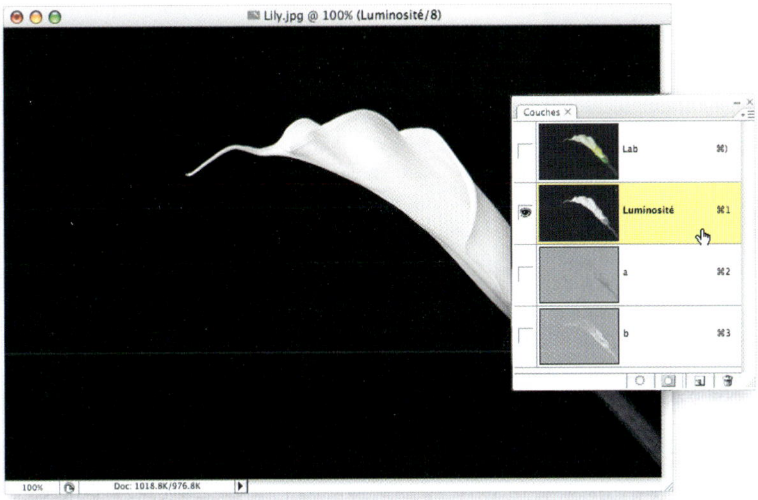

Étape 3

Maintenant, cliquez sur la couche Luminosité pour l'afficher dans le document. C'est elle que vous allez accentuer car elle ne contient aucune information colorimétrique. Donc, cliquez sur Filtre > Renforcement > Accentuation.

NOTE Si vous avez besoin de valeurs, reportez-vous à la précédente section. Toutefois, je peux vous indiquer avoir appliqué ici Gain, 85 % ; Rayon, 1 ; Seuil, 4.

Étape 4

Une fois que vous avez accentué la couche Luminosité, vous pouvez de nouveau appliquer ce filtre *via* Cmd+F (PC : Ctrl+F). Ensuite, ouvrez le menu Image, cliquez sur Mode et sur Couleurs RVB. Vous pouvez appliquer ce type de renforcement sur toutes vos photos numériques. Comme je le fais presque systématiquement, j'ai automatisé cette procédure.

Étape 5

Ouvrez une autre image RVB que vous allez accentuer en mode de couleurs Lab. Mais avant cela, ouvrez le menu Fenêtre et choisissez Scripts. Cette palette permet d'enregistrer toutes vos actions afin de les répéter automatiquement sur un ensemble de photos. Dans cette palette, cliquez sur le bouton Créer un script.

Étape 6

Ceci ouvre la boîte de dialogue Nouveau script. Dans le champ Nom, tapez Accentuation Lab. Dans le menu local Touche de fonction, assignez une touche sur laquelle il vous suffira d'appuyer pour exécuter ce script. Ici j'ai choisi F11. Vous notez que la boîte de dialogue Scripts n'a pas de bouton OK, mais un bouton Enregistrer. En effet, dès que vous fermez cette boîte de dialogue, CS3 lance l'enregistrement de vos actions, donc du script.

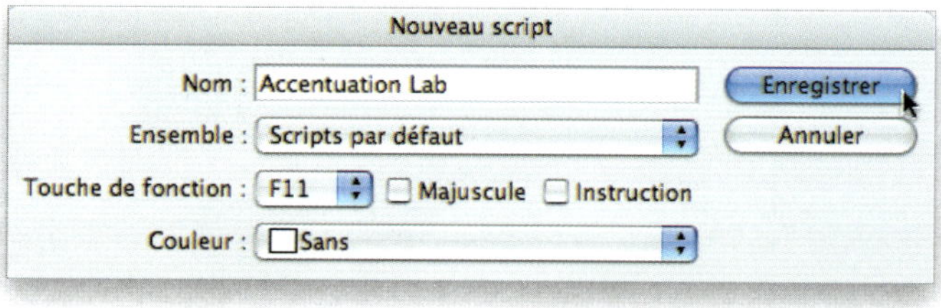

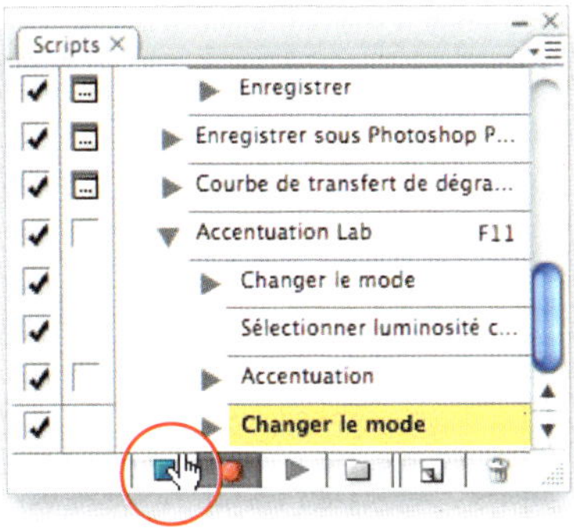

Étape 7

Photoshop étant en mode d'enregistrement, refaites la procédure étudiée au début de cette section : conversion de l'image en mode Lab, application de l'accentuation, puis nouvelle conversion mais en mode RVB cette fois. Dès que vous avez fini, cliquez sur le bouton Arrêter.

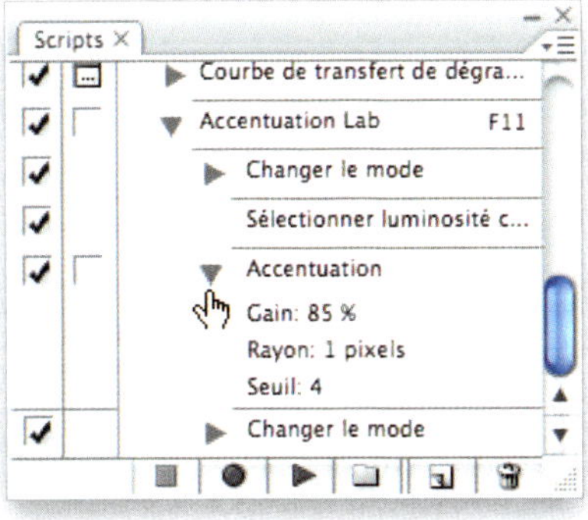

Étape 8

Ceci arrête l'enregistrement de vos actions. Dans la palette Scripts apparaît la chronologie de cette procédure d'accentuation. Pour voir les paramètres en détail, cliquez sur le triangle situé à gauche du nom de chaque étape. Ainsi, sous Accentuation, vous constatez que les réglages appliqués sont Gain : 85 %, Rayon : 1 et Seuil : 3.

Étape 9

Maintenant, ouvrez une autre image RVB que vous souhaitez accentuer en mode Lab. Appuyez sur F11 pour exécuter le script Accentuation Lab que vous venez de créer. Photoshop exécute le script, et la photo se retrouve convertie en Lab, accentuée sur la couche Luminosité, et reconvertie en RVB en moins de temps qu'il n'en faut pour le dire.

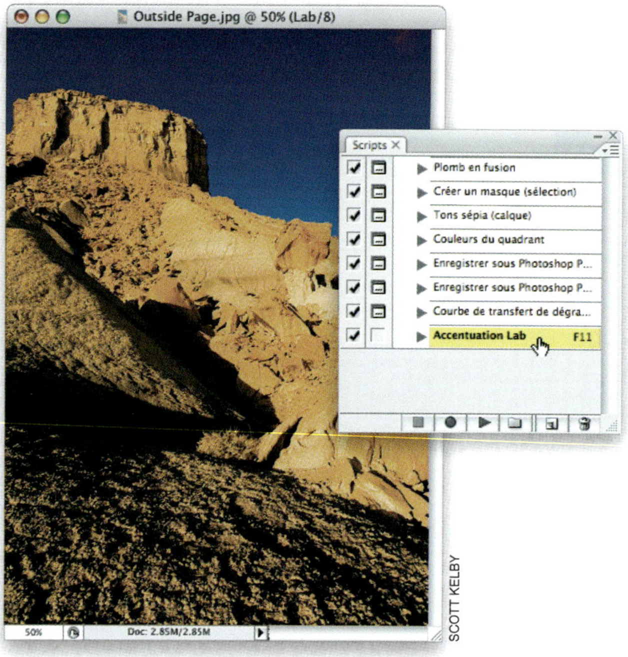

SCOTT KELBY

Étape 10

Maintenant que vous savez que le script fonctionne, voici comment l'appliquer à des dizaines et peut-être même des centaines de photos. Ouvrez le menu Fichier, et choisissez Automatisation. Dans le sous-menu qui s'affiche, choisissez Traitement par lots. Ceci ouvre la boîte de dialogue éponyme. Dans le menu local Script, choisissez Accentuation Lab, c'est-à-dire le nom du script qui renforce la netteté de l'image en mode Lab.

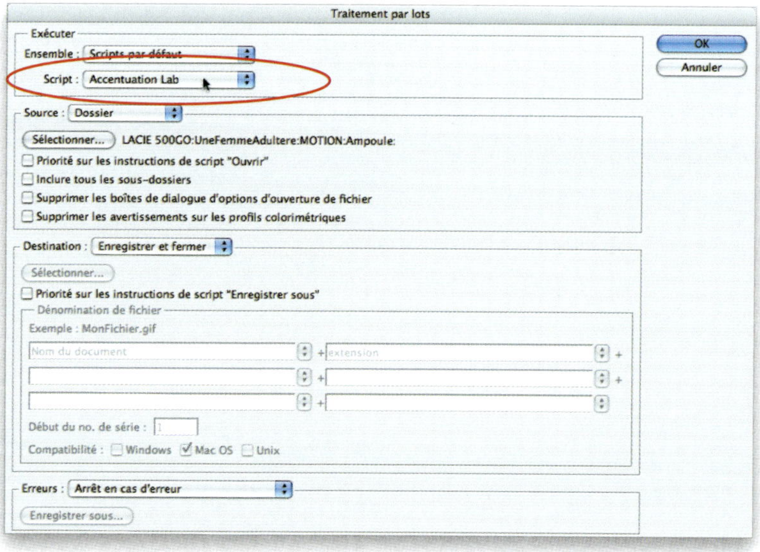

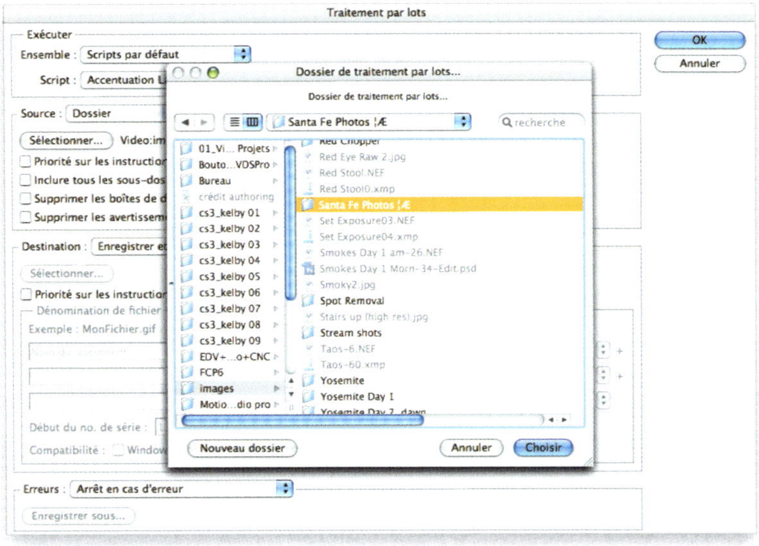

Étape 11

Dans la section Source, indiquez à Photoshop dans quel dossier il va trouver les images à accentuer en mode Lab. Cliquez sur le bouton Sélectionner. Ensuite, dans la boîte de dialogue qui apparaît, localisez le disque dur et le dossier où se trouvent les photos en question. Cliquez sur Choisir (PC : OK).

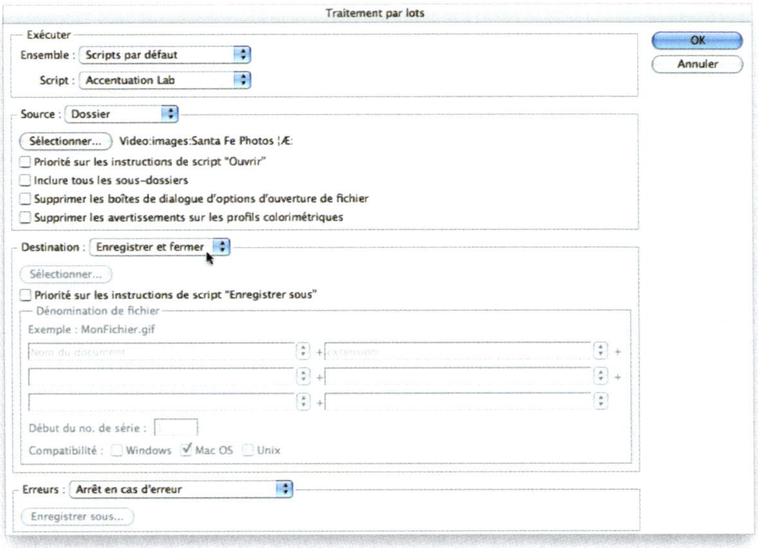

Étape 12

Dans la section Destination de la boîte de dialogue Traitement par lots, indiquez où les fichiers accentués vont être enregistrés. Si vous sélectionnez Enregistrer et fermer, Photoshop les stockera dans le même dossier que les originaux. Si vous choisissez Dossier, vous devez ensuite cliquer sur Choisir pour spécifier le dossier de destination des fichiers traités. Enfin, cliquez sur Choisir (PC : OK).

Étape 13

Si vous choisissez de déplacer les fichiers vers un autre dossier, vous pouvez demander à Photoshop de les renommer. Dans la section Dénomination de fichier, tapez le nom générique des images (ici Cosmétiques) puis, dans la liste qui suit, choisissez une technique de numérotation comme Numéro de série à 2 chiffres. Vous pouvez aussi demander à ajouter l'extension de fichier. Dans la section Compatibilité, cochez les noms des systèmes d'exploitation avec lesquels vos images doivent être compatibles. En règle générale, je coche toutes les cases car on ne sait jamais sur quel système on risque de travailler un jour ou l'autre. Cliquez sur OK pour que Photoshop lance la conversion automatique des images d'un dossier vers un autre.

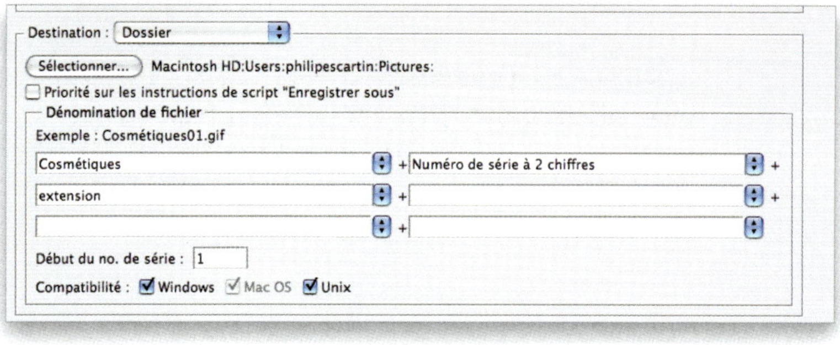

Superaccentuation en deux passes

Voici une technique que j'ai apprise d'un génie de la couleur, je veux parler de Dan Margulis. Il m'a autorisé à la publier dans mon ouvrage *Les Secrets des masques et des couches dans Photoshop*. Je me fais un plaisir de vous la communiquer dans cette section.

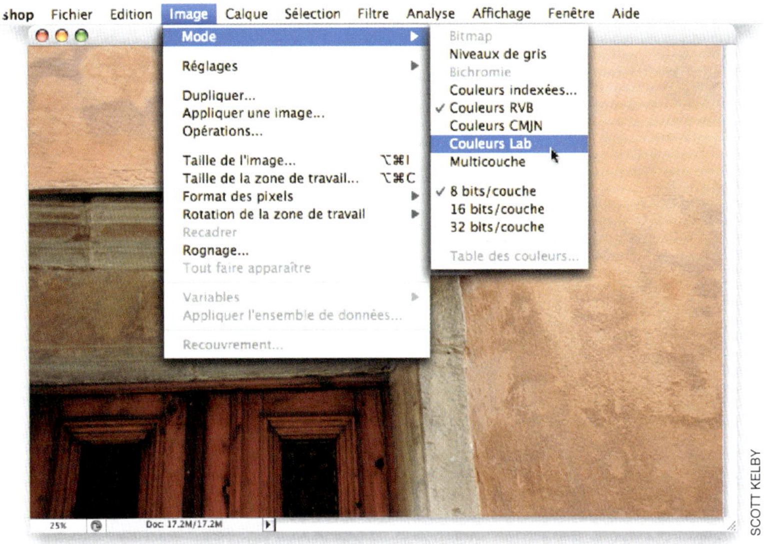

SCOTT KELBY

Étape 1

Commencez par convertir votre image en mode Lab.

Étape 2

Vous allez charger la couche Luminosité en tant que sélection. Pour cela, appuyez sur Cmd+Option+1 (PC : Ctrl+Alt+1).

Étape 3

Une fois la sélection en place, vous devez l'inverser. Ouvrez le menu Sélection, et choisissez Intervertir (ou appuyez sur Cmd+Maj+I [PC : Ctrl+Maj+I]). Une fois la sélection inversée, il faut la garder en place tout en la cachant pour travailler dans de meilleures conditions. Donc, appuyez sur Cmd+H (PC : Ctrl+H).

Étape 4

Maintenant que la sélection est masquée mais toujours active, cliquez sur la couche Luminosité. Vous allez appliquer l'accentuation sur la zone sélectionnée de cette couche uniquement. Les couches couleur étant évincées du renforcement, vous ne risquez pas d'introduire des artefacts.

Étape 5

Maintenant, cliquez sur Filtre > Renforcement > Accentuation. Dans la boîte de dialogue éponyme, entrez les valeurs suivantes : Gain, 500 % ; Rayon, 1 ; Seuil, 2. Cliquez sur OK. Vous constatez une netteté très accentuée dans la zone sélectionnée de la couche Luminosité.

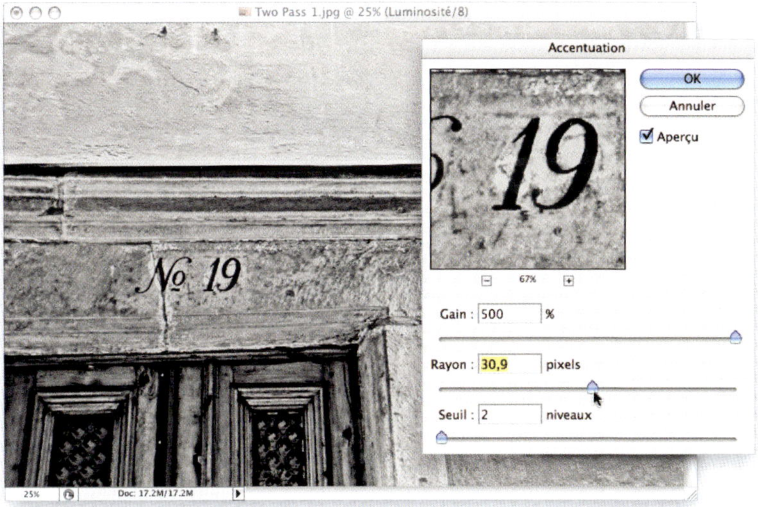

Étape 6

Nous allons maintenant appliquer une seconde passe d'accentuation. Laissez le gain à 500 %, mais placez le curseur Rayon complètement à gauche. Ensuite, faites-le glisser lentement vers la droite jusqu'à ce que la netteté soit réintroduite dans l'image. Cette accentuation en deux passes est destinée aux images en haute résolution. Sur ce type de cliché, vous devrez certainement appliquer un rayon de 25 à 35 pixels. En laissant l'option Aperçu cochée, vous pouvez apprécier l'impact de vos réglages sur la photo. Tout ceci n'est pas très joli à voir, mais le problème va être réglé à la prochaine étape.

Étape 7

Une fois le rayon défini, réduisez la valeur du gain en la fixant entre 50 et 60 %. Cliquez sur OK pour appliquer cette accentuation finale. Ensuite, allez dans le menu Image, et choisissez Mode > Couleurs RVB. Vous obtenez une accentuation en deux passes tout à fait remarquable.

Avant

Après

Rendre des photos plus nettes qu'elles ne le sont

Voici une astuce de professionnel pour obtenir des photos incroyablement nettes. Il suffit d'accentuer des zones précises de l'image comme les chromes, les boutons de vêtement, les bijoux, les yeux des modèles, etc. C'est une méthode infaillible pour présenter des photos plus nettes qu'elles ne le sont en réalité.

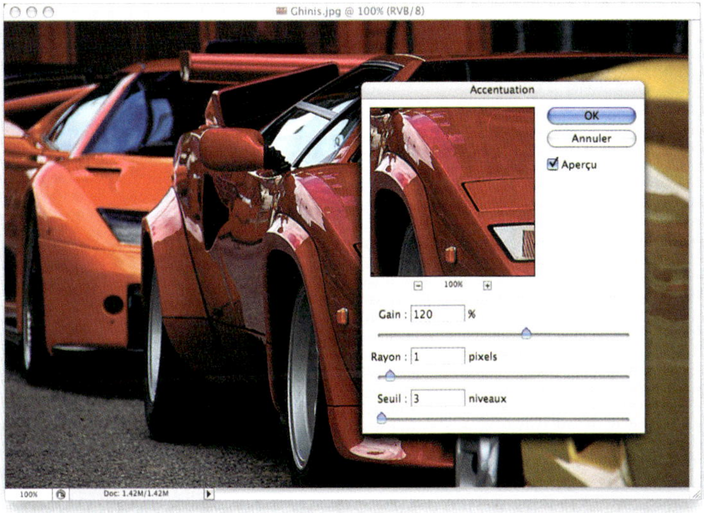

SCOTT KELBY

Étape 1

Ouvrez une photo que vous souhaitez faire apparaître très très nette. Ensuite, dans le menu Filtre, cliquez sur Renforcement > Accentuation. Entrez un gain de 120 %, un rayon de 1 et un seuil de 3. Cliquez sur OK pour appliquer ce renforcement à toute la photo.

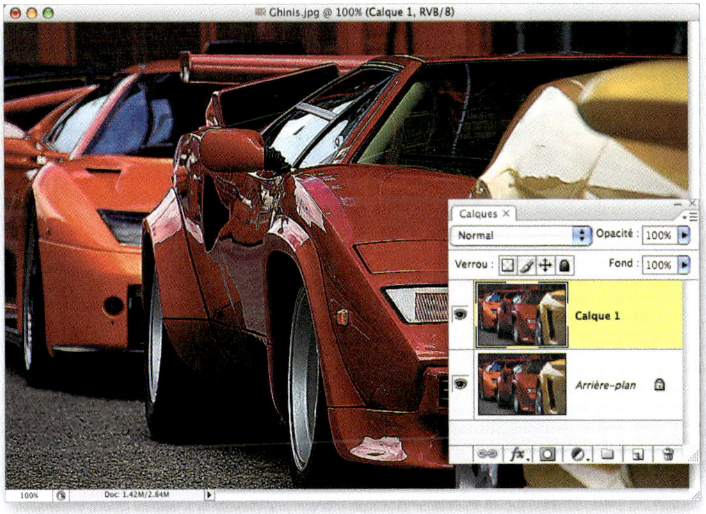

Étape 2

Appuyez sur Cmd+J (PC : Ctrl+J) pour dupliquer le calque Arrière-plan. La copie étant active, appuyez sur Cmd+F (PC : Ctrl+F) pour appliquer le filtre Accentuation avec exactement les mêmes réglages. Si cela paraît insuffisant, appliquez encore une fois le filtre. Sauf si l'image est en super haute résolution, n'appliquez pas plus de trois fois d'affilée ce filtre.

Étape 3

Maintenez la touche Option (PC : Alt) enfoncée et cliquez sur le bouton Ajouter un mode de fusion dans la palette Calques. Ceci ajoute un masque de fusion noir. *De facto*, le contenu du calque 1 n'est plus visible. Votre photo reprend son aspect d'origine.

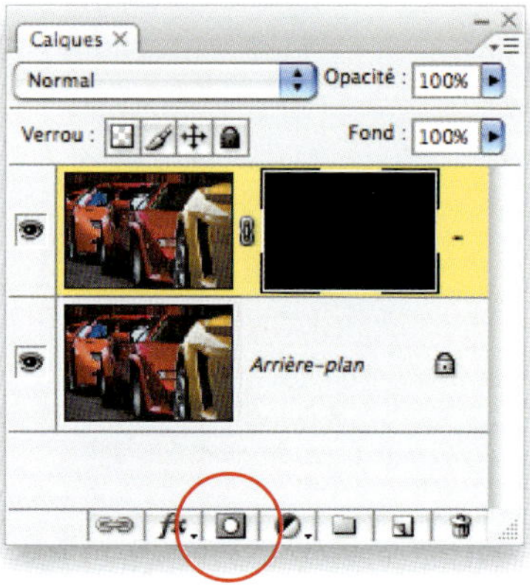

Étape 4

Appuyez sur B pour activer l'outil Pinceau. Définissez une forme moyenne aux bords adoucis. Définissez le blanc comme couleur de premier plan et passez le pinceau sur les parties de l'image que vous souhaitez faire apparaître plus nettes que les autres. Ici j'ai peint sur le phare, le rétro, les montants de la vitre du passager et sur une partie des pare-chocs. Seules ces zones deviennent plus nettes que les autres.

Avant

Après

Quand utiliser le filtre Netteté optimisée

Depuis que j'ai découvert le filtre Netteté optimisée, je dois avouer que je l'utilise chaque fois que je suis confronté à une image floue ou tout au moins qui a besoin d'une sérieuse accentuation. Ce filtre permet de sauvegarder vos réglages et propose un nouvel algorithme qui empêche entre autres l'introduction de halos de couleurs.

Étape 1

Dans le menu Filtre, cliquez sur Renforcement, puis sur Netteté optimisée. Par défaut, ce filtre propose des réglages De base. Seuls deux curseurs sont disponibles : Gain et Rayon. La valeur du gain est de 100 %, ce qui est trop élevé pour la plupart des travaux d'accentuation. Le rayon est fixé à 1, ce qui est une valeur généralement convenable. Ce filtre propose un large aperçu qui permet d'apprécier l'impact des réglages.

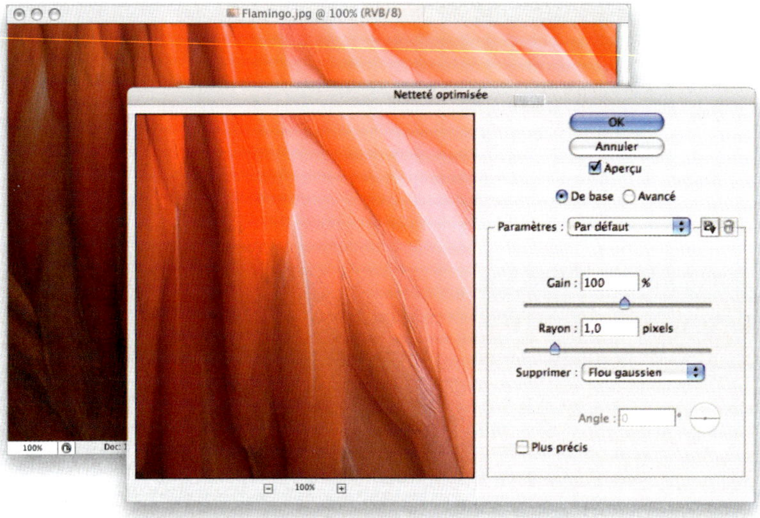

SCOTT KELBY

Étape 2

Sous le paramètre Rayon, le menu local Supprimer offre la possibilité de choisir entre trois types de flous à supprimer : Flou gaussien, qui applique un algorithme de netteté identique à celui du filtre Accentuation ; Flou directionnel, qui est utile si vous parvenez à définir l'angle du flou de votre image.

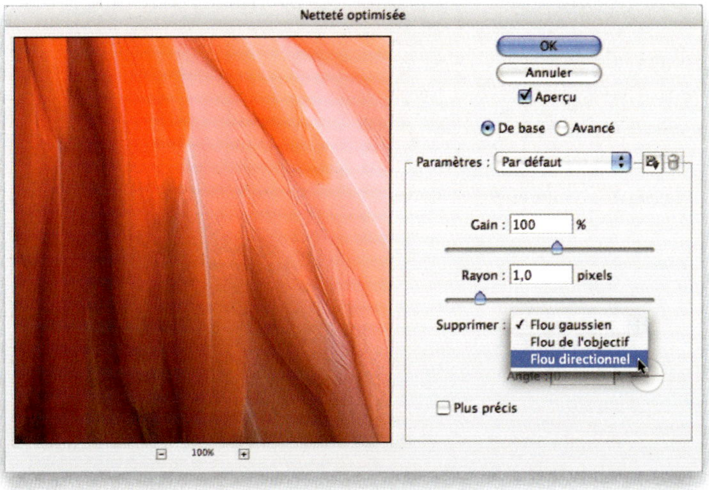

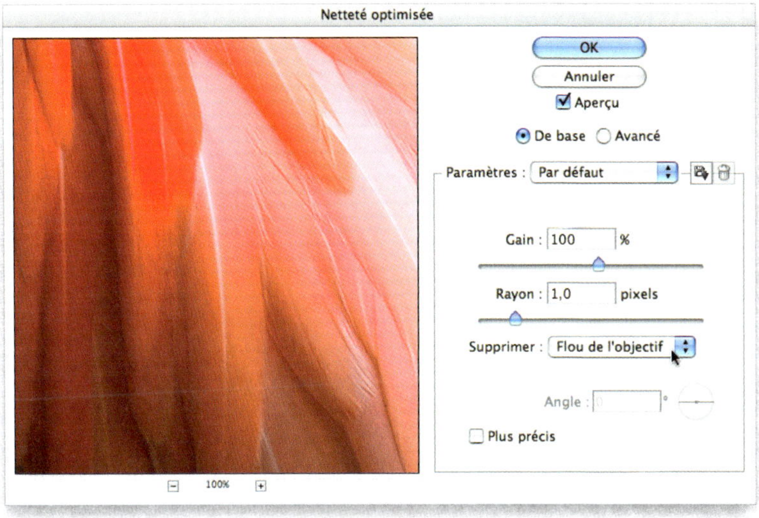

Étape 3

Sélectionnez le troisième type de flou, c'est-à-dire Flou de l'objectif. C'est un algorithme qui permet de détecter les contours créant moins d'effets de halo sur les couleurs que les deux autres options. Personnellement, je trouve que c'est le mode de suppression de flou le mieux adapté à la quasi-totalité des problèmes de netteté. L'inconvénient ? Ce filtre met beaucoup de temps à s'appliquer.

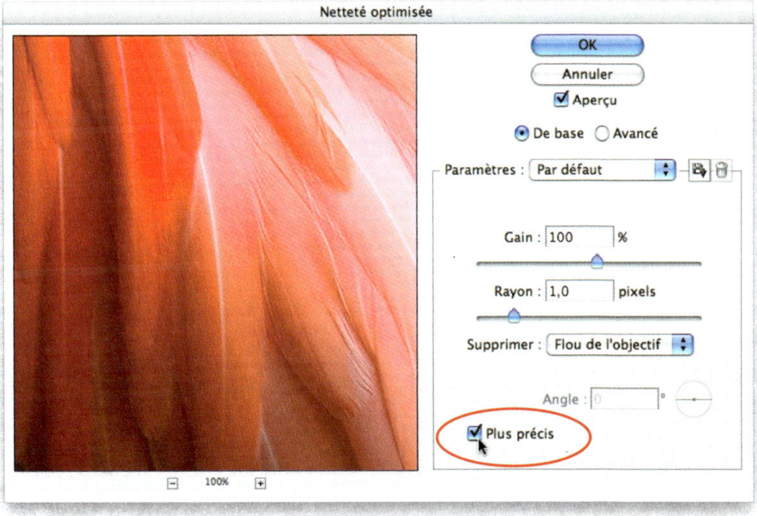

Étape 4

Une fois que vous avez choisi Flou de l'objectif, cochez l'option Plus précis. Vous obtenez ainsi (selon Adobe) un renforcement plus précis que si vous deviez appliquer plusieurs fois ce filtre.

NOTE Si vous travaillez sur un fichier volumineux, l'option Plus précis ralentira l'application du filtre. Malgré les débats que vous lirez sur certains forums à propos de l'utilité ou non de l'option Plus précis, je vous engage à la laisser tout le temps active.

Étape 5

J'ai découvert que, à pourcentage de gain égal, le filtre Netteté optimisée accentuait davantage que le filtre Accentuation. En règle générale, une valeur située entre 60 et 70 % suffit. Mais voilà, l'image de cet exercice est si atténuée que je dois appliquer un gain supérieur à 100 %. Je laisse le rayon sur 1 et n'oublie pas d'activer l'option Plus précis. Comparez l'image en cochant et décochant la case Aperçu.

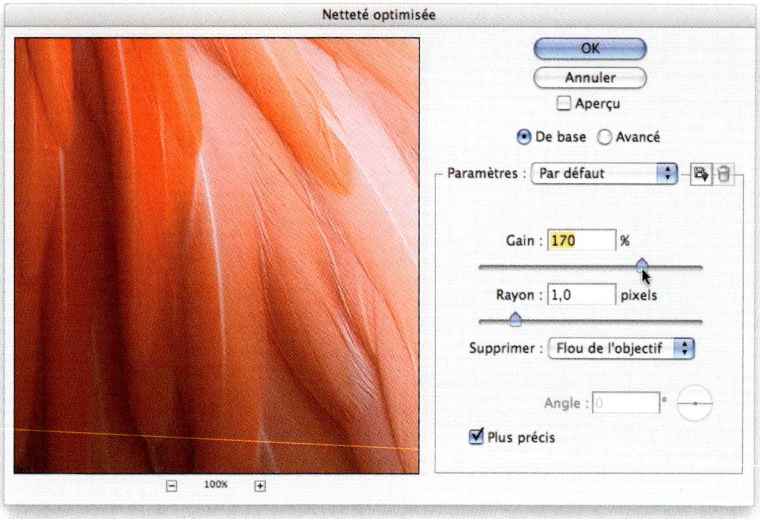

Étape 6

Si vous pensez appliquer ces mêmes réglages régulièrement, sauvegardez-les. Pour ce faire, cliquez sur le bouton représentant l'icône d'une disquette (qui se rappelle ce qu'est une disquette aujourd'hui ?). Dans la boîte de dialogue, donnez un nom au préréglage et cliquez sur OK. Ensuite, ouvrez le menu local Paramètres pour trouver le vôtre.

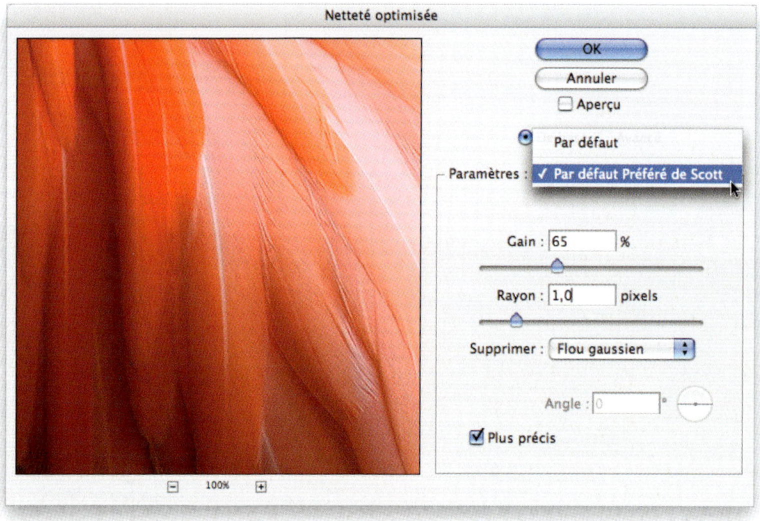

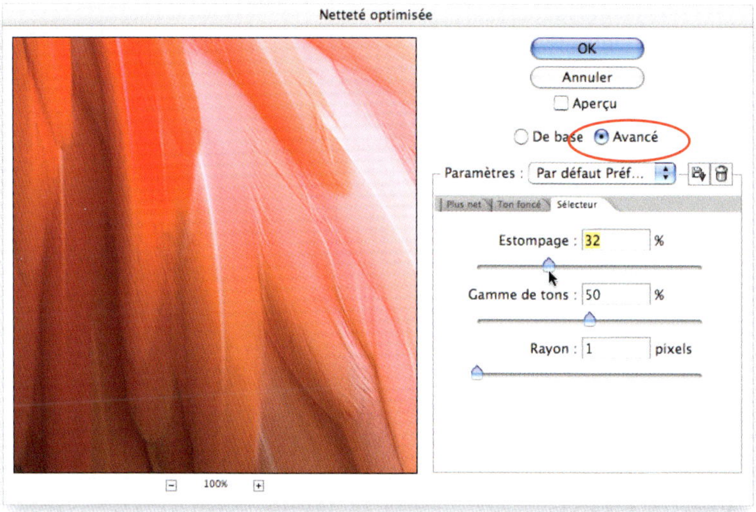

Étape 7

Si vous cliquez sur le bouton radio Avancé, deux onglets supplémentaires apparaissent. Ils permettent de contrôler la netteté dans les tons foncés et les tons clairs. Dans ces onglets, le paramètre Gain est remplacé par le paramètre Estompage. Lorsque vous glissez ce curseur vers la droite, vous atténuez la netteté que vous venez de définir. Cela permet de réduire l'effet de halo éventuellement introduit dans les tons clairs. Heureusement, j'ai rarement besoin d'aller mettre mon nez dans ces contrôles avancés. 99 % de mes travaux se limitent à une netteté optimisée avec les réglages De base.

Avant

Après

Technique d'accentuation des contours

Voici une technique de renforcement de la netteté qui n'utilise pas le filtre Accentuation. Elle permet de contrôler la netteté avant et après l'accentuation. Cette technique est idéale lorsque vous avez une image qui a besoin d'être beaucoup accentuée, et une autre beaucoup moins.

Étape 1

Ouvrez l'image à accentuer. Dupliquez le calque Arrière-plan *via* Cmd+J (PC : Ctrl+J).

SCOTT KELBY

Étape 2

Dans le menu Filtre, choisissez Esthétique > Estampage. Ce filtre accentue les contours. Ne touchez pas au paramètre Angle. Pour des images en basse résolution, fixez une hauteur de 2 pixels (essayez 4 pixels pour les photos en 300 ppp). Cliquez sur OK pour appliquer ce filtre. L'image devient très spéciale. Appuyez sur Cmd+Maj+U (PC : Ctrl+Maj+U) pour supprimer les contours colorés. En fait, vous désaturez l'image.

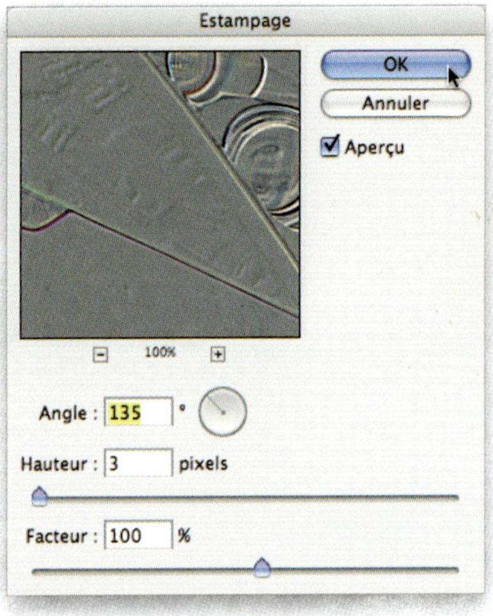

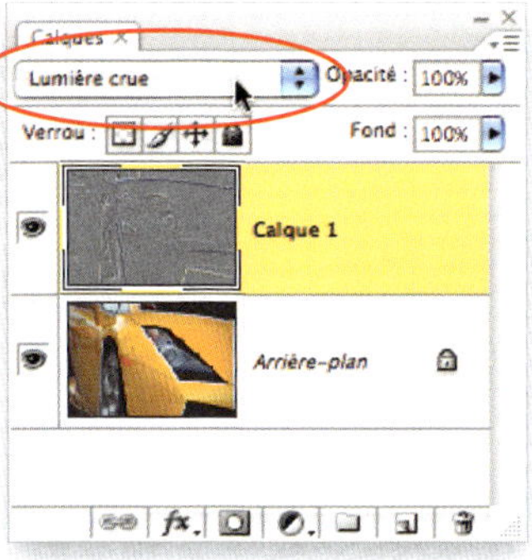

Étape 3

Dans la palette Calques, appliquez à ce calque le mode de fusion Lumière crue. Ceci supprime la couleur grise tout en accentuant les contours. La photo semble globalement plus nette.

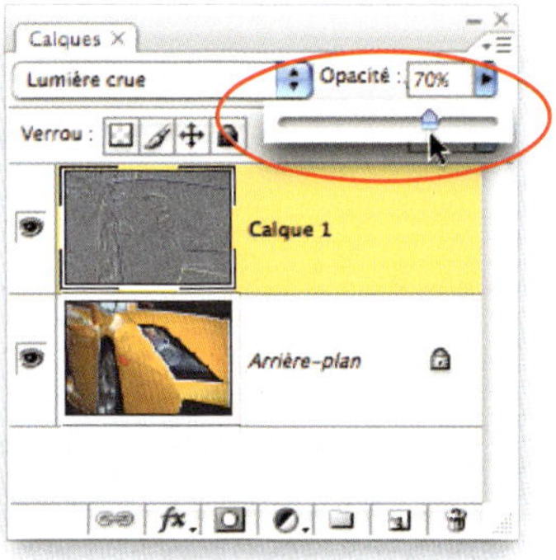

Étape 4

Si la netteté est trop forte, réduisez l'opacité de ce calque. (Ici, une opacité de 70 % donne un excellent résultat.)

Avant

Après

Photo Scott Kelby | Exposition : 1/60 s | Focale : 23 mm | Ouverture : f/6,3

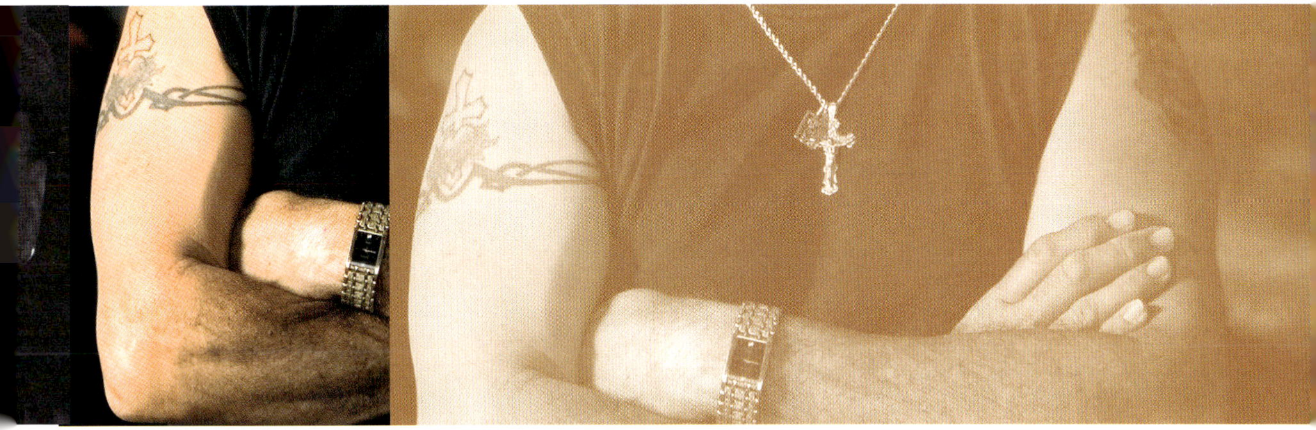

Show must go on

Comment montrer vos œuvres

La ritournelle immortalisée par le groupe Queen prend toute sa mesure en photo numérique traitée avec Photoshop CS3. Une fois votre travail terminé, vous n'allez pas le laisser se morfondre dans une boîte à chaussures. Vous devez toujours montrer vos travaux. En matière commerciale, il faut savoir préparer des images pour vos clients présents et à venir. Inutile de stresser devant des dates limites, la protection de vos œuvres et les considérations de ceux qui, *a priori*, vous ont fait confiance ou ne demandent qu'à vous faire confiance. Montrer son travail est une phase essentielle du flux de production. Vous ne pouvez pas, que dis-je, vous ne devez pas, y échapper. Après tout, vous êtes un artiste, et si l'autisme du créateur fait partie d'un folklore artistique d'un romantisme touchant, il ne se prête guère à la présentation des œuvres dans un monde de plus en plus dirigé par une économie de marché qui s'évertue à piétiner les plus faibles. Alors, montrez-vous !

Filigrane et copyright sont les deux mamelles, etc.

Ces deux phases techniques sont très importantes si vous diffusez votre travail sur le Web pour obtenir l'approbation d'un client. Vous commencerez par inclure un filigrane dans l'image. Ainsi, vous ne craindrez pas un détournement de votre travail par le client en question. Ensuite, vous intégrerez des informations personnelles sur le copyright. De cette façon, si vos photos sont utilisées ailleurs que sur le Web, vos données de copyright restent attachées au fichier image.

Étape 1

Ouvrez la photo à laquelle vous désirez ajouter votre filigrane. Ensuite, activez l'outil Forme personnalisée.

SCOTT KELBY

Étape 2

Une fois l'outil activé, affichez sa barre d'options et (1) cliquez sur le bouton Pixels de remplissage qui va faire de votre forme une image bitmap et non pas vectorielle. Puis (2), cliquez sur le menu local Forme. Enfin, (3) choisissez le symbole de copyright.

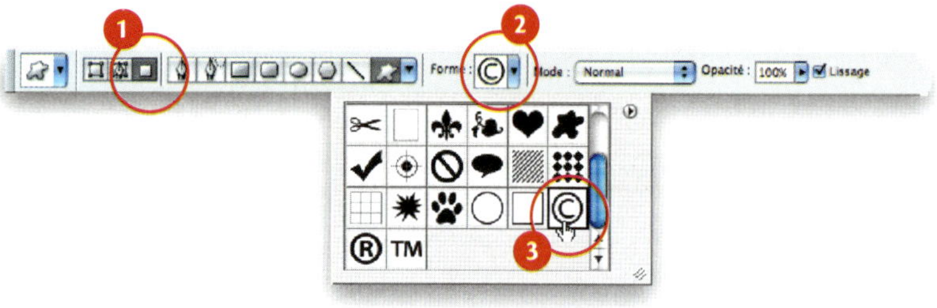

Étape 3

Créez un calque vide par un clic sur le bouton éponyme de la palette Calques. Ensuite, cliquez sur l'indicateur de couleur de premier plan de la palette Outils, et définissez un gris clair dans la boîte de dialogue Sélecteur de couleurs. Maintenez la touche Maj enfoncée et cliquez légèrement au-dessus du centre de l'image. Faites glisser l'outil jusqu'à ce que vous ayez tracé un grand symbole de copyright. Cliquez sur l'icône Ajouter un style de calque, et choisissez Biseautage et estampage.

Étape 4

Dans la boîte de dialogue Style de calque, ne touchez à aucun paramètre et cliquez sur OK pour appliquer l'effet de biseau. Appuyez sur la touche T pour activer l'outil Texte. Veillez à ce que la couleur affichée dans la barre d'options soit identique à celle de premier plan de la palette Outils. Cliquez sous le symbole et tapez « Copyright », suivi de l'année et de votre nom. Si besoin, repositionnez ce texte.

Étape 5

Vous devez maintenant dupliquer le style de calque pour l'appliquer au calque Texte. Appuyez sur Option (PC : Alt). Dans la palette Calques, cliquez sur le mot Effets du calque symbole de copyright et glissez-déposez-le sur le calque Texte. Voilà, l'effet est copié ! Si vous n'appuyez pas sur Option (PC : Alt), vous ne faites que déplacer le style de calque.

Étape 6

Restez dans la palette Calques. Maintenez la touche Cmd (PC : Ctrl) enfoncée et cliquez sur les deux calques supérieurs pour les sélectionner. Ensuite, appuyez sur Cmd+E (PC : Ctrl+E) pour les fusionner. Enfin, fixez l'opacité de ce calque fusionné à 30 % et appliquez-lui le mode de fusion Lumière crue. Vous venez de créer une marque de copyright en filigrane.

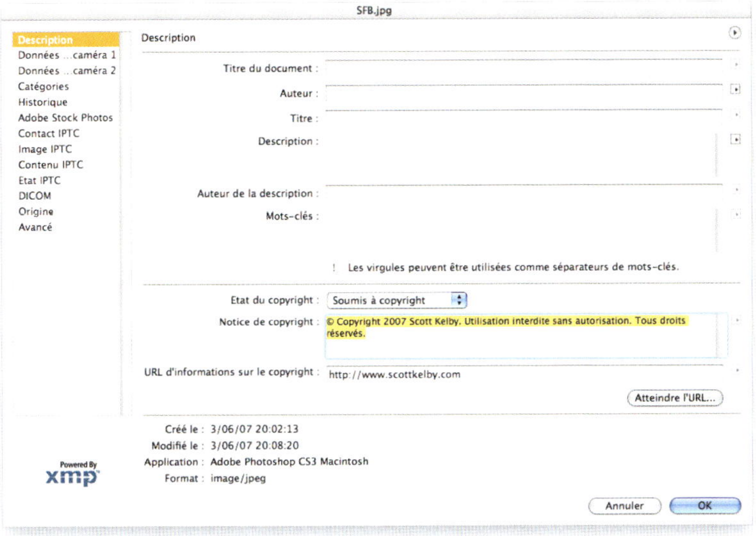

Étape 7

Maintenant que le filigrane est fini, vous devez incorporer vos informations de copyright dans le fichier lui-même. Cliquez sur le menu Fichier, et choisissez Informations. Dans le champ Notice de copyright de la boîte de dialogue qui apparaît, tapez les mêmes informations que sur le fichier image et ajoutez quelques précisions comme ci-contre. Dans la liste État du copyright, choisissez Soumis à copyright. Ensuite, dans le champ URL d'informations sur le copyright, indiquez l'adresse de votre site. (Si quelqu'un télécharge votre photo et l'ouvre dans Photoshop, il pourra cliquer sur le bouton Atteindre l'URL pour arriver directement sur votre page Web.) Cliquez sur OK pour incorporer ces informations à votre fichier.

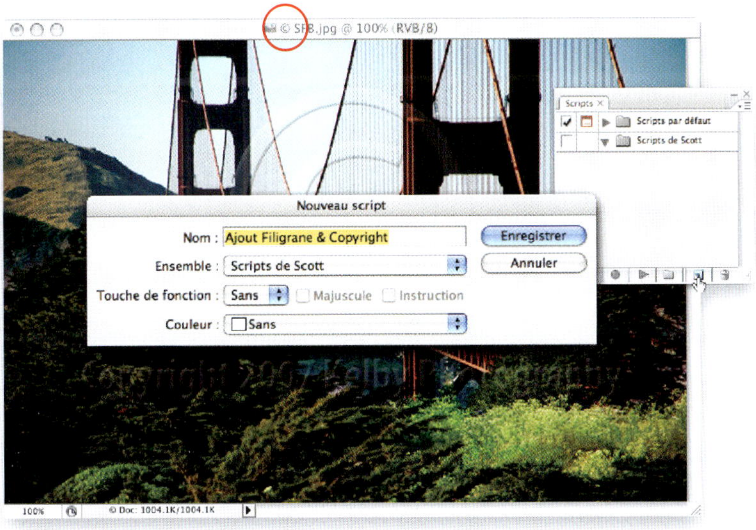

Étape 8

Lorsque vous cliquez sur OK, Photoshop ajoute automatiquement un symbole de copyright avant le nom de l'image dans la barre de titre du document. Aplatissez l'image *via* Calque > Aplatir les calques. Vous allez maintenant créer un script pour l'insertion d'un copyright. Cela évitera de procéder manuellement pour chaque image. Commencez par ouvrir un nouveau document dans Photoshop. Affichez la palette Script, puis cliquez sur Créer un script. Dans la boîte de dialogue qui apparaît, nommez le script, choisissez son dossier de stockage et cliquez sur le bouton Enregistrer.

Étape 9

Répétez toute la procédure d'ajout d'un symbole et d'informations de copyright. Commencez à l'étape 1 et finissez par l'étape 7. Après cette étape, cliquez sur le bouton Arrêter. Il ne faut pas aplatir l'image, car vous aurez probablement besoin de repositionner le calque contenant les informations. En effet, toutes les photos n'ont pas les mêmes dimensions.

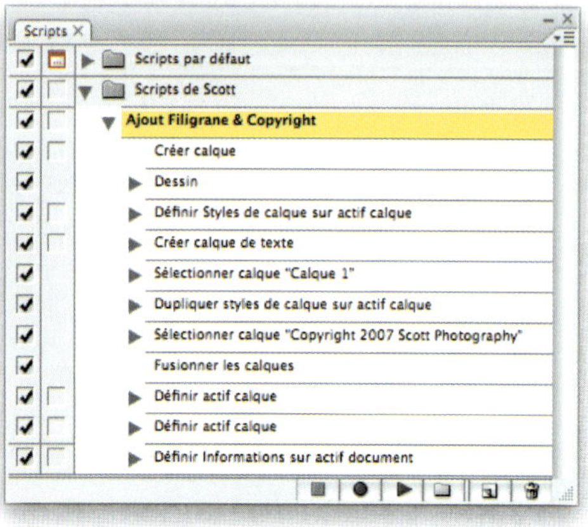

Étape 10

Une fois le script enregistré, vous pouvez traiter toutes les photos d'un dossier ou toutes celles qui sont ouvertes dans Photoshop. Pour cela, ouvrez le menu Fichier, et choisissez Automatisation > Traitement par lots. Sélectionnez l'ensemble dans lequel se trouve votre script. Ensuite, choisissez le script d'ajout d'un filigrane et de données de copyright. Dans le menu local Source, choisissez Dossier, puis cliquez sur le bouton Sélectionner pour choisir le dossier contenant les images auxquelles appliquer le script. Dans la section Destination, choisissez Enregistrer et fermer. (Pour enregistrer les images ainsi marquées dans un autre dossier, sélectionnez Dossier dans la liste Destination. Ensuite cliquez sur Sélectionner pour choisir le dossier dans lequel enregistrer les fichiers traités. Vous aurez peut-être besoin d'ajouter à votre script une action qui aplatit l'image ou qui enregistre et ferme le fichier.) Maintenant, cliquez sur OK, et votre filigrane et copyright seront ajoutés automatiquement à toutes les images du dossier.

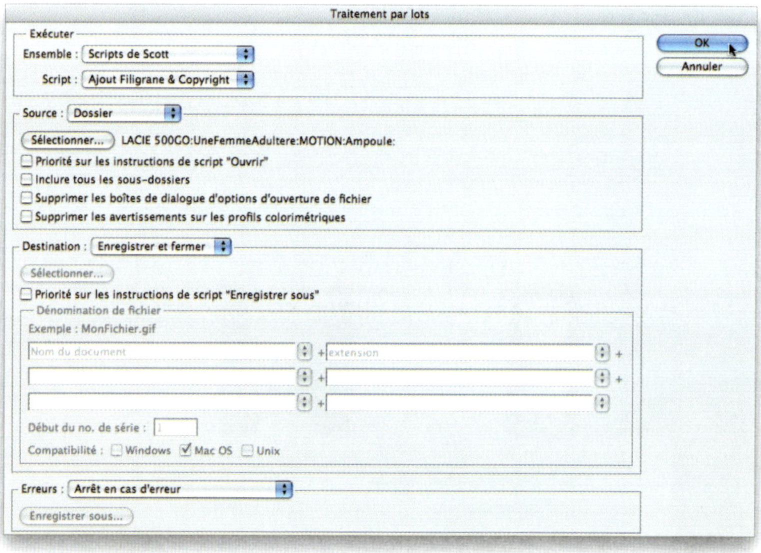

Tous les artistes signent leurs travaux. La photo pourrait être complexe à signer si je n'étais pas là pour expliquer comment l'intégrer à une image en un clic de souris.

Transformer une signature en forme

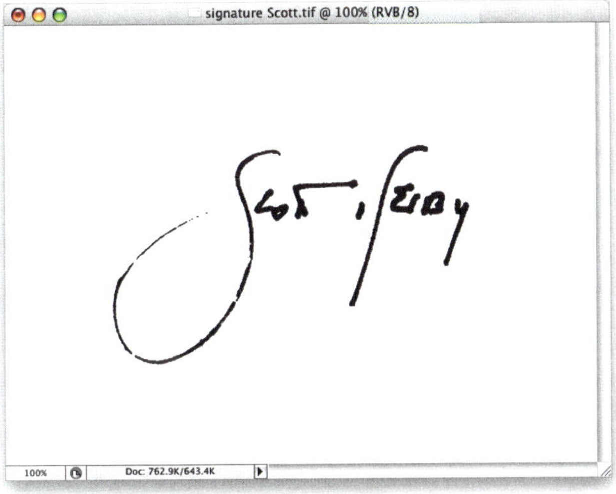

Étape 1

Commencez par créer votre signature dans Photoshop CS3. Deux méthodes sont possibles : (1) prenez un joli stylo noir et signez sur une grande feuille de papier. Ensuite, scannez cette signature (ce que j'ai fait ici) ou (2), si vous possédez une tablette graphique Wacom, créez un document de 300 ppp, appuyez sur D pour faire du noir la couleur de premier plan, activez l'outil Pinceau (B), choisissez une petite forme aux contours durs et signez !

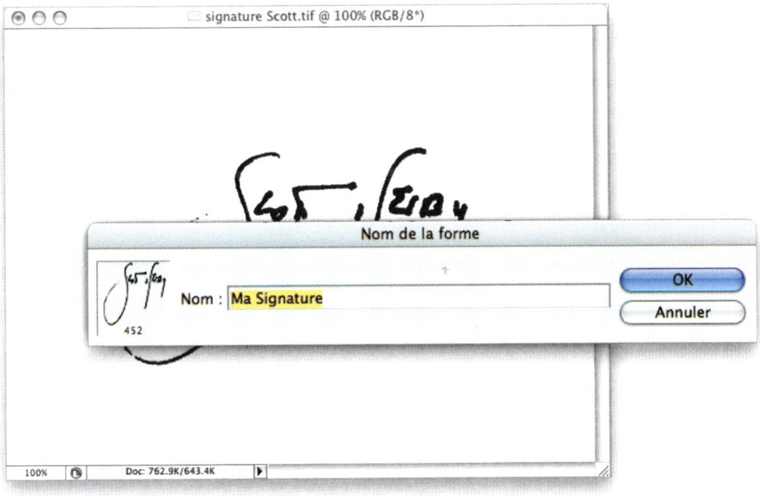

Étape 2

Maintenant, allez dans le menu Édition. Cliquez sur Définir une forme prédéfinie. Dans le champ Nom de la boîte de dialogue qui apparaît, tapez Ma Signature, et cliquez sur OK. Il n'y a plus qu'à utiliser cette forme prédéfinie pour signer vos images.

Étape 3

Pour appliquer votre signature à une photo, ouvrez cette image et appuyez sur B pour activer l'outil Pinceau. Faites un Ctrl+clic (PC : Clic droit) n'importe où sur l'image. Vous ouvrez ainsi le sélecteur de brosse. Votre signature se trouve tout en bas du sélecteur. Cliquez dessus pour la sélectionner.

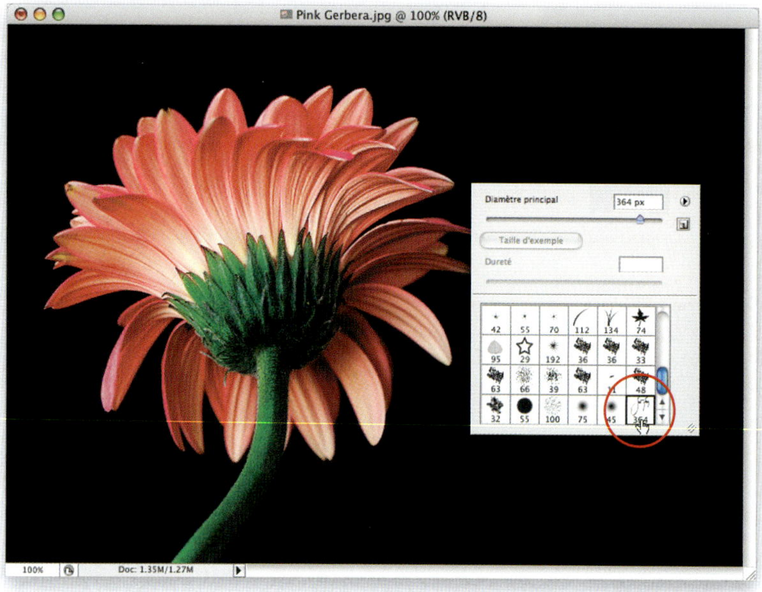

SCOTT KELBY

Étape 4

Par défaut, la taille de la forme est celle du fichier à partir duquel vous l'avez créée. Donc, réduisez-la dans le sélecteur de forme.

Étape 5

Maintenant que la signature a la bonne taille, cliquez sur le bouton Créer un calque de la palette Calques. Définissez ensuite une couleur de premier plan qui permettra de bien voir la signature. Par exemple, la photo ci-contre ayant un fond noir, la signature ne doit pas être noire sinon elle ne sera pas visible. Choisissez une couleur plus claire. Ensuite, cliquez à l'endroit où vous désirez insérer cette signature, comme dans le coin inférieur droit.

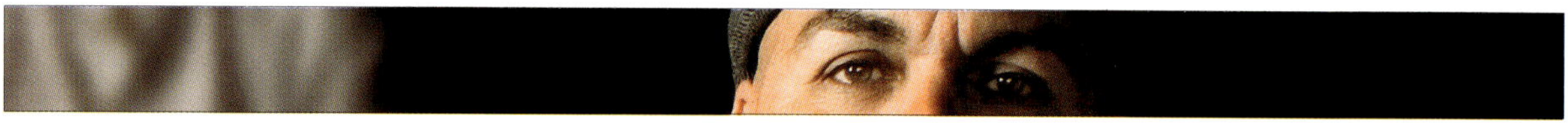

L'astuce pour publier des photos en haute résolution sur le Web

Entrer dans le monde du Web, c'est entrer dans l'univers de la basse résolution. Cet environnement graphique ne permet pas à vos clients d'apprécier la qualité de vos images. Pourtant, il est complexe de placer une image de plus de 100 Mo sur le Web. Imaginez le temps qu'il faudrait pour l'afficher dans votre navigateur. Alors est arrivée la fonction Zoomify, grâce à laquelle vous pouvez publier des images haute résolution mais qui se téléchargent comme de vulgaires photos JPEG. Ceci est rendu possible par un affichage des zones de l'image sous forme d'un petit aperçu. Quand le client navigue dans l'image, chaque section s'affiche alors en pleine résolution.

Étape 1

Dans Photoshop, ouvrez l'image haute résolution. Comme vous le constatez ci-contre, le facteur de zoom est si petit qu'il est impossible de voir les détails de l'image. La première étape de cette procédure consiste à cliquer sur Fichier > Exportation > Zoomify.

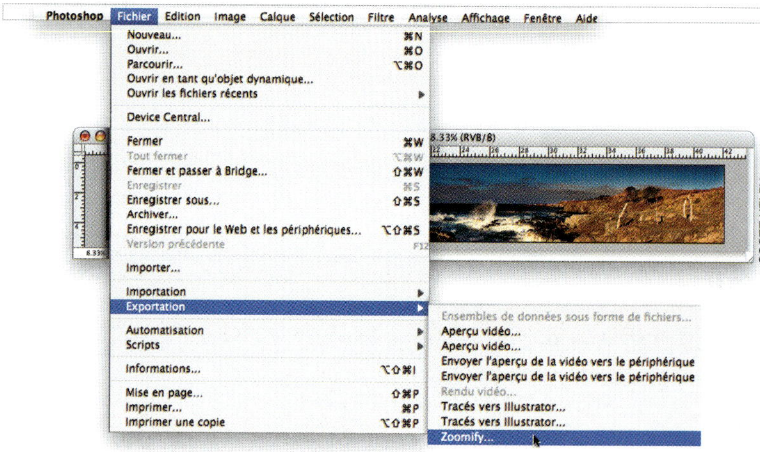

SCOTT KELBY

Étape 2

Dans la boîte de dialogue Exportation Zoomify, vous allez définir les options d'affichage sur le Web de votre image haute résolution. Le menu local Modèle permet de sélectionner deux choses : (1) la couleur de l'arrière-plan sur lequel reposera votre photo et (2) l'affichage ou non d'une minivignette dans le coin supérieur gauche, afin de naviguer dans l'image en plein écran.

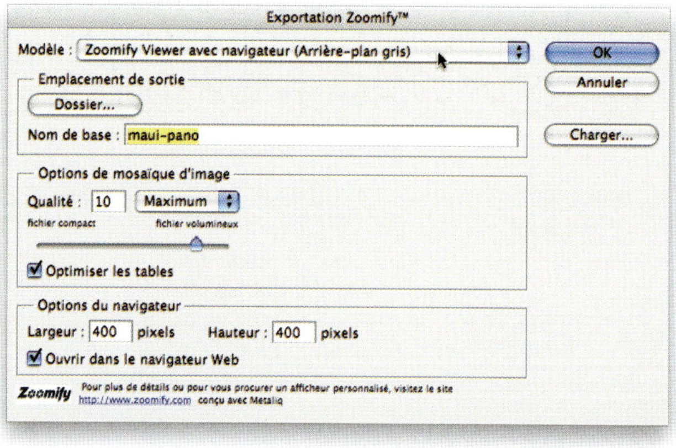

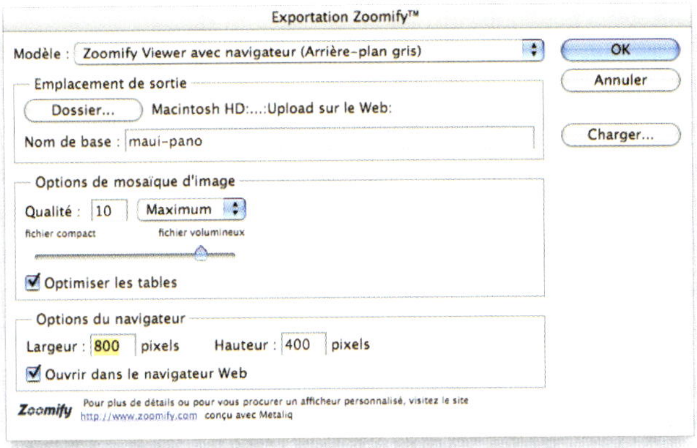

Étape 3

Cliquez sur le bouton Dossier pour spécifier un emplacement de stockage de votre image. Les options de mosaïque d'image permettent de définir la qualité finale de l'image. 10 semble être une bonne qualité par défaut. En revanche, il me semble que les dimensions des options du navigateur sont un peu petites. Fixez une largeur de 800 pixels et ne touchez pas à la hauteur. Veillez à laisser la case Ouvrir dans le navigateur cochée. Ainsi, vous aurez un aperçu de votre image telle qu'elle s'affichera sur le Web.

Étape 4

Cliquez sur OK. Votre navigateur Web s'ouvre et affiche l'image en plusieurs parties. En haut à gauche, vous disposez d'un petit navigateur. Cliquez sur une des vignettes pour l'afficher en haute résolution dans la page Web. Sous l'image, un curseur permet de zoomer sur les différentes parties de l'image affichée. Une fois que vous avez zoomé, il suffit de cliquer sur l'image et, sans relâcher le bouton de la souris, de faire défiler le contenu que vous désirez afficher en haute résolution.

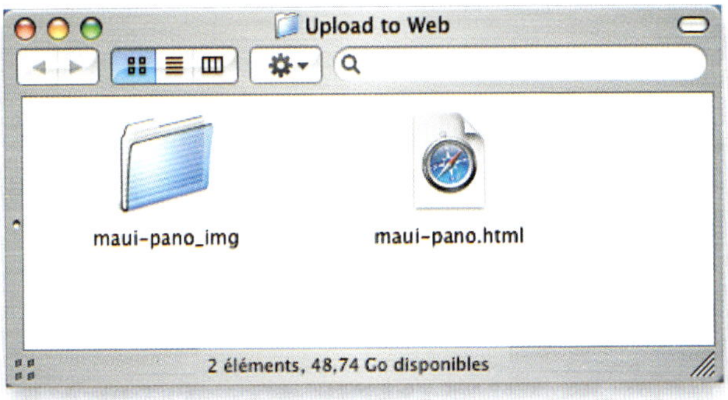

Étape 5

Si le résultat vous satisfait, ouvrez le dossier dans lequel l'image a été enregistrée avec la fonction d'exportation Zoomify. Personnellement, j'ai mis cette image dans un dossier appelé Upload sur le Web. Il contient le fichier HTML qui affiche la page Web, ainsi qu'un dossier contenant un fichier XML et un fichier d'animation Flash (.swf).

Placer plusieurs copies de votre photo sur une seule page

Lorsque le moment est venu de délivrer des impressions finales à votre client, vous pouvez gagner du temps et de l'argent en créant une collection d'images.

Étape 1

Ouvrez la photo que vous désirez faire apparaître en plusieurs tailles sur une même page. Ensuite, cliquez sur Fichier > Automatisation > Collection d'images. (Vous pouvez invoquer cette commande depuis le menu Outils > Photoshop de Bridge.) Dans la section Image source, indiquez où se trouve l'image à utiliser. Par défaut, Photoshop utilise le document du premier plan, c'est-à-dire celui qui est actuellement actif dans le programme. Bien entendu, vous pouvez indiquer un dossier ou un fichier particulier contenant l'image en question. La taille de la page est définie par défaut en 8 × 10 pouces (l'équivalent d'un 20 × 25 cm). Rien ne vous empêche de choisir une autre dimension adaptée à la taille réelle du papier que vous utilisez.

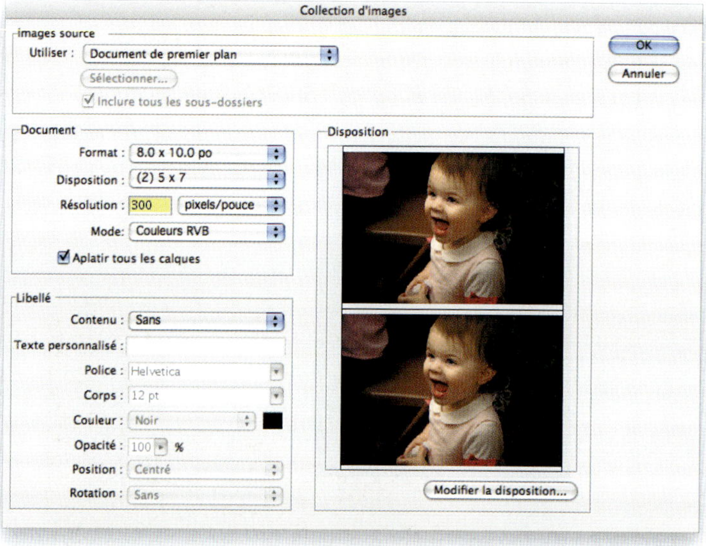

Étape 2

Sélectionnez une disposition d'image dans le menu local Disposition. Ici, je choisis (1) 5 × 7 ; (2) 2,5 × 3,5 ; (4) 2 × 2,5. Vous choisirez la combinaison adaptée à vos besoins. Lorsque vous sélectionnez une disposition, un aperçu de grande taille apparaît sur la droite de la boîte de dialogue.

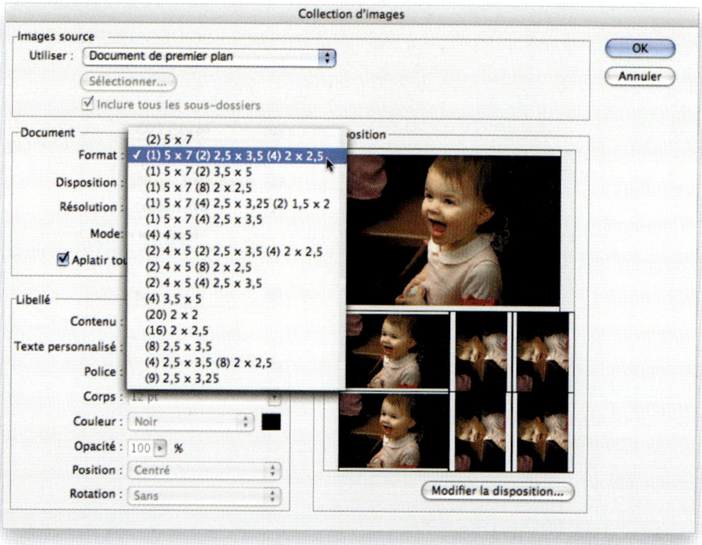

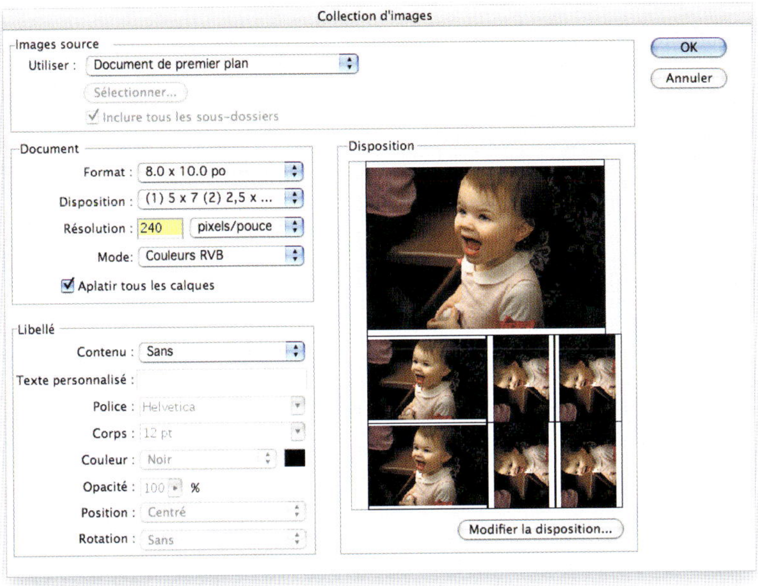

Étape 3

Vous pouvez spécifier la résolution finale de l'impression. Tapez-la dans le champ éponyme. Ci-contre, j'ai choisi une résolution de 240 ppp. Vous pouvez également spécifier le mode de couleurs. Comme j'imprime avec une imprimante jet d'encre, je sélectionne Couleurs RVB. La partie inférieure de la boîte de dialogue permet d'ajouter des légendes sous les photos.

NOTE Certaines informations sont collectées dans celles que vous avez incorporées à votre fichier image *via* Fichier > Informations.

Étape 4

Cliquez sur OK. Photoshop crée automatiquement un document contenant les copies souhaitées de votre unique photo. Elles tiennent toutes sur un document d'une taille de 8 × 10 pouces. Il n'y a plus qu'à l'imprimer.

ASTUCE Pour ajouter une bordure blanche autour de chaque photo, allez dans le menu Image avant d'exécuter la commande Collections d'images. Cliquez sur Taille de la zone de travail. Dans la boîte de dialogue éponyme, cochez l'option Relative et entrez la valeur 0,25 pouce dans les champs Hauteur et Largeur. Dans le menu local Couleur d'arrière-plan de la zone de travail, choisissez Blanc. Quand vous cliquez sur OK, une bordure blanche entoure l'image. Vous pouvez maintenant lancer l'utilitaire Collection d'images.

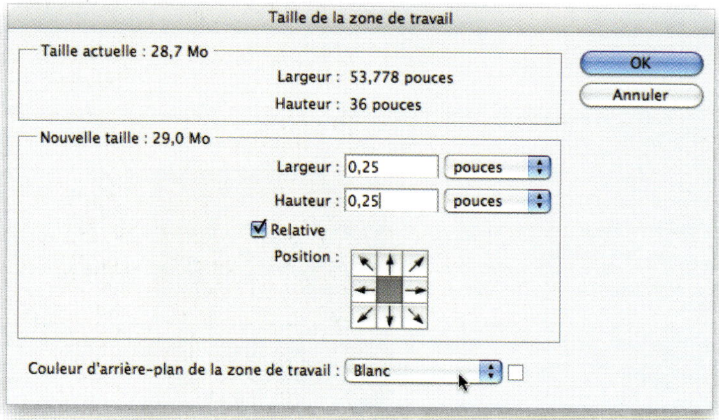

Étape 5

Une autre fonction aussi utile que sympathique est la possibilité de remplacer une photo de la collection par une autre. Par exemple, changeons une des images 2,5 × 3,5 pouces. Cliquez simplement sur sa vignette.

Étape 6

Cette action ouvre la boîte de dialogue Sélectionner un fichier. Cliquez sur l'image de remplacement puis sur Ouvrir. Cette image apparaît à la place de l'ancienne.

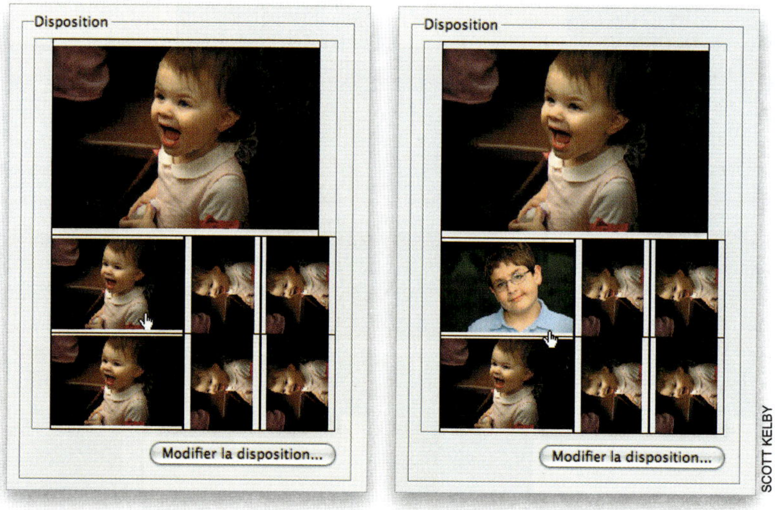

SCOTT KELBY

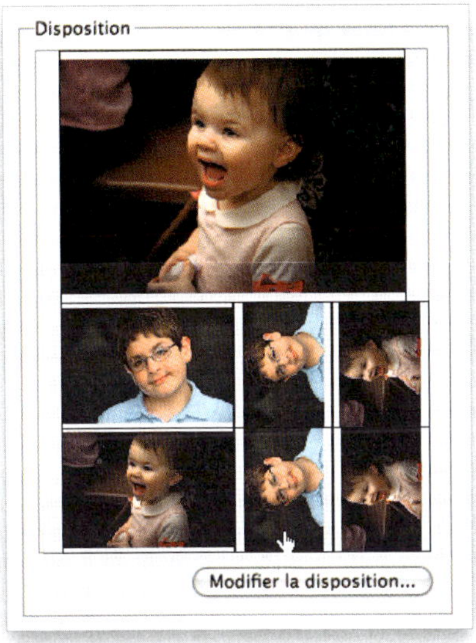

Étape 7

Vous pouvez remplacer autant d'images que vous le souhaitez. Appliquez la même technique comme ci-contre. Une fois que la collection est prête, indiquez à Photoshop de la créer par un clic sur le bouton OK.

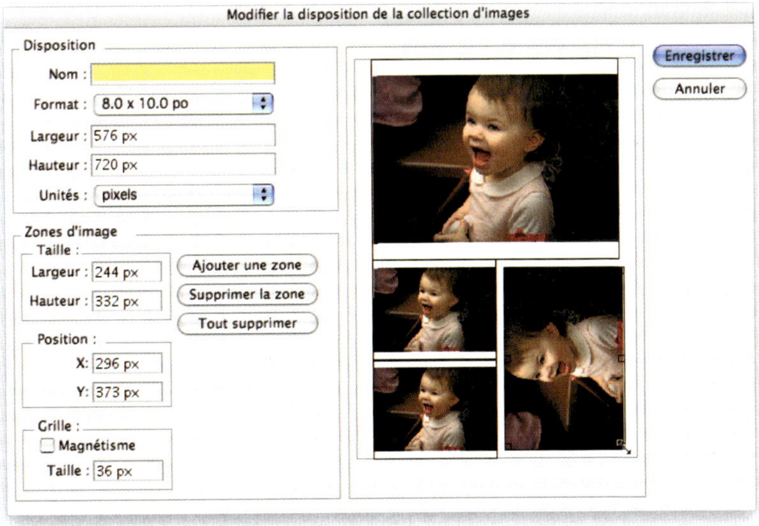

Étape 8

Voici une étape facultative. Elle permet de créer votre propre disposition. Il suffit de cliquer sur le bouton Modifier la disposition. Dans la boîte de dialogue Modifier la disposition de la collection d'images, vous pouvez supprimer des zones (ou cellules). Cliquez simplement dessus, puis sur le bouton Supprimer la zone. Pour en ajouter une, cliquez logiquement sur le bouton Ajouter une zone. La zone apparaît contenant une copie de l'image en cours d'utilisation. Redimensionnez-la en faisant glisser ses poignées. Quelle que soit la poignée employée, Photoshop redimensionne la zone en conservant les proportions de l'image. Aucun risque de déformation. Pour repositionner la zone, placez le pointeur de la souris dedans. Il prend la forme d'un curseur de déplacement. Cliquez et glissez la zone.

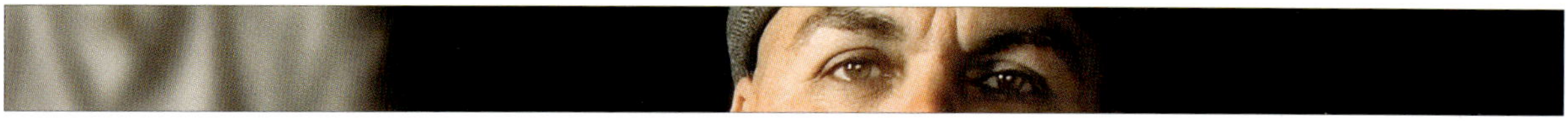

Comment e-mailer des photos

Croyez-le ou non, c'est une des questions que l'on me pose le plus souvent. Je réponds qu'il n'y a pas de guide officiel de la préparation des images pour les envoyer par courriel. En l'absence de règles officielles, je vous propose des règles officieuses.

Étape 1

Ouvrez l'image à envoyer par courriel. Avant de commencer, vous devez prendre des décisions selon le destinataire de la photo. Si vous envoyez une image à des amis ou de la famille, il faut que le fichier se télécharge rapidement.

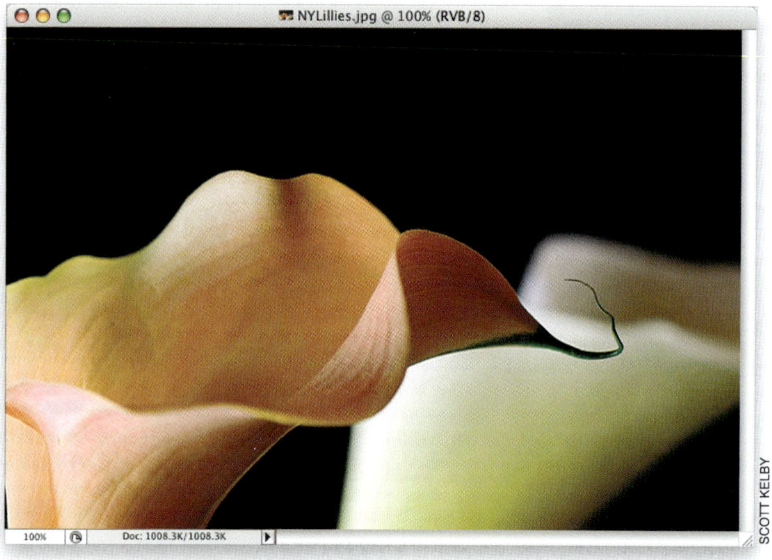

SCOTT KELBY

Étape 2

Allez dans le menu Image, et cliquez sur Taille de l'image (ou appuyez sur Cmd+Option+I [PC : Ctrl+Alt+I]). Comme l'image est *a priori* destinée à un affichage écran, vous pouvez fixer la résolution à 72 ppp. Ensuite, fixez une taille dont la largeur ne dépassera pas 20 cm. Vous venez de faire un premier pas vers la création d'un fichier plus adapté aux courriels qu'à autre chose.

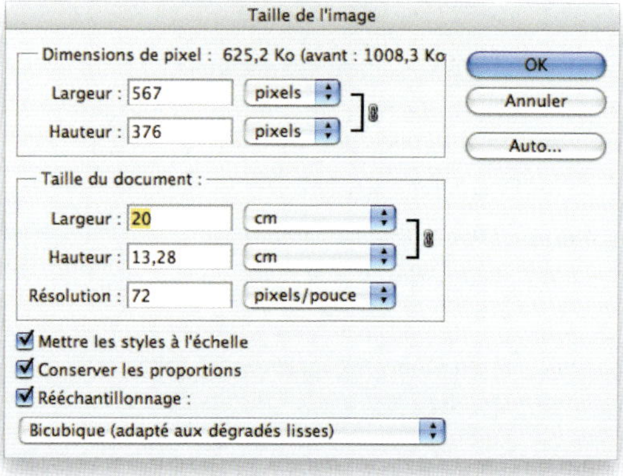

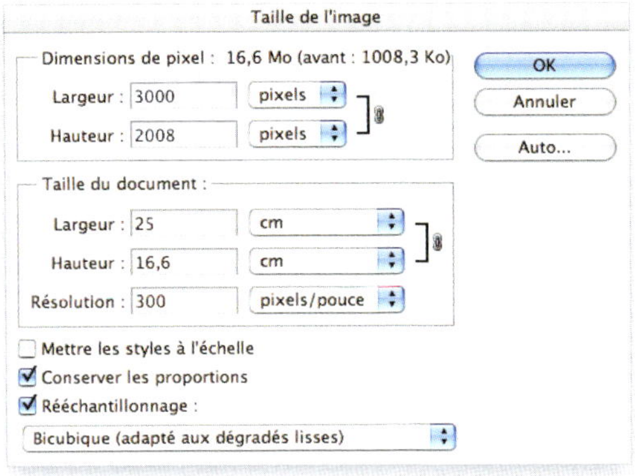

Étape 3

Si vous envoyez ceci à un client ou à quelqu'un susceptible de l'imprimer, vous devez porter la résolution à 240 ppp pour du jet d'encre et à 300 pour une impression sur presse. Cette fois, la dimension du fichier importe moins, car le client va le télécharger et non pas l'afficher dans un navigateur Web ou dans son programme de messagerie électronique.

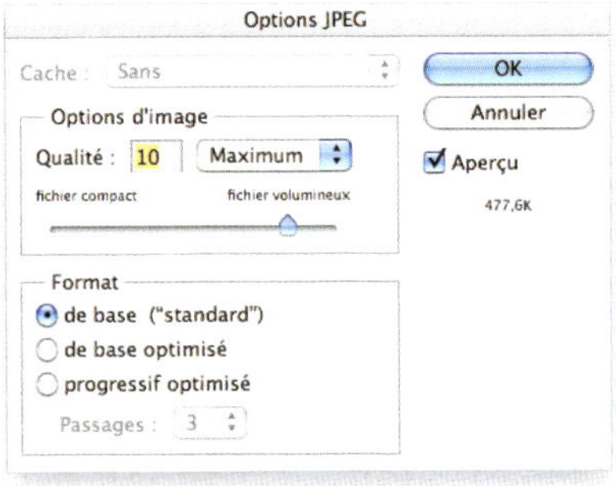

Étape 4

Une fois l'image aux bonnes dimensions, enregistrez-la dans le format le plus populaire sur Internet, c'est-à-dire JPEG. Pour cela, cliquez sur Fichier > Enregistrer sous. Dans le menu local Format, sélectionnez JPEG et cliquez sur Enregistrer. Ceci ouvre la boîte de dialogue Options JPEG. Définissez-y le niveau de compression en glissant le curseur Qualité. Généralement, vous conserverez le réglage 10 par défaut, excellent compromis entre taille du fichier et qualité de l'image.

A.	Photo de 10 mégapixels (31,5 × 22 cm à 300 ppp) Enregistrée en JPEG avec une **qualité de 12** Taille du fichier environ **3,5 Mo**. Téléchargement haut débit : 38 secondes
B.	Photo de 10 mégapixels (31,5 × 22 cm à 300 ppp) Enregistrée en JPEG avec une **qualité de 10** Taille du fichier environ **1,8 Mo**. Téléchargement haut débit : 19 secondes
C.	Photo de 10 mégapixels (31,5 × 22 cm à 300 ppp) Enregistrée en JPEG avec une **qualité de 6** Taille du fichier environ **710 Ko**. Téléchargement haut débit : 7 secondes
D.	Photo de 10 mégapixels (31,5 × 22 cm à **72 ppp**) Enregistrée en JPEG avec une **qualité de 10** Taille du fichier environ **256 Ko**. Téléchargement haut débit : 2 secondes

Étape 5

Votre objectif est d'envoyer une photo par courriel dont la taille du fichier est la plus petite possible sans altérer la qualité. Le tableau ci-contre permet de vous faire une idée sur les tailles, les résolutions, les qualités de compression et les vitesses de téléchargement. Il semble difficile d'aller plus vite que la dernière option !

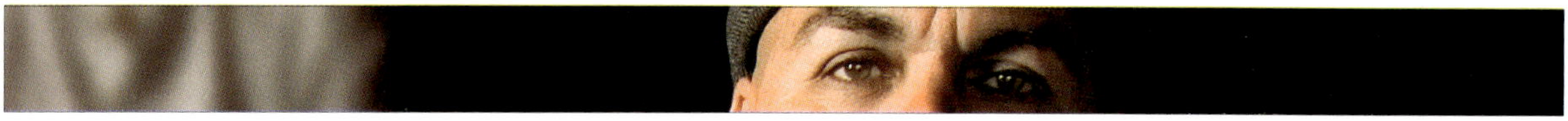

Affiche artistique

Voici une technique qui donne à votre travail une apparence résolument professionnelle. Une fois que vous la maîtriserez, vous ne pourrez plus vous en passer, au point d'en faire un script. Qui ne souhaiterait pas créer une affiche des plus pro en un clic de souris ?

Étape 1

Appuyez sur Cmd+N (PC : Ctrl+N) pour créer un nouveau document. Pour une affiche convenablement imprimée et de bonne dimension, tapez les valeurs suivantes : Largeur, 28 cm ; Hauteur, 35 cm ; et Résolution, 240 ppp. Cliquez sur OK pour créer un document vide.

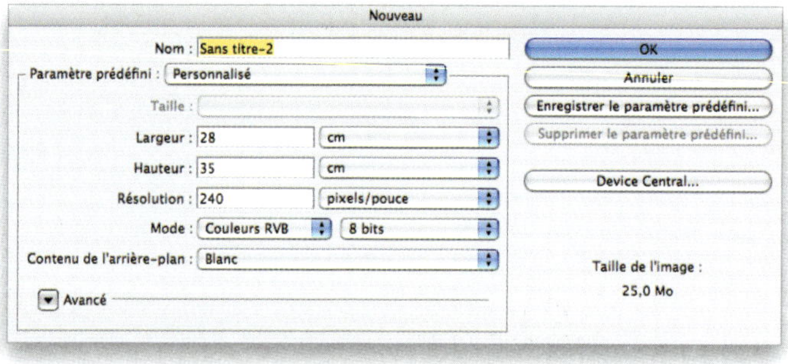

Étape 2

Ouvrez la photo à afficher. Appuyez sur V pour activer l'outil Déplacement. Glissez-déposez la photo dans le document vide. Appuyez sur Cmd+T (PC : Ctrl+T) pour activer la fonction Transformation manuelle. Maintenez la touche Maj enfoncée et faites glisser un angle de l'image vers l'intérieur pour réduire la taille de la photo. Pour bien la centrer, activez le calque Arrière-plan. Maintenez la touche Cmd (PC : Ctrl) enfoncée et cliquez sur le calque 1 pour sélectionner ces deux calques. Dans la barre d'options, cliquez sur le bouton Aligner les centres dans le sens horizontal.

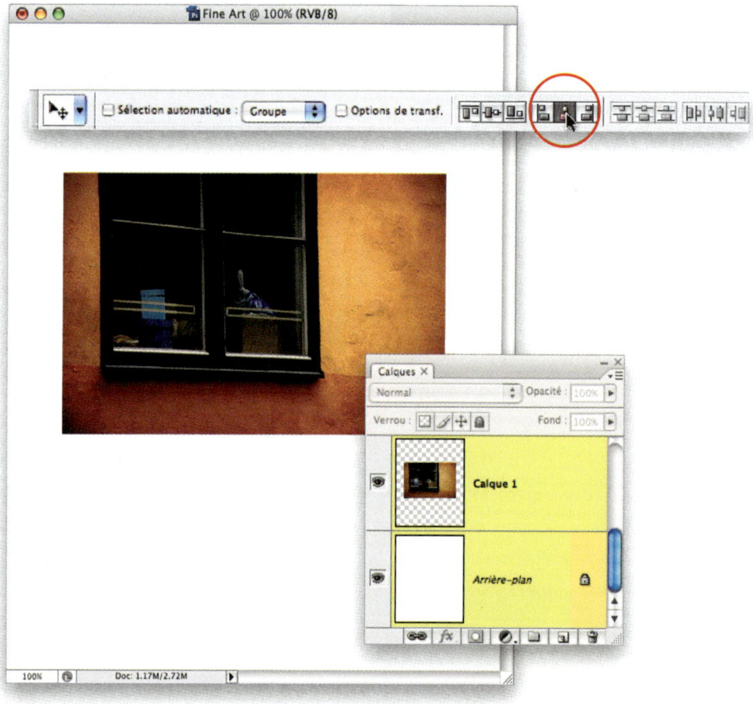

Étape 3

Dans la palette Calques, cliquez sur le calque Arrière-plan. Ensuite, cliquez sur le bouton Créer un calque. Activez l'outil Rectangle de sélection (M) et tracez un cadre de sélection à environ 1,5 cm du bord de l'image. Appuyez sur D, puis sur X pour faire du blanc la couleur de premier plan. Appuyez sur Option+Retour arrière (PC : Alt+Retour arrière) pour remplir cette sélection avec du blanc.

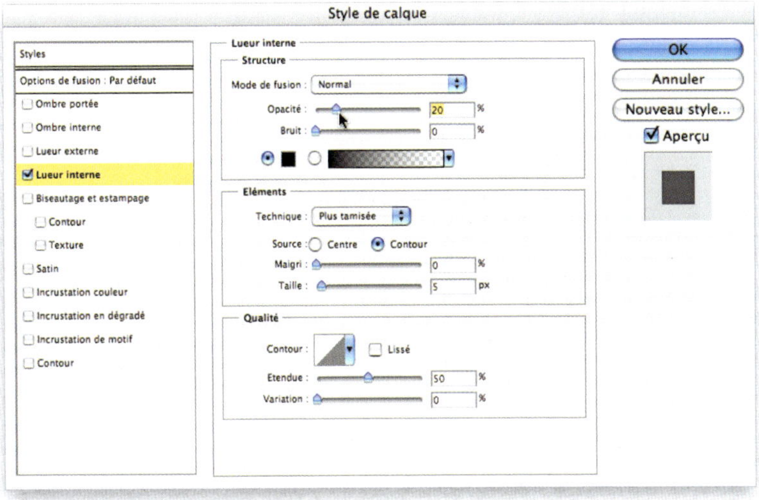

Étape 4

Pour créer un effet d'encadrement, cliquez sur le bouton Ajouter un style de calque, et choisissez Lueur interne. Cliquez sur l'indicateur de couleur jaune. Dans le sélecteur de couleurs, définissez le noir. Choisissez le mode de fusion Normal, fixez l'opacité à 20 % et la taille entre 5 et 10 pixels. Cliquez sur OK.

Étape 5

Appuyez sur Cmd+D (PC : Ctrl+D) pour apprécier votre effet sans la marque de sélection. Les affiches artistiques placent souvent l'image légèrement au-dessus du centre de la photo. Pour ce faire, allez dans la palette Calques, et sélectionnez le calque de la photo et celui du cadre que vous venez de créer. Ensuite, activez l'outil Déplacement (V) et appuyez sur la flèche Haut du pavé directionnel pour décaler les deux calques vers le haut de l'affiche.

Étape 6

Maintenant, ajoutez du texte à cette affiche. Appuyez sur T pour activer l'outil Texte. Dans la palette Caractères, j'ai sélectionné la police Trajan Pro et assigné une taille de 24 points. Pour ajouter un espace entre les lettres de manière à obtenir une écriture très contemporaine, j'ai fixé le paramètre Approche sur 120. Alors, j'ai tapé mon texte sous la photo.

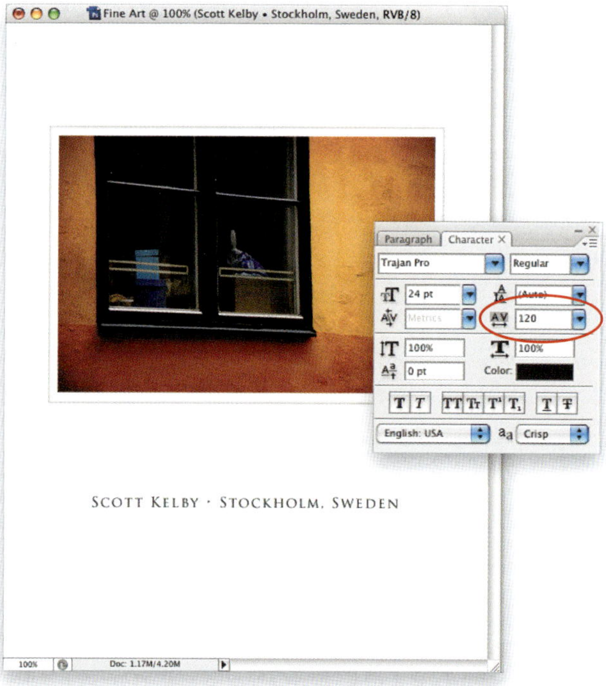

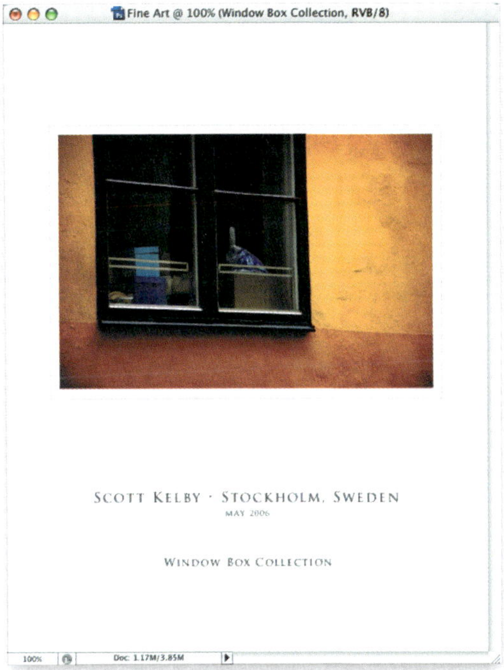

Étape 7

La méthode la plus simple pour ajouter du texte consiste à dupliquer le calque Texte *via* Cmd+J (PC : Ctrl+J). Ensuite, vous changez la taille de la police et le texte lui-même. C'est exactement ce que j'ai fait par deux fois ci-contre. Après saisie du texte, j'ai activé l'outil Déplacement (V) pour mieux positionner les calques dans l'image. Enfin, j'ai sélectionné les trois calques de texte dans la palette Calques, puis j'ai cliqué sur l'icône Aligner les centres dans le sens horizontal de la barre d'options.

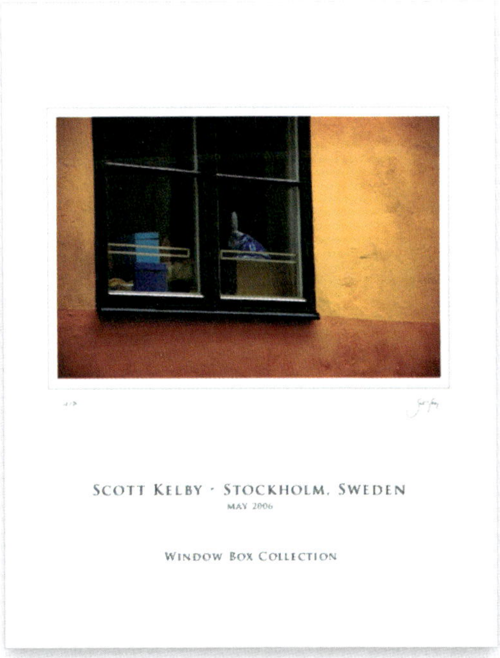

Étape 8

Enfin, pourquoi ne pas ajouter votre signature puisqu'elle existe désormais sous une forme prédéfinie ? Si ce n'est pas le cas, reportez-vous à la section Transformer une signature en forme, et appliquez la procédure décrite.

Disposition d'une photo en trois parties

C'est une mise en page très efficace. Elle pourrait devenir un superbe modèle en ayant recours à des objets dynamiques, mais comme nous l'avons déjà fait au Chapitre 4, utilisons ici une technique traditionnelle.

Étape 1

Appuyez sur Cmd+N (PC : Ctrl+N) et créez un nouveau document très large (11 × 3 pouces). Ensuite, dans la palette Calques, cliquez sur l'icône Créer un calque. Activez l'outil Rectangle de sélection (M). Maintenez la touche Maj enfoncée et, sur la gauche du document, créez une sélection carrée (ne vous inquiétez pas, la sélection sera parfaitement carrée). Appuyez sur D pour faire du noir la couleur de premier plan. Ensuite, appuyez sur Option+Retour arrière (PC : Alt+Retour arrière) afin de remplir cette sélection avec du noir. Ne désélectionnez pas l'image.

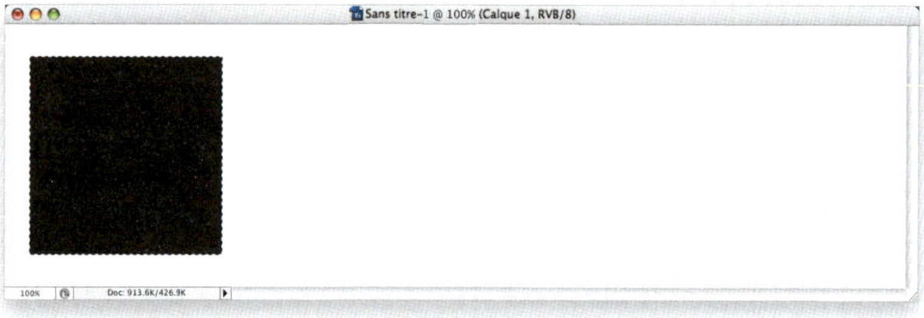

Étape 2

Appuyez sur V pour activer l'outil Déplacement. Maintenez la touche Option (PC : Alt) enfoncée, puis faites glisser le carré noir pour le dupliquer. Placez-le du côté droit du document (voir ci-contre). Si vous désirez que la copie de ce carré reste bien alignée sur l'original pendant ce déplacement, appuyez conjointement sur la touche Maj.

Étape 3

Appuyez sur Cmd+D (PC : Ctrl+D) pour désélectionner. Activez de nouveau l'outil Rectangle de sélection (M), mais cette fois n'appuyez pas sur la touche Maj. De cette façon, vous tracerez un rectangle et non pas un carré. Laissez le même espace à gauche et à droite de cette sélection, c'est-à-dire un espace identique entre les trois formes géométriques. (Vous pouvez redimensionner la sélection *via* Sélection > Transformer la sélection.) Appuyez sur Option+Retour arrière (PC : Ctrl+Retour arrière) pour la remplir de noir. Appuyez sur Cmd+D (PC : Ctrl+D) pour désélectionner.

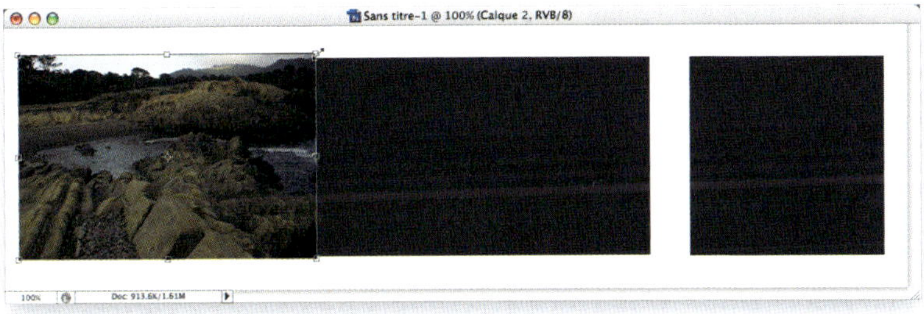

Étape 4

Ouvrez la photo que vous désirez afficher dans le carré de gauche. Activez l'outil Déplacement, et glissez-déposez-la dans ce carré. Appuyez sur Cmd+T (PC : Ctrl+T) pour activer la fonction Transformation manuelle. Redimensionnez la photo de telle sorte qu'elle soit légèrement plus large sur la droite, c'est-à-dire qu'elle empiète sur la gauche du rectangle noir. Appuyez sur Entrée ou double-cliquez sur l'image.

Étape 5

Appuyez sur Cmd+Option+G (PC : Ctrl+Alt+G) pour masquer la photo rectangulaire (comme ci-contre). Vous pouvez activer l'outil Déplacement et repositionner la photo à l'intérieur du carré noir. Ce n'est pas grave si une partie de l'image est visible dans le rectangle, car nous allons la couvrir avec une autre photo.

Étape 6

Répétez les deux dernières étapes pour placer une photo dans le rectangle et une autre dans le second carré. N'oubliez pas d'appuyer sur Cmd+Option+G (PC : Ctrl+Alt+G) dès que la photo est aux bonnes dimensions. Repositionnez les images de manière à ce que l'ensemble soit bien aligné et très esthétique.

SCOTT KELBY

Étape 7

Maintenant, à moins que toutes les images soient parfaitement exposées, il y a des chances pour que vous trouviez de grandes variations de lumière et de couleurs entre elles. Pour harmoniser tout cela, ajoutez un calque de réglage de type Teinte/Saturation.

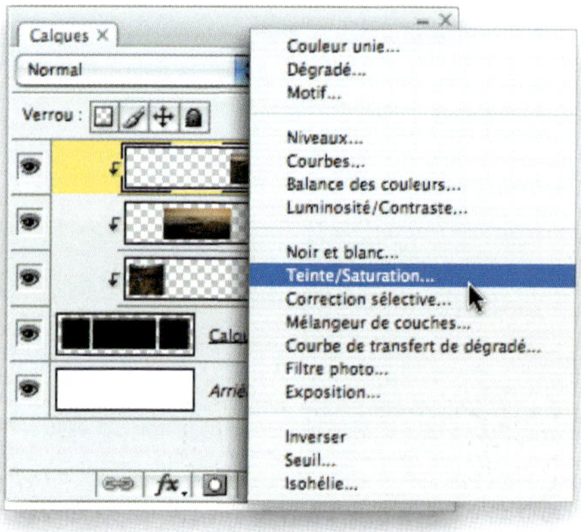

Étape 8

Dans la boîte de dialogue du calque de réglage, cochez la case Redéfinir. Fixez la teinte et la saturation à 25, puis cliquez sur OK. Les différences sont gommées, et chaque image arbore une teinte sépia.

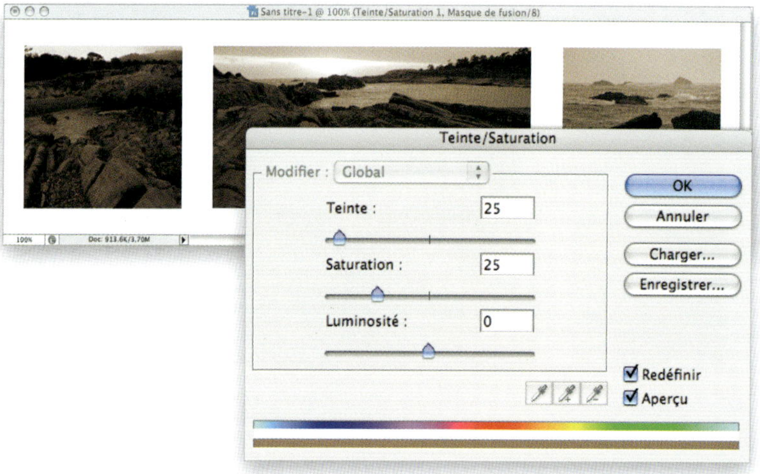

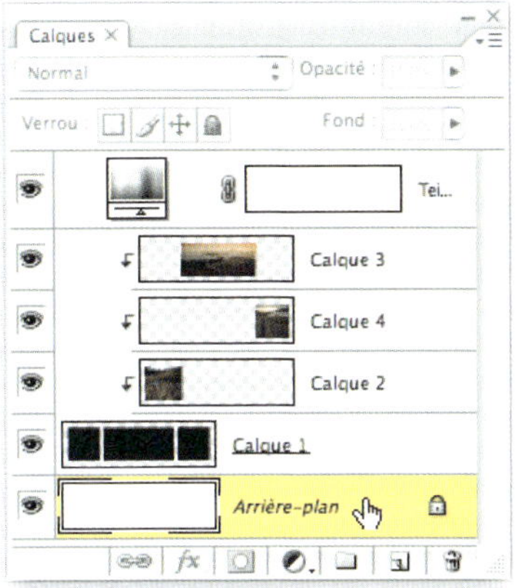

Étape 9

La dernière étape consiste à activer le calque Arrière-plan et à appuyer sur Option+Retour arrière (PC : Alt+Retour arrière) pour le remplir de noir.

Étape 10

Voici l'image terminée. L'intérêt visuel est indéniable. Il y a un équilibre qui s'établit entre les deux images carrées aux extrémités du document et la grande image rectangulaire du centre. Rappelez-vous que vous pouvez sauvegarder ce document comme modèle en convertissant les calques des photos en objets dynamiques.

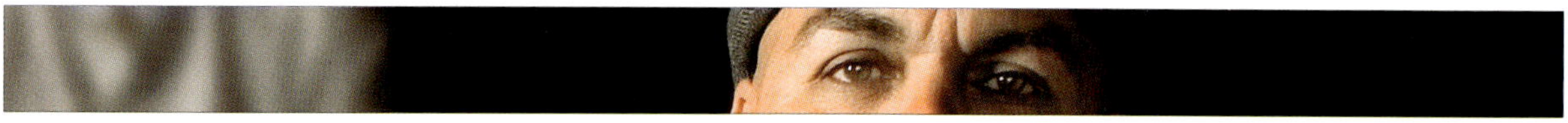

Plusieurs photos à partir d'une seule image

J'ai vu cette mise en page pour la première fois sur un site Web spécialisé dans la vente d'œuvres d'art imprimées. J'ai trouvé que c'était une manière très originale de montrer ses photos. En fait, l'image apparaît dans des cases séparées par un espace vide. C'est une sorte de puzzle, de découpage et de collage. Voici comment créer rapidement et facilement ce type de document.

Étape 1

Appuyez sur Cmd+N (PC : Ctrl+N) pour créer un nouveau document dans la taille et la résolution de votre impression finale. Dans la palette Calques, cliquez sur le bouton Créer un calque. Activez l'outil Rectangle de sélection (M) et tracez une petite sélection, carrée sur le côté gauche et alignée au centre (voir ci-contre). Pour que le carré soit parfait, il suffit d'appuyer sur la touche Maj pendant que vous le tracez. Appuyez sur D pour faire du noir la couleur de premier plan. Enfin, appuyez sur Option+Retour arrière (PC : Alt+Retour arrière) pour remplir cette sélection de noir. Ne désélectionnez pas.

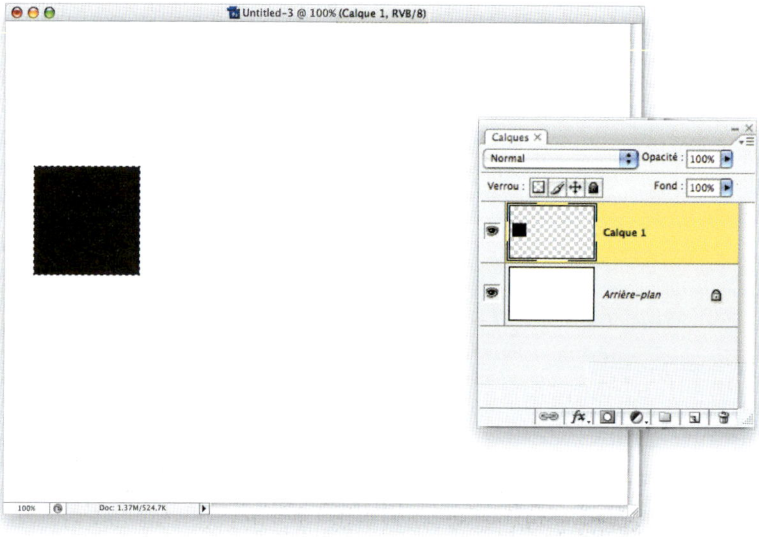

Étape 2

Appuyez sur Cmd+Option+T (PC : Ctrl+Alt+T) pour activer la fonction Transformation manuelle. Maintenez la touche Maj enfoncée, puis glissez-déposez une copie du carré noir sur sa droite. Séparez les deux carrés avec un petit espace. Appuyez sur Entrée pour valider la création de cette copie.

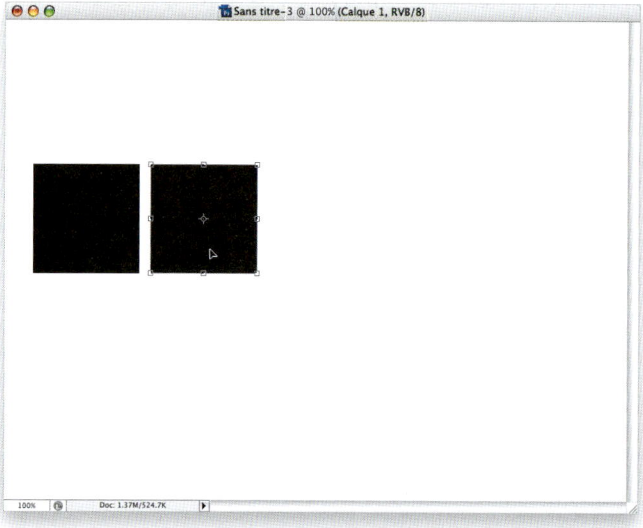

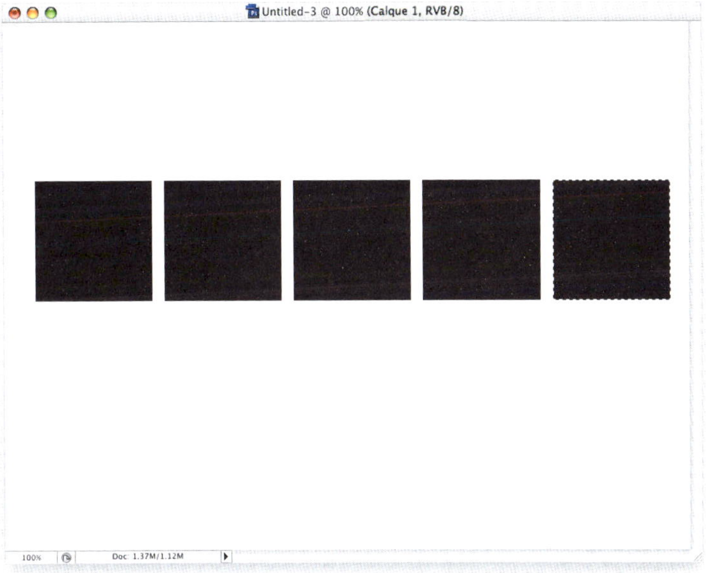

Étape 3

Appuyez sur Cmd+Option+T (PC : Ctrl+Alt+T) pour créer une autre copie que vous placerez juste à droite de la précédente. Respectez le même espace entre les trois. Répétez cette procédure jusqu'à ce que vous ayez mis en place cinq carrés.

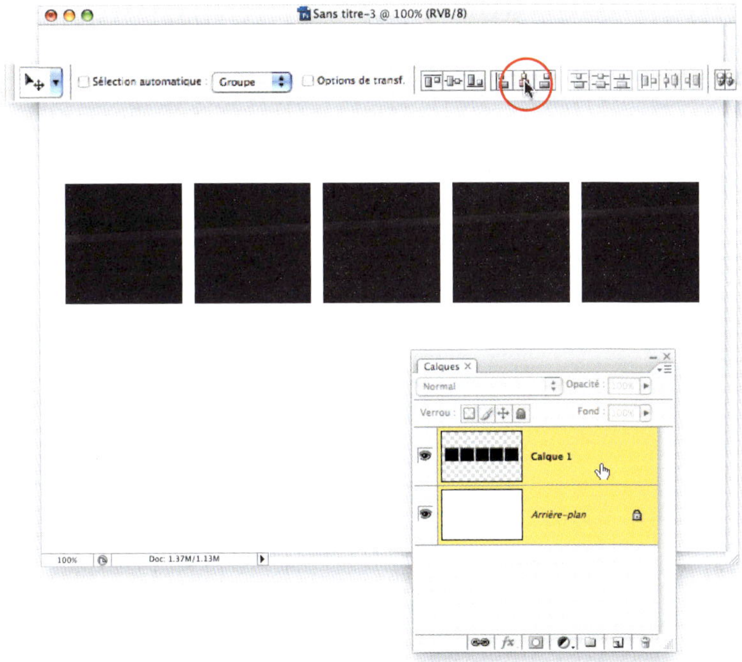

Étape 4

Une fois ces carrés en position, désélectionnez avec Cmd+D (PC : Ctrl+D). Cliquez sur le calque Arrière-plan pour le sélectionner. Maintenez la touche Cmd (PC : Ctrl) enfoncée et cliquez sur le calque 1. Les deux calques sont sélectionnés dans la palette Calques. Activez l'outil Déplacement (V). Dans la barre d'options, cliquez sur l'icône Aligner les centres dans le sens horizontal.

Étape 5

Vous allez utiliser un objet dynamique. Pour cela, cliquez sur Fichier, et choisissez Importer. Sélectionnez la photo et cliquez sur Importer. Maintenez la touche Maj enfoncée et faites glisser une des poignées d'angle vers l'extérieur pour agrandir la photo, ou vers l'intérieur pour la réduire. Ici, la photo doit être légèrement plus large que l'espace occupé par les cinq carrés (voir ci-contre).

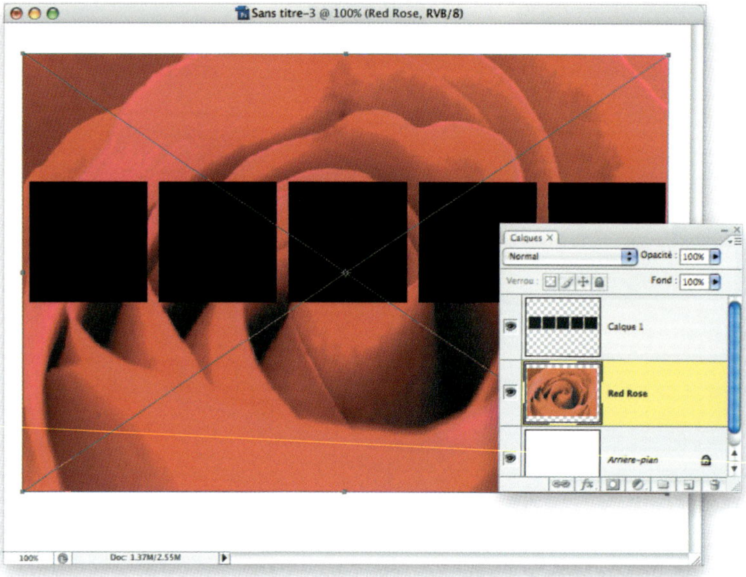

SCOTT KELBY

Étape 6

Pour que l'image s'affiche dans les carrés noirs, vous devez la placer en haut de la pile des calques. Ensuite, dans le menu Calque, choisissez Créer un masque d'écrêtage ou appuyez sur Cmd+Option+G (PC : Ctrl+Alt+G).

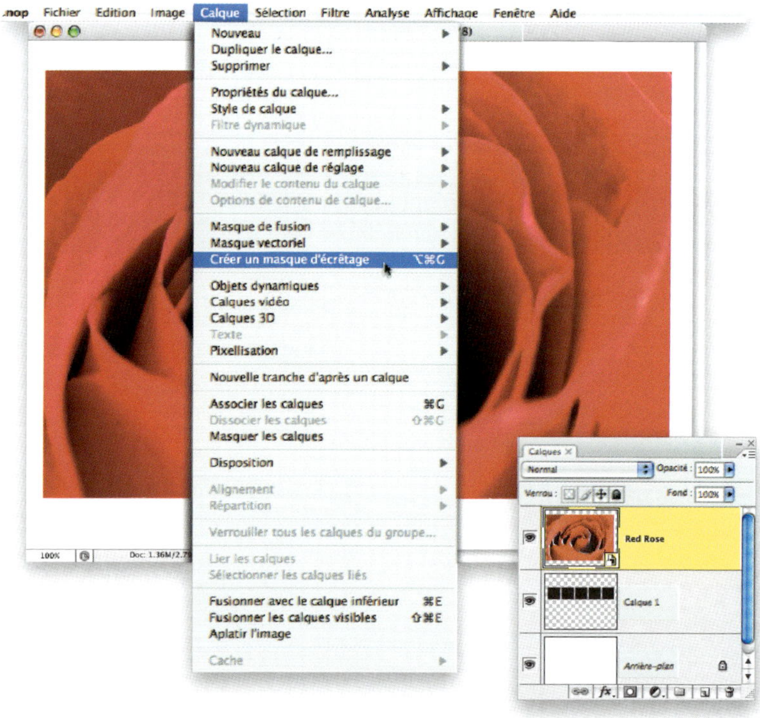

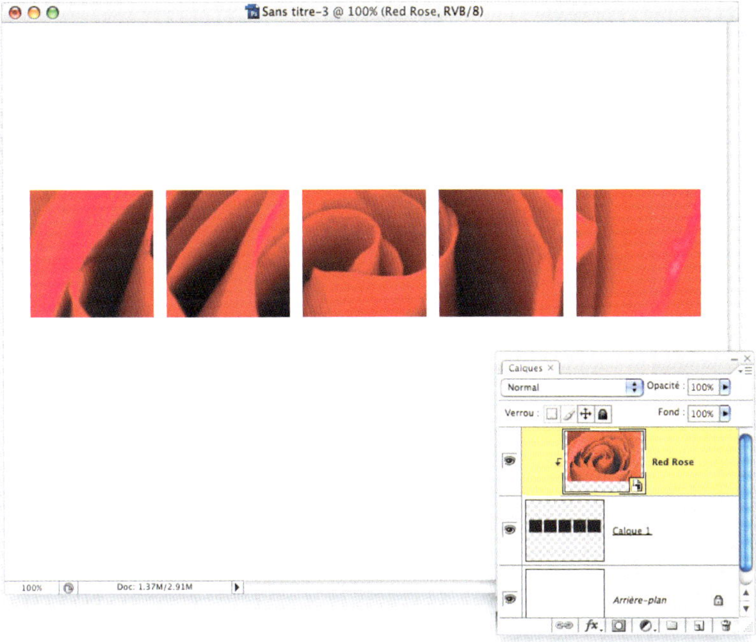

Étape 7

Lorsque vous choisissez de créer un masque d'écrêtage, l'objet apparaît dans les cinq carrés noirs.

Étape 8

La dernière étape consiste à ajouter le nom de votre studio et votre signature. Vous pouvez numériser votre signature ou bien la saisir directement en noir sur un calque en utilisant une tablette graphique Wacom. Placez la signature au centre et sous les cinq carrés. Fixez l'opacité du calque de la signature à environ 50 %. Elle prend ainsi une couleur grise. Prenez maintenant l'outil Texte (T) et ajoutez le nom de votre studio de création. J'ai utilisé ici la police Trajan Pro, qui est fournie avec Adobe Creative Suite. Pour ajouter une touche contemporaine à cette composition, appliquez aux caractères une approche d'environ 200. Utilisez pour cela la palette Caractères.

Étape 9

Comme la photo utilisée a été importée en tant qu'objet dynamique, vous pouvez très facilement la remplacer par une autre tout en conservant le même effet. Pour cela, faites un Ctrl+clic (PC : Clic droit) sur le calque de cet objet. Dans le menu contextuel, choisissez Remplacer le contenu. Sélectionnez l'image de remplacement dans la boîte de dialogue Importer, puis cliquez sur Importer. Voilà ! Ci-contre, un piano remplace rapidement une rose rouge. C'est un des gros avantages, parmi d'autres, des objets dynamiques.

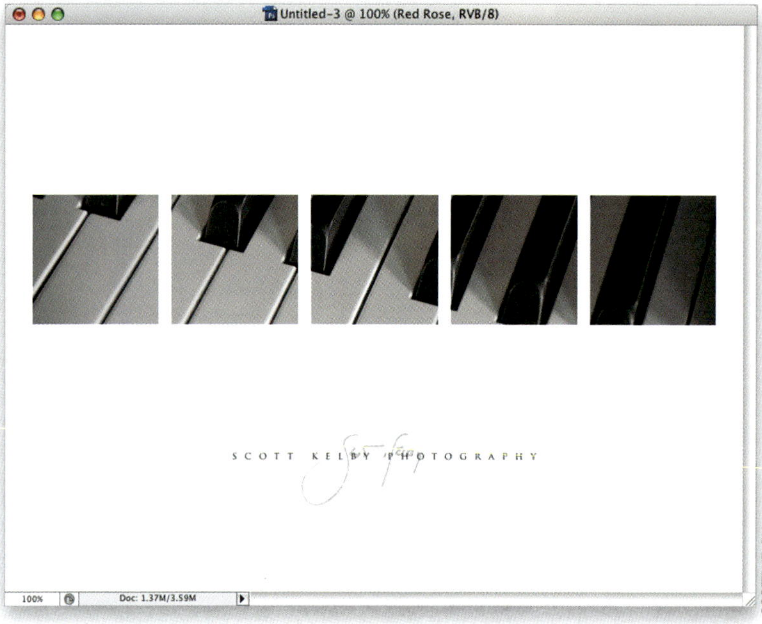

SCOTT KELBY

Disposition panoramique instantanée

Voici une technique qui me vient de l'utilisation de Adobe Lightroom et que j'ai adaptée à Photoshop CS3.

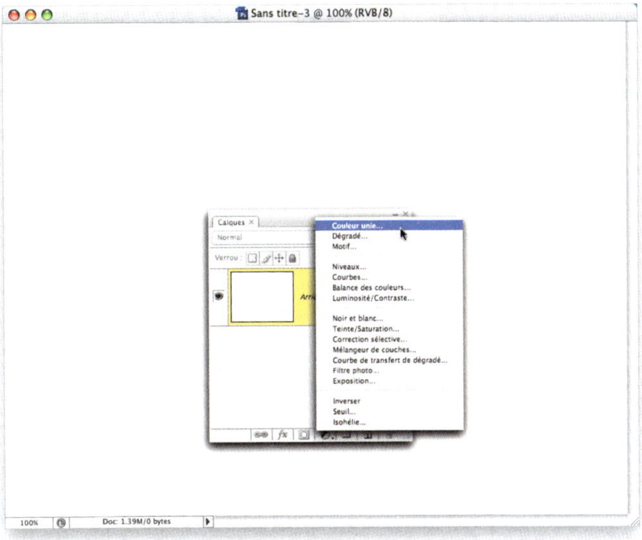

Étape 1

Appuyez sur Cmd+N (PC : Ctrl+N) pour créer un nouveau document de la taille et de la résolution adaptées à votre impression finale. Ici, j'ai créé un document de 11 × 8,5 pouces dans une résolution de 240 ppp. Une fois le document créé, ajoutez-lui un calque de réglage de type Couleur unie.

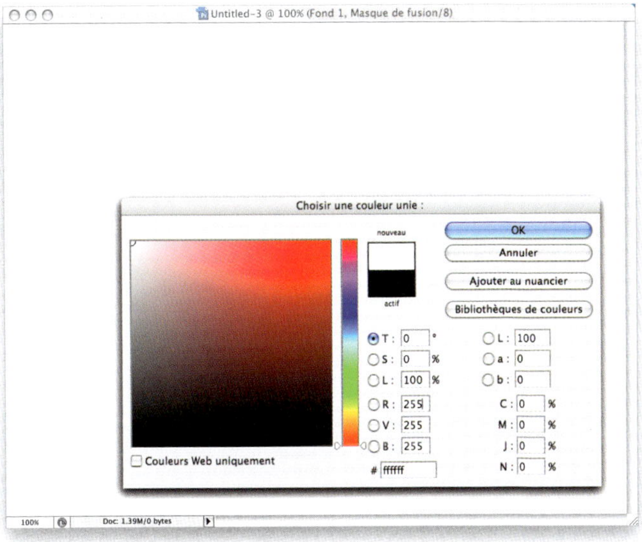

Étape 2

Cette action ouvre la boîte de dialogue Choisir une couleur unie. Comme l'arrière-plan est blanc, définissez cette même couleur et cliquez sur OK. Le calque de réglage se remplit donc de blanc.

Étape 3

Activez l'outil Rectangle de sélection (M) et tracez un rectangle à environ 5 cm du haut du document. Faites une sélection très large, mais pas très haute, pour obtenir un effet de panorama. Une fois la sélection créée, appuyez sur X pour faire du noir la couleur de premier plan. Appuyez alors sur Option+Retour arrière (PC : Alt+Retour arrière). La sélection se remplit de noir. Ce remplissage n'est visible que dans le masque de fusion du calque de réglage.

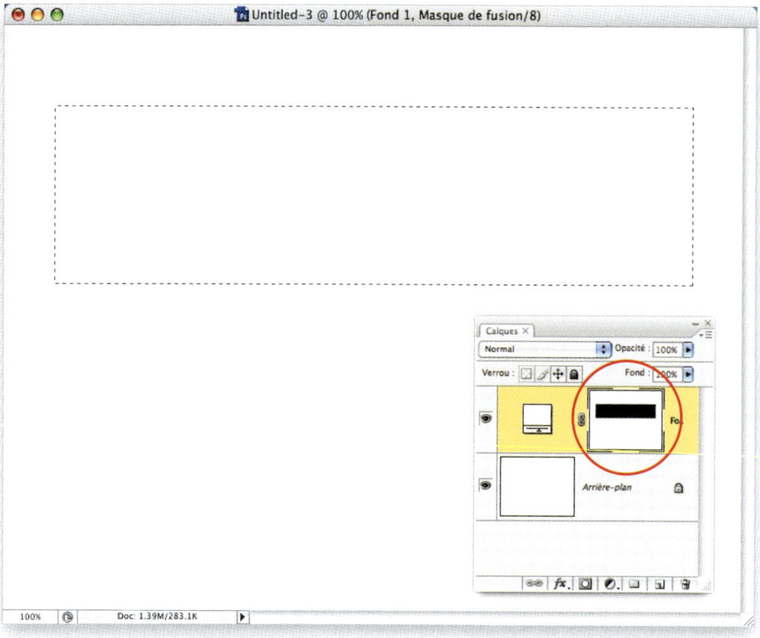

Étape 4

Cliquez sur le calque Arrière-plan. Ensuite, dans le menu Fichier, choisissez Importer. Localisez votre photo et cliquez sur Importer. L'image s'ouvre en tant qu'objet dynamique et devient instantanément un panorama. Maintenez la touche Maj enfoncée et faites glisser une des poignées d'angle vers l'intérieur afin de mettre la photo à l'échelle. L'objet doit être légèrement plus large que le rectangle de sélection d'origine.

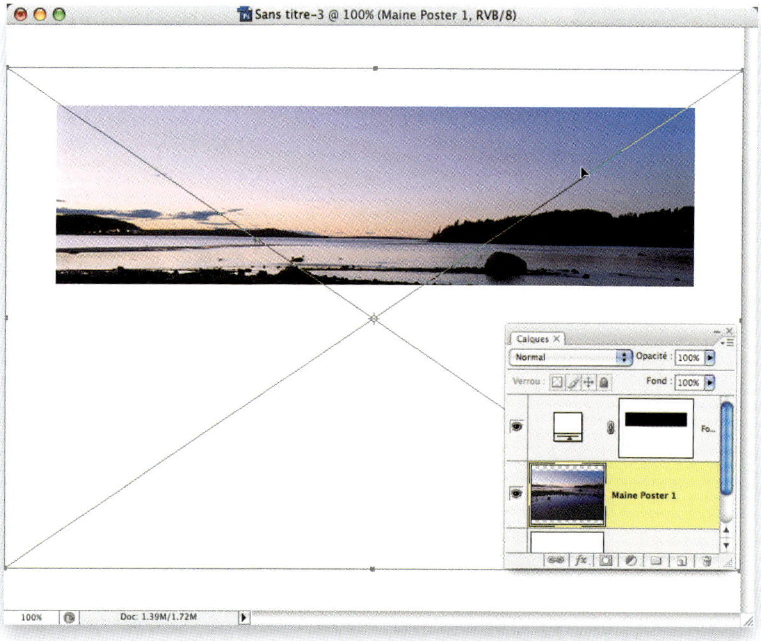

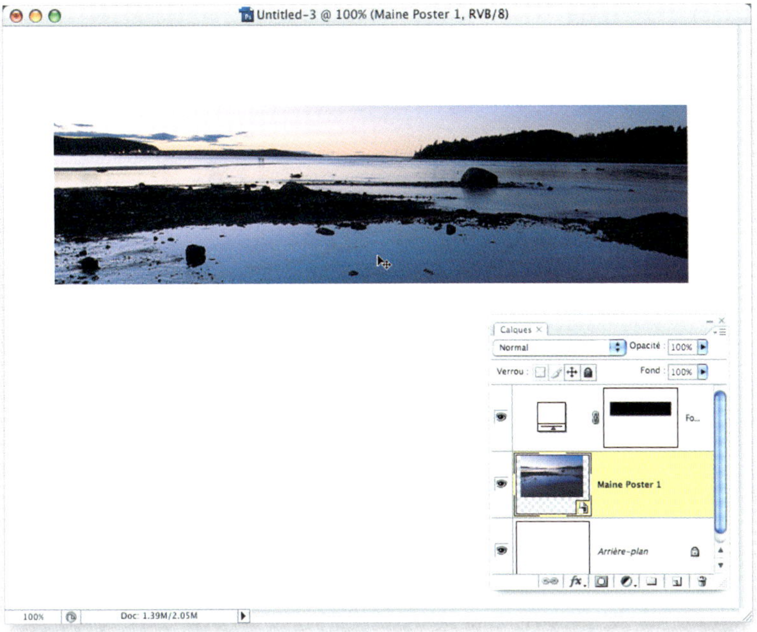

Étape 5

Une fois que l'image a la dimension souhaitée, cliquez en son centre et faites glisser son calque pour choisir la portion de la photo qui s'affichera dans l'espace réservé au panorama. Verrouillez ce positionnement en appuyant sur Entrée. Comme il s'agit d'un objet dynamique, le redimensionnement n'altère jamais l'original. Voilà ! Une photo standard a désormais l'aspect d'un panorama. Pour afficher une autre partie de l'image, il suffit d'activer l'outil Déplacement et de faire glisser le calque de l'objet dynamique.

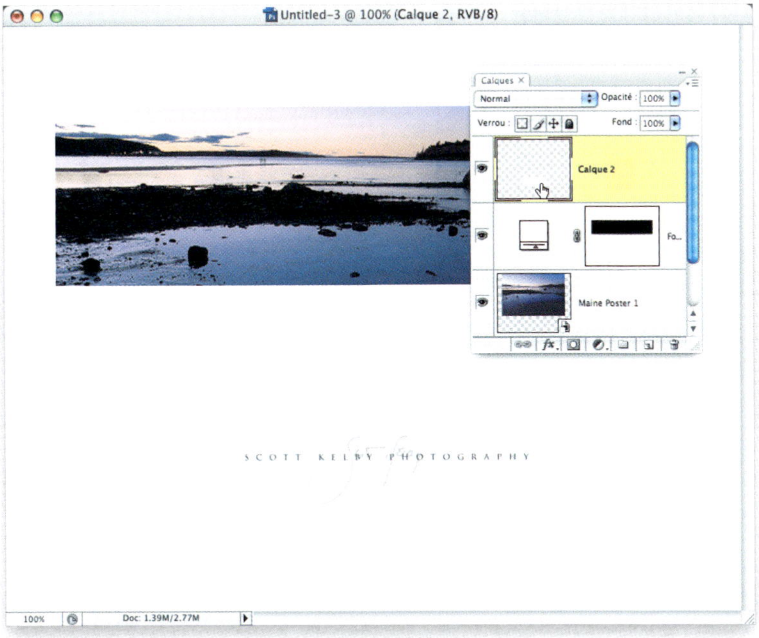

Étape 6

La photo est en place, et vous pouvez donc ajouter le nom de votre studio et votre signature. Ce sont des procédures que nous avons déjà étudiées plus haut dans ce chapitre.

Étape 7

Ajoutez maintenant une fine bordure autour de cette photo. Dans la palette Calques, activez le calque de réglage. Ensuite, cliquez sur le bouton Ajouter un style de calque. Choisissez Contour. Dans la boîte de dialogue Style de calque, cliquez sur l'indicateur rouge et définissez la couleur noire. Ensuite, fixez une taille de 1 pixel et, dans le menu local Position, choisissez Intérieur. Enfin, fixez l'opacité à 40 % et cliquez sur OK.

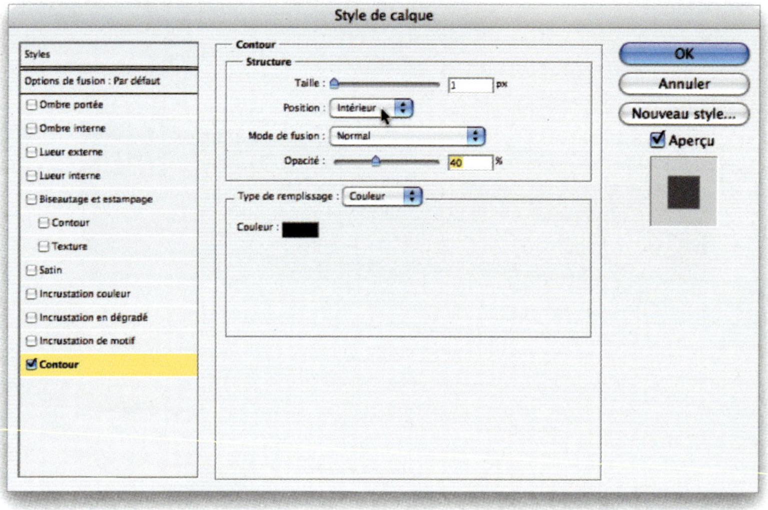

Étape 8

Vous venez de créer un modèle de panorama instantané puisque l'image qui le constitue est un objet dynamique. Pour la remplacer, il suffit de faire un Ctrl+clic (PC : Clic droit) dessus et de choisir Remplacer le contenu dans le menu contextuel (voir ci-contre).

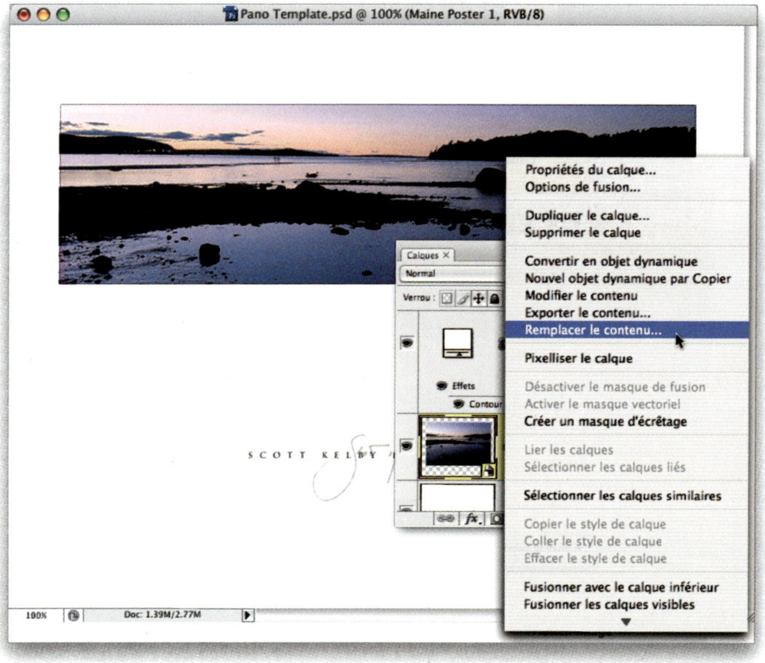

SCOTT KELBY

Étape 9

Choisissez une autre image comme celle représentée ci-contre.

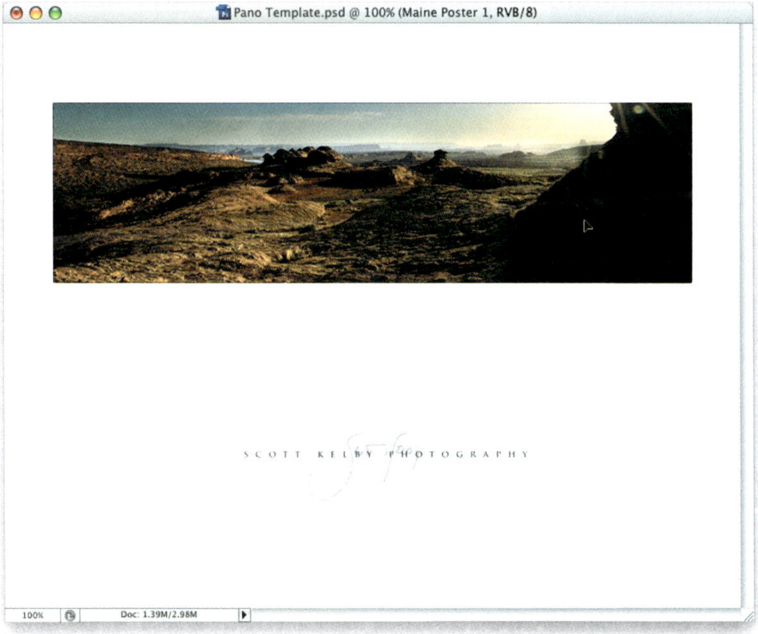

Étape 10

Si la photo importée n'a pas les mêmes dimensions que celle utilisée pour le modèle, vous devez la redimensionner. Ensuite, repositionnez la photo dans le « cadre » en activant l'outil Déplacement (V). Cliquez sur le calque de la photo et faites glisser son contenu.

Étape 11

N'oubliez pas qu'une bordure noire a été ajoutée. Il se peut que ce contour s'adapte mal à la nouvelle image. Dans ce cas, il suffit de masquer sa visibilité en cliquant sur l'icône de l'œil située à gauche du mot Effets dans la palette Calques. Pour afficher le contour, cliquez encore à gauche du mot Effets. L'icône de l'œil s'affiche de nouveau, le contour aussi.

Étape 12

Voici l'image terminée. Comme il s'agit d'un modèle, vous devez aplatir l'image puis invoquer la commande Enregistrer sous. Donnez à cette composition un autre nom que le fichier d'origine. Ainsi, le modèle reste intact. Lorsque vous souhaiterez créer un panorama à partir d'une photo standard, il vous suffira d'ouvrir ce modèle, puis de faire un Ctrl+clic (PC : Clic droit) sur le nom de l'objet dynamique. Dans le menu contextuel, vous choisirez Remplacer le contenu. Voilà, un panorama instantané obtenu en 30 secondes.

Photo Scott Kelby | Exposition : 1/25 s | Focale : 17 mm | Ouverture : ƒ/9,0

Le travail c'est la santé

Ma méthode de travail

C'est la première fois que ce chapitre apparaît dans une édition de ce livre. Pourquoi ? Tout simplement parce que j'ai promis à quelqu'un que je ne nommerai pas de placer le titre d'une chanson de Henri Salvador, coûte que coûte, dans cette nouvelle édition. Et c'est fait ! D'autant mieux fait que cela est justifié par une observation élémentaire : depuis que j'écris version sur version d'un ouvrage qui ravit les foules, je ne me suis jamais aussi bien porté. *Idem* lorsque je passe des heures, des jours et des semaines sur mes photographies. Mais peut-être que la raison d'une telle santé qui m'anime vient-elle de ma méthode de travail. Alors, afin que vous vous sentiez mieux dans ce que vous faites, j'ai décidé de partager ma manière d'aborder quotidiennement la photo numérique. C'est un peu comme si vous entriez dans le bureau du président de la République… (mais oui !)

Mon flux de production numérique

Dans ce chapitre, vous n'allez pas apprendre de nouvelles techniques, mais appréhender une méthode de travail. Ce n'est pas n'importe quelle méthode, puisqu'il s'agit de la mienne. Ce que j'espère ici, c'est donner des idées à ceux qui ne savent pas comment organiser leur flux de production.

Étape 1

La première étape consiste à transférer les images depuis une carte mémoire (ou un appareil photo numérique) vers un dossier de votre ordinateur. Pour cela, utilisez Adobe Bridge. Ouvrez son menu Fichier, et exécutez la commande Obtenir des photos de l'appareil photo.

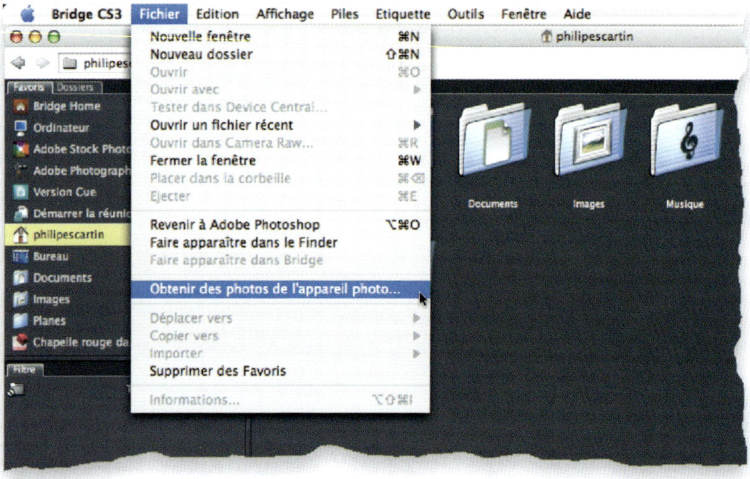

Étape 2

Quand la fenêtre Téléchargeur de photos apparaît, choisissez un disque dur et un dossier de stockage des images par un clic sur le bouton Choisir de la section Emplacement. Je conseille d'activer l'option Renommer les fichiers et de choisir un nom évocateur du contenu de votre session photographique.

SCOTT KELBY

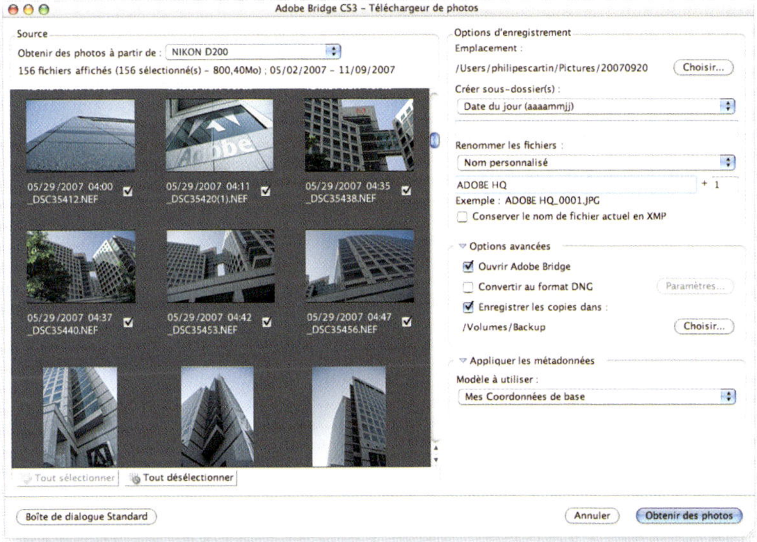

Étape 3

Dans la section Options avancées, cochez les cases Ouvrir dans Adobe Bridge et Enregistrer les copies dans. Ainsi, les photos seront transférées dans votre disque dur de travail, et des copies seront sauvegardées sur un système de back-up comme un disque dur externe. Dans la section Appliquer les métadonnées, choisissez le modèle que vous avez créé au début de ce livre. Il s'agit ici de Mes Coordonnées de base. Ensuite, cliquez sur Obtenir des photos.

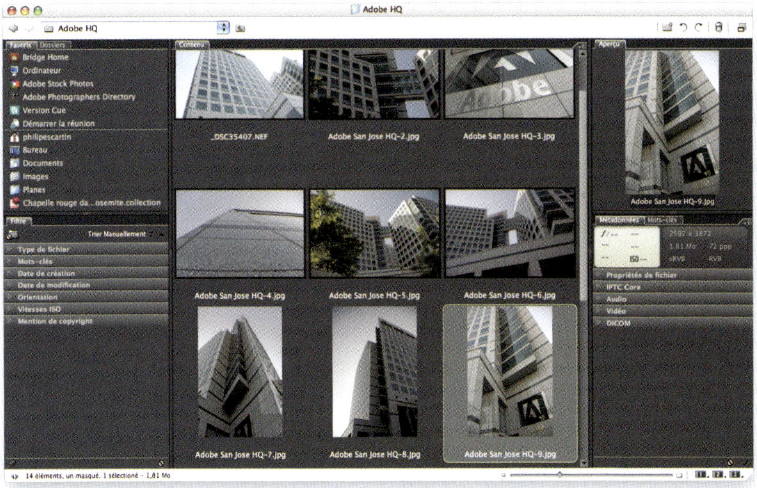

Étape 4

Une fois les photos importées, elles s'affichent dans Adobe Bridge. Bridge apparaît avec son interface par défaut.

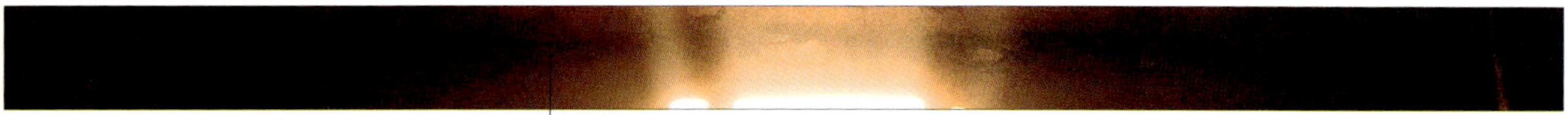

Étape 5

Le problème de l'espace par défaut est que le volet aperçu est très petit. Vous allez basculer vers un autre espace de travail. Pour ce faire, cliquez sur Fenêtre, et choisissez Espace de travail > Film fixe vertical. Comme vos photos sont toutes affichées dans Bridge, vous n'avez plus besoin du volet de navigation présent sur le côté gauche de l'interface. Pour le masquer, double-cliquez sur la ligne qui sépare ce volet du volet Aperçu.

SCOTT KELBY

Étape 6

Dans mon flux de production, j'essaie de déterminer deux choses : (1) les meilleures photos et (2) les pires. Ces dernières seront supprimées de mon ordinateur afin de ne plus perdre de temps à les afficher. Pour comparer plusieurs photos, cliquez sur la première. Ensuite, appuyez sur Cmd (PC : Ctrl) et cliquez sur toutes les images à comparer. (Ici, j'ai cliqué sur quatre photos dans le film fixe vertical. Elles apparaissent dans le volet Aperçu.) Pour supprimer une photo de votre ordinateur, cliquez dessus dans le volet Contenu, et appuyez sur la touche Suppr. Ceci ouvre une boîte de dialogue. Cliquez sur Supprimer pour placer l'image dans la corbeille.

SCOTT KELBY

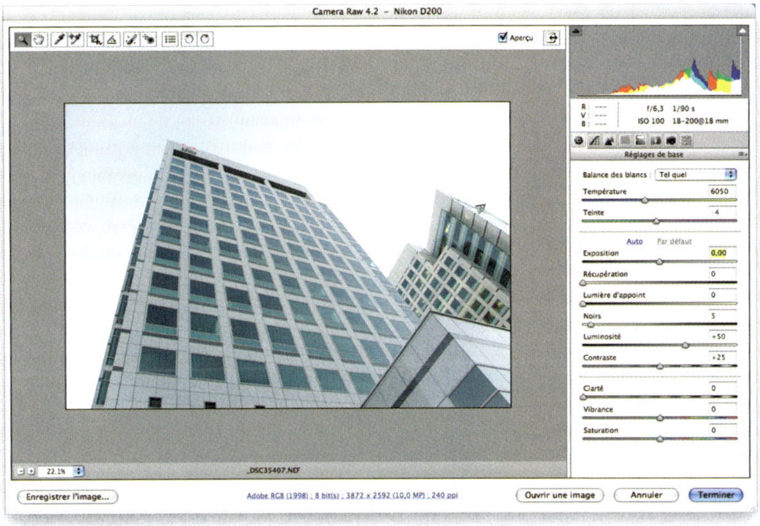

Étape 7

En regardant mes photos, j'en ai trouvé une qui me semble surexposée. Pour l'ouvrir, je la sélectionne et j'appuie sur Cmd+R (PC : Ctrl+R). Elle apparaît dans la fenêtre Camera Raw de Bridge. Ici, Photoshop ne s'ouvre pas ! L'histogramme confirme que la photo est surexposée. Ses tons clairs sont écrêtés. Généralement, je commence par régler la balance des blancs. Mais ici l'exposition est si mauvaise, que je vais agir en priorité sur ce paramètre.

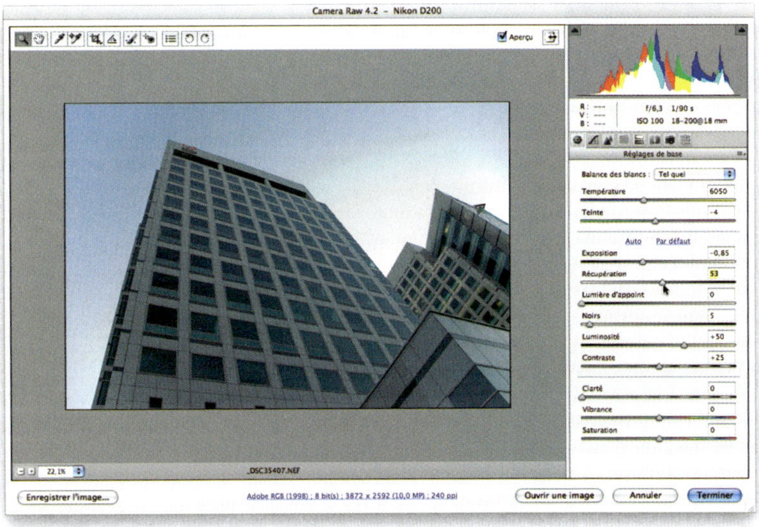

Étape 8

Pour créer une exposition mieux équilibrée, je glisse le curseur Exposition vers la gauche. Ceci réduit l'exposition générale de la photo. Ensuite, pour identifier les tons clairs écrêtés, j'appuie sur Option (PC : Alt) et je fais glisser le curseur Récupération vers la droite jusqu'à ce que les zones blanches deviennent complètement noires. Dans le coin supérieur droit de l'histogramme, vous constatez que l'indicateur de tons clairs écrêtés est éteint. En revanche, si vous regardez la partie gauche de l'histogramme, vous voyez qu'il ne va pas jusqu'au bout. Cela indique qu'il y a un manque de contraste et de profondeur dans les tons foncés.

Étape 9

Faites glisser le curseur Noirs vers la droite pour augmenter le contraste et la saturation des couleurs dans les tons foncés.

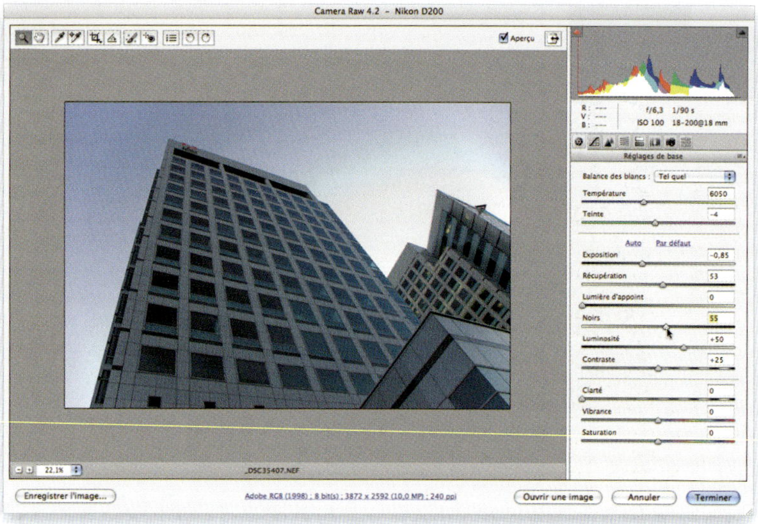

Étape 10

Lorsque nous regardons cette photo, nous constatons que le ciel est très clair. Ceci témoigne objectivement d'une photo prise en contre-jour. *De facto*, des ombres apparaissent sur l'image. Pour les déboucher, faites glisser le curseur Lumière d'appoint vers la droite. (Comparez les deux illustrations ci-contre pour immédiatement voir que le bâtiment est bien plus clair.)

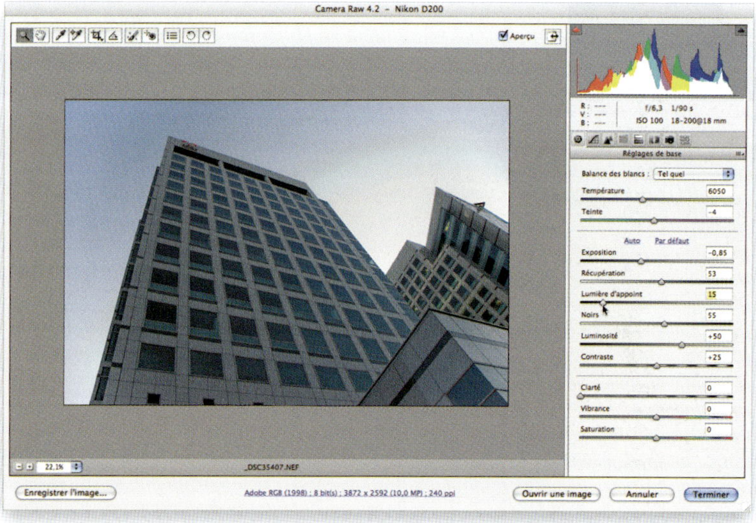

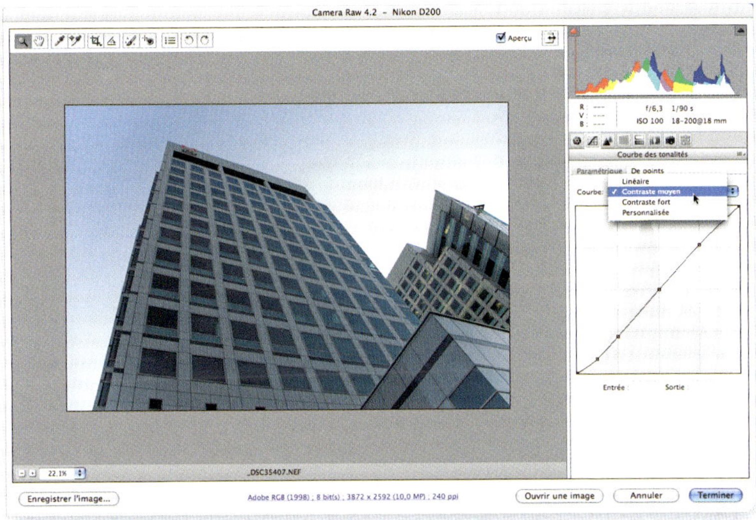

Étape 11

Pour ajouter du contraste à cette image, cliquez sur l'onglet Courbe des tonalités. Ensuite, cliquez sur De points. Dans le menu local Courbe, choisissez Contraste moyen. Ceci ajoute des points sur la courbe. Pour renforcer ce contraste, cliquez sur le point supérieur et appuyez sur la flèche Haut pour le déplacer vers le haut. Ensuite, cliquez sur le point inférieur et faites-le descendre en appuyant sur la flèche Bas de votre clavier. Vous augmentez ainsi le contraste de l'image.

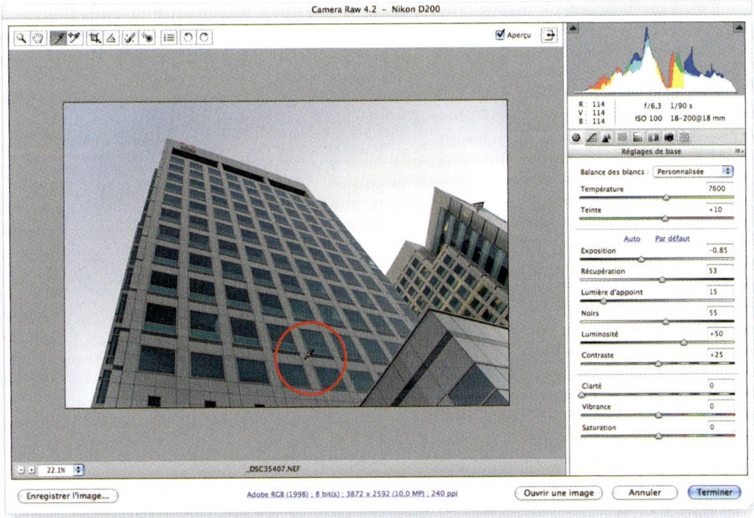

Étape 12

Maintenant que les problèmes d'exposition et de contraste sont réglés, corrigeons la balance des blancs. Pour la régler correctement, activez l'outil Balance du blanc et cliquez sur une zone supposée être gris clair. Si le résultat est bon, vous en avez fini avec cette correction. Sinon, faites glisser le curseur Température de manière à obtenir une image plus bleue (plus froide) ou plus jaune (plus chaude). Ici, un simple clic a suffi.

Étape 13

Une fois l'ajustement de la balance des blancs effectué, vous pouvez de nouveau intervenir sur le contraste. Cette fois, dans le menu local Courbe, j'ai choisi Contraste fort. Utilisez-le comme point de départ à la définition d'un meilleur contraste. Pour augmenter ce contraste, cliquez sur le point supérieur de la courbe et montez-le en appuyant sur la flèche Haut de votre clavier. Ensuite, cliquez sur le point inférieur et descendez-le en appuyant sur la flèche Bas. À la prochaine étape, nous allons accentuer cette image. L'existence de contours bien tranchés va faciliter notre travail.

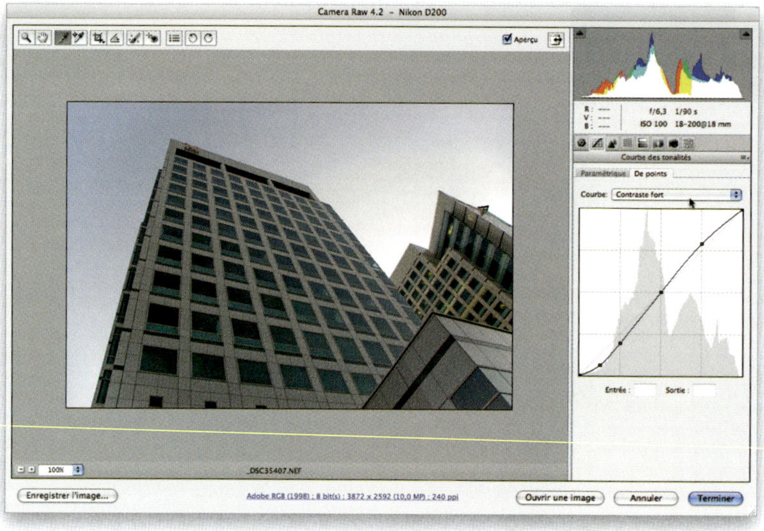

Étape 14

Cliquez sur l'onglet Détail. Avant de régler quoi que ce soit, affichez l'image à 100 % et déplacez le contenu de l'aperçu afin de voir une partie de l'immeuble avec des angles saillants sur fond de ciel. Le curseur Gain détermine la quantité de netteté. Faites-le glisser vers la droite pour renforcer les détails de cette photo. Ne touchez pas au curseur Rayon dont la valeur doit généralement rester sur 1. Faites glisser le curseur Détail vers la droite pour réduire les effets de halos sur les angles. Enfin, le dernier paramètre, Masquage, réduit la netteté dans les zones qui ne sont pas des contours.

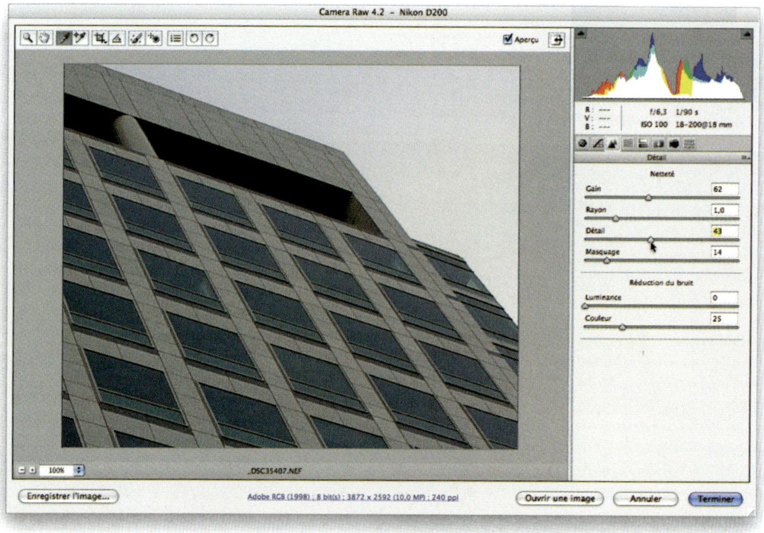

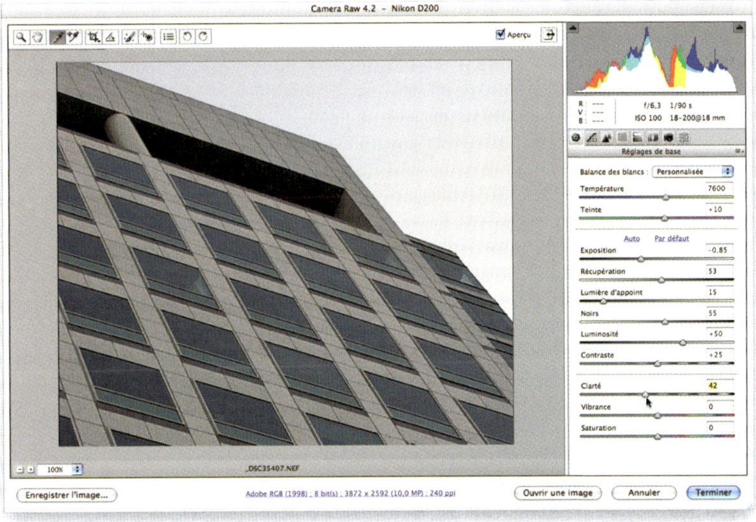

Étape 15

Une fois l'accentuation corrigée, je reviens dans Réglages de base. Je fais glisser le curseur Clarté qui permet d'ajouter contraste et netteté dans les tons moyens. Dans la majorité des cas, une valeur située entre 20 et 50 % suffit.

Étape 16

Vous en avez fini avec Camera Raw. Cliquez sur le bouton Ouvrir une image. Une fois la photo affichée dans Photoshop, vous constatez que le ciel manque de présence. Pour corriger cela, appuyez sur Cmd+J (PC : Ctrl+J) afin de dupliquer le calque Arrière-plan. Appliquez à ce calque 1 le mode de fusion Produit. Cette fois, l'image est trop sombre.

Étape 17

Cliquez sur le bouton Ajouter un masque de fusion. Avec l'outil Lasso polygonal, tracez une sélection autour des immeubles. Il suffit de cliquer chaque fois que vous désirez définir un point de manière à bien épouser les angles droits. Si vous cliquez à mauvais escient, appuyez sur Retour arrière pour supprimer le dernier point posé. Pour fermer la sélection, cliquez sur le premier point.

Étape 18

Vérifiez que la couleur de premier plan est bien le noir. Ensuite, appuyez sur Option+Retour arrière (PC : Alt+Retour arrière). Ceci remplit la sélection en noir. En d'autres termes, le contenu du masque de fusion qui est noir devient transparent, ce qui permet deux choses : (1) garder le ciel du calque 1 et (2) afficher l'immeuble du calque Arrière-plan. Le ciel n'est plus aussi clair et l'immeuble n'est plus du tout sombre. Appuyez sur Cmd+D (PC : Ctrl+D) pour désélectionner.

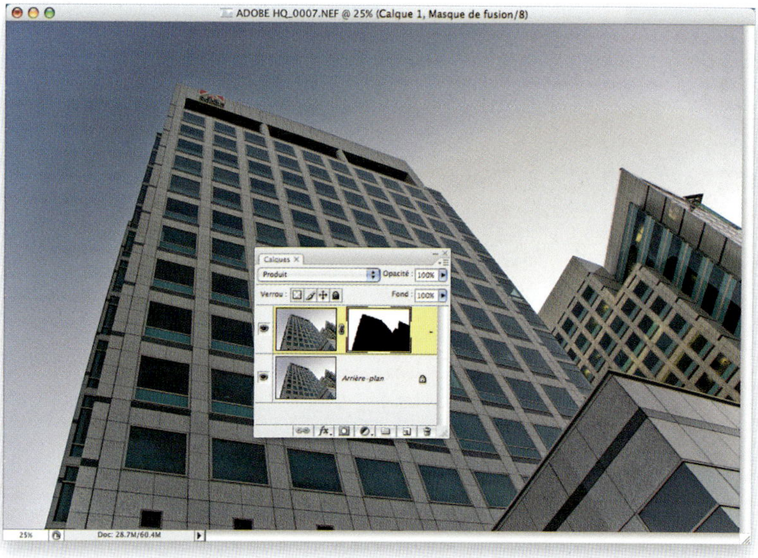

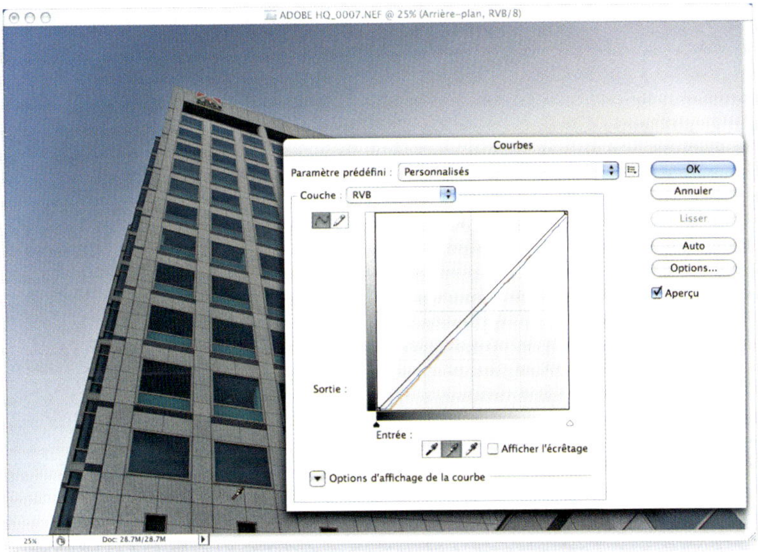

Étape 19

Cliquez sur le calque Arrière-plan, et appuyez sur Cmd+M (PC : Ctrl+M) pour ouvrir la boîte de dialogue Courbes. Activez la pipette du point noir (tons foncés) et cliquez sur une zone de l'image supposée être noire. Faites de même avec la pipette du point blanc (tons clairs), mais cliquez sur une zone qui devrait être blanche. Enfin, activez la pipette du point gris (tons moyens) et cliquez sur une partie de l'image qui devrait être gris neutre. Validez ces réglages par un clic sur OK.

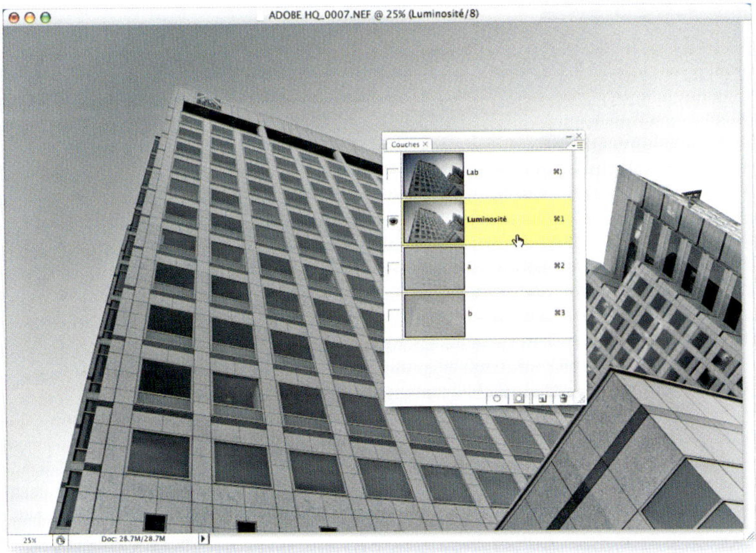

Étape 20

Fusionnez les calques en choisissant cette option dans le menu local de la palette Calques. Nous allons appliquer une accentuation à la couche Luminosité. Pour commencer, ouvrez le menu Image, et cliquez sur Mode > Couleurs Lab. Ensuite, ouvrez la palette Couches et activez uniquement la couche Luminosité. Cliquez sur Filtre > Renforcement > Accentuation. Dans la boîte de dialogue éponyme, réglez le gain sur 120 %, le rayon sur 1 et le seuil sur 3. Cliquez sur OK. Revenez dans le menu Image > Mode et choisissez Couleurs RVB.

Étape 21

Il est temps d'imprimer cette image. Cliquez sur Fichier > Imprimer. Dans le menu local Imprimante, sélectionnez l'imprimante sur laquelle vous allez sortir la photo. En bas de l'aperçu, cliquez sur l'icône qui va permettre d'imprimer l'image en mode paysage. Ouvrez le menu local situé dans la partie supérieure droite de l'interface. Choisissez Gestion des couleurs. Ensuite, dans le menu local Traitement des couleurs, choisissez Laisser Photoshop gérer les couleurs. Dans le menu local Profil de l'imprimante, sélectionnez le profil du papier sur lequel vous allez imprimer l'image. Sur PC, vous devez cliquer sur le bouton Propriétés pour accéder au pilote de l'imprimante. C'est là que vous choisissez le papier. Cochez la case Compensation du point noir. Ensuite, dans le menu local Mode rendu, choisissez Colorimétrie relative. Cliquez sur le bouton Imprimer.

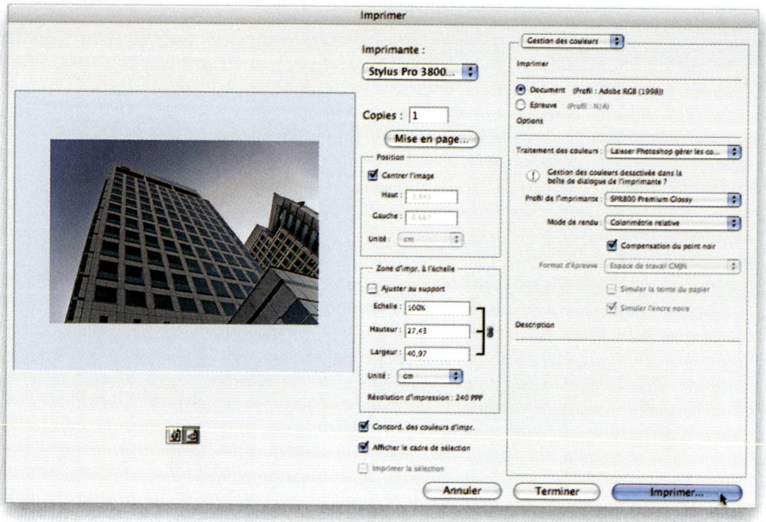

Étape 22

Vous voici dans la boîte de dialogue Imprimer. Dans le dernier menu local, choisissez Couleur. Ensuite, activez le bouton radio Désactivé (Pas de calibrage couleur). Ceci est indispensable puisque c'est Photoshop qui va calibrer les couleurs. Sur PC, vous devez cliquer sur le bouton Préférences afin d'ouvrir la boîte de dialogue du pilote d'impression. En général, vous devez cliquer sur le bouton radio ICM, puis sur Désactivé (Pas de calibrage couleur). Ne cliquez pas encore sur Imprimer.

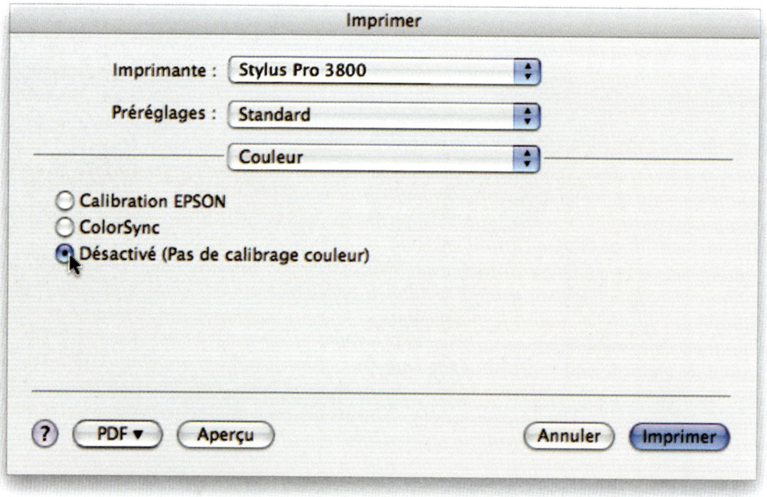

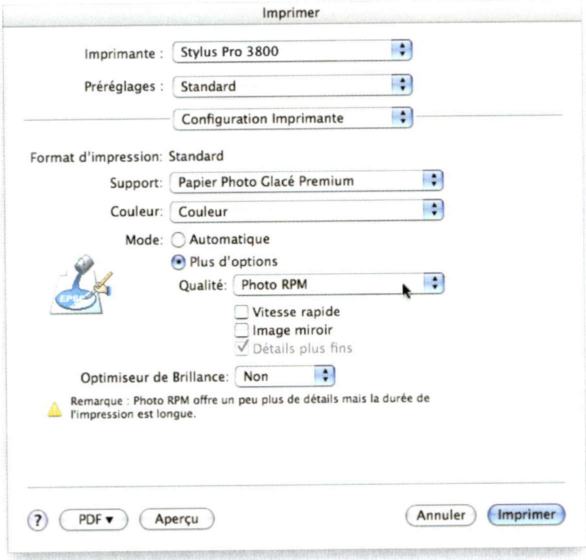

Étape 23

Dans le troisième menu local, choisissez cette fois Configuration imprimante. (Sur PC, tout se déroule dans le pilote d'impression.) Dans le menu local Support, choisissez le type de papier sur lequel va se dérouler l'impression. Décochez l'option Vitesse rapide. Maintenant, cliquez sur Imprimer. Les deux illustrations ci-après montrent la photo avant et après vos modifications. Vous devez obtenir une image sensiblement équivalente à celle de la figure Après.

Avant

Après

Index

D

P

R

S

T

V

W

Y

Z